suhrkamp taschenbuch 3691

Immer wieder hat sich Robert Menasse neben seiner Arbeit als Romancier mit der Geschichte der österreichischen Republik auseinandergesetzt und die politische Entwicklung Österreichs kommentierend begleitet. Dieser Band versammelt seine wichtigsten Österreich-Essays der letzten 25 Jahre — »sie machen einem dieses trotz aller Nähe so fremde Land einsichtig«. *(Neue Zürcher Zeitung)*

Die von Eva Schörkhuber besorgte Auswahl und Anordnung der Texte zeigen die überraschend tragikomische Dramaturgie in der Entwicklung Österreichs, von der Wiedergründung 1945 bis zum Jubeljahr 2005, dessen feierliche und auch peinliche Retrospektiven unfreiwillig vorführen, daß auch dieses Kapitel der österreichischen Geschichte zu Ende ist: Wieder einmal, nach Ende der Habsburgermonarchie, der 1. Republik, des austrofaschistischen Ständestaats und der »Ostmark«, ist ein Vorhang gefallen — denn nichts stimmt und nichts gilt mehr, was konstitutiv und typisch war für die Zweite Republik. Die Österreicher haben es einmal mehr geschafft, nicht ihre Gewohnheiten zu ändern, sondern nur ihr System.

»Menasses Essays sind Pflichtlektüre für Österreich-Interessierte, und für Österreicher ohnehin.« *(Süddeutsche Zeitung)*

Robert Menasse, geboren 1954 in Wien, lebt als Romancier und Essayist in Wien. Zuletzt erschienen *Die Hauptstadt*. Roman (2017), *Don Juan de la Mancha*. Roman (st 4040), *Ich kann jeder sagen. Erzählungen vom Ende der Nachkriegsordnung* (st 4205), *Permanente Revolution der Begriffe. Vorträge zur Kritik der Abklärung* (es 2592) und *Der europäische Landbote. Die Wut der Bürger und der Friede Europas* (2012). Robert Menasse wurde mit vielen Preisen ausgezeichnet. Zuletzt mit dem Deutschen Buchpreis 2017, dem Prix du livre européen 2015 und dem Max-Frisch-Preis 2014.

Eva Schörkhuber, geboren 1982, Studium der Komparatistik und Germanistik an der Universität Wien. Lehraufträge an den Universitäten Oran und Algier.

Foto: Brigitte Friedrich

Robert Menasse
Das war Österreich

Gesammelte Essays
zum Land ohne Eigenschaften

Herausgegeben von
Eva Schörkhuber

Suhrkamp

Illustration auf Seite 456/57: Gerhard Haderer

5. Auflage 2023

Erste Auflage 2005
suhrkamp taschenbuch 3691
© Suhrkamp Verlag Frankfurt am Main
Suhrkamp Taschenbuch Verlag
Alle Rechte vorbehalten, insbesondere das der Übersetzung,
des öffentlichen Vortrags sowie der Übertragung
durch Rundfunk und Fernsehen, auch einzelner Teile.
Kein Teil des Werkes darf in irgendeiner Form
(durch Fotografie, Mikrofilm oder andere Verfahren)
ohne schriftliche Genehmigung des Verlages
reproduziert oder unter Verwendung elektronischer Systeme
verarbeitet, vervielfältigt oder verbreitet werden.
Satz: Hümmer GmbH, Waldbüttelbrunn
Druck: BoD GmbH, Norderstedt
Umschlag: hißmann, heilmann, hamburg
ISBN 978-3-518-45691-0

»Österreich ist ein Land, so klein, daß du es mit dem kleinsten deiner Finger auf der Weltkarte verdecken kannst. Und doch besuchen viele Menschen aus aller Welt Österreich. Da kommt schon wieder einer!«

Die Kinderwelt von A bis Z,
Stichwort Österreich, Wien 1958

keine spannung vor der entspannung
exakt neutral
ohne höhe, ohne tiefe
exakt neutral
niemals leise, niemals laut
exakt neutral
nicht zu heiß, nicht zu kalt
exakt neutral
kein gefühl, kein gefühl
exakt neutral
kein gefühl, kein gefühl
exakt neutral

Stereo Total, EXACT NEUTRAL, 2001

Inhaltsverzeichnis

Exposition

Im Anfang war das Neue Österreich 15

Szene
Seinesgleichen geschieht

Das Land ohne Eigenschaften. Oder Das Erscheinen der
Wahrheit in ihrem Verschwinden 29

Szenenwechsel
Seinesgleichen wird geschrieben:
Die sozialpartnerschaftliche Ästhetik

Die Basis der österreichischen Gegenwartsliteratur 123
Der österreichische Überbau 132
Die Entwicklung des österreichischen Literaturbetriebes
und seine Strukturierung im Geiste der Sozialpartnerschaft 138

Leitmotiv

Die Herausbildung sozialpartnerschaftlich-ästhetischer
Strukturen in der österreichischen Literatur der Zweiten
Republik 173

Protagonisten
Mit- und Gegenspieler im Literaturbetrieb

Die Ohnmacht des Machers im Literaturbetrieb –
Zu Tod und Werk von Gerhard Fritsch 209
Wien, die Hauptstadt des ausgehenden 20. Jahrhunderts –
Zu Leben und Werk von Hermann Schürrer 225

Ende der Szene

Unheimlich statt öffentlich 237

Deus ex machina I
Kurt Waldheim

Der Name der Rose ist Dr. Kurt Waldheim 249
Die Verösterreicherung der Welt 257

Deus ex machina II
Jörg Haider

Ein verrücktes Land 269

Pro- bzw. Analepse
(Vor- bzw. Rückblende)

Rot – Weiße Rose – Rot 279
Die Geschichte vom Haus der Geschichte 287
Sterbensworte – *Jenseits des Krieges* 293

Retardierende Momente

Der Mitmacher 303
Die kleinen Vorsitzenden 309
Der Vormacher 317
Die Chefchen im Trockenen 321

Anagnorisis

Masse, Medium und Macht 329

Ad spectatores

Das war die Zweite Republik 347

Klimax
Höhepunkt der tragischen Vorstellung

(Un)erklärliches Österreich 381

Fallende Handlung
Zurück ins Bodenlose

Dummheit ist machbar 393
In 80 Tagen gegen die Welt 398
Kleines österreichisches Vokabelheft 414

Schluß
oder: Da capo

Warum der Februar nicht vergehen will 421

Schlußfeier

Wende und Ende 429

Exposition

Im Anfang war das Neue Österreich

Die Erschaffung des österreichischen Überbaus

Die Tatsachen schienen zunächst für sich selbst zu sprechen, aber doch nur in der Sprache, die ihnen vorgeschrieben wurde. Allgemein bekannt, aber nicht erkannt, verflüchtigten sie sich in den Formulierungen, die für sie durchgesetzt wurden, und es fehlten dann allgemein die Worte für die Wahrheit, die als Geheimnis sozialer Besitz wurde: Man bezeichnete es als gelüftet, nur weil alle es gerne hüteten, an Festtagen der Rede, aber nie der Widerrede wert. Das verstand man darunter: »auf der Hut zu sein«, »nie wieder!« war eine Parole der Verdrängung.

Als die nächste Generation ihre Väter fragte: »Wie war es damals?«, antworteten selbst die, die nie im Konzentrationslager gesessen haben, daß das gemeinsame KZ-Erlebnis der »Vertreter der verschiedenen weltanschaulichen Lager« den Basiskonsens für die Zweite Republik geschaffen habe, was richtig und falsch zugleich war, bekanntes Faktum so sehr, wie eben auch Verschleierung, gehütetes Geheimnis. Denn den Konsens hatte der Faschismus tatsächlich hergestellt, aber eher insofern, als er den radikalen Widerspruch schon längst physisch liquidiert hatte.

Ein Schauspieler, der in einem Nazi-Propagandastück einen Riesenerfolg feierte, und dann, nach Zusammenbruch des Naziregimes, in einem Brecht-Stück, wird sowohl den Naziautor als auch Brecht für großartige Autoren halten, schließlich hatte er ja mit beiden Erfolg. Die Zeiten haben sich für ihn nur insofern geändert, als das eine Stück abgesetzt war und das andere auf dem Spielplan stand.

Ebenso wie dieser Schauspieler feierten auch gewisse Teile der Bourgeoisie (und diese Kategorie war vor dem Faschismus noch eine soziologisch ausweisbare) hintereinander zwei große, inhaltlich zwar widersprüchliche, aber je funktionale Erfolge: nämlich den Sieg des Faschismus und die Niederlage des Faschismus. (Daß die Kategorie Bourgeoisie nach dem Krieg nicht mehr selbstverständlich war, ja weitgehend gar nicht zu existieren schien, war eine Konsequenz dieses doppelten Erfolges.)

Sie erlebte den Sieg des Faschismus als Erfolg, weil dadurch der drohende Zusammenbruch des Kapitalismus schlagartig abgewendet war. Und die Niederlage des Faschismus war ein enormes Erfolgserlebnis, weil sich nun zeigte, daß der Faschismus seine Funktion offensichtlich erfüllt hatte: Seine Methoden waren desavouiert, aber der Kapitalismus brach trotzdem nicht zusammen.

Die Ordnung, die in der Anstrengung des »Wiederaufbaus« wiederaufgebaut wurde, blieb verordnet, ökonomisch keine neue, sondern die alte. Neu war nur der Überbau, der umformuliert werden mußte, nicht nur, weil »aus der Geschichte gelernt wurde«, sondern vor allem, weil die soziologischen Konsequenzen der faschistischen Ära dies verlangten: Der gesellschaftliche Widerspruch, nämlich eine bewußte, organisierte, kämpferische Arbeiterbewegung, war weitgehend liquidiert oder demoralisiert, und neue Formen sozialer Organisation waren notwendig, die darauf aufbauen konnten. Die zwei prinzipiellen Begriffe, die in Österreich in der Zeit nach Kriegsende vornehmlich strapaziert wurden, verraten schon, worum es ging: »Wiederaufbau« und »Neues Österreich«. »Wiederaufbau« bezieht sich auf die ökonomische Basis, die eben wieder-, das heißt, so wie vordem aufgebaut wurde; »Neues Österreich« bezieht sich auf den notwendig neuen Überbau, in den das Alte keinen Einlaß mehr finden durfte, hier mußten neue Formulierungen gefunden werden, die dem Sachverhalt entsprachen, daß vieles sich hatte ändern müssen, nur damit alles beim alten bleiben konnte.

Man hatte teuer bezahlt, physisch, materiell, gesellschafts- und staatspolitisch, buchstäblich in Ordnung war hier nichts mehr. Aber ökonomisch war die bislang schärfste Krise des Kapitalismus nachhaltig überwunden. Wiederaufbau: Das hieß ja auch Vollbeschäftigung und unbeschränkte Nachfrage, aber auf spezifische Weise, die zeigt, daß den »Sieg um jeden Preis«, den »Endsieg«, den die Faschisten beschworen hatten, die platzhaltende Bourgeoisie errungen hatte: Denn Faschismus hieß Militarisierung der Arbeit, tendenziell neue Sklaverei (Rückgang von der relativen zur absoluten Mehrwertproduktion, Lohndruck), Zerschlagung der organisierten Arbeiterbewegung und der Gewerkschaften, physische Liquidierung ihrer bewußtesten Vertreter. Hierin hatte der Faschismus ganze Arbeit geleistet, und dies wurde im Wiederaufbau der bürgerlichen Ordnung fulminant wirksam: So wurden etwa die ersten Unterlagen über die geltenden Löhne anhand der Lohntabellen der DAF (Deutsche Arbeitsfront) angefertigt, der im Dritten Reich geltende Lohnstopp wurde formell in Kraft gelassen und hieß ab 1947 »Lohn-Preis-Abkommen«. Eine solche Lohnpolitik etwa war vor dem Faschismus nicht möglich gewesen.

Die faschistische Militarisierung der Arbeit ließ sich nun widerspruchslos in die Wiederaufbauarbeit lenken, der von den Nazis brachial hergestellte Klassenkonsens konnte nun als notwendig und freiwillig vorausgesetzt werden, schien doch nach faschistischem Arbeitszwang und Krieg nun alles Notwendige geradezu als Freiheit. Bei der Ausstellung »Zwei Jahre Wiederaufbau«, 1947 im Wiener Rathaus, waren Fotos, auf denen Wiener bei »Wiederaufbauarbeiten« zu sehen waren, mit »Helden der Arbeit« übertitelt. 1946 sprach ein Bundesminister, der allerdings auch schon während des Austrofaschismus höchste Ämter innegehabt hatte, allzu deutlich aus, was nun vorging: »Erst da fast alle zu Sklaven geworden waren, wurden sie alle reif für die neue Freiheit« – frei als Sklaven statt Freiheit von Sklaverei? – »eine neue Freiheit mit einem neuen Glauben, mit einem neuen Geiste und mit neuen Methoden.« Glaube, Geist, Methoden – darum ging es eben: ein neuer Überbau, aber keine neue Basis.

Doch zunächst fehlte es an allem Notwendigen, es fehlten auch die Worte. Die neuen, in denen der neue Geist, die neuen Methoden glaubhaft artikuliert werden konnten. Ein Leitwort hatte man: »Neues Österreichbewußtsein«, es stieg auf wie ein Papierdrachen in einen wieder blauen Himmel, über den keine Bombenflugzeuge mehr flogen. Es zeigte sich aber, daß den kühnen Drachen in luftiger Höhe unten auf der Erde der Philister fest in der Hand hielt, der zunächst auch nur von den großen Komponisten und Dichtern, großen Baumeistern und Wissenschaftlern zu erzählen weiß, »die unser Land hervorgebracht hat«. Aber was war davon, nach einer entmenschten Zeit, noch übrig? Während man nach Worten suchte, die an dem Drachen hängen sollten, als sein bunter fröhlicher Schwanz, behalf man sich mit Bildern: Im Juli 1945 wurde im Wiener Rathaus unter dem Ehrenschutz von Bürgermeister Theodor Körner eine Fotoschau »Unser Österreich« organisiert; gezeigt wurden Fotos wie »Saualpe«, »Unholden gegen Karnische Alpen«, »Wilder Kaiser«, also das unzerstörbare Österreich, aber auch die heimische Fauna und Flora, »Lachmöwe«, »Tüpfelsumpfhuhn«. Inmitten der Kriegstrümmer wirkte diese Dokumentation eines Österreichs ohne Menschen, ohne Zivilisation zwar gespenstisch, aber heil.

Dieses Österreich wieder mit Menschen zu besiedeln hieß, ihnen eine Sprache zu geben. Dafür wurden sofort alle Kräfte mobilisiert: Noch bevor es das »Staatsamt für den Wiederaufbau« oder das »Staatsamt für Volksaufklärung« gab, schon vier Tage vor der Proklamierung der Wiedererrichtung der Republik durch die provisorische Regierung, erschien das *Neue Österreich – Organ der demokratischen Einigung*, das sich unter dem Vorwand, eine Zeitung zu sein, als »Staatsamt für die Errichtung eines neuen Überbaus« etablierte.

In den Seiten des *Neuen Österreich*, dessen redaktionelle Linie von den drei zugelassenen Parteien bestimmt wurde, spiegelt sich die Anstrengung und Widersprüchlichkeit, mit der der neue Überbau über der ökonomischen und politischen Restauration errichtet wurde.

Das *Neue Österreich* war natürlich nicht das einzige »Organ der öffentlichen Meinung«, das »in dem totalen Vakuum 1945 ins Leben trat«, aber es war das erste in doppeltem Sinn: chronologisch und von seinem Einfluß her.

Bereits zu Jahresende 1945 waren alle Kommunikationsmittel, die das Feld der öffentlichen Meinung die nächsten Jahre beherrschen sollten, etabliert, was »erstaunlich rasch« nur der offiziellen Geschichtsschreibung erscheint, der die Priorität, die die Errichtung eines neuen Überbaus in Österreich hatte, naturgemäß nicht bewußt sein kann. Die ersten Ausgaben des *Neuen Österreich* keuchten noch vor sprachlicher Unsicherheit und Hilflosigkeit, was sich nachgerade in einer Art Zweisprachigkeit der Zeitung ausdrückte: auf der einen Seite die Leitartikel-

und Programmsprache, die die neuen Aufgaben, Sehweisen, die neue Ideologie vorformulierte, mit einem Pathos, der sich, in Ermangelung der erst gesuchten neuen Worte, noch Anleihen bei der alten Sprache nehmen mußte, wenn das neue Programm nur wenigstens irgendwie damit formuliert werden konnte: von »Blutzoll« ist da die Rede, und vom »Volkskörper« und von »Volksgemeinschaft«, von »Blut und Tränen« und von »Hinwegfegen«. Erst sehr zögernd und sporadisch, aber deutlich bemüht mischen sich neue Wörter, Neuprägungen in diese Sprache, etwa wenn die Nazis »Weltuntergangster« genannt werden, freilich eine geniale Formulierung in einem Land, das vordem als Versuchsanstalt galt, in der der Weltuntergang geprobt werde.

Schon im Leitartikel der ersten Ausgabe des *Neuen Österreich* wird der Basismythos der Zweiten Republik formuliert: daß die Feinde von gestern durch das gemeinsame KZ-Erlebnis zu Partnern von heute geworden seien: »[...] sind die Anhänger verschiedener Weltanschauungen [...] einander menschlich nahegekommen. [...] Unser Volk braucht diese neue Einheit – [...] eine feste und dauerhafte Einheit der Arbeiter, Bauern, Gewerbetreibenden, Intellektuellen, eine wirkliche Volkseinheit«.

Nicht nur, daß in der Liste »Arbeiter, Bauern, Gewerbetreibende, Intellektuelle« die Industriellen, also gerade diejenigen fehlen, die wesentlich der eine Teil jenes gesellschaftlichen Widerspruchs sind, der nun in der »Volkseinheit« versöhnt sein soll, ist auch ausgeblendet, daß die erwähnten »verschiedenen Weltanschauungen« gegensätzliche Klasseninteressen ausdrükken. Ihre Repräsentanten mögen sich menschlich nähergekommen sein, aber die sozialen Gegensätze, die sie repräsentieren, sind deswegen nicht beseitigt. Deshalb das Rekurrieren auf den Begriff, den der Nationalsozialismus, der ja ebenfalls die Aufhebung der gesellschaftlichen Widersprüche versprochen hatte, immer wieder beschworen hatte: »Volk«, worin alle sozialen Gegensätze einfach semantisch verschwinden.

Auf der anderen Seite – also neben der Leitartikel- und Programmsprache – die Glossen- und Reportagensprache in jenem Stil, der zuvor als zu »tief« für politische Artikulation gegolten haben mochte, augenzwinkernd, eh schon wissend, mit a bissl stilisierter Mundart, die ja im Vergleich zur Nazisprache jetzt als unbelastet galt. Diese Sprache sollte das Programmatische des Leitartikels illustrieren und machte im einzelnen deutlich, wie es im allgemeinen gemeint war. Wie zum Beispiel in jenem Artikel, in dem ein Reporter des *Neuen Österreich* von einer alten Frau berichtete, die auf der Straße die Hakenkreuz-Abzeichen einsammelte, die die Wiener weggeworfen haben. Auf die Frage des Reporters, warum sie das tue, antwortete sie: »Was soll'n denn die Russen denken, wenn alle Straßen mit den Abzeichen versaut sind! So viele Nazis hat's ja in Wien gar net geb'n, als da Abzeichen herumliegen!« Und dabei »blitzte der Schalk in ihren Augenwinkeln«.

Die Einheit, der soziale Konsens, war nicht nur ein ideologisches Desiderat des »Wiederaufbaus«, sondern auch eine politische Notwendigkeit gegenüber den Alliierten. Schließlich wollte man nicht bloß die kapitalistische Ökonomie und eine ihr entsprechende Infrastruktur restaurieren, sie sollte ja auch in einem unabhängigen Staat aufgehen, in dem die Ausbeutung ein Problem der Souveränität und nicht das einer Kolonie werden sollte.

Solange an den Verhandlungstischen darum gerungen wurde, sollte das, neben der Arbeit an einer neuen Sprache zur Formulierung einer neuen Österreichideologie, die zweite große Anstrengung auf der Überbaustelle sein, nämlich die laufende Produktion von Leumundszeugnissen, die an die Alliierten adressiert waren.

Der Leser des *Neuen Österreich* befand sich daher immer auch in der Höhle des Leumunds, wo also nicht nur den Österreichern das neue Österreichbewußtsein vorgeschrieben wurde, sondern auch den Alliierten eine bestimmte Sehweise von Österreich nahegelegt wurde, indem man ihnen ununterbrochen zurief: »Vergeßt nicht, daß wir das erste Opfer der Naziaggression waren!« »Seht doch, wie konsequent wir Österreicher entnazifizieren!« »Beruhigt euch, wir haben aus der Geschichte gelernt und wissen nun, was not tut!«

Die Lügen, die dabei verbreitet wurden, waren so eklatant, daß sie selbst jenen österreichischen Lesern auffallen mußten, die über jene ungeheure Verdrängungskapazität verfügten, die

die Zeitung voraussetzte, weshalb sie sich nicht scheute, ihren österreichischen Lesern geradeheraus zu sagen, daß diese Passagen ohnehin nicht für sie bestimmt waren: »Wir sind nicht allein auf der Welt«, schrieb das *Neue Österreich*, was im Österreich der vier Besatzungszonen wohl keiner geglaubt hätte, »heute mehr denn je haben wir auf unsere Reputation zu achten, auf die Meinung und das Urteil der Großen dieser Erde.«

Wir wollten den Nationalsozialismus nicht, wir wurden überfallen und dazu gezwungen! – wurde den Befreiern zugerufen, während man den Österreichern sagte: Wir verstehen schon, daß ihr der »raffinierten massenpsychologischen Goebbelspropaganda« unterlegen seid, die euch das Paradies auf Erden versprach, niemand wird euch deshalb einen Strick drehen! Keine Gnade für die Nazis! – wurde proklamiert und gleichzeitig beruhigt: Keine Bange, wir wissen, ihr habt um das wahre Wesen des Nationalsozialismus nicht Bescheid gewußt, ihr seid bloß dem »Rattenfänger aus München [!]« auf den Leim gegangen!

Die Versöhnung dieses Widerspruchs gelang in der täglich wiederholten Formel, daß Österreich als erstes Opfer der Naziaggression anzusehen sei: Einmal berichtete das *Neue Österreich* davon, wie »ein ehemaliger Gauleiter und Blutordensträger« von Wiener Polizisten verhaftet und über die Ringstraße ins Gefängnis eskortiert wurde, und »von allen Seiten wurde von den Passanten lebhaft Beifall geklatscht und gerufen: Bravo, Polizei!« Mit den Wienern freuten sich russische und jugoslawische Offiziere und Soldaten, die diesen Zug sahen und riefen: »Gut so, Österreicher!«

Nach innen ging es um die Einheit, nach außen um den Leumund. Entnazifizierung war keine Notwendigkeit für den »Wiederaufbau«, keine Notwendigkeit für das »Neue Österreichbewußtsein«, sondern lediglich eine Notwendigkeit für die Wiedererlangung der Souveränität. Was dafür erforderlich war, wurde entsprechend formuliert bzw. konstruiert und in die Auslage gestellt, aber eben in einer Weise, die die zügige sozioökonomische Restauration in keiner Weise behindern sollte. Das Verfassungsgesetz über das Verbot der NSDAP vom Mai 1945 macht das deutlich: Das Gesetz unterscheidet »Illegale« und »Mitläufer«.

Wer zwischen 1933 und 1938 der NSDAP oder einem ihrer Wehrverbände angehört hatte, wer also »Illegaler« gewesen war, war wegen Hochverrats mit schwerem Kerker in der Dauer von fünf bis zehn Jahren zu bestrafen; Kerker war auch vorgesehen für schwerbelastete Nationalsozialisten und Förderer. Wer aber zwischen 1938 und 1945 der NSDAP beigetreten war, galt als »Mitläufer«, der lediglich dem Druck des Naziterrors hatte nachgeben müssen, und unterlag bloß einer Registrierungspflicht, die keine weitreichenden Folgen hatte. Dazu kam noch, daß selbst gegenüber »Illegalen«, schwerbelasteten Nationalsozialisten und Förderern »Ausnahmen zulässig« waren, »wenn der Betreffende seine Zugehörigkeit zur NSDAP oder einem ihrer Wehrverbände *niemals mißbraucht hat* und aus seinem Verhalten noch vor der Befreiung Österreichs auf eine positive Einstellung zur unabhängigen Republik Österreich mit Sicherheit geschlossen werden kann«.

Die Entnazifizierung war »prinzipiell« (Leumund!), aber mit »Ausnahmen« (im Sinne des Wiederaufbaus). Bürgermeister Theodor Körner: »Nationalsozialisten gehören nicht auf gehobene Posten. Diesen Grundsatz werde ich *prinzipiell* durchführen und *Ausnahmen* nur dort machen, wo sie *aus rein fachlichen Gründen absolut notwendig sind.*« Bei den Nationalratswahlen 1949 wurde schon wieder kräftig um Nazistimmen gebuhlt, während Entnazifizierung und Glorifizierung des österreichischen Widerstands bloßes außenpolitisches Reputationsproblem blieb.

Unbelastet von einer Diskussion persönlicher oder nationaler Schuld, ging also der Wiederaufbau in Österreich zügig voran, geradezu in wahrem Sportsgeist, denn »dabeisein« sei schließlich alles gewesen.

Denn während das Naziproblem in einer raschen, kalkulierten Anstrengung zumindest interpretativ »aus der Welt geschafft« wurde, wurde das Problem der Kontinuität vom Austrofaschismus in der Zweiten Republik nicht einmal angeschnitten. Im Gegenteil, gerade die Tatsache, daß auch Austrofaschisten von den Nationalsozialisten verfolgt worden sind, ermöglichte es ihnen, als Opfer des Naziregimes sofort wieder jene Posten zu beziehen, die sie bis 1938 innegehabt hatten.

Die personelle Kontinuität vom Austrofaschismus in der Zweiten Republik verbürgte, daß all das, was der Nazifaschismus viel konsequenter durchgesetzt hat, als es der Austrofaschismus gekonnt hatte, wieder patriotisch umformuliert, aber nicht zurückgenommen wurde. Es blieb sozusagen als historische Errungenschaft der bürgerlichen Gesellschaft erhalten, wobei sich an den Schaltstellen des Geisteslebens eine pragmatische Allianz der Austrofaschisten mit jenen Emigranten bildete, die aus den USA als CIA-Verbindungsleute heimgekehrt waren.

Kritik wurde nur an den »unfaßbaren Verbrechen des Naziregimes« geübt, aber nicht grundsätzlich am Nationalsozialismus bzw. Faschismus. Vom Austrofaschismus übernahm man ja Personal für die höheren Ämter, vom Nationalsozialismus wesentliche Konsequenzen von dessen Wirtschafts- und Gesellschaftspolitik, denen man es immerhin verdankte, daß man eben nicht an die Zeit vor den beiden Faschismen anknüpfen mußte, als eine starke Arbeiterbewegung noch die sozialistische Umwandlung der Gesellschaft eingefordert hatte.

Über die vernichtende Niederlage der Kommunisten bei den ersten Wahlen nach dem Krieg, im Herbst 1945, staunten daher nur die Heuchler. Die physische Liquidierung der bewußten Arbeiterschaft und der Arbeiterbewegung war ja eine der »Leistungen« des Nationalsozialismus gewesen, und dabei hatten die Kommunisten verhältnismäßig die meisten Opfer zu beklagen gehabt. Der »aufsehenerregende Konservativismus«, der sich in den ersten Wahlen 1945 manifestierte, war eine Konsequenz der radikalen gesellschaftlichen Umgestaltung, die die Nazis mit allen technischen Mitteln des 20. Jahrhunderts herbeigeführt hatten und auf der nun aufgebaut wurde, während der neue Überbau aus »Abscheu vor den Naziverbrechen« auf eine verklärende Pflege des österreichischen 19. Jahrhunderts zurückzugreifen sich entschloß.

Der Einfluß der Kommunisten wurde systematisch weiter zurückgedrängt, bis sie 1947 aus der Regierung und schließlich 1959 auch aus dem Parlament ausschieden. Sie waren insofern auch selber daran schuld, als sie nicht nur auf einer schon desavouierten stalinistischen Politik beharrten, sondern auch, von der bescheidenen Partizipation an der ersten Regierung verblendet, emphatisch mit den Wölfen geheuchelt und an der Ideologie der patriotischen Einheit mitgearbeitet hatten.

In den Jahren 1948 bis 1952 floß rund eine Milliarde Dollar in Form von Produktionsmitteln aufgrund des Marshall-Plans in die österreichische Wirtschaft. Es war das größte Einströmen ausländischen Kapitals, das je Österreich erreicht hat. In dieser Zeit wandelte sich Österreich, das nach dem Ersten Weltkrieg noch ein Mittelding aus Agrar- und Industriestaat gewesen war, zum modernen Industriestaat. Die Erfolgsmeldungen waren euphorisch und wurden konsequent propagandistisch eingebunden in den neuen Österreichpatriotismus, den das *Neue Österreich* täglich vorschrieb.

Hier war der Beweis gegeben, daß das kleine Österreich doch »lebensfähig« sei, seine Unabhängigkeit werde behaupten können. Daß für die stolzen Wirtschaftswachstumszahlen Faschismus in zwei Varianten, dann ein mörderischer Krieg und die Beibehaltung »faschistischer Errungenschaften« im »Wiederaufbau«, wie etwa der Lohnstopp, notwendig gewesen sind, das wurde naturgemäß politisch nie diskutiert, im Gegenteil: was man aus der Geschichte wirklich als »gelernt« vermitteln wollte, war gerade dies: daß politisch Lied garstig Lied sei.

Das *Neue Österreich* schrieb den Österreichern »zur Mahnung« hinter die Ohren: »Baldur von Schirachs Vater wurde gefragt, wie es käme, daß sein Sohn solche Greuel hätte verüben können. Schirachs Vater erwiderte: ›Mein Sohn war ein feinfühliger Lyriker. Er war ein vielversprechender junger Mann, er hätte die Finger von der Politik lassen sollen.‹« So stand es da, »zur Mahnung«, ohne weiteren Kommentar.

Doch so rigid der neue österreichische Überbau auch errichtet wurde – patriotisch rückwärts gewandt, hoffnungsfroh entpolitisiert in die Zukunft blickend, eine Einheit beschwörend, die es nach einer Diktatur, die so viele Täter und Opfer produziert hatte, in dieser Weise gar nicht geben konnte –, so fehlte doch lange Zeit ein Kitt, der die inneren Widersprüche dieser Konstruktion verbinden konnte (wie etwa die Formel von »Österreich als dem ersten Opfer der Naziaggression« zur staatstragenden Geschichtslüge auserkoren war). 1950 wurde die Lösung gefunden: die von der österreichischen Presse im allgemeinen Bewußtsein durchgesetzte Lüge vom kommunistischen Putschversuch. Mit dieser Lüge vom »Kommunistenputsch« war das Wiederaufgebaute im neuen Überbau in einer unverbrüchlichen Generalformel aufgehoben: Ab nun wurde es Mode, Kritik an der Gesellschaft durch Kritik an deren »Extremen« zu ersetzen. Der unpolitische Überbau hatte sein politisches Bewußtsein gefunden.

Bis 1955, bis zum Staatsvertrag, sollte nun Ruhe im Land herrschen, das ruhiggestellte soziale Klima und das – dank der Lohn-Preis-Abkommen – niedrige Lohnniveau ermöglichten einen kontinuierlichen Aufschwung der Wirtschaft. Durch die politische Kooperation der beiden großen gesellschaftlichen Lager war das Parlament, in das 1945 so pathetisch Einzug gehalten worden war, seiner Funktion beraubt, Kritik war durch Gemeinplätze ersetzt, die Tageszeitungen konnten sich in eine Dumpfheit zurücksinken lassen, die das aus den Gegebenheiten resultierende dumpfe intellektuelle Klima widerspiegelte und es dadurch auch erst so recht festsetzte. Die Errichtung des Neuen Österreich, das heißt die Errichtung des neuen österreichischen Überbaus, war in seinen wesentlichen Grundzügen abgeschlossen. Erst 1956, dem ersten Jahr der Selbständigkeit Österreichs, als der Zeitpunkt gekommen schien, in dem die Früchte des Konjunkturaufschwunges geerntet werden konnten, drohte die Stabilisierung durch aufflackernde Kämpfe um das Sozialprodukt »gefährdet« zu werden. Aufgrund der guten Erfahrungen, die während des Wiederaufbaus mit den Lohn-Preis-Abkommen gemacht worden sind, wurde diese Zusammenarbeit der Wirtschafts- und Gewerkschaftsspitzen nun in der »paritätischen Kommission« institutionalisiert.

Das war die Geburtsstunde des spezifisch österreichischen Systems der Sozialpartnerschaft.

Hervorgegangen aus dem faschistischen Lohndruck und der brachialen Versöhnung des gesellschaftlichen Widerspruchs, nach dem Krieg als freiwilliger Konsens durchgesetzt, war nun ein System entstanden, das sich zu einer Versuchsanstalt entwickeln konnte, in der vor den Augen der »Großen dieser Erde« nun die Vermeidung des Weltunterganges erfolgreich geprobt werden konnte. Vermeidung des Weltunterganges heißt: Keine

Krise sollte die bürgerliche Gesellschaft mehr wirklich essentiell erschüttern können, die Erreichung des bürgerlichen Geschichtsziels ist, wie Österreich zeigte, möglich: ein paradiesischer Zustand, der sich in ungewöhnlichen Wachstumsraten, niedrigem Lohnniveau und dennoch absolutem sozialem Frieden ausdrückt.

Es war im Oktober 1950, als Günther Anders folgende Zeilen in sein Tagebuch notierte: »Der heutige Zustand verhöhnt den blutigen Ernst der vergangenen zwölf Jahre, er macht ihn ungültig und degradiert ihn zu einem Schauspiel. Und das Schauspiel ist eben abgesetzt, weil ein anderes auf dem Spielplan steht.«

Im Erfolg, den dieses Schauspiel nun hat, rauscht noch der Beifall mit, den das vorige eingeheimst hatte, bis es abgesetzt werden mußte.

Szene

Seinesgleichen geschieht

Das Land ohne Eigenschaften.
Oder Das Erscheinen der Wahrheit in ihrem Verschwinden

1.

»Österreichische Identität« – dieser Begriff hat etwas von einem dunklen und muffigen Zimmer, in dem man, wenn man aus irgendeinem Grund eintritt, sofort die Vorhänge beiseite schieben und das Fenster öffnen möchte, um etwas Luft und Licht hereinzulassen. Doch wenn das Fenster keine Aussicht hat und sich der Raum daher nur wenig erhellen will?

Als ich begann, mein Buch über die »österreichische Identität« zu schreiben, verbrachte ich die meiste Zeit zunächst viel lieber im Kaffeehaus und las Zeitungen. Natürlich stellte ich diese Mußestunden als Teil meiner Arbeit aus, denn immerhin wurde in den Zeitungen, zumindest in den deutschen, eine intensive Identitäts-Diskussion geführt, eine breite Debatte über die neue Identität Deutschlands nach der sogenannten »Wiedervereinigung«. Da erreichte mich folgender Brief:

Sehr geehrter Herr Menasse!

Wir arbeiten zur Zeit im Auftrag des Bundeskanzleramtes am Projekt »Corporate Design«. Zur besseren Problemeingrenzung veranstalten wir dazu eine erste Diskussionsrunde. Wir erlauben uns, Sie sehr höflich zu einer Expertenanhörung ins Palais Schwarzenberg (Blauer Salon) am 26.3. einzuladen. In diesem Gespräch sollen Fragen über das Spannungsverhältnis »Staat – Verwaltung – Corporate Identity – Corporate Design« thematisiert werden. (…) Wir hoffen, Sie dort begrüßen zu können, und verbleiben mit freundlichen Grüßen

Günter O. Lebisch (Lebisch, Werbeagentur)

Daß in einer Zeit, da Deutschland aufgrund des Falls der Berliner Mauer seine neue Identität diskutiert, sich eine Gruppe von Intellektuellen und Persönlichkeiten des öffentlichen Lebens im Blauen Salon des Palais Schwarzenberg trifft, um die »Corporate Identity« der Republik Österreich zu entwickeln, läßt natürlich unmittelbar an die Musilsche Parallelaktion denken. Nun können wir in dem dunklen Raum, den der Begriff »österreichische Identität« darstellt, eine Bücherwand erkennen, einige vertraute Buchrücken, ein Lichtstrahl fällt auf Musils Roman, und schon haben wir den Eindruck, daß es doch etwas heller geworden ist, die Verhältnisse wirken ein wenig vertrauter, zumindest erscheinen uns die Aktivitäten des Bundeskanzleramtes als bedeutsam.

Tatsächlich zeigt die österreichische Realität Anfang der 90er Jahre eine deutliche Parallele zu dem Österreich, das Musil im Mann ohne Eigenschaften beschrieben hat: wieder eine Endzeit. Nicht nur deshalb, weil die Präsidentschaft Waldheims zu Ende ging. Aber wenn wir ihn als Symptom oder besser als Paradigma betrachten – und daß man dies tun kann, ja muß, darüber besteht Einhelligkeit –, dann muß man sagen: auch deshalb. Denn Waldheim war nicht nur der erste, der einzige Präsident der Zweiten Republik, der gesellschaftliche Aufklärung bewirkte – durchaus im Sinn der Dialektik der Aufklärung –, er ist auch und vor allem der letzte Präsident der Republik, die durch den Anspruch geprägt war, beweisen zu müssen, daß sie doch alleine lebensfähig sei. Was gemeinhin die »Erfolgsstory der Zweiten Republik« genannt wird, beruhte wesentlich auf diesem stolzen Selbstverständnis, daß die Zweite Republik die praktische Widerlegung des Selbstzweifels, des Grundirrtums der Ersten Republik ist. »Doch alleine lebensfähig« – erlebten wir in Waldheims Wahl mit ihrem Slogan »Wir Österreicher wählen, wen wir wollen« nicht ein letztes, geradezu karikaturhaftes Aufbäumen dieses Anspruchs? Es war dessen Ende, weil deutlich wurde, daß mit Waldheims Sieg dieser ideologische Konsens der Zweiten Republik den materiellen Interessen dieses Landes entgegenzustehen begann. Denn längst schon war die Entscheidung gefallen, Österreich wieder an einen größeren politischen und wirtschaftlichen Zusammenhang anzuschließen. So zeigte sich der Anspruch, alleine lebensfähig zu sein, schließlich an diesen einen Mann alleine delegiert, an den international isolierten Präsidenten in der nun »Bunker« genannten Hofburg, und dessen »Aussitzen« wurde nicht mehr stolz gemessen am Schicksal der Ersten Republik, sondern bange an den Erwartungen, die die politische Elite in Hinblick auf eine »Dritte Republik« zu haben begann. Noch ist dieser immer wieder in die Diskussion geworfene Begriff »Dritte Republik« nichts als eine nicht näher bestimmte Floskel, die nicht mehr und nicht weniger bedeutet als dies: Es kommt offenbar ein Gefühl davon auf, daß die Zweite Republik am Ende ist.

Natürlich wird nicht deshalb vom Ende der Zweiten Republik gemunkelt, der Begriff »Dritte Republik« in immer neuen Nullnummern vorgestellt und der EU-Beitritt vollzogen, weil sich irgend etwas grundsätzlich an der Einschätzung der politischen Stabilität und wirtschaftlichen Lebensfähigkeit Österreichs geändert hätte – es scheint vielmehr so zu sein, daß es in Österreich einen besonderen Hang zu Endzeiten gibt. Man muß Endzeiten sagen, also den Plural verwenden, weil es eine österreichische Erfahrungstatsache ist, daß am Ende einer Endzeit nie das Ende ist. Die zur Jahrhundertwende geborene Generation etwa hat dies bekanntlich viermal erleben können: Das Ende der Habsburger-Monarchie. Das Ende der Ersten Republik. Das Ende des Ständestaates. Das Ende der Ostmark als Bestandteil des Dritten Reiches. Diese Generation hat mit Fleiß und Hingabe die Zweite Republik aufgebaut, die nun strukturell mit dieser Erfahrung gesättigt ist, mit dieser praktischen Metaphysik, diesem weltlichen Katholizismus: Das Diesseits der Geschichte ist flüchtig, aber es gibt immer ein geschichtliches Jenseits, das erlöst.

Das definiert auch wesentlich unser Nationalgefühl. Ein Beispiel: Was wird in Österreich heute als Nationalliteratur empfunden und anerkannt? Robert Musil? Heimito von Doderer? Oswald Wiener? Bei Musil und Doderer wird man sofort einhellige Zustimmung erhalten, daß deren Werke tatsächlich Nationalliteratur sind.

Bei Wiener wird man im allgemeinen zunächst stutzen und dann abwehren. Dabei haben alle drei Autoren Wesentliches gemeinsam: Jeder von ihnen wollte den großen, totalen, definitiven Roman schreiben, und die Bedeutung und die literarische Qualität aller drei steht völlig außer Streit. Aber während Musils *Mann ohne Eigenschaften* das Ende der Habsburger-Monarchie beschreibt und Doderers *Dämonen* sich mit dem Ende der

Ersten Republik auseinandersetzt, ist Wieners *Verbesserung von Mitteleuropa* in dieser Beispielreihe die einzige genuine literarische Reflexion der Zweiten Republik, weshalb dieser Roman – zur Zeit seiner Abfassung war noch kein Ende der Zweiten Republik absehbar – als einziger dieser drei nicht als deren Nationalliteratur empfunden wird.

Eine Diskussion darüber, wie repräsentativ ein literarisches Werk für die nationale Identität ist, sollte erst viele Jahre später von Thomas Bernhard ausgelöst werden, durch sein Stück Heldenplatz – das sich ebenfalls wieder auf einen historischen Untergang Österreichs bezieht.

Ein weiteres Indiz ist, daß es zu dieser Zeit, nachdem die Zweite Republik sich so lange jede grundsätzliche Selbstreflexion ersparen zu können glaubte, nun doch zu einer breiten Diskussion der eigenen Identität, zu einem Hinterfragen der Geschichte, zu öffentlichem Nachdenken und Bedenken gekommen ist. Es ist bekannt, daß die Eule der Minerva ihren Flug in der Dämmerung beginnt.

In der Zweiten Republik war allerdings, wie im folgenden auch gezeigt werden soll, alles von Anfang an in ein so eigentümliches Zwielicht getaucht, daß die Dämmerung nicht so einfach davon zu unterscheiden ist. Wir erkennen also nicht die Dämmerung und können schließen, daß die Eule der Minerva nun ihren Flug wohl beginnt, sondern wir sehen die Eule und wissen, daß die Dämmerung eingesetzt haben muß.

Die breite Auseinandersetzung über die Verfaßtheit Österreichs war aber von Anfang an nostalgisch, das heißt, es ging nur noch darum, daß wir, in Brüssel angekommen, wissen wollen, wer wir gewesen sind.

2.

Die Zweite Republik hatte von Anfang an besonderen Anlaß zur Selbstreflexion – aber deswegen hat sie sie möglichst vermieden. Selbst die Nationalfeiertage, anderswo Gelegenheit für programmatische Überlegungen der politischen Repräsentanten, wurden hierzulande bald nur noch für Aufrufe zu Fit-Märschen genützt, während weitgehend sogar vergessen wurde, woran der Nationalfeiertag erinnern sollte, ganz zu schweigen von den Konnotationen, die es gerade in Österreich hat, wenn das Volk aufgerufen wird zu marschieren. Intellektuelle und Künstler, die sich kritisch mit der politischen und gesellschaftlichen Verfaßtheit Österreichs auseinandersetzten, wurden von Gerichten verfolgt bzw. später, im Zuge einer Liberalisierung oder zumindest einer Erosion der versteinerten Verhältnisse, nur noch dazu aufgefordert, sich psychiatrieren zu lassen. Auch die schließliche Aufdeckung von politischen Skandalen befriedigte in keiner Weise das Bedürfnis nach wenigstens einem Minimum von politischer Aufklärung, sondern übersättigte mit einem Maximum an Aufklärung über das Fehlverhalten einzelner Menschen, was zu einer Moralisierung der Republik führte, statt zu ihrer Aufklärung.

Diese Abwehr gegenüber jeder grundsätzlichen Problematisierung der Republik wird gerne mit der traumatischen Erfahrung begründet, die mit der Ersten Republik gemacht worden war: daß ein Staat untergehen kann, wenn nicht an ihn geglaubt wird. An die Zweite Republik mußte daher bedingungslos und ohne Widerspruch geglaubt werden. Das programmatische »Nie wieder!« der Nachkriegspolitiker bezog sich nicht so sehr auf den Faschismus als auf die Konflikte, Widersprüche, Auseinandersetzungen und die Kritik, die erfahrungsgemäß einen Staat existentiell bedrohen können. Die Gründerväter der Zweiten Republik, die erlebt hatten, daß Menschen wegen ihrer Gesinnung verfolgt worden sind, beschlossen, damit dies nie wieder geschehe, ein System zu errichten, in dem man sich ohne Gesinnung zusammensetzen kann.

Dieses System, die Sozialpartnerschaft, bewirkte, daß alle gesellschaftlichen und politischen Widersprüche und Gegensätze mitsammen identisch wurden, wodurch österreichische Identität bald nichts anderes mehr bedeutete, als daß hier jegliche konkrete Identität obsolet geworden ist.

Erst allmählich begann sich das zu ändern. Die Erfolge österreichischer Schriftsteller, die sich konsequent mit der österreichischen Realität kritisch auseinandersetzten (wie etwa Bernhard, Turrini, Haslinger), sind ein Indiz dafür, daß ein gesellschaftliches Bedürfnis nach Selbstreflexion wuchs, die Entwicklung in Europa nach 1989 machte die Frage nach der Selbsteinschätzung Österreichs und seiner Stellung im nun völlig geänderten Kontext virulent, und die Perspektive des EU-Beitritts Österreichs verstärkte noch zusätzlich die aufkommende Diskussion um Österreichs Identität.

Es ist natürlich nicht verwunderlich, daß sich bei dieser Diskussion das historische Defizit, der Mangel an Tradition einer entsprechenden Auseinandersetzung und das Fehlen eines gewachsenen reflexiven Selbstverständnisses und daraus folgender Parameter, allzu deutlich bemerkbar macht. Die Beschreibung österreichischer Verhältnisse wurde gleich als Parodie oder zumindest als Übertreibung empfunden, eine einfache analytische Ableitung als zweifelhafte Spekulation, und das Denken in historischen Zusammenhängen, die manches an der eigentümlichen Gewordenheit der Zweiten Republik verständlich machen, galt als Provokation, als »Aufreißen alter Wunden«. Diese Wunden muß man natürlich mitdenken, um die vollständige Bedeutung des Satzes zu ermessen, daß Österreich ein Verbändestaat ist.

Die Art, wie aber von offizieller Seite mit österreichischer Geschichte und österreichischer Identität umgegangen wurde, schlug allerdings immer neue wirkliche Wunden – Wunden in jedes denkende Gemüt. Dazu zwei Beispiele:

Bundespräsident Waldheim bat am Nationalfeiertag des Jahres 1991 um Entschuldigung für seinen Satz, er habe als Leutnant der deutschen Wehrmacht nur seine Pflicht getan. Ist ihm also die inhaltliche Tragweite dieses Satzes doch noch zu Bewußtsein gekommen, hat er zu einem späten, aber letztlich doch noch akzeptablen Einsehen gefunden, was er mit diesem Satz eigentlich gesagt hatte? Nein. Er entschuldigte sich, sinngemäß zusammengefaßt, vielmehr dafür, daß er nach vielen Jahren im Ausland nicht habe wissen können, daß sich mittlerweile das geistige Klima in Österreich dahin gehend verändert habe, daß ein solcher Satz nicht mehr selbstverständlich von allen akzeptiert werde. Wäre ihm dies bekannt gewesen, hätte er diesen Satz gewiß nicht gesagt.

Mit anderen Worten: Der Präsident, der einen Großteil seiner Amtszeit mit dem Dementieren des Vorwurfes, daß er gelogen habe, zugebracht hat, erklärt am Ende seiner Amtszeit, daß er auch in diesem Punkt liebend gerne gelogen hätte, wenn er nur besser darüber informiert gewesen wäre, was die Öffentlichkeit in dieser Frage zu hören wünschte.

Bundeskanzler Vranitzky erklärte im Parlament, daß es eine österreichische Mitschuld an den Nazi-Verbrechen gegeben habe. Sechsundvierzig Jahre nach Kriegsende und drei Jahre nach dem sogenannten »Bedenkjahr« kommt ein solches Eingeständnis eigentümlich spät. Wer wollte Vranitzky dafür tadeln? Man könnte ja auch sagen: endlich ein Regierungschef, der ein jahrzehntelanges Versäumnis ausräumt, endlich eine offizielle Anerkennung der bekannten Tatsache, daß diese Republik auf einer Geschichtslüge begründet wurde, auf der Lüge, daß Österreich ausschließlich Opfer der Nazi-Aggression gewesen sei. Spät, könnte man sagen, aber endlich doch!

Nun war aber Vranitzkys Erklärung leider keine grundsätzliche Erklärung zu Österreichs Geschichte und Verfaßtheit, sondern gewissermaßen nur eine Fußnote zu einer Erklärung über die Situation in Jugoslawien. Und die »österreichische Mitschuld an den Nazi-Verbrechen« wurde in einer Weise zugegeben, die sie gleichzeitig einmal mehr dementierte: Es habe eine Mitschuld gegeben – aber nur von seiten einzelner Österreicher, jedoch nicht von seiten Österreichs. Mit anderen Worten, es bleibt dabei: Österreich war ein Opfer. Weil keiner damals die Republik wollte, und weil es sie dann auch gar nicht mehr gab. Nur die Staatsbürger waren Täter. Nicht einmal die Staatsbürger, da es ja den Staat nicht mehr gab, sondern die einzelnen, die da lebten, in dieser Gegend, in diesem Raum, wo erst später, als der Nazi-Spuk vorbei war, wieder ein Staat gegründet wurde, der daher als Staat als unschuldig zu gelten habe.

Es gäbe unzählige solche Beispiele. Aber schon diese beiden zeigen symptomatisch das Dilemma jeglicher österreichischen Selbstreflexion. Ihr Prinzip ist das Entweder-und-Oder, eine unerträglich sich spreizende Verrenkung, mit der versucht wird, von jeder Seite des Widerspruchs ein Zipfelchen zu erhaschen, von den historischen Notlügen einerseits, die man nicht wegdiskutiert haben will, und von der historischen Wahrheit andererseits, die man nicht mehr ganz wegdiskutieren kann. Es wäre ein Irrtum zu glauben, daß die strukturelle Homologie in den Argumentationen zweier so unterschiedlicher Charaktere wie Waldheim und Vranitzky ein Zufall ist. Beide Äußerungen sind logische Konsequenz einer Systemlogik, die jede offizielle oder offiziöse Äußerung der Repräsentanten dieser Republik affiziert. Daß Österreich das Land des Entweder-und-Oder ist, wurde bereits in der Gründung der Zweiten Republik und in der Begründung ihres nationalen Selbstverständnisses angelegt. Die Geschichte von den traumatischen Erfahrungen mit der Ersten Republik, aus denen die Gründer der Zweiten Republik ihre Lehren gezogen haben, ist ja nur ein Teil der Wahrheit. Tatsache ist, daß die Gründer der Zweiten Republik Repräsentanten einer Generation waren, die, in der Geschichte höchst ungewöhnlich, um nicht zu sagen: einmalig, auf fünf verschiedene politische und staatliche Identitäten eingeschult wurde: von der Habsburger-Monarchie über die Erste Republik, Ständestaat, Nazi-Deutschland in die Zweite Republik. Diese Erfahrung mußte natürlich zu einem tiefen Mißtrauen gegenüber jeglicher eindeutigen, positiv formulierten Identität führen, weshalb alle Gründungspostulate der Zweiten Republik wesentlich negativ abgeleitet waren: Dies soll nie wieder möglich sein und jenes nie wieder passieren können! Und überall dort, wo doch inhaltlich konkrete, positiv bestimmbare Beschlüsse getroffen wurden, wurden sie sofort auch in der Praxis in ihr Gegenteil aufgehoben: Man behielt die nationalsozialistische Legislation weitgehend in Kraft, während man entnazifizierte. Man entnazifizierte und buhlte gleichzeitig unverhohlen um die Stimmen der ehemaligen Nazis. Man stellte die Widerstandstätigkeit österreichischer Kommunisten gegen den Nationalsozialismus gegenüber den Alliierten aus, während man gleichzeitig die Kommunistische Partei innenpolitisch ächtete. Man rekurrierte auf die Leistungen der Habsburger-Monarchie als identitätsstiftenden Faktor und beschloß die Habsburgergesetze. Und so weiter.

Der Staat war gegründet, und man könnte diese Politik des Entweder-und-Oder für eine konjunkturelle politische Pragmatik halten. Aber der Staat war noch nicht souverän. Und wenn man nun untersucht, wie Österreich seine staatliche Souveränität erlangte, wird man feststellen, daß dieses Lavieren zwischen Gegensätzlichem, dieses eklektizistische Verhältnis zu historischen Widersprüchen, diese Angst vor eindeutiger politischer Selbstdefinition aus tief verwurzelter Angst vor den Wechselfällen der Geschichte zum Fundament der Unabhängigkeit Österreichs wurde, und damit zur Basis jeder weiteren politischen Praxis bis heute. Die Politik des Entweder-und-Oder hatte System und wurde systembegründend.

Zur Erlangung der staatlichen Unabhängigkeit war der Nachweis unabdingbar, daß Österreich eine eigene Nation sei. Nur dadurch nämlich war der Wunsch nach staatlicher Souveränität wohlbegründet und jeder Verdacht auf weitere Anschlußgelüste an Deutschland ausgeräumt.

Meines Wissens ist die Zweite Republik Österreich der einzige Nationalstaat, der sich zu seiner Nationswerdung entschlossen hat und, das ist gewiß einmalig, dessen Nationswerdung wesentlich außenpolitische Gründe hatte. Innenpolitisch gab es keine zwingende Tendenz zur Selbstdefinition als eigene Nation. Noch 1956 waren bei einer Meinungsumfrage 46% der Bevölkerung der Meinung, daß Österreicher »zum deutschen Volk gehören«. Man kann sich vorstellen, wieviel höher der Prozentsatz zehn Jahre vorher, noch vor Einsetzen der massiven Nations-Propaganda, gewesen ist. Der Satz »Wir sind eine Nation« bedeutete also, ins österreichische Deutsch übersetzt, zunächst nichts anderes als: »Dürfen wir wohl so frei sein, frei zu sein?«

Um diese Freiheit zu erlangen, wollte sich Österreich nicht nur auf sein diplomatisches Geschick verlassen, sondern vergewisserte sich all seiner Ressourcen. Das ist zwar selbstverständlich, zeigt aber in der besonderen Form, wie dies geschah, eine weitere Eigentümlichkeit der österreichischen Nationswerdung: Im Jahr 1946 beschloß ein kleiner innerer Kreis der österreichischen Regierung (Bundeskanzler, Vizekanzler, Außen- und Innenminister), die wertvollsten österreichischen Kunstschätze aus allen Wiener Museen abzuziehen und in den Westen zu evakuieren. Der Grund für diese mit den westlichen Alliierten akkordierte Aktion war, daß noch zu befürchten stand, die Sowjetunion könnte versuchen, ihre österreichische Zone dem

Ostblock einzuverleiben und Österreich dadurch zu teilen. In diesem Fall sollte eine österreichische Exilregierung durch den Verkauf dieser Kunstschätze über ausreichend Kapital verfügen, »um die nationalen Interessen Österreichs mit Nachdruck in der Welt vertreten und durchsetzen zu können«. Die Kunstschätze wurden zunächst in die Schweiz gebracht, unter dem Vorwand, sie würden dort als Dank für die Schweizer Nachkriegshilfe ausgestellt, in der Folge wurden sie auf Wanderausstellung durch Westeuropa und schließlich in die USA geschickt, von wo sie erst 1954 zurückkehrten, als der Abschluß des Staatsvertrages absehbar war. Diese Geschichte zeigt, daß Österreich, noch bevor es im politischen Sinn eine Nation wurde, bereits eine Kulturnation war – insofern, als man sich eines kulturellen Nationalvermögens bewußt war, nämlich der geerbten Kulturgüter und Kunstschätze, und auch bereit war, diese zur materiellen Basis der durchzusetzenden Staatsnation zu machen. Die entsprechenden vorsorglichen Aktivitäten der damaligen Regierung waren nicht nur sehr weitblickend, in ihrem notwendigen Changieren zwischen Kulturnation und Staatsnation sind auch schon alle Eigentümlichkeiten des Nationsbegriffs und der nationalen Identität angelegt, die Österreich in der Folge herausbilden sollte.

Es gab und gibt ja bekanntlich zwei »klassische« Nationsbegriffe: den aus der deutschen romantischen Tradition, der Nation wesentlich als Sprach- und Kulturgemeinschaft versteht, und den im Sinne der französischen revolutionären Tradition, der zufolge eine Nation nichts anderes ist als ein Staat, der vom kollektiven Wunsch gebildet wird, jedem einzelnen die bürgerlichen Freiheiten und Rechte zu garantieren.

Natürlich verbot sich der deutsche Nationsbegriff von selbst. Man setzte also zunächst massiv auf den französischen Nationsbegriff und propagierte die Idee einer österreichischen Nation, die wesentlich durch den kollektiven Willen der Bevölkerung zu Freiheit und Unabhängigkeit gebildet werde. Zugleich rekurrierte man, in Hinblick auf die Bundesrepublik Deutschland, von der man sich propagandistisch noch klarer unterscheiden wollte, auch wieder auf den deutschen Nationsbegriff, allerdings um ihn gegen die Deutschen zu wenden: Es wurden kulturelle Besonderheiten Österreichs im Unterschied zu Deutschland geltend gemacht, ein Argument, das innenpolitisch als »Mentalitätsunterschiede« wiederkehrte und durch die Anti-»Piefke«-Ressentiments, die es in Österreich nach 45 gab, verstärkt wurde. In den Schulen wurde damals sogar der Begriff »Deutsch« durch den Begriff »Unterrichtssprache« ersetzt.

Man spielte mit diesen Anti-»Piefke«-Ressentiments und propagierte die Idee einer österreichischen Nation, deren kulturelle Eigenart sich historisch aus dem Verschmelzen mannigfacher Einflüsse aus den ehemaligen österreichischen Kronländern entwickelt habe, und bestand gleichzeitig gegenüber den nun in Österreich lebenden Minderheiten auf der deutschen Sprachgemeinschaft als Basis für nationale Identität. Man gestand Sprache und Geschichte als konstitutiv für nationales Selbstgefühl zu und mußte das forcierte nationale Selbstgefühl ununterbrochen von sprachlichen Fallen und historischen Verbindlichkeiten reinigen: Die Propagierung der »österreichischen Nation« vermied tunlichst das zugehörige Adjektiv »national«, um nicht irrtümlich in den Anruch großdeutscher Propaganda zu kommen (es ist überaus lehrreich, die diesbezüglichen sprachlichen Windungen und Wendungen im *Neuen Österreich*, der damaligen Regierungszeitung, nachzulesen), und die Verweise auf die große österreichische Geschichte umgingen konsequent jegliche Auseinandersetzung mit den personellen und strukturellen Kontinuitäten aus der NS-Zeit.

Post festum kann man aber sagen: Es hat funktioniert. Österreich hat seine Souveränität erhalten, die Jahrzehnte der staatlichen Unabhängigkeit haben zweifellos eine zwar schwer bestimmbare, aber doch irgendwie deutlich empfundene eigenständige Mentalität hervorgebracht, und daß Österreich eine Nation sei, steht heute auch innenpolitisch so wenig in Frage wie außenpolitisch. Meinungsumfragen zufolge stimmen bereits rund neunzig Prozent der Österreicher dem Satz zu, daß Österreich eine eigene Nation sei. Damit übertrifft die allgemeine Zustimmung der Österreicher zu einer Nation Österreich prozentual sogar die Zustimmung der Franzosen zur Nation Frankreich. Zugleich aber zeigen die Meinungsumfragen, daß niemand in Österreich verbindlich zu sagen wüßte, was eine Nation eigentlich sei bzw. worin die nationalen Eigenheiten Österreichs konkret bestünden. Das ist, in Anbetracht des österreichischen Nationalgefühls, nicht verwunderlich: Es besteht ja tatsächlich aus nichts Bestimmtem, besser gesagt, es besteht aus der wechselseitigen Aufhebung der klassischen Nationsbestimmungen. Es besteht aus Entweder-und-Oder. Wir sind eine deutsche Sprachgemeinschaft, die sich von der deutschen Sprachgemeinschaft distanziert. Wenn wir im Ausland Deutsch sprechen, weisen wir darauf hin, daß wir Österreicher sind, und erwarten, daß wir besser behandelt werden als die Deutschen. Wir sind, von der Entstehungsgeschichte her, eine Kulturnation, die bereit war, ihre Kulturgüter zu verkaufen, falls dies notwendig gewesen wäre, um eine Staatsnation zu werden. Wir sind eine Staatsnation geworden, die auf den politischen Implikationen dieses Begriffs aber nicht besteht, sondern, da wir unsere Kunstschätze zum Glück doch nicht verkaufen mußten, sich lieber als Kulturnation präsentiert. Wir definieren uns zwar auch über unseren Willen zu den bürgerlichen Freiheitsrechten, messen ihnen aber zugleich nicht unbedingt Bedeutung zu, wenn es darum geht, sie anderen zuzugestehen. Wir sind daher solidarisch mit allen, die sie haben, wir sind also zum Beispiel solidarisch mit Südtiroler Hoteliers, demontieren aber die Ortstafeln der in Österreich lebenden Slowenen, bieten Grenzschutz auf gegen asylsuchende Rumänen oder erlassen Aufenthaltsgesetze, die es ermöglichen, Menschen, die seit vielen Jahren hier gelebt und gearbeitet haben, plötzlich auszuweisen. Wir definieren uns über unsere Kultur und unsere Geschichte, und unsere Kultur besteht aus einem selektiven Umgang mit Geschichte, und Geschichte ist für uns die herzeigbare geerbte Kultur. Wir sind neutral, aber wir haben unsere Verpflichtungen, weshalb wir über Nacht Gesetze ändern, um die Durchfuhr von Kriegsmaterialien durch unser Land zu ermöglichen, ohne unsere Neutralität zu verletzen. Wir sitzen vor dem Fernsehgerät und sehen im »Club 2« eine Diskussion, in der Jörg Haider unwidersprochen den Nationsbegriff ausschließlich im Sinn von »Sprach- und Kulturgemeinschaft« verwendet, bis er schließlich sogar Simon Wiesenthal dazu bringt »zuzugeben«, daß auch er, Simon Wiesenthal, der »deutschen Nation«

angehöre, und wir wissen: Hier sind wir zu Hause. Wir halten Jörg Haider wegen seiner Aussagen zur österreichischen Nation und zum Nationalsozialismus als Landeshauptmann von Kärnten für untragbar, aber wir halten ihn schon am nächsten Tag als Landeshauptmannstellvertreter für tragbar. Kurz gesagt, Österreich ist ein Paradebeispiel für die Hegelsche Definition von Identität, der zufolge Identität nichts anderes sei als die Identität mit der Nicht-Identität. Mit anderen Worten: Wir sind ehrlich davon überzeugt, nicht zu lügen, solange wenigstens das Gegenteil wahr ist.

Allerdings: Durch diese wechselseitige Aufhebung der beiden klassischen Nationsbegriffe ist tatsächlich so etwas wie eine spezifische nationale Eigenheit entstanden: Österreichische Nation – das ist gleichsam der *dritte Nationsbegriff*.

Man kann empirisch belegen, daß es keine signifikante Anzahl von Österreichern gibt, die zum Begriff österreichische Nation die Implikationen des Begriffs Staatsnation assoziieren, etwa »kollektiver Wille zur Garantie der bürgerlichen Freiheitsrechte jedes einzelnen«. Anderseits ist durch die forcierte Abgrenzung von Deutschland nichts vom Deutschnationalismus, aber auch kaum etwas von den konstitutiven Elementen des deutschen romantischen Nationsbegriffs übriggeblieben. Der Satz etwa: »Wir sind eine Nation, weil wir alle dieselbe Sprache sprechen« kommt jedem Österreicher, egal auf welcher Seite des weltanschaulichen Spektrums, komisch vor. Jene Meinungsumfrage, die ein repräsentatives Sample von Österreichern bat, den Satz »Wir sind eine Nation, weil ...« zu ergänzen, erhielt in überwältigender Mehrzahl bloß tautologische Antworten, wie zum Beispiel: »Wir sind eine Nation, weil wir alle Österreicher sind!«

Alle negativen Erfahrungen, die dieses Land in seiner Geschichte mit der Idee des Nationalstaates und dem Nationalismus gemacht hat – von den Nationalitätenkonflikten der Habsburger-Monarchie über den operettenhaft inszenierten Österreich-Patriotismus des Ständestaates bis zum Nationalsozialismus –, sind in diesem aus Aufhebungen zusammengesetzten neuen österreichischen Nationsbegriff erlöst. Anderseits: Gerade vor dem Hintergrund der jüngsten Geschichte erweist sich die inhaltliche Unbestimmtheit des österreichischen Nationsbegriffs als seine wesentliche inhaltliche Bestimmung: Wo nichts ist, kann auch keine Schuld sein.

Als Adolf Eichmann im Jahr 1960 vom israelischen Geheimdienst verhaftet wurde und seinem Prozeß entgegensah, machte sich die österreichische Regierung wegen der Konsequenzen Sorgen, die es hätte, wenn Eichmann als Österreicher verurteilt wird. Man fand eine einfache und schlüssige Lösung: Eichmann wurde die österreichische Staatsbürgerschaft, also seine Nationalität, aberkannt. Fünf Jahre nach der Erlangung der staatlichen Souveränität hat die Zweite Republik Österreich bereits die innovative Bedeutung seines Nationsbegriffs demonstriert: nämlich eine Staatsnation zu sein, die ihren Bürgern historische Unschuld garantiert.

Dieser Nationsbegriff prädestinierte Österreich nun in besonderer Weise für einen Beitritt in die EU. Er ermöglichte Österreich nämlich, in aller Unschuld diesen Schritt zu tun, der nach den geschichtlichen Erfahrungen dieses Landes so problematisch erscheint wie für keine andere Nation. Denn der Widerspruch zwischen den Allüren, etwas ganz Besonderes zu sein, und der Sehnsucht, in einem größeren Zusammenhang aufzugehen, hat Österreich schon einmal zerrissen. Das in der Zweiten Republik aber herausgebildete Nationalgefühl hat auch diesen Widerspruch nach dem Entweder-und-Oder-Prinzip synthetisiert, so daß er nicht mehr als Widerspruch empfunden wird: Bei einer Meinungsumfrage zum Thema »Österreichbewußtsein« im Jahr 1984 gaben sechzig Prozent der Befragten an, daß »Österreich eine besondere Rolle in Europa« spiele, während gleichzeitig sage und schreibe rund fünfzig Prozent schon damals glaubten, daß Österreich bereits EU-Mitglied sei.

3.

In einem Märchen erzählt der österreichische Dichter Joe Berger von einem Brathühnchen, einem Backhähnchen und einem Hirschrücken, die einander in einem Restaurant treffen. Die drei unterhalten sich miteinander und versuchen mit Geschichten aufzutrumpfen, die zeigen sollen, wie stark, selbstbestimmt und erfolgreich ihr Leben sei. Nach einer Weile aber ruft der Hirschrücken den Oberkellner und sagt: »Bitte, wenn Sie uns servieren würden; wir wollen unsere Hungrigen nicht warten lassen.«

In einem Land, in dem Märchen und Legenden konstitutiv für dessen politische und gesellschaftliche Verfaßtheit und für das Selbstverständnis und die Identität der Bevölkerung wurden, sind literarische Märchen natürlich genuin realistisch.

Deutlich wurde dies etwa bei der Diskussion über eine Änderung des österreichischen Staatswappens, die Ende 1991/Anfang 1992 Vertreter aller Parteien bis hin zu Bundespräsident und Bundeskanzler erfaßte, bis schließlich der Grün-Abgeordnete Peter Pilz den Vorschlag machte, den Adler im Wappen durch ein Backhendl zu ersetzen.

Natürlich war alles falsch, was in dieser Diskussion geäußert wurde, genauso unsinnig, wie die selbstgefälligen Lügen, die Brathühnchen, Backhähnchen und Hirschrücken einander im Restaurant erzählen.

Das Ausland – so wurde argumentiert – werde es nicht verstehen, daß Österreich, nach dem Bankrott der Sowjetunion und nachdem deren Nachfolgerepubliken alle kommunistischen Symbole aus ihren Wappen und Flaggen entfernt haben, als einziges Land der Welt an Hammer und Sichel in seinem Staatswappen festhalte.

Natürlich war nicht gemeint, daß die »kommunistischen Symbole Hammer und Sichel« im österreichischen Staatswappen durchaus dem österreichischen Selbstverständnis weiterhin entsprechen würden, wenn die Sowjetrepublik nicht bankrott gemacht hätte. Aber abgesehen davon, war auch falsch, was durchaus gemeint war: »Das Ausland« – ohne es jetzt näher bestimmen zu wollen – hat wahrlich andere Sorgen als das österreichische Wappen. Und das österreichische Wappen enthält keine »kommunistischen Symbole«; es besteht aus einem Adler, der mit den Symbolen der »drei Hauptstände« der Gesellschaft »gewaffnet« ist, wie es im österreichischen Staatswappengesetz heißt: Mauerkrone, Hammer und Sichel, die für Bürger, Arbeiter und Bauern stehen. Nun mögen Hammer und Sichel, so sie gekreuzt sind, ein kommunistisches Symbol sein, die Trias Mauerkrone, Hammer und Sichel ist gewiß kein kommunistisches Symbol. Zu behaupten, daß diese Trias ein kommunistisches Symbol enthalte, ist so absurd, als würde man sagen, daß die rot-weiß-rote österreichische Fahne zweimal die kommunistische rote Fahne und die österreichische Bundeshymne in der Zeile »Land der Hämmer« ein halbes kommunistisches Emblem enthielten.

Und doch enthüllt die Wappendiskussion eine tiefe österreichische Wahrheit, und zwar in der Tatsache, daß es ein äußerer Anlaß war, der diese Diskussion auslöste, und daß es das Ausland ist, auf das sie sich bezieht. Die Wahrheit ist, daß es in Österreich eine tiefverwurzelte Angst gibt, daß dem Ausland der Appetit auf Österreich plötzlich vergehen könnte. Österreichische Politiker sind daher immer wieder in der Situation des Hirschrückens, dem plötzlich einfällt, daß draußen die Hungrigen warten. Dieser Sachverhalt ist sogar im österreichischen Wappen enthalten, allerdings hat es keiner bemerkt. Und schon den Republikgründern ist offenbar entgangen, welch peinliche Wahrheit sich in diesem Wappen in Wahrheit versteckt:

Am 1. Mai 1945 beschloß das Parlament der neugegründeten Republik Österreich das Gesetz über Wappen, Farben, Siegel und Embleme, kurz: das sogenannte »österreichische Wappengesetz« (StGBl. 7). Artikel 1 (1) lautet: »Die Republik Österreich führt das mit Gesetz vom 8. Mai 1919, StGBl. Nr. 257, eingeführte Staatswappen ...« Die Gründe dafür, daß die Zweite Republik das Staatswappen der Ersten Republik wiedereinführte, scheinen zunächst unmittelbar einsichtig: Die Zweite Republik war zwar ein neugegründeter Staat, aber er war nicht aus dem historischen Nichts entstanden. Die Wiedereinführung des Staatswappens der Ersten Republik sollte ausdrücken, worin sich dieser Staat historisch verwurzelt sah, nämlich im Besten der österreichischen Geschichte, seiner zwar kurzen, aber immerhin doch existierenden republikanischen Tradition. Tatsächlich war und ist dieses Staatswappen insofern ein genuin republikanisches, da es in dieser Form weder vor der Ersten Republik noch während des autoritären Ständestaates und natürlich auch nicht während der Nazi-Herrschaft existiert hatte.

Die Symbole des Wappens sind zwar weder kühn noch originell, aber für die Republik durchaus sinnig: Der einköpfige Adler ist historisch das Symbol für republikanische Staatsgewalt, und er trägt Mauerkrone, Hammer und Sichel, die Bürger, Arbeiter und Bauern symbolisch darstellen.

Dieses Wappen erschien also als inhaltlich sinnvoll, in der österreichischen Geschichte verwurzelt und dennoch nicht belastet und wurde daher 1945 ohne weitere Diskussion wiedereingeführt, mit der bekannten kleinen Ergänzung, daß »zur Erinnerung an die Wiedererringung der Unabhängigkeit Österreichs und den Wiederaufbau des Staatswesens (...) eine gesprengte Eisenkette die beiden Fänge (des Adlers) umschließt«.

Natürlich ist es bedauerlich, daß es 1945, weil alles so unmittelbar logisch und einsichtig schien, zu keiner Diskussion über dieses Wappen gekommen ist. Dadurch hatte nämlich der Gesetzgeber, ohne es zu bemerken, der Republik gewissermaßen ein Ei gelegt, das Kuckucksei, auf dem der Adler heute noch brütet. Um dieses Ei im österreichischen Wappen zu sehen, müssen wir uns nun mit dessen verdrängter Entstehungsgeschichte beschäftigen.

Es wird behauptet, daß es auch 1919 keine Diskussion in Hinblick auf die Gestaltung des österreichischen Staatswappens gegeben habe. Die Erste Republik habe innenpolitisch unter dem Druck der Kommunisten und radikalen Sozialisten, außenpolitisch unter dem Druck der kommunistischen Räterepubliken in Bayern und Ungarn gestanden. Dies sei der Grund, warum Hammer und Sichel ins Wappen der ersten Republik, gleichsam in einer Nacht-und-Nebel-Aktion, Eingang gefunden hätten. Diese Behauptung ist schlicht falsch. Es gab zwar keine Debatte nach Einbringung des Staatswappengesetzes im Parlament, aber es gab eine intensive, ja hitzige Diskussion vor der Einbringung und Lesung des Gesetzesentwurfs. Und diese Diskussion ist wahrlich interessant: In der Phase der Ausarbeitung des Gesetzesentwurfes plädierte Wilhelm Miklas, der Verhandlungsleiter der christlichsozialen Fraktion, dafür, die österreichischen Landesfarben Rot-Weiß-Rot zu den Staatsfarben der Republik zu machen. Karl Renner, für die Sozialisten, war dagegen. Er argumentierte, daß die Republik mit dem programmatischen Namen Deutsch-Österreich alleine nicht lebensfähig und daher der baldmögliche Anschluß an Deutschland zu suchen sei. Es wäre daher sinnvoller, der Republik sofort die deutschen Nationalfarben Schwarz-Rot-Gold zu geben, zumal »die Wahl der Farben Schwarz, Rot und Gold tatsächlich die nationale Zusammensetzung der Republik Deutschösterreich versinnbildlicht«, wie der österreichische Staatsrat bereits am 31. Oktober 1918 festgehalten hatte. Nach einiger Diskussion, in der natürlich auch außenpolitische Rücksichten eine Rolle spielten, einigten sich die Führer der beiden großen Parteien auf einen Kompromiß: Die österreichische Staatsflagge sollte Rot-Weiß-Rot, das österreichische Staatswappen aber Schwarz-Rot-Gold enthalten. Allerdings mußte Renner auch hier noch weiter, als ihm lieb war, zurückstecken. Sein ursprünglicher Antrag, daß also »das Staatswappen aus einem Stadtturm aus schwarzen Quadern, gekreuzten Hämmern in Rot, umgeben von einem goldenen Kranz von Ähren« zu bestehen habe, die zugleich auch »die drei Hauptklassen der Gesellschaft symbolisch darstellen« würden, konnte Miklas auch nicht begeistern. Er vermißte das Symbol für die Staatsgewalt – man einigte sich also auf den Adler. Die »drei Hauptklassen« machten Miklas auch nicht glücklich, er sprach von den »Hauptständen«, eine Formulierung, die er auch für die letzte Formulierung des Gesetzes durchsetzte. Zwei Hämmer fand Miklas zu viel, das würde die Stärke und Bedeutung der Arbeiterschaft überrepräsentieren – man einigte sich auf lediglich einen Hammer. Und der Ährenkranz sei, wie der Christlichsoziale Miklas wußte, Symbol lediglich für den Erntedank, nicht aber für die Arbeit der Bauern – weshalb er als Symbol für die bäuerliche Arbeit eine Sichel durchsetzte. Der Kompromiß sah also letztendlich so aus: »Das Staatswappen der Republik Deutsch-Österreich besteht aus einem freischwebenden, einköpfigen, schwarzen, rot gezüngelten und golden gewaffneten Adler«, und die »Waffnung« sind eben die drei bekannten Ständesymbole Mauerkrone, Sichel und Hammer.

Im Parlament gab es in der Folge keine Diskussion mehr, wie das immer so ist, wenn die Gesetzesvorlage ein schon vorher ausgehandelter Kompromiß der Fraktionsführer ist.

In der, dank Renner, schwarzrotgoldenen Farbsymbolik des

österreichischen Wappens sind bis heute die österreichischen Anschlußgelüste an Deutschland enthalten – ohne daß dies jemals problematisiert, geschweige denn zu ändern vorgeschlagen wurde. Gegenüber der Farbsymbolik des österreichischen Wappens ist das offizielle Österreich offenbar blind. Aber die vom christlichsozialen Politiker Miklas gegen die Vorstellungen der österreichischen Sozialisten durchgesetzten Ständesymbole Sichel und Hammer sind den österreichischen Konservativen fünfzig Jahre später ein Dorn im Auge – wahrlich symbolisch für die aktuelle Verfaßtheit der Zweiten Republik und für das heute in Österreich herrschende Bewußtsein ist wohl erst dieser Sachverhalt. Er ist auf so rätselhafte Weise typisch österreichisch wie die Tatsache, daß es ausgerechnet der Ständestaat war, der die Ständesymbole aus dem österreichischen Wappen tilgte. Erscheint Vranitzky, Klestil, Waldheim und all den anderen, die sich für die Entfernung der Ständesymbole aus dem Wappen aussprachen, das Wappen des Ständestaats für die Zweite Republik gemäßer als das Wappen der Ersten Republik? Dann aber sollte man wirklich aufs Ganze gehen: Im Ständestaat wurde dem Adler auch ein Heiligenschein verpaßt – und der wäre ohne Zweifel für die heutige Verfaßtheit Österreichs stimmig, denn er würde symbolisieren: Wir sind nicht von dieser Welt.

4.

Als die Zweite Republik ihre staatlichen Symbole diskutierte, sich fragte, ob das eine oder andere überhaupt noch stimmig sei oder nicht besser entfernt bzw. durch anderes ersetzt werden sollte, wurde ein bestimmtes Symbol für die Verfaßtheit der Zweiten Republik nie in Frage gestellt. Wahrscheinlich zu Recht. Es ist zwar kein offizielles Symbol, aber doch ein allgemein bekanntes, und offenbar hat sich an dessen Stimmigkeit nichts geändert. Ich meine den Punschkrapfen. Was ist ein Symbol? Laut Wörterbuch ein einfaches Sinnbild, das auf einen komplexen Zusammenhang verweist. Der Punschkrapfen ist ein unmittelbar einsichtiges Beispiel. Er ist außen rosa, innen braun. Man könnte die Beschreibung noch durch den Hinweis sinnvoll präzisieren, daß der Konditor die braune Füllung in der Regel aus Resten gewinnt, die er durch Alkohol gewissermaßen neutralisiert. Daß der Punschkrapfen als Symbol für die Zweite Republik gelten kann, funktioniert nur auf der Basis von zwei Voraussetzungen: Erstens ist der Punschkrapfen tatsächlich ein zwar unwesentlicher, aber doch irgendwie typischer Bestandteil der österreichischen Lebensrealität. Zweitens muß dessen Beschreibung zumindest ein minimales historisches Wissen ganz selbstverständlich evozieren, in diesem Fall die historische Bedeutung der Farbe Braun. Natürlich weiß jeder, auch wenn er von österreichischer Geschichte nichts weiß oder nichts mehr wissen will, weil einmal Schluß sein muß, daß es dieses unrühmliche bzw. finstere Kapitel, den Faschismus, in der österreichischen Geschichte gegeben hat, und erst unter dieser Voraussetzung entfaltet der Punschkrapfen als Symbol sein Verweissystem auf die komplexeren aktuellen Realzusammenhänge.

Aus einem weiteren Grund kann der Punschkrapfen als ein besonders geglücktes Symbol gelten: Es kann von den einen als kritisches Symbol verstanden werden und dabei von den anderen immer noch eine augenzwinkernde Zustimmung erhalten. Der Punschkrapfen ist dadurch gewissermaßen ein Idealsymbol, weil es einen realen gesellschaftlichen Widerspruch und reale Polarisierung genauso ausdrückt wie die ebenso reale allgemeine einhellige Zustimmung zu Österreich.

Natürlich tun sich, wenn wir darüber nachdenken, Abgründe auf. Aber es wäre nicht Österreich, wenn nicht unten am Grunde des Abgrunds ein Kurhotel stünde.

Stellen wir uns nun vor, daß wir uns in einem Zimmer dieses Hotels befinden. Wir blicken aus dem Fenster. Es ist natürlich »ein Fenster ohne Aussicht«. Denn vor dem Fenster ragt die Felswand des Abgrunds empor. Was tun? »Man könnte zum Beispiel sich bemühen, der Felswand Anregungen zu entnehmen, Spuren zu entziffern, Analogien zu finden in den Rissen, Schrunden und Buckeln des Reliefs einer Landschaft. Die Felswand ist ungefähr einen Meter vom Fenster entfernt. Sie hat schimmelfarbene und rosa Flecken in feuchtem Braunschwarz wie die Füllung eines Punschkrapfens. Die Draperie des Fensters erinnert an Tortenpapier.«

So beginnt das Romanfragment *Katzenmusik* von Gerhard Fritsch. Er hat 1968/1969 daran gearbeitet und es blieb durch seinen Tod unvollendet. Es ist 1974 erschienen, aus dem Nachlaß herausgegeben von Alois Brandstetter.

Fritsch versucht sich eine Hauptfigur vorzustellen, er nennt sie Swedek, und sieht »Tortenpapier. Wie es an Punschkrapfen klebt, aus Sargfugen sich spreizt, um Altäre getan, von Serviermädchen umgebunden wird.« Er kann an Swedek nicht denken, ohne ihn sich vorzustellen, wie er in Punschkrapfen beißt. Und noch in der Felswand vor dem Fenster sieht er die Füllung eines Punschkrapfens. Diese Introduktion ist natürlich programmatisch. Aus ihr purzeln die Assoziationen und Verweise schneller heraus, als wir mit dem Lesen innehalten können. Wieso ist ein Fenster, vor dem sich eine Felswand befindet, ein »Fenster ohne Aussicht«? Ist der Blick auf eine Felswand keine Aussicht? Wieso gibt der Blick auf diese Felswand das Gefühl von Aussichtslosigkeit? Weil die Felswand an die Füllung eines Punschkrapfens erinnert, also daran, wo wir uns wirklich befinden, ohne Chance zu entkommen? Aber wie sehr kann eine Felswand tatsächlich an einen Punschkrapfen erinnern? Ist es möglich, daß die Geschichte, die wir aus unserem Bewußtsein gestrichen haben, sich hinterrücks in die Landschaft eingeschrieben hat? Oder doch nicht, und wir sehen sie nur in allem Unschuldigen, weil wir sie von uns abgestreift haben, um selbst als Unschuldige gesehen werden zu können? Wie lange kann die Kindheit oder Jugend einer Generation fortwirken, wie lange bleibt eine Vorgeschichte wirksam, wenn diese Generation in die besten Jahre gekommen ist und mittlerweile auf eine ganz andere Geschichte zurückblicken kann, auf eine, durch die alles, was davor war, aufgehoben wurde? »Aufgehoben« in welchem Sinn? Das Zimmer, in dem wir uns mit Swedek befinden, »riecht nach Naphthalin«, schreibt Fritsch. »Auch wenn man das Fenster aufmacht, riecht es so. In den Gängen riecht es so, in den Wiesen, im Wald. Hier ist Kindheit eingemottet.« Wie verläßlich ist dieser Eindruck? Eine andere Figur des Romans, Pepi Herzlich (»Eigentümer der Kuranstalt Dr. Herzlich, Kategorie B«), findet diesen Eindruck absurd. »Bei uns verwendet seit langem niemand mehr Naphthalin. Ein Wald, der nach Naphthalin riecht! Sie sollten einmal mit Kollege Frankl sprechen«, sagt er.

1969 geschrieben! – Aber die letzten Beispiele dafür, daß ein Fall von Kritik als kritischer Fall empfunden wird und zur Aufforderung führt, sich an einen Arzt zu wenden, sind nicht so lange her. Und Pepi Herzlich protestiert beim Autor: »Wollen Sie mich umfunktionieren? Das habe ich hinter mir, lieber Freund. Ich habe mich selbst umfunktioniert.«

Der Roman *Katzenmusik* erzählt keine Geschichte, er verweist auf die Geschichte. Die Radikalität, mit der die Handlung eines literarischen Textes ihren Sinn nur entfaltet, wenn man die sogenannte große Geschichte mitdenkt, ist in der österreichischen Literatur einzigartig. Die inhaltliche Grundkonstellation des Textes ist rasch erzählt. Ein Mann namens Swedek befindet sich in einem österreichischen Kurort. Er wohnt gratis in einem Kurhotel, als Gegenleistung dafür, daß er sich bereit erklärt hat, für die Tochter des Hoteliers eine Doktorarbeit zu schreiben, mit dem schönen Titel: »Das Motiv des Kuraufenthalts in Heilbädern der deutsch-österreichischen Alpen in der neueren Literatur unter besonderer Berücksichtigung von Darstellungen eigenen Erlebens des Autors«. Natürlich erwartet Swedek für seine Arbeit nicht nur gratis Kost und Logis, sondern auch einen sexuellen Profit, den die Tochter ihm aber nicht gewährt, statt dessen wird Swedek von deren Mutter sexuell ausgebeutet. Allerdings arbeitet Swedek nicht allzu konsequent an dieser Dissertation, er schaut aus dem Fenster, geht im Kurpark spazieren, sitzt auf der Hotelterrasse und ißt Punschkrapfen, er macht Beobachtungen, hat Eindrücke, Phantasien, kleine Erlebnisse, er, der Ghostwriter, sieht überall Gespenster, »die Gespenster, die man überall sieht, daheim und in den Sommerfrischen«. Die einzelnen Abschnitte haben keinen unmittelbaren Zusammenhang, sie sind jeweils so autonom, wie die einzelnen Kurgäste oder die einzelnen sogenannten »Einheimischen«, die man in einem Kurort treffen kann. Der Zusammenhang stellt sich erst im Verweissystem der Erzählung her, im historischen Unter- und Überbau, die Swedeks Erzählungen stickig bedrohlich umschließen und zusammenfassen wie eine Eierschale. Swedek ist, wie man erfährt, »Marxist«, allerdings ein »lyrischer«.

Als solcher ist er natürlich mit einem undogmatischen, scharf analytischen Blick begabt, aber auch mit einer bedrohlich bildhaften Phantasie. So ein Marxist eignet sich natürlich nicht zum »Protagonisten einer Geschichte«, wie Fritsch anmerkt, aber doch zum »Katalysator«.

Eine Episode in diesem Buch ist von geradezu verwirrender Aktualität: Die Geschichte des Lehrers Edwin Brunner liest sich heute wie die Geschichte des Lehrers Franz Rieser – geschrieben rund zwanzig Jahre bevor dessen gespenstisches Attentat gegen den damaligen Kärntner Landeshauptmann Leopold Wagner und sein nachgeliefertes journalistisches Psychogramm durch die österreichische Presse geisterte.

Aber die immer noch aktuelle Bedeutung der *Katzenmusik* liegt nicht im »Prophetischen«. Im Gegenteil: Gerade auch diese Prophetie zeigt, wie schlüssig die Beschreibung einer Realität sein kann, wenn man sie konsequent in die Bedingungen ihrer historischen Genese einbettet. Mit anderen Worten: Die Aktualität der *Katzenmusik* liegt in ihrer Fixiertheit auf die Historie. Wenige in der österreichischen Literatur haben dies gewagt, keiner so radikal, sowohl gedanklich als auch künstlerisch, wie Gerhard Fritsch. Die Radikalität seiner literarischen Technik liegt darin, daß er die Geschichte, die, aufgelöst in Geschichten, nur unerträglich banalisiert hererzählbar wäre, völlig ausspart und statt dessen einen Reigen von Symbolen vorführt, stimmige Sinnbilder, die einen vielfältigen und komplexen Verweiszusammenhang konstruieren, in denen das Beschriebene erst seinen Sinn entfaltet. Der Punschkrapfen war nur der Anfang, buchstäblich das Prinzip der Erzählbewegung. Der Kurort als Schauplatz der Erzählung. Die Bedeutung des Fremdenverkehrs für die Zweite Republik, sowohl wirtschaftlich als auch als identitätsstiftender Faktor (das schöne, herzeigbare Land, wo alle sich wohl fühlen), muß hier wohl nicht räsoniert werden. Es ist natürlich »Nachsaison«, also die Zeit nach dem Nachsommer – immerhin erfährt man, daß Stifter hier, an diesem Ort, »gut und reichlich gegessen« haben könnte –, es herrscht also, wie es heißt, »die tote Zeit«. Totgeschlagen? Oder totgeschwiegen? Wie auch immer. Auf dem Hauptplatz des Kurortes, neben einer Erfrischungsbude, steht ein Guckkasten, der in simpler Mechanik eine abstrus primitive Legende vorführt, wie es zur Entstehung des Ortes gekommen sein soll. Aber die rührende Geschichte des Protestanten, der durch eine Erscheinung zum Katholizismus bekehrt wird und der daraufhin den Schwur leistet, hier eine Kirche zu errichten, verrät hinterrücks, was die offizielle Geschichte ausspart: »Die Holzpuppe bebt (Erschütterung oder Fehler im Mechanismus?), erhebt sich jedoch zwischen der 19. und 20. Sekunde nach dem Verschwinden der Wolke mit den Füßen der Erscheinung zwischen den Wipfeln jählings und schleudert, als wolle sie gleichsam dem Wunder durchs Tannendickicht nachfolgen, seinen Schwurarm in die Höhe. Unmittelbar darauf rutscht sie mit hocherhobener Rechten samt Hündlein rückwärtsgewandt in die Ausgangsstellung zurück. Die Sphärenklänge der Stachelwalze verklingen.« Was war also konstitutiv für den Ort, an dem wir uns befinden? Daß noch im Schwur, in dem die Bekehrung gelobt wurde, der Hitlergruß versteckt ist? Daß der Neubeginn eine Rückkehr zum Ausgangspunkt war? Die Naivität, mit der ein nicht mehr als politisch verstandener Katholizismus als politisch konstitutiv für Selbstverständnis und Organisationsform der österreichischen Gesellschaft in die Auslage gestellt wird? Und was ist mit dem Blut, mit dem diese Erde getränkt ist? Welches Blut? »Das Blut«, schreibt Fritsch, »stammt von zertretenen Holunderbeeren.« Man muß es nur sehen wollen, auch wenn es, das wir sehen, kein wirkliches ist. Symbole.

Und da ist Roland Krapp, genannt »Bubi«, eine zentrale Figur des Textes, ein fünfzigjähriger, dicker, glatzköpfiger Mann, der mit Hubertusmantel und Steirerhut im Kurpark spazierengeht. Wenn er 1968 fünfzig Jahre alt war, was hat er dann nicht alles erlebt? Den Anschluß, den Krieg, vor allem: Wie hat er es erlebt? Auf jeden Fall: Er ist altersmäßig ein Vertreter der Wiederaufbaugeneration, aber von all dem erfährt man nichts, man sieht ihn nur, man sieht, wie er sich im Kurpark darstellt: Er steckt plötzlich den Steirerhut in die Manteltasche, reißt sich den Mantel vom Körper und steht da in einem Matrosenanzug, der rosa ist und nicht blau (wir wissen schon von der Introduktion, wie es innen ist, wenn es außen rosa ist), mit kurzen Hosen, ein fettes Kind, das Kurgäste bedrängt, »Bubi ist schlimm gewesen«, sagt er und bittet um Strafe. Dann wird er von seiner Schwester wieder heimgebracht, brav im Hubertusmantel, ein Mann aus wohlhabender und angesehener Familie.

Kuno, der Fotograf des Ortes, zwingt seine Freundin, sich am ganzen Körper mit brauner Farbe zu schminken und in einer engen Uniform mit einer Maschinenpistole in der Hand Kniebeugen zu machen, wobei er »Eine Jüdin bist du, Schätzchen« sagt. Vor den Augen Swedeks, den Kuno zu diesem Spektakel eingeladen hat. Swedek reagiert hilflos, schließlich gereizt. »Nichts für ungut, alter Freund«, sagt Kuno, »alles nur Spielerei, nicht wahr?«

Mercedes Marek, für die Swedek die Dissertation schreiben soll, intrigiert Swedek in das Bett ihrer Mutter. Diese liebt es, sich von einem Zwerg Stärkungen servieren zu lassen, während sie sich im Bett mit Swedek vergnügt. Der Zwerg sieht die ganze Zeit zu, springt bei Bedarf auch ein, Swedek sieht dessen enormes Glied und wird von der Mutter getröstet: Das ist nur eine Prothese!

Sind alle Figuren dieses Romans wahnsinnig? Die Frage wird von einem Satz beantwortet, der dem Roman als Motto vorangestellt ist: »Wer die Musik nicht hört, hält die Tanzenden für wahnsinnig.« Mit anderen Worten, hier wird eine Normalität gezeigt, die wir als Normalität erst begreifen, wenn wir ihr Bezugssystem mitdenken, die Musik, nach der diese Verhältnisse tanzen, bzw. die Geschichte, auf die diese Geschichten, wie symbolische Darstellungen in einem Guckkasten, verweisen. Oder umgekehrt: Hier wird ein Wahnsinn gezeigt, den wir erst als solchen erkennen, wenn wir gewissermaßen die Begleitmusik ausblenden, die wir so selbstverständlich gewohnt sind, die vielleicht ins Ohr geht, aber deswegen nicht unbedingt eine schlüssige Erklärung für die Verrenkungen sein muß, die wir allenthalben sehen. »Ein Paar geht durch den Kurpark. Die beiden singen vielleicht. Man hört es nicht. Die Silhouetten tanzen ungeschickt. Torkeln, stolpern.« Die Annahme, daß die beiden singen, würde die Bewegungen dieses einen Paares erklären. Wenn man aber die selbstreferentielle Erklärung, daß sie vielleicht singen, ausblendet, wird ihr ungeschickter Tanz zu einem Sinnbild, das Verweise, Assoziationen und Phantasien ermöglicht, die auf einen komplexeren allgemeinen Zusammenhang verweisen. Fritsch hat diesen Gedanken schon sehr früh gehabt. In einem bereits 1955 geschriebenen Text mit dem Titel *Kärntnerstraße* beschrieb er, wie in dieser Wiener Einkaufsstraße, zu Beginn des Wirtschaftswunders und der Konsumgesellschaft, »der Tanz des Vergessens getanzt (wird)«. In der polyphonen Masse der Konsumenten wird kein Ich mehr faßbar, die Verrenkungen der Menschen, um ein Glück zu erreichen, das immer nur »der schlecht gelungene Abklatsch der Vollkommenheit« ist, wirken absurd, und eine Frau, die sich offenbar an diesem Konsumrausch nicht beteiligen kann, sagt schließlich: »Ich will so sein wie der Traum.« Wie ist der Traum? Voll von Symbolen. Um sie zu entschlüsseln, müssen wir sie auf die Geschichte beziehen, die in den Träumen verarbeitet sein will. In der *Katzenmusik* heißt es: »Wir müssen aus dem Traum erwachen, mit Hilfe des Traums, den wir Vergangenheit nennen.«

Das Beunruhigende, das Schockierende, aber auch das Faszinierende des Romanfragments *Katzenmusik* liegt darin, daß er ganz aus Symbolen, aus Traum- und Sinnbildern zusammengesetzt ist – ohne symbolistisch zu wirken. Im Gegenteil: Er ist realistischer, als der Realität offenbar lieb ist, in der er nicht mehr existiert. Der Roman, nie auch nur jener minimale Verkaufserfolg, der gerechtfertigt hätte, ihn im Verlagssortiment zu behalten, ist längst vergriffen und nie wieder neuaufgelegt worden. Fritsch hatte aus einem Mechanismus, der für dieses Land charakteristisch ist, nämlich seine Realität ausschließlich in Symbolen zu spiegeln, die dann gleich die Realität ersetzen, eine künstlerische Technik gemacht, deren Stimmigkeit sich darin erweist, daß sie bis heute nichts von ihrer Aktualität eingebüßt hat. Ich weiß nicht, ob dies eine Empfehlung ist, Fritsch zu lesen oder nicht: Aber wer *Katzenmusik* gelesen hat, kann die heutige Realität Österreichs nur noch als eine ewige, sich noch immer nicht vollendende Fortsetzung dieses Romanfragments sehen.

Wenn wir aufblicken und die österreichische Realität betrachten, ist sie nicht, ebenso wie Fritschs Buch, gänzlich aus Symbolen zusammengesetzt? Was ist, nun also nicht im literaturtheoretischen, sondern im gesellschaftstheoretischen Sinn, ein Symbol?

Die Sichel zum Beispiel – wir sind vorhin wieder daran erinnert worden – ist ein Symbol für die Arbeit des Bauern.

Für die Arbeit des Bauern ist vieles bedeutsam: die Qualität des Bodens, die Jahreszeiten, die Qualität und Differenziertheit mannigfacher Werkzeuge, Beobachtungen und Erfahrungen, das Klima, die je herrschende gesellschaftliche Organisationsform und ihre Werte, die allgemeine gesellschaftliche und wirtschaftliche Entwicklung, die politischen Rahmenbedingungen, und so weiter. Dennoch wird die Arbeit des Bauern traditionell mit einem sehr einfachen Werkzeug, das sicherlich eines der unwesentlichsten Bestandteile der bäuerlichen Lebenswelt ist, symbolisch dargestellt: mit einer Sichel.

Es ist offenbar so, daß nur etwas markant Unwesentliches zum Sinnbild für etwas Wesentliches taugt. Zugleich zeigt dieses Beispiel, daß Symbole, um als solche identifiziert werden zu können, ein minimales geschichtliches Wissen voraussetzen, von einem umfassenden geschichtlichen Wissen aber völlig befreien: Man muß von der Geschichte des Ackerbaus und der Viehzucht und der Entwicklung und je aktuellen Organisationsform bäuerlicher Arbeit nicht die geringste Ahnung haben, um das Symbol »Sichel« zuordnen zu können, wenn man nur weiß, daß die Sichel historisch ein verbreitetes und gewissermaßen typisches Werkzeug der Bauern gewesen ist.

Daß etwas Unwesentliches zusammen mit einem minimalistischen Geschichtsbewußtsein eine Typik ergibt, die für einen komplexen, mit Geschichte aufgeladenen Zusammenhang stehen kann – das ist natürlich eine Definition des Begriffs Symbol, die in Österreich gleich selbst wieder symbolische Bedeutung hat. In Österreich gelangen ja bekanntlich nur unwesentliche Fragen in die öffentliche Diskussion, weil die wesentlichen von den Sozialpartnern in ihren Gremien hinter verschlossenen Türen ausgehandelt werden. Und die öffentliche Diskussion funktioniert in Österreich auf der Basis jenes sehr minimalistischen Geschichtsverständnisses, das konstitutiv wurde für die Verfaßtheit und für das Selbstverständnis der Zweiten Republik. Dadurch zeigt sich alles Unwesentliche, das gerade im Mittelpunkt der öffentlichen Auseinandersetzung steht, auf geradezu bizarre Weise mit Bedeutung aufgeladen, die man nur versteht, wenn man eben mitbedenkt, daß es immer um etwas anderes geht. Das ist der Grund, warum es in Österreich keine sachliche Diskussion geben kann: weil hier jede Diskussion immer gleich symbolisch ist. In Österreich ist es nicht so, daß etwas, das öffentlich gesagt oder getan wird, entweder richtig oder falsch ist, sondern es hat Symbolwert oder es hat keinen. Es ist nicht einfach wirksam oder unwirksam, sondern es hat Symbolkraft oder nicht. Österreich ist, was sein Selbstverständnis und seine Selbstdarstellung betrifft, ein Reigen von Symbolen. Zwei Beispiele: Natürlich ging es bei der heftig diskutierten Entscheidung des österreichischen Verkehrsministers Rudolf Streicher, die schwarzen österreichischen Kfz-Kennzeichen durch weiße zu ersetzen, nicht um Kfz-Kennzeichen. Das Argument des Ministers, daß weiße Kennzeichen der »Sicherheit« dienten, weil sie »in der Dunkelheit besser sichtbar« seien, würde in jedem zivilisierten Land der Welt Gelächter auslösen. Denn zweifellos sollte ein Verkehrsminister anderes zu tun haben, als die Farbe der Nummerntafeln zu ändern, zumal jeder ohne alle Diskussion weiß, daß man Autos in der Dunkelheit an den Scheinwerfern und Rücklichtern, nie aber an den Nummerntafeln erkennt. Und natürlich ging es bei dieser Diskussion auch nicht um die »österreichische Identität«, wie die Gegner dieser Entscheidung des Verkehrsministers argumentierten. Denn es ist doch schlechterdings unvorstellbar, daß die Identität Österreichs mit der Farbe der Nummerntafeln der österreichischen Autos steht oder fällt. Nur so ist die Heftigkeit der Diskussion erklärbar: daß es in Wahrheit um etwas anderes ging. Zugleich ist die Heftigkeit und Dauer der Diskussion nur dadurch erklärbar, daß es doch nicht um etwas ganz anderes ging, das heißt, daß die Nummerntafeln zwar ein unwesentlicher Bestandteil, aber doch ein Bestandteil dessen waren, worum es in Wahrheit ging. Alle Voraussetzungen und Argumente dieser Diskussion waren sinnvoll, stimmig und wahr im Kontext, auf den die Diskussion nur verwies: Der Verkehrsminister hatte wirklich nichts Besseres zu tun, als die Farbe der Autokennzeichen zu ändern, denn die österreichische Regierung hatte ohne jede öffentliche und allgemeine Diskussion beschlossen, den EU-Beitritt anzustreben, weshalb es seine wesentliche Aufgabe war, in seinem Ressort alle erforderlichen Angleichungen an künftige allgemeine EU-Normen durchzuführen. Jede einzelne dieser Änderungen und Angleichungen war belanglos und unwesentlich, aber die Diskussionen, die sich daran entzündeten, waren mit der Bedeutung aufgeladen, die erst das Ganze hat, das Wesentliche, das nie diskutiert wurde. Und nur deshalb, nämlich im Kontext, hatten auch beide Seiten, der Minister und seine Gegner, mit ihren Argumenten recht, weil man sie sinnbildlich verstehen muß: Es ging tatsächlich um »Sicherheit« und »Identität«, und daß dies in Widerspruch miteinander geriet, ist wahrhaftig das Dilemma der gesellschaftlichen und politischen Realität Österreichs, das sich im Nummerntafelstreit eben nur auf belanglose Weise symbolisch dargestellt zeigte. Zweimal in der jüngsten Geschichte wurde Österreich aus einem größeren Zusammenhang herausgerissen, in dem es sich sicher gefühlt oder in dem es Sicherheit gesucht hatte: aus dem habsburgischen Vielvölkerstaat und aus dem Großdeutschen Reich. Und gar viermal hat Österreich seit der Habsburgerzeit seine politische Identität wechseln müssen. Dazu bedarf es natürlich eines gewissen Hangs zum Transvestismus, immer in ein anderes Gewand zu schlüpfen. Mühsam hat es nun eine neue, und wie es glauben wollte, endgültige Identität aufgebaut, die sich gleichsam im Matrosenanzug zeigte und daraus eine gewisse Wollust bezog. Das ist auch in etwa das historische Mindestwissen, das diese Diskussion über die zum Symbol gewordenen Nummerntafeln voraussetzte: daß Österreich ein kleines Land geworden ist, was es nicht immer war. Und vor allem: daß es an den historischen Wechselfällen, die dazu geführt hatten, selbst nicht schuld war. Nur dadurch konnte der Kleinstaat-Österreicher erhobenen Hauptes in den Spiegel schauen – und auf sich herabblicken.

Fünfundvierzig Jahre ist das Österreich-Bewußtsein mit den Merksätzen gespeist worden: Wir sind ein kleines Land! Eine verwickelte Geschichte hat uns zu dem gemacht, was wir sind! Wir sind bedeutungslos im Kontext der aktuellen politischen und wirtschaftlichen Verfaßtheit der Welt mit ihren Supermächten und ihren Interessenkämpfen! Wir sind gewissermaßen Sängerknaben, unschuldig kindlich genial. Aber unsere Bedeutungslosigkeit ermöglichte uns ein gutes und unbehelligtes Leben und befähigte uns zu außergewöhnlichen Leistungen (z. B.: »Vier Österreicher unter den ersten drei!«, wie die *Kronen Zeitung* einmal titelte).

Und mit einem Mal sollte es damit vorbei sein. Österreich wollte, aus eigenem Entschluß, wieder in einen größeren wirtschaftlichen und politischen Zusammenhang eintreten. Das entsprach unseren historisch aufgeladenen Größenphantasien, dem Feisten, das der Matrosenanzug einschnürt; vor allem aber unserem Sicherheitsbedürfnis (offiziell formuliert in dem Satz von Außenminister Mock: »Wir können es uns nicht leisten, draußen zu bleiben«). Wohin aber dann mit unserer neuen Identität, der so lange zwanghaft aufgebauten?

Daß das allgemeine Bewußtsein vor diesem Widerspruch kollabierte, ist nicht unbedingt außergewöhnlich. Außergewöhnlich ist nur, daß sich dieses intellektuelle Kollabieren erst in einem Streit über die Farbe von Autokennzeichen zeigte, eine Idee, die man als bizarr und abstrus empfinden müßte, wenn nicht klar wäre, daß es die Wahrheit ist, die sich wollüstig in einem Symbol enthüllen wollte.

Österreich ist – umfassend sinnbildlich gesagt – ein Exhibitionist, der sich vor der desinteressierten Weltöffentlichkeit den dicken, alles verhüllenden Mantel aufreißt, um dann, mit einigem Grund, zu seiner Entschuldigung zu sagen, daß ja auch sein Phallus im Grunde nur ein Phallus-Symbol ist. Könnten wir diesen Exhibitionisten, in Anbetracht seines Alters und seiner infantilen Selbstdarstellung, »Bubi« nennen? Oder ist es der dienstbare Zwerg mit der Phallus-Prothese?

Das zweite markante Beispiel für den Symbolismus österreichischer Selbstdarstellung war natürlich die Diskussion über die Änderung des österreichischen Staatswappens. Ein Staatswappen ist ja schon per se ein Symbol, seine Diskussion mußte daher geradewegs zu einer Raserei der symbolischen Bedeutungen werden. Dieser Punkt war erreicht, als sich jener Mann in die Diskussion einschaltete, der, gut österreichisch, in seiner Funktion selbst zum Symbol geworden ist. Bundespräsident Waldheim nämlich sagte, auch ihm erscheine die Entfernung von Hammer und Sichel aus den Fängen des Bundesadlers »angebracht«, da »diese Symbole durch die Identifizierung mit dem Kommunismus (...) von der Bevölkerung nicht mehr verstanden werden«.

Mit einem Mal spiegelten sich zwei Symbole ineinander: Waldheim und das Wappen. Und wie das so ist im wechselseitigen Spiegeln, konnte man plötzlich ein Gefühl für die Unendlichkeit bekommen, und nichts ist unendlicher in Österreich als die perfide Dummheit, die zugleich der Fluchtpunkt ist, wo die verdrängte Wahrheit sich endlich zeigt. Wenn von der Bevölkerung etwas nicht verstanden wird, gibt es bekanntlich zwei Möglichkeiten: Man beginnt aufzuklären oder zu liquidieren. Wenn die Bevölkerung ihr Elend nicht versteht und glaubt, daß daran »die Juden« schuld sind, kann man versuchen aufzuklären, oder man kann beginnen, Juden zu liquidieren. Wenn von der Bevölkerung nicht verstanden wird, warum kranke, alte oder invalide Menschen, die nicht mehr für sich selbst sorgen können und keine Chance auf Heilung haben und die nie mehr in irgendeiner Weise gesellschaftlich nützlich werden können, warum diese von der Gesellschaft erhalten werden, dann kann man versuchen aufzuklären, oder man beginnt, »lebensunwertes Leben« zu liquidieren. Wenn von der Bevölkerung nicht verstanden wird, warum Künstler die Gesellschaft kritisieren, von der sie leben, dann kann man versuchen aufzuklären, oder man beginnt, deren Werke zu verbieten, zu verbrennen und am Ende auch die Künstler selbst zu liquidieren. Diese klassische Alternative war natürlich ein Dilemma für einen Mann, der nachdrücklich bekannt gemacht hatte, daß Aufklären heute nicht seine starke Seite ist, so wie Liquidieren historisch nicht seine Domäne war. Waldheim ist als oberster Repräsentant nicht zuletzt deshalb ein Symbol für die österreichische Identität geworden, weil er sich vehement und ausschließlich ex negativo definierte: Nein, er sei nicht bei der SA gewesen, nein, er sei nicht Nazi gewesen, nein, er sei nicht Kriegsverbrecher gewesen, nein, er sei nicht verantwortlich gewesen, nein, er sei nicht informiert gewesen, und so weiter. All dies ist mit der Zeit in gewisser Weise glaubwürdig geworden, und nur deshalb funktioniert er tatsächlich als österreichisches Symbol. Bezeichnend dabei ist, daß er das einzige, was er garantiert nicht gewesen ist, nie gesagt hat, obwohl es ihm unmittelbar geglaubt worden wäre: Er ist sicher nicht Widerstandskämpfer gewesen.

Allerdings, wer ist schon einer gewesen? Die Frage ist deshalb bedeutsam, weil der Nachweis, daß es einen österreichischen Widerstand gegeben hat, conditio sine qua non für die Wiedererrichtung einer österreichischen Republik wurde. Nun war der einzige wirklich organisierte und einigermaßen wirksame, der bewußteste, und der am Ende am besten nachweisbare Widerstand gegen das Nazi-Regime der der österreichischen Kommunisten. Der antifaschistische Widerstand der österreichischen Kommunisten wurde daher nach dem Krieg sofort als Trumpfkarte ausgespielt, um der Forderung der Alliierten zu genügen, daß Österreich nachweisen müsse, selbst einen Beitrag zur eigenen Befreiung geleistet zu haben.

Damit nicht genug: Zur Erlangung der vollen Souveränität mußte Österreich den Verdacht ausräumen, daß es bei nächster Gelegenheit wieder den Anschluß an Deutschland suchen werde. Unter der Präsidentschaft des ehemaligen Anschlußbefürworters Renner begann Österreich daher, sich als eigene Nation darzustellen. Eine eigene Nation werde sich gewiß nicht an eine andere anschließen, und einer eigenen Nation könne man wohl schwerlich das Recht auf staatliche Souveränität absprechen. Allerdings gab es nach 45 in Österreich keine Mehrheit, die der Idee einer österreichischen Nation zustimmte. Und es gab auch kein historisch gewachsenes, dann aber verschüttetes Nationalgefühl, das man nun wieder aktivieren hätte können. Das einzige, was es gab, waren die theoretischen Vorarbeiten österreichischer Kommunisten, die, aus welchen politisch-strategischen Gründen auch immer und wie verquer auch immer, die ersten gewesen sind, die die Existenz einer österreichischen Nation wissenschaftlich zu begründen versucht hatten, wie, um nur ein Beispiel zu nennen, Alfred Klahr. Diese Ideen wurden außen- und innenpolitisch konsequent umgesetzt und führten, wie wir wissen, tatsächlich zur Unabhängigkeit Österreichs, zu einem österreichischen Nationalgefühl und zu einer internationalen Anerkennung Österreichs als eigenständige Nation.

So bizarr es in dieser notwendigen, aber die Wahrheit keineswegs verfälschenden Verkürzung klingt: Die Existenz einer freien, unabhängigen, zweiten österreichischen Republik ist das genuine Ergebnis einer geglückten praktischen und theoretischen Anstrengung der österreichischen Kommunisten.

Natürlich sind der Hammer und die Sichel im österreichischen Staatswappen keine kommunistischen Symbole. Aber wenn sie schon als solche gesehen werden, wenn sie, um mit Waldheim zu sprechen, »mit dem Kommunismus identifiziert werden«, dann wäre dies ein Grund, sie eben nicht anzutasten, sondern, im Gegenteil, sich daran zu erinnern, wem die Zweite Republik ihre Existenz verdankt – und dem Mann, der dieser Republik als ihr oberster Repräsentant vorsteht und der absolut nichts zu ihrer Existenz beigetragen hat, diesem Mann wäre es wohl angestanden, daran zu erinnern. Aber hätte er es glaubwürdig tun können? Hat sich nicht vielmehr jedem reflexiven Geist die Wahrheit viel deutlicher dadurch enthüllt, daß Waldheim, seiner Geschichtslogik gemäß, gleich mitliquidieren wollte, was andere zu liquidieren sich anschickten, daß er so eilfertig stoßen wollte, was so sicher zu fallen schien?

Es ist schon einmal treffend gesagt worden, daß Dankbarkeit keine politische Kategorie ist. Und tatsächlich wäre die Entstehungsgeschichte der Zweiten Republik heute belanglos, da die Zweite Republik in ihrer heutigen Verfaßtheit nichts, außer eben ihrer bloßen Existenz, irgendwelchen kommunistischen Idealen oder Einflüssen verdankt. Nicht einmal die Verstaatlichungen – im Gegenteil, es waren die einzigen umfangreichen Verstaatlichungen in der Geschichte, die radikal antikommunistische Vorzeichen trugen: Man wollte das sogenannte »deutsche Eigentum« in Österreich – und dazu gehörten die wichtigsten Industriebetriebe wie etwa die Hermann-Göring-Werke in Linz, die großen Banken und die Energie-Wirtschaft – dem Einfluß der sowjetischen Besatzungsmacht entziehen.

Es ist also, nachdem die österreichischen Kommunisten, nicht zuletzt durch eigenes Verschulden, in die innenpolitische Bedeutungslosigkeit manövriert waren, also sehr bald, nichts von der Geschichte sichtbar geblieben, der die Zweite Republik ihre Existenz verdankt. Und das ist auch richtig so. Wie schrieb

Fritsch in der *Katzenmusik*? Die Marxisten eignen sich nicht als Protagonisten, aber sie können gut katalysieren. Allein dies ist allerdings für die absolute Mehrheit der Österreicher, die es sich nach 45 hier wieder bequem einrichtete, die Austrofaschisten und Nazis und Mitläufer, ein allzu großer Skandal. Aber wie tief die Beschämung sitzt und als wie erniedrigend sie empfunden wird, zeigt sich erst jetzt, da begonnen wird, diesen Staat, den jeder zum Preis jeder erdenklichen Selbsterniedrigung wollte, erneut zu liquidieren. Das erste, das liquidiert werden sollte, waren die »kommunistischen Symbole« Hammer und Sichel im Staatswappen der Republik. Und nie hätte man hoffen dürfen, diese Wahrheit im Diskurs der offiziellen Selbstdarstellung Österreichs dokumentiert zu sehen, wenn sie sich nicht von selbst im Verweissystem des österreichischen Symbolnetzwerkes verfangen hätte. Das ist nur ein Beispiel. Wichtig ist zu begreifen, daß sich alles in diesem Symbolnetzwerk verfängt. Wir müssen nur lernen, es zu lesen. Das Buch heißt *Katzenmusik*. Hoffentlich heißt die Fortsetzung nicht *Katzenjammer*.

5.

Daß sich in der Geschichte alles zweimal ereigne, das eine Mal als Tragödie, das zweite Mal als Farce, mag für die Welt gelten. Was immer sich aber in der österreichischen Geschichte wiederholt, ist grundsätzlich eine Tragödie, auch wenn sie beide Male unter dem Vorwand geschieht, bloß eine Farce zu sein.

Die Diskussion über das österreichische Staatswappen, mit all ihren farcehaften Elementen (von dem Vorschlag des Abgeordneten Peter Pilz, aus dem Adler ein Hendl zu machen, bis zu den Karikaturen von Manfred Deix, der den Adler mehrfach umzeichnete und mit allen möglichen neuen Attributen schmückte), hat natürlich eine Entsprechung schon in der Ersten Republik, und zwar im Jahr 1925, also so lange vor dem Ende der Republik, daß die damalige Diskussion, genauso wie die heutige, als bloß belanglos formale und naiv ironisierbare empfunden werden konnte. Allerdings werden damals gemachte Vorschläge elf Jahre später doch verwirklicht, womit dann aber nicht nur das Wappen, sondern die Verfaßtheit des Staates insgesamt geändert war und die Tragödie ihren Lauf nahm.

1923 wurden der Architekt Philipp Häusler und der Professor an der Kunstgewerbeschule Michael Powolny mit der Ausarbeitung von Entwürfen für staatliche Orden und Medaillen beauftragt. Natürlich sollte auf den offiziellen Ehrenzeichen der Republik das Staatswappen enthalten sein, was zu einer Debatte über den »Vogel« führte, wie der österreichische Adler sogar in einem Akt der Präsidentschaftskanzlei genannt wurde, mit dem man offenbar schon damals nicht glücklich war. Kanzler Seipel hegte vor allem »gewisse Bedenken hinsichtlich der in den Fängen des Adlers erscheinenden Abzeichen, die das Ausland (mittlerweile) als bolschewistische Zeichen zu werten« gelernt habe. Ihm gefiel die Idee, die neu zu schaffenden Dekorationen des Staates nicht mit dem offiziellen Emblem zu versehen, sondern bei dieser Gelegenheit ein neues Symbol zu entwerfen, das sich »im Lauf der Zeit einleben (...) und hiemit zu einem trefflicheren österreichischen Symbol werden« könne. Die beiden Künstler wurden also beauftragt, entsprechende Entwürfe auszuarbeiten. Häusler schlug vor, auf die Mitte der Ehrenzeichen, also auf den Platz des Adlers, ein kleines Emailschild mit einem »Krukkenkreuz« aufzulegen, dem »alten Zeichen der christlichen Kreuzfahrer«. Powolny wiederum behielt zwar den Adler bei, versuchte ihn aber gewissermaßen zu christianisieren und verpaßte ihm einen Heiligenschein. Keiner der beiden Vorschläge fand Zustimmung. Häuslers Entwurf kommentierte Seipel als »rot-weiß-rot emaillierte Druckknöpfe«, die noch dazu eine unerwünschte Ähnlichkeit mit dem »Orden vom hl. Grab« hätten. Der Heiligenschein wurde kommentarlos abgelehnt, Prälat Seipel empfand Powolny offenbar als eine Art Vorläufer von Deix, der, unter dem Vorwand, Verbesserungsvorschläge zu machen, die Sache parodierte. Er wurde dazu angehalten, den Adler umzuzeichnen, »neu zu proportionieren«, »neu zu dimensionieren«, »Hammer und Sichel in seinen Fängen zu verkleinern«, sie gewissermaßen wegschrumpfen zu lassen, eine Reihe von Spitzenpolitikern und Beamten diskutierten den Adler und die jeweiligen Änderungsvorschläge, bis man am Ende die Angelegenheit nur noch zynisch kommentierte: »Der Adler (letzter

Entwurf) sieht wie ein schwerkrankes Huhn aus. Keine Spur von Kraft und Frische« (Häusler). »Unser Wappenvogel leidet, wie allgemein bekannt ist, an schweren Geburtsfehlern. Da er als krankes Huhn geboren ist, kann ihm diese Qualität auf keine Weise abhanden kommen« (Ministerialrat Klastersky).

Schließlich wurden die Orden geprägt, wobei der Adler belassen wurde, wie er seit 1919 war – und doch wurden bekanntlich der Heiligenschein, das Verschwinden von Hammer und Sichel und auch das Kruckenkreuz als neues österreichisches Symbol Wirklichkeit: 1934 im faschistischen Ständestaat.

Natürlich war auch bei der neuerlichen Diskussion über das Staatswappen jedem denkenden Menschen klar, daß es bei einer Debatte über die Änderung von staatlichen Hoheitszeichen nicht nur um das Erscheinungsbild von Symbolen geht, sondern letztlich um die Verfaßtheit des Staates selbst. Bei Haiders Attacken gegen das Wappen und in der Folge gegen den Staatsvertrag war dies unmittelbar einsichtig: Natürlich war die ungeliebte österreichische Nation gemeint und das Anschlußverbot an Deutschland. Aber bei Politikern wie Vranitzky, Mock oder Klestil scheint dieser Befund problematischer. Deren Aussagen ist man daher geneigt zu bagatellisieren und in die Tradition belanglos tollpatschiger Selbstdarstellungsversuche Österreichs einzureihen, an denen die Zweite Republik so besonders reich ist.

Man kann ja die Geschichte der offiziellen oder offiziösen österreichischen Symbole auch als eine Geschichte von Pannen lesen. Das österreichische Staatswappen, mit seiner vergessenen schwarzrotgoldenen Farbsymbolik, ist nicht das einzige, sondern nur das erste Beispiel dieser Geschichte.

Als 1947 mit der Währungsreform die Reichsmark durch den Schilling als österreichisches Zahlungsmittel ersetzt wurde, suchte man für die neue Schillingmünze ein sinniges Symbol für die Situation, in der sich die junge Republik befand. Man entschied sich für einen Ausschnitt des Bildes *Der Sämann und der Teufel* des Malers Albin Egger-Lienz. Vieles mochte für diese Wahl Anlaß gewesen sein: daß Egger-Lienz ein österreichischer Maler war, gewissermaßen ein »Heimatkünstler«; daß er, wenn auch natürlich nur irrtümlich, eine Ästhetik zu bedienen schien, die jenen gefallen mußte, die an den kurz davor gängigen Blut-und-Boden-Klischees geschult waren; vor allem aber, daß der gewählte Bildausschnitt, der Bauer, der schwungvoll den Samen ausstreut, eine Symbolik hatte, die sogar einem kunsthistorisch ahnungslosen Beamten der österreichischen Notenbank in Hinblick auf die österreichische Situation 1947 augenblicklich sinnfällig erscheinen mußte. Die Münzen wurden geprägt und in Umlauf gebracht. Die Kunsthistoriker lachten sich tot, die Bildungsbürger, schließlich das Ausland. Nach Jahren kam es sogar den österreichischen Behörden zur Kenntnis: Man hatte von Egger-Lienz' Bild nicht den Sämann, sondern irrtümlich den Teufel auf die Ein-Schilling-Münze geprägt. Eine fatale Symbolik, die zwar in Hinblick auf die jüngste Geschichte Österreichs einiges an Wahrheit enthielt, die man aber nicht gemeint hatte. Die Ein-Schilling-Münze wurde aus dem Verkehr gezogen und durch eine neue, bis zur Euro-Einführung geläufige ersetzt. Bei dieser neuen Münze ging man auf Nummer Sicher: nur keine Kunst, bei der man sich ja doch nicht auskennt, also ein österreichisches Klischee. Und da das Kunstwerk, mit dem man es zunächst versucht hatte, einen Ausschnitt aus der Natur darstellte, suchte man ein Klischee, das, ohne alle Kunst, Natur nun pur zeigte. Die neue Schillingmünze ziert daher ein Edelweiß. Ein Edelweiß hat wahrlich nichts Hinterlistiges, keine versteckten Fallen, erlaubt keine Mißverständnisse. Allerdings muß die Angst sehr tief gesessen sein: Kurz darauf wurde das Edelweiß in Österreich gesetzlich unter Naturschutz gestellt. Nur naive Geister werden da keinen Zusammenhang mit der Vorgeschichte des Schillings erblicken. Vielleicht bedeutet dieses Gesetz, das das Schilling-Symbol Edelweiß unter Naturschutz stellte: Österreich erklärt sich währungspolitisch zum Naturreservat. Die zentrale wirtschaftliche Entscheidung war damals längst gefallen: Wir wollen von den Devisen leben, die von jenen mitgebracht werden, die in dem Naturreservat Österreich Urlaub machen. Was dabei auf dem Schilling aufgeprägt ist, ist letztlich egal. Denn der Schilling ist ohnehin keine wirklich souveräne Währung: Er wurde sofort in fixer Parität zur Währung jener angebunden, die das Gros der Urlauber bilden, nämlich der Deutschen. Das Edelweiß wurde dadurch zur älplerischen Variante der Kauri-Muschel oder des Monopoly-Money, das an die Gäste zum Verlustieren verteilt wird, nachdem sie ihr wirkliches Geld abgegeben haben.

Ein Staat braucht nicht nur eine eigene Währung, eine symbolische oder eine mit Symbolen versehene, sondern auch eine Hymne. Die im Ministerratsbeschluß vom 9. April 1946 getroffene Entscheidung, eine österreichische Hymne per Preisausschreiben zu finden, war sicher keine glückliche. Ein Jurorenkomitee unter dem Vorsitz von Unterrichtsminister Felix Hurdes sollte die Einsendungen prüfen und eine Entscheidung treffen. »Aus der Mehrzahl der Einsendungen konnte die Meinung der Bevölkerung herausgelesen werden, daß selbst die beste neue Lösung nur ein unzureichendes Surrogat für die unsterbliche und unübertreffliche Melodie Joseph Haydns sein könne« (Hurdes). Diese Melodie Haydns gab es bekanntlich in drei textlichen Varianten: als alte »Kaiserhymne«, als Hymne der Ersten Republik mit einem Text von Ottokar Kernstock und als sogenanntes »Deutschlandlied« (»Deutschland, Deutschland über alles ...«). Vor allem deshalb, weil die Haydn-Hymne auch als »Deutschlandlied« besetzt war und »auf Grund des nationalsozialistischen Mißbrauchs untragbar« schien, wagte es die Jury nicht, sie so ohne weiteres wieder einzuführen, wollte aber auch nicht von ihr ablassen. Entweder-und-Oder. Die Jury entschied sich daher für Mozarts Bundeslied und für den Text »Sei gesegnet ohne Ende« von Ottokar Kernstock, den dieser in der Ersten Republik für die Haydn-Hymne geschrieben hatte. Diese Entscheidung mag als unauflöslicher Widerspruch erscheinen, aber sie war in sich logisch und auf eine farcehafte Weise auch stimmig: Man wollte die alte Haydn-Hymne, aber aus Berührungsangst mit dem Nationalsozialismus, mit dem Österreich bekanntlich nie etwas aus eigenem Willen zu tun hatte, konnte man nicht für diese von den Nazis mißbrauchte Melodie votieren. Also entschied man sich für einen Text, der für diese Melodie geschrieben wurde. Dieser Text enthält zwar die bedrohlichen Zeilen: »Deutsche Arbeit, ernst und ehrlich / Deutsche Liebe, zart und weich / Vaterland, wie bist du herrlich, / Gott mit dir, mein Österreich!«, aber das könnte man zur Not streichen, so wie schon in der Ersten Republik an der Kernstock-

Hymne herumgestrichen worden war – damals wegen der Zeilen »Österland bist du geheißen,/und vom Osten kommt das Licht«. (Damals erklärte die Arbeiterzeitung: »Vizekanzler Vaugoin mag das nicht hören; im Osten das Licht und im Westen nichts Neues, das ist ihm halt zuwider.«) Und daß Kernstock auch der von den Nazis hochgeachtete Autor des »Hakenkreuzliedes« war, spielte ebenfalls keine Rolle, denn es ging ja in Wahrheit nicht um Kernstock, sondern darum, ein Signal zu setzen, daß man die Haydn-Hymne wiederhaben wollte. Und Haydn war ja kein Nazi, klarerweise. Er ist nur von den Nazis mißbraucht worden. So wie Österreich. Aus diesem Grund hat sich die österreichische Bundeshymnen-Jury klar von Haydn distanziert: um ein Zeichen des Antifaschismus zu setzen, um guten antifaschistischen Willen zu beweisen. Das mußte deutlich genug sein. Die Jury entschied sich also für den Autor des »Hakenkreuzliedes«, wie man deutlich sieht, aus klar antifaschistischen Gründen. Hier zeigt sich genau der Mechanismus, mit dem Österreich sich damals insgesamt zu entlasten anschickte: nämlich wesentlich symbolisch; man setzte antifaschistische Signale, die sich ununterbrochen in faschistischen Kontinuitäten verstrickten.

Die Entscheidung der Jury unter Vorsitz des konservativen Hurdes erfreute sich übrigens auch der Unterstützung von namhaften Sozialisten, allen voran des ersten österreichischen Bundespräsidenten Dr. Renner, bekannt als »Anschluß-Renner«, der aus der Präsidentschaftskanzlei verlauten ließ: »Die Annektierung der Haydnschen Melodie durch das Deutsche Reich war eine ausgesprochene Ungehörigkeit, und es wäre gewiß am Platze, das musikalisch außerordentlich hochstehende Haydnsche Lied wieder offiziell für die österreichische Nationalhymne zurückzugewinnen.«

Nun, es ist bekannt, daß es mit dem »Zurückgewinnen« nicht klappte, weshalb man sich zu einer »Notlösung« entschloß: Nun einigte man sich auf Paula von Preradovics »Land der Berge, Land am Strome« und auf die Melodie, die damals noch als Werk Mozarts galt, inzwischen jedoch als apokryph erwiesen ist, auf das Freimaurer-Lied »Brüder, reicht die Hand zum Bunde«. Dabei handelte es sich aber nicht nur zugegebenermaßen um eine »Notlösung«, sondern auch um eine »Trotzlösung«: Text und Melodie paßten genausowenig zusammen wie bei der ersten Juryentscheidung, weshalb ein gewisser Viktor Keldorfer erst mühsam die angebliche Mozart-Melodie an den Preradovic-Text »angleichen« mußte. Es ist daher nicht verwunderlich, daß es bald darauf, nämlich 1951, zu einem neuerlichen Anlauf kam, die Haydn-Hymne wieder als österreichische Bundeshymne einzuführen. »Immer weitere Kreise der österreichischen Bevölkerung verlangen die Wiedereinführung der Haydn-Hymne als österreichische Bundeshymne. Die unterzeichnenden Abgeordneten (Dr. Gorbach, Ludwig, Geisslinger und Genossen) stellen daher an den Herrn Bundesminister für Unterricht die Anfrage: Ist der Herr Bundesminister für Unterricht gewillt, die entsprechenden Vorkehrungen zu treffen, damit die Haydn-Hymne wieder als österreichische Bundeshymne eingeführt wird?«

Minister Hurdes wäre gewillt gewesen. Er gestand in seiner Anfragebeantwortung, daß »die neue österreichische Bundeshymne in den bisherigen fünf Jahren ihres Bestandes nicht wirklich Gemeingut der breiten Massen unseres Heimatlandes geworden (ist). Dies war auch nicht anders zu erwarten.« Hurdes' neuerliche Bemühungen scheiterten allerdings an der nun nicht herstellbaren Einstimmigkeit im Ministerrat.

Dies alles wirkt in einer Weise weiter, die sich immer wieder unbemerkt und unbewußt und konsequent irrtümlich zeigt: Wir machen einen Sprung ins Jahr 1992 und schalten den Fernsehapparat ein. Die olympischen Winterspiele von Albertville waren noch keine Woche alt, da hatte bereits ein »Medaillenregen für Österreich« eingesetzt, und zwar, wie Sportkommentator Sigi Bergmann sagte, »in allen Legierungen«, wobei »uns« natürlich die »Legierung« Gold besonders stolz macht. »Wenns es so weitamochts«, sagte Dr. Bergmann im ORF-Olympiastudio zu den versammelten österreichischen Olympioniken, »dann wird die Hymne no zum Gassenhauer.« Doch welche von unseren Hymnen war da gemeint? Ein österreichischer Rodler hatte an diesem Tag eine Silbermedaille gewonnen, und er war, wie er bekanntgab, besonders gerührt, als er »auf dem Stockerl stand und die Hymne hörte«. »Schauen wir uns des an«, sagte Dr. Bergmann. Schnitt. Man sieht den österreichischen Rodler auf dem Siegerpodest, mit ergriffenem Gesichtsausdruck; die Goldmedaille gewann ein Rodler aus Deutschland – es ertönt das Deutschlandlied. Schnitt.

Ein weiteres Beispiel für die glücklose österreichische Art, auf die österreichische Souveränität zu verweisen: In den siebziger Jahren sagte der damalige Bundeskanzler Kreisky, auf die österreichische Nation angesprochen: Wo es eine Nationalmannschaft und eine Nationalbank gebe, dort müsse es auch eine Nation geben. Kreisky, ein vehementer Adept der Sozialpartnerschaft, hat wahrscheinlich sehr bewußt die nach der österreichischen Verfassung wichtigste Institution in Österreich, die ein »National-« im Präfix führt, nicht erwähnt: den österreichischen Nationalrat. Er wußte zu gut, daß dieser, bloßes Absegnungsinstrument der zuvor von den Sozialpartnern ausgehandelten Beschlüsse, nicht als Beispiel für nationale Souveränität tauge. Und doch ist seine leichthin witzige Formulierung verräterisch genug: Die österreichische Fußballnationalmannschaft spielt in den gleichen Dressen, denselben Nationalfarben wie die deutsche Nationalelf. Und die Österreichische Nationalbank hat sich währungspolitisch so bedingungslos an die Deutsche Mark gebunden, daß sie im Grunde als Filiale der Deutschen Bundesbank angesehen werden muß.

Aber diese launig hererzählbaren Geschichten aus der Geschichte der Selbstdarstellungen der Zweiten Republik zeigen doch auch eines: Sie alle haben einen Fluchtpunkt, der zugleich auch die fixe Idee der Österreicher ist – nämlich Deutschland. Objektiv sind diese »Pannen« daher so unschuldig nicht. Völlig zu Recht, auch wenn er es nicht so meinte, sagte daher der Präsident des österreichischen Verwaltungsgerichtshofes a. D. Edwin Loebenstein bei einer Tagung anläßlich von »40 Jahre Republik Österreich – 30 Jahre Staatsvertrag«: Österreichs Stellenwert verständlich zu machen, »das dürfte, so glaube ich, in den vergangenen Jahrzehnten, sieht man von gewissen Pannen ab, die man besser vergessen und dem Ausland gegenüber als bedauerliche Fehlleistungen darstellen sollte, einigermaßen gelungen sein«.

Fehlleistungen sind nach Freud Kompromißbildungen zwischen der bewußten Intention und dem Verdrängten. Da das

Verdrängte in Österreich aber so besonders lebendig ist und sich immer wieder so peinlich in Fehlleistungen zeigt, wird nie vergessen zu mahnen: »Besser vergessen!«

Wiederholungen haben in Österreich keinen therapeutischen Effekt, etwa im Sinn von »Erinnern – Wiederholen – Durcharbeiten«, sie passieren vielmehr auf Grund des Prinzips »Vergessen – Wiederholen – Dem Ausland erklären«.

Die Gelassenheit, die Österreich diesbezüglich zeigt, obwohl dies allen historischen Erfahrungen zu widersprechen scheint, ist eigentümlicherweise selbst das Produkt einer historischen Erfahrung: nämlich der, daß die Österreicher die bisherigen Katastrophen so relativ unbeschadet überleben und in privaten Kontinuitäten erlösen konnten.

In der Erzählung *Die Verkrustung oder Aus dem Leben des Amtsrates Bieringer* von Hermann Friedl wird dies sehr präzis paradigmatisch beschrieben: In der Zeit der Monarchie wird Bieringer Beamter, er erlebt das Ende der Monarchie, die Ausrufung der Republik, deren Ende im Ständestaat, die völlige Auslöschung Österreichs durch den Nationalsozialismus, dessen Ende, schließlich den Beginn der Zweiten Republik. Bieringers Beamtenlaufbahn allerdings erfährt keine Zäsur, und mit der Zeit wird dem Amtsrat klar: Wie immer sich die Dinge entwickeln mochten, die unerledigten Akten auf seinem Schreibtisch wiesen immer wieder aufs neue in eine Zukunft, »die auch noch erledigt werden müßte, was immer auch sich dazwischen an äußeren Ereignissen abspielen würde«. Hermann Friedls Erzählung ist tatsächlich eine äußerst konzise Parabel für die Entstehung dessen, was man das »Österreich-Bewußtsein der Zweiten Republik« nennt und das wesentlich aus der Gewißheit besteht, daß ein Österreicher sich in der Geschichte nie schuldig machen kann, weil seine Bestimmung die Zukunft ist. Dem Amtsrat Bieringer gab dies Sicherheit, und er behielt recht. Auch sein Nazi-Mitläufertum sollte ihm nicht schaden. 1945 mußte er Fragebögen ausfüllen. »Es sind ihm die Amerikaner wie Kindsköpfe vorgekommen, die da etwas angefangen hatten, was ihnen über den Kopf gewachsen ist. Er ist über keinen dieser Fragebögen gestolpert. Wieder einmal hatte sich da ein wahrhaft österreichisches Prinzip behauptet, das aus der Tradition gewachsen ist, nämlich: dem Buchstaben folgen, aber die Auslegung nach persönlichen Maßstäben vornehmen.«

Katastrophale Kontinuitäten und Wiederholungszwang – in Österreich heißt das: Tradition. Selbstbehauptung und Selbstaufgabe sind eins, ihr Verfahren ist die Auslegung nach persönlichen Maßstäben, ihr Ziel heißt: Nicht stolpern!

Genauso wie die Karriere der literarischen Kunstfigur Bieringer verlief zum Beispiel auch die wirkliche Karriere von Michael Powolny, den wir als jenen Künstler bereits kennengelernt haben, der mit den Entwürfen für die Ehrenzeichen der Ersten Republik befaßt war. Powolny schuf unter anderem in der Monarchie Kaffeetassen mit Kaiserkrone, aber auch den Fries der Kaisertribüne des Wiener Trabrennplatzes, im Ständestaat den Dollfuß-Sarkophag, in der Nazizeit die Fassade des Hauses der Wehrmacht und den Adler mit Hakenkreuz, in der Zweiten Republik die Schilling-Münze (die mit dem Teufel) und vor allem die Gedenkmedaille »Niemals vergessen!«

Was sollen wir nach alldem niemals vergessen? Daß Österreich aus der Geschichte seine Lehre gezogen hat. Sie lautet: Besser vergessen – Wiederholen – Dem Ausland erklären.

Noch sind die Katastrophen der Zweiten Republik bloß symbolische: »Das Edelweiß«, stand in den österreichischen Zeitungen zu lesen, »droht auszusterben.«

6.

»Österreichische Wirklichkeit«, das scheint, wie wir nun schon mehrfach gesehen haben, eine contradictio in adjecto zu sein. Die Realität in diesem Land zeigt sich auf eine Weise zusammengesetzt, daß alles ununterbrochen in seinem Gegenteil aufgehoben wird und im Gesamten nur virtuell als das existiert, was man gerade sehen will. Österreich hat sich vor seiner Geschichte abgeschottet und versucht dennoch von seiner Musealität zu leben. Österreich hat einen Nationsbegriff herausgebildet, der aus der wechselseitigen Aufhebung der klassischen Nationsbegriffe besteht, weshalb die Vollendung der österreichischen Nationswerdung nun aus der Preisgabe der Nation besteht.

Österreich hat einen gesellschaftlichen Diskurs entwickelt, der dadurch charakterisiert ist, daß nie gesagt wird, was gemeint ist, und umgekehrt, wodurch alles eine symbolische Bedeutung erhält, die aber ihre wirkliche Bedeutung nach Möglichkeit nicht zeigt. Aber so konsequent die Realität in Österreich auch symbolisch reflektiert wird, so konsequent verlieren sich die offiziellen österreichischen Symbole im Irrealen. Der Staat, dessen konstitutiver Vertrag ein Anschlußverbot an Deutschland enthält, hat zugleich ein Staatswappen, in dem die historische Anschlußsehnsucht an Deutschland bis heute enthalten ist. Und er hat, wie jeder andere Staat der Welt, auch eine Hymne: Allerdings ist die Hymne, die in Österreich in Gebrauch ist, verfassungsrechtlich inexistent. Die österreichische Hymne, die 1946 durch ein Preisausschreiben unter Hobbydichtern ermittelt worden war, wurde ja, wie schon gesagt, nur als »Notlösung« gesehen, als Provisorium, weil man bei günstiger Gelegenheit die alte Haydn-Hymne »zurückgewinnen« wollte. Minister Hurdes hat daher dem Ministerrat vom Ergebnis des Preisausschreibens wohl Bericht erstattet, es aber unterlassen, diese Hymne im österreichischen Verfassungsgesetz festschreiben zu lassen, um beim erhofften späteren Austausch der Hymnen gesetzlich freie Hand zu haben. Der letzte diesbezügliche Versuch ist 1953 gescheitert, weshalb man am Ende doch bei »Land der Berge« blieb, nun allerdings vergaß, das seinerzeit unterlassene Gesetz nachzutragen. Das österreichische Verfassungsgesetz sieht daher zwar ein Staatswappen, Staatsfarben, Staatssiegel und auch einen Nationalfeiertag vor, aber keine Hymne. Es existiert nicht einmal ein einfaches Gesetzblatt mit der österreichischen Hymne, davon abgesehen, daß es zweifelhaft wäre, ob ein einfaches Gesetz ausreichen würde, wenn schon die Verfassung keine Hymne vorsieht. Dr. Bergmanns Definition der Hymne als »Gassenhauer« ist daher realer als der Begriff »Hymne« selbst.

Natürlich könnte man sagen, daß für die Existenz eines Staates eine verfassungsgesetzlich vorgesehene Hymne nicht von zentraler Bedeutung sei, daß es sich dabei, daß dieses Gesetz vergessen wurde, um ein belangloses Versehen handle und die Hymne sich immerhin in Gebrauch befinde und sich insofern doch durchgesetzt habe. Gegen eine solche Interpretation wäre tatsächlich nichts einzuwenden, wenn die Geschichte der österreichischen Hymne als nichtexistierend Existierende bloß eine Ausnahme wäre und nicht eines von vielen symptomatischen Beispielen dafür, wie die österreichische Realität gleichsam verdunstet, wenn man genauer hinsieht. Dieses eigentümlich Real-Fiktionale und Sich-Entwirklichende an den Symbolen Österreichs, an seinem Nationalgefühl, an seiner Selbstdarstellung, seinem gesellschaftlichen Diskurs, seinem Selbstverständnis rührt vielleicht daher, daß hier eine immanente Logik wirksam ist, die in der grundsätzlichen Verfaßtheit dieser Republik begründet ist.

Aus Meinungsumfragen wissen wir, daß für die überwältigende Mehrheit der Österreicher die Neutralität als konstitutiv für Identität und Selbstverständnis Österreichs gilt, so selbstverständlich, wie der Staatsvertrag als die Grundlage für die Existenz Österreichs als freier und souveräner Staat angesehen wird. Die Bedeutung, die die Neutralität für diesen Staat und für das Nationalgefühl seiner Staatsbürger hat, manifestiert sich auch in dem Umstand, daß der österreichische Nationalfeiertag sich nicht auf die Gründung bzw. Wiedergründung des Staates bezieht, sondern auf die Beschlußfassung des Neutralitätsgesetzes durch das Parlament.

Die Neutralität, »das Fundament der österreichischen Identität« (so die Meinungsforscher), ist tatsächlich die fundamentale österreichische Real-Fiktion: Sie ist, wie man in historischen Dokumenten und in der Fachliteratur leicht nachlesen kann, auf völkerrechtlich verbindliche Weise inexistent. Sie ist Fiktion, war nur als Fiktion geplant, hat sich in den Köpfen der Österreicher als Fiktion selbständig gemacht, und nur als solche, als verselbständigte Fiktion, hat sie Realität erhalten.

Ein Blick auf das Zustandekommen der österreichischen Neutralität macht deutlich, warum sie völkerrechtlich verbindlich nicht existiert bzw. warum sie nur als Fiktion existiert, als die sie geplant war.

Nach Stalins Tod im März 1953 stiegen Österreichs Chancen auf den Staatsvertrag, zugleich wurde deutlich, daß die Sowjetunion eine endgültige Zustimmung zu einem Staatsvertrag mit der Bedingung verknüpfen werde, daß Österreich neutral werden müsse. Mit dieser Perspektive war weder die österreichische Regierung glücklich (man bot die Zusage an, »keinen militärischen Bündnissen beizutreten und militärische Stützpunkte auf seinem Gebiet nicht zuzulassen«, wollte aber die viel weiterreichenden politischen und wirtschaftlichen Konsequenzen, die eine wirkliche Neutralität mit sich bringt, vermeiden; Vizekanzler Schärf drohte einmal sogar die Verhandlungskommission zu verlassen, sollte der Begriff Neutralität in den Verhandlungen explizit festgeschrieben werden), noch waren die westlichen Alliierten, die USA, Frankreich und England, an einer Neutralität Österreichs interessiert.

Zwischen Juli und September 1953 arbeitete das amerikanische State Department mit Hilfe der amerikanischen Botschaft in Wien ein Grundsatzpapier aus, das die Bedingungen zusammenfaßte, unter denen die USA und die westlichen Aliierten einer Neutralität Österreichs zustimmen würden. Dieses Grundsatzpapier, ein Genie-Streich realpolitischer Dialektik, entwickelte als Grundlage für die weitere Verhandlungsführung gleichsam einen Neutralitätsbegriff mit eingebautem Zeitzünder, der dazu führen sollte, daß die österreichische Neutralität, im Augenblick ihrer gesetzlichen Verabschiedung, sich buchstäblich verabschiedet und sich auflöst.

Zunächst heißt es in diesem Papier: Auch wenn die Neutralisierung (Neutralisation) Österreichs weder im amerikanischen noch im britischen oder französischen Interesse gelegen wäre und auch für Österreich selbst Probleme mit sich brächte, »würde (es) für die Vereinigten Staaten äußerst schwierig sein, in Österreich eine öffentliche und auch von der Bevölkerung getragene Unterstützung bei der Zurückweisung eines sowjetischen Vorschlags zur Neutralität zu erhalten, wenn ein solcher Vorschlag sowjetischerseits mit der Bereitschaft zum Abschluß des Staatsvertrages gekoppelt wäre«. Wenn also die amerikanische Regierung nicht umhinkäme, die Neutralität Österreichs als Voraussetzung für den Staatsvertrag zu akzeptieren, dann müßte damit eine Reihe von Punkten erfüllt werden. Die beiden in unserem Zusammenhang wichtigsten Punkte sind die Punkte 1 und 3:

»1. Sollte die Neutralisierung Österreichs in einer Form geschehen, daß die Beteiligung an der politischen, wirtschaftlichen und kulturellen Einigung Europas nicht in Frage gestellt wäre. (...)

3. Sollte die Neutralisierung Österreichs in einer Form geschehen, daß dies als einseitiger österreichischer Akt erscheine, anstelle einer von allen vier Besatzungsmächten auszusprechenden Garantie der Neutralität.«

Dieser 3. Punkt ist deshalb so bedeutsam, weil er der klaren völkerrechtlichen Definition von Neutralität diametral widerspricht. Das Völkerrecht definiert den Neutralitätsstatus eindeutig als wechselseitiges Verhältnis zwischen einem neutralen Staat und anderen Staaten. Diese Wechselseitigkeit ist durch bloße »Anerkennung« der Neutralität noch nicht gegeben, sie bedarf auch der »Garantieerklärungen« im wesentlichen der Nachbarstaaten und der Großmächte. Erst diese »Garantieerklärungen«, die im Grunde nichts anderes bedeuten, als daß die betreffenden Staaten sich verpflichten, dem neutralen Staat im Falle einer Bedrohung beizustehen, machen aus der »Neutralität« ein völkerrechtliches Faktum. Wenn ein Staat sich für neutral erklärt, ohne die entsprechenden Garantiezusagen zu bekommen, dann ist diese Neutralitätserklärung nichts anderes als die staatspolitische Variante eines solipsistischen Aktes. Es gibt eine Reihe von historischen Exempeln, die dies verdeutlichen: 1831 wurde etwa das damals neutrale Belgien von den Niederlanden militärisch überfallen; Frankreich war eine der Mächte, die die belgische Neutralität garantiert hatten, weshalb französische Truppen zu Hilfe kamen, die Niederländer aus Belgien hinauswarfen und sich dann zurückzogen.

Die im State-Department-Grundsatzpapier entwickelte Idee einer Neutralitätserklärung Österreichs ohne entsprechende Garantieerklärungen bedeutete natürlich, daß die österreichische Neutralität ausschließlich als Möglichkeit gesehen wurde, die »instrumental zur Herbeiführung des Staatsvertrages verwendet werden könnte«, in der Folge aber, durch den völkerrechtlich höchst zweifelhaften Status dieser Neutralität, ermöglichen würde, daß Österreich sich außenpolitisch im Zweifelsfalle »jederzeit so verhalte, als ob es nicht neutral wäre«.

Natürlich konnte dies nicht explizit gegenüber den Sowjets ausgewiesen und ihnen schmackhaft gemacht werden. Man brauchte eine Formel, die eine Zustimmung zur Neutralität suggerierte, aber die Exkludierung entsprechender Garantieerklärungen plausibel machte. Diese Formel präsentierte US-Außenminister John Foster Dulles bei der Berliner Außenministerkonferenz im Februar 1954: Es sei unmöglich, sagte er, die Neutralität Österreichs im Staatsvertrag festzuschreiben (wodurch ja die Neutralität automatisch von den Signatarstaaten garantiert gewesen wäre), da nur ein freier und souveräner Staat seine Neutralität erklären könne. Neutralität sei wertlos, wenn sie von fremden Mächten ausgehandelt werde, sondern müsse nach Abzug aller Truppen von österreichischem Staatsgebiet freiwillig beschlossen werden.

Diese Position ist zwar völkerrechtlich und historisch nicht ganz korrekt – die Schweizer Neutralität etwa ist 1815 von den Mächten des Wiener Kongresses ausgehandelt worden, die belgische Neutralität 1831 von den fünf führenden europäischen Mächten, der sogenannten Pentarchie –, aber das schien belanglos, zumal Österreich schließlich den Sowjets die verbindliche Zusage machte, daß es nach Erhalt des Staatsvertrages und nach Abzug aller Truppen seine immerwährende Neutralität erklären werde. Diese Zusage wurde im April 1955 im sogenannten Moskauer Memorandum niedergelegt. Darin verpflichtete sich Österreich auch (Punkt 3 der gegebenen Zusagen), alle Schritte zu unternehmen, um eine breite internationale Anerkennung seiner Neutralität zu erhalten, weiters (in Punkt 4) auch die entsprechenden Garantieerklärungen zu begrüßen.

Diese Aufspaltung von »Anerkennung« und »Garantie« in zwei verschiedene Punkte verdeutlicht noch einmal, daß es sich dabei um qualitativ ganz unterschiedliche Dinge handelt: »Anerkennung« bedeutet, daß die Neutralitätserklärung eines Staates ohne weitere Implikationen zur Kenntnis genommen wird. Erst die »Garantieerklärungen« sichern sie international verbindlich ab.

Mit diesen Zusagen Österreichs war jedenfalls der Weg zum Staatsvertrag endgültig frei, der Staatsvertrag wurde unterzeichnet, die alliierten Truppen zogen aus Österreich ab, das österreichische Parlament beschloß das Gesetz der immerwährenden Neutralität – und wunderbarerweise erfolgte keine einzige Garantieerklärung, weder von den Alliierten noch von einem Nachbarstaat. Die Alliierten übersandten wörtlich gleichlautende, also zweifellos vorher abgesprochene Anerkennungsnoten, und es ist zu vermuten, daß die Sowjetunion deshalb darauf verzichtete, eine Garantieerklärung anzufügen, um die beginnende Entspannungspolitik nicht dadurch zu gefährden, daß sie sich zur alleinigen Schutzmacht eines Staates aufwarf, der sofort auf westlichen Kurs einschwenkte.

Nur so ist verständlich, warum Österreich sofort nach Erklärung seiner Neutralität in die UNO eintrat, obwohl Hans Kelsen, der »Vater« der österreichischen Verfassung, darauf hinwies, daß immerwährende Neutralität und UNO-Mitgliedschaft einander ausschlössen. Ein anderes völkerrechtlich paradigmatisches Beispiel: Belgien erklärte seine immerwährende Neutralität offiziell für beendet, als es nach dem Ersten Weltkrieg Mitglied des Völkerbundes wurde.

Und nur deshalb ist auch verständlich, warum der österreichische Nationalrat immer wieder Gesetze erließ, die das Neutralitätsgesetz formal systematisch einschränkten, etwa dahin gehend, daß die Teilnahme an Maßnahmen des Sicherheitsrates über die Neutralität zu stellen sei. So kann Österreich, im Gegensatz zur Schweiz, Transitflüge von kriegführenden Parteien durch seinen Luftraum oder Transporte von Kriegsgerät durch sein Hoheitsgebiet gestatten, also seinen realen außenpolitischen Verpflichtungen nachkommen, ohne sein fiktives innenpolitisches Selbstverständnis, das immerhin in einem Verfassungsgesetz festgelegt ist, zu tangieren. Diese Perspektive hatte man eben vor Augen, als man in dem Grundsatzpapier des US State Departments formulierte, »daß eine einseitige Neutralitätserklärung einer vielseitigen Garantie der österreichischen Neutralität absolut vorzuziehen« sei.

Dieser fiktive Charakter der österreichischen Neutralität ist auch der Grund dafür, daß auf den ersten Blick überraschend viele (nämlich vierundsiebzig) Staaten die österreichische Neutralität nicht anerkannten, weder explizit noch »stillschweigend«, obwohl sie diplomatische Beziehungen mit Österreich unterhalten. Wahrscheinlich erschien ihnen eine solche Anerkennung belanglos, wenn schon die Großmächte und Nachbarn die Neutralität Österreichs nicht garantierten. Daß eine einseitige, nicht garantierte Neutralitätserklärung international zu nichts verpflichtet und daß die Frage, wer diese Neutralität anerkannt hat, weiters belanglos ist, sah man etwa besonders deutlich während des Ersten Golfkriegs, als Österreich den Transport von »Bergepanzern« durch sein Territorium gestattete: Diese sogenannten »Bergepanzer« waren, im Krieg zur Befreiung Kuwaits, dazu bestimmt, irakische Soldaten bei lebendigem Leib im Wüstensand zu begraben – Irak hatte die Neutralität Österreichs anerkannt, Kuwait hat die österreichische Neutralität nie anerkannt.

Der real-fiktionale Charakter der österreichischen Neutralität kommt wesentlich daher, daß sie, wiewohl außenpolitisch höchst zweifelhaft und in jedem konkreten Zweifelsfall inexistent, innenpolitisch geradewegs zu einem Mythos wurde. Die Tatsache, daß Österreich den ersehnten Staatsvertrag letztlich der Bereitschaft verdanke, seine Neutralität zu erklären, und der Glaube, daß Neutralität bedeute, künftig in keine Auseinandersetzungen der Weltmächte mehr hineingezogen zu werden, bewirkte in der zweiten Hälfte der fünfziger Jahre eine beinahe religiöse Dankbarkeit und Zustimmung zu diesem Verfassungsgesetz. Es gab damals eine Reihe von Stimmen, die vehement diese Mythologisierung der Neutralität kritisierten und bekämpften, aus Sorge darüber, daß diese Stimmung in der Bevölkerung die Regierung in ihren realpolitischen Verpflichtungen einengen könnte. Die damaligen Argumente gegen eine »Überbewertung des Neutralitätsgesetzes« sind übrigens verblüffend ähnlich mit den in Hinblick auf Österreichs EU-Beitrittsambitionen vorgebrachten: Österreich sei »von der Sowjetunion zur Erklärung der Neutralität gezwungen« worden bzw. »Österreich habe seine Neutralität nicht ganz freiwillig erklärt«; man könne sie jederzeit, »wenn der realpolitische Druck wegfällt« oder »wenn die Realpolitik es gebietet« oder »da uns nun die Sowjetunion als Vertragspartner abhanden gekommen ist«, einfach »durch Verfassungsgesetz beenden«; die Neutralität dürfe »nicht zum Mythos werden« oder »kein Dogma sein«, »nicht hochstilisiert« oder »den Menschen eingeredet« werden; sie dürfe »nicht zur Staatsdoktrin« werden, bzw. sie »wurde zur weltfremden Staatsdoktrin«. (Alle Zitate stammen aus österreichischen Zeitungen der Jahre 1956/57 bzw. 1991/92.) Aber es half und hilft nichts: Die Neutralität hat sich und blieb so fest im allgemeinen Bewußtsein Österreichs verankert, daß es heute kein Regierungspolitiker wagen kann, sie verbal so leichtfertig abzutun, wie es in der Praxis durchaus immer geschah und geschieht, wie es ursprünglich gedacht war. Die österreichische Regierung war deshalb gezwungen, ihre Entweder-und-Oder-Politik in dieser Frage noch zu radikalisieren. Anfang März 1992 etwa sagte Bundeskanzler Franz Vranitzky: Es könne sein, daß sich die österreichische Neutralität nun »als überflüssig« erweise; allerdings sei dies »eine abstrakte Gedankenspielerei«. Außenminister Mock zeigte sich erfreut, daß die SPÖ in dieser Frage mit der ÖVP konform gehe, denn die Neutralität dürfe kein Hindernis für einen österreichischen EU-Beitritt und für eine Teilnahme an einem europäischen Sicherheitssystem sein, im übrigen sagte er: »Ich sehe aber keinen Grund, die Neutralität abzuschaffen.« Daß die Neutralität »überflüssig« sei, ist ein Signal nach außen und sagt als solches die Wahrheit, nämlich: Keine Angst, liebe EU, daß uns die Neutralität außenpolitisch die Hände bindet, denn sie ist nur innenpolitisch von Bedeutung. Es ist völlig überflüssig, bei unseren außenpolitischen Ambitionen auf ihr herumzureiten. Und daß es »keinen Grund gibt, die Neutralität abzuschaffen«, ist ein Signal nach innen und sagt als solches ebenfalls die Wahrheit, nämlich: Keine Angst, liebe Österreicherinnen und Österreicher, daß wir die Neutralität, das Fundament eures Selbstverständnisses und eures Sicherheitsgefühls, aufgeben werden. Wir wissen ja aus den Meinungsumfragen, wie wichtig sie euch ist. Als solche, als bloßen Glaubensinhalt, könnt ihr sie immer behalten, darum heißt sie ja »immerwährend«.

Es gibt tatsächlich keinen Grund, die Neutralität aus außenpolitischen Gründen abzuschaffen – wenn sie lediglich eine innenpolitische Fiktion Österreichs ist und real und faktisch nur als solche existiert.

Als Fundament des österreichischen Selbstverständnisses stützt sich diese innenpolitische Fiktion wechselseitig mit jener außenpolitischen Fiktion, der sie die Existenz dieses Staates und die Neutralität verdankt: mit dem Staatsvertrag. Der Staatsvertrag ist die Grundlage dafür, daß Österreich als souveräner Staat von der internationalen Staatengemeinschaft anerkannt wird, er ist also die reale Existenzgrundlage dieser Republik – und doch muß man fragen, ob dieser Vertrag überhaupt noch reale Gültigkeit hat oder ob er nicht vielmehr zur bloßen Fiktion geworden ist in Anbetracht der Tatsache, daß er kontinuierlich und konsequent von Österreich verletzt und gebrochen wurde und wird. Denn der Staatsvertrag ist ja nicht bloß ein kurzer Vertrag des Inhalts, daß die Befreier Österreichs sich bereit erklären, ihre Truppen abzuziehen und dieses Land nun in seine Souveränität und Selbstbestimmtheit zu entlassen, sondern enthält auch eine Reihe von Bestimmungen, denen Genüge zu tun sich Österreich verpflichtet. Es wurden daher in Österreich immer wieder Stimmen laut, die kritisierten, daß der Staatsvertrag die volle Souveränität Österreichs einschränke und daher aufgekündigt werden solle.

Diese Kritik ist natürlich eine völlige Verdrehung der Tatsachen, nicht nur weil sie in dem Papier, das der Republik Österreich Souveränität zuerkennt, eine Beschneidung der Souveränität sieht, sondern vor allem auch deshalb, weil Österreich schon längst, wenn auch international unbemerkt, den Staatsvertrag aufgekündigt hat.

Keine einzige der Bestimmungen des Staatsvertrages schränkt in irgendeiner Weise die Souveränität Österreichs ein, die im Artikel 1 zugestanden wird – im Gegenteil: Sie alle haben den funktionalen Sinn, die Souveränität und Unabhängigkeit des Staates und die bürgerlichen Freiheiten und Rechte der Staatsbürger abzusichern. Pointiert könnte man sagen, daß die einzige Einschränkung der Souveränität Österreichs durch den Staatsvertrag darin besteht, daß dieser Österreich zu seiner vollen Souveränität zwingt und die Preisgabe dieser Souveränität in jeglicher Form verbietet. Fast alle diese Bestimmungen hat Österreich von Anfang an in seiner Praxis ignoriert und gebrochen: Österreich darf keine wie immer geartete politische oder wirtschaftliche Vereinigung mit Deutschland eingehen und verpflichtet sich, keine Handlungen zu setzen, die zu einer unmittelbaren oder mittelbaren Abhängigkeit von Deutschland führen (Artikel 4). Vor dem EU-Beitritt war der österreichische Außenhandel zu etwa 60% und die österreichische Währungspolitik zu 100% von Deutschland abhängig, weiters kam Österreichs EU-Beitritt nach Expertisen von Rechtsexperten einer verbotenen mittelbaren Vereinigung mit Deutschland gleich.

Österreich verpflichtet sich zur strikten Einhaltung der Menschenrechte (Artikel 6). Tatsächlich wurden der Republik Österreich von Amnesty International die meisten Menschenrechtsverletzungen aller westlichen Länder nachgewiesen, einzelne österreichische Gesetze, wie etwa das Polizeibefugnisgesetz, widersprechen (auch nach der Novellierung) erwiesenermaßen der internationalen Menschenrechtskonvention.

Österreich verpflichtet sich zum Schutz der Rechte der slowenischen und kroatischen Minderheiten (Artikel 7). Tatsächlich gibt es keineswegs in ausreichender Zahl Schulen mit Unterricht in slowenischer oder kroatischer Sprache; es gibt keine zweisprachigen Ortstafeln; in den Verwaltungs- und Gerichtsbezirken Kärntens, des Burgenlandes und der Steiermark ist Slowenisch oder Kroatisch noch immer nicht als zweite Amtssprache zugelassen; und die Tätigkeit von Organisationen wie etwa des Kärntner Heimatdienstes, die gegen die Rechte der Minderheiten agitieren, ist nicht, wie im Staatsvertrag vorgeschrieben, verboten.

Österreich verpflichtet sich nicht nur, alle nazistischen Organisationen aufzulösen, sondern auch alle Spuren des Nazismus aus dem politischen, wirtschaftlichen und kulturellen Leben zu entfernen (Artikel 9). Politisch wurde in Österreich sehr bald mit dem VdU (aus dem dann die FPÖ und schließlich die F-Bewegung hervorging) eine Sammelorganisation ehemaliger Nazis als wahlwerbende Gruppe zugelassen, es gab weder politisch noch wirtschaftlich irgendwelche Vorkehrungen, um die personellen oder strukturell-organisatorischen Kontinuitäten aus der Nazi-Zeit zu unterbinden, und kulturell sei beispielsweise nur auf die Geschichte des österreichischen Staatspreises für Literatur verwiesen, den zunächst alle österreichischen Nazi-Dichter kassierten, die in der Folge auch noch Eingang fanden in die für den Unterricht approbierten Lesebücher.

Österreich verpflichtet sich, alle gesetzgeberischen und administrativen Maßnahmen, die zwischen dem 5. März 1933 und dem 30. April 1945 getroffen wurden, aufzuheben oder abzuändern (Artikel 10). Tatsächlich waren genau diese Gesetze bis in die 70er Jahre, bis zu Brodas punktuellen Justizreformen, die »modernsten« Bestandteile des österreichischen Rechts und sind bis heute nicht gänzlich getilgt oder umfassend abgeändert.

Österreich verpflichtet sich, keine Vermögenschaften in das Eigentum deutscher juristischer Personen oder – sofern der Wert der Vermögenschaften 260 000 Schilling übersteigt – deutscher physischer Personen zu übertragen (Artikel 22,13). Tatsächlich spekuliert Österreich etwa bei der Privatisierung von Staatsbetrieben unverhohlen und erfolgreich auch auf deutsche Anleger.

Die einseitige Aufhebung des österreichischen Staatsvertrages durch die tägliche österreichische Praxis ist in jedem der angeführten Punkte so offensichtlich und allgemein bekannt, daß sich ausführliche Belege erübrigen.

Dennoch »funktioniert« der Staatsvertrag. Er ist bis heute die Grundlage von Österreichs Anerkennung als souveräner Staat in der internationalen Staatengemeinschaft. Keiner der Signatarstaaten und kein anderer Staat der Welt hat dies bislang in Abrede gestellt und Sanktionen gefordert, weil Österreich die Bestimmungen des Staatsvertrages nicht einhält. Der Staatsvertrag ist zwar innenpolitisch aufgehoben und damit ausgelöscht und inexistent, aber er besteht als außenpolitisch real wirksame Fiktion weiter. Staatsvertrag und Neutralität, die außenpolitische und die innenpolitische Real-Fiktion, stützen einander ab wie zwei aneinandergelehnte Spielkarten, so daß sie nicht umfallen können und gemeinsam ein deutlich sichtbares A ergeben. A wie Austria. Es ist schwer dagegen zu polemisieren, solange dieses Dach steht, sichtbar ist und anerkannt wird. Man muß daran glauben. Aber es ist schwer, nicht dagegen zu polemisieren, solange alles, was eingeht unter dieses Dach, eingeht unter diesem Dach.

7.

Wie wirklich kann die Wirklichkeit sein, wenn ihr Fundament aus Fiktionen besteht? Diese Frage ist vielleicht wirklich belanglos, wenn man bedenkt, daß jede Gesellschaft in ihrer täglichen Praxis, ob sie es will und weiß oder nicht, Realität herstellt, egal wie fiktional die Prämissen sind, unter denen sie es tut. Aber es ist doch bemerkenswert, daß in Österreich die Fiktionen so besonders konsequent und hartnäckig reproduziert werden, wenn es um das Konsekutive der Realität geht. Dies betrifft ja nicht nur den Staatsvertrag und die Neutralität, sondern auch die Verfassung und das politische und gesellschaftliche Organisationssystem Österreichs.

Seiner Verfassung nach ist Österreich eine parlamentarische Demokratie. Das ist es allerdings nicht in Wirklichkeit. Denn alle wesentlichen Entscheidungen wurden nicht von gewählten Volksvertretern im Hohen Haus getroffen, sondern von demokratisch nicht legitimierten Funktionären in den Gremien der Sozialpartnerschaft. Aber selbst wenn dies wirklich so war, durfte man nicht glauben, daß man mit dieser Information nun in gesichertes Terrain kam. Denn während das Parlament nur zum Schein existierte, so schien es die Sozialpartnerschaft in Wahrheit gar nicht gegeben zu haben: Es gab kein Verfassungs- und auch kein Bundesgesetz, das eine Institution wie die Sozialpartnerschaft vorsah und ihren Wirkungsbereich beschrieb. Rein rechtlich war die Sozialpartnerschaft tatsächlich inexistent. Das ist deswegen erstaunlich, weil sie als staatstragende Institution, ja als »eigentliche Regierung« galt. Aber sie war von der Verfassung weder ursprünglich vorgesehen noch später zur Kenntnis genommen worden, sie war gewissermaßen eine Fiktion, aber sie funktionierte wirklich, sie ist also typisch österreichisch eine Real-Fiktion.

Wir haben schon gesehen, daß dieses österreichische Prinzip der Real-Fiktionen alles in diesem Staat affiziert, das Reale wird unwirklich und das Unwirkliche real.

Es ist kein Zufall, daß sich ein eigener Begriff herausgebildet hat, der alles bezeichnet, was in Österreich zwar nicht wirklich, aber dafür wirksam ist; der Begriff lautet: »Österreichische

Realverfassung«. Alles, worauf dieser Begriff verweist, existiert nicht in der österreichischen Verfassung, sondern »nur« in der Realität, und umgekehrt.

Jeder, der weiß, daß das Parlament gleichsam nur schöner Schein ist, hat das Parlament schon gesehen, aber wer hat einmal »die Sozialpartnerschaft« gesehen, eines ihrer Gremien, zumindest ihre Räumlichkeiten, wenigstens die Polstertür, hinter der ihre Sitzungen abgehalten werden?

Es ist wahrscheinlich einzigartig in der Welt, daß eine Institution, die nicht bloß als sehr einflußreich oder als allzu einflußreich, sondern gleich als die eigentliche Regierung eines Staates gilt und von allen Spitzenrepräsentanten des Staates als solche anerkannt ist, nicht in der Verfassung oder in Gesetzblättern beschrieben ist, sondern ausschließlich in einer Vielzahl von wissenschaftlichen Untersuchungen, wodurch klar ausgedrückt ist, daß diese »Regierung« als etwas Unbekanntes, wissenschaftlich noch lange nicht Gesichertes erscheint, das es erst zu erforschen gilt. Überblickt man die wissenschaftliche Literatur zur Sozialpartnerschaft, dann kann man feststellen, daß sich die Politologie in dieser Frage von einer Variante der Ufo-Forschung, die erst einmal die Existenz des zu untersuchenden Gegenstandes nachweisen muß, zu einer Variante jener Ethnographie fortentwickelt hat, die sich auf die Aussagen von Missionaren stützen muß, ohne selbst Zugang zu der untersuchten Volksgruppe zu haben.

All diesen Arbeiten scheint als Motto der Satz des englischen Anthropologen James Frazer vorangestellt, der auf die Frage, ob er das von ihm beschriebene fremde Brauchtum aus eigener Anschauung kenne, geantwortet haben soll: »But heaven forbid!«

So finden sich in den Darstellungen der Sozialpartnerschaft etwa Pseudoformalisierungsversuche des Informellen, eine Vielzahl von Kästchen und Verbindungslinien, die an den graphischen Aufriß einer instrumentell vernünftig organisierten Konzerngruppe gemahnen, zugleich aber auch immer wieder deren Zurücknahme in Polit-Legenden, etwa daß es sich bei der Sozialpartnerschaft im Grunde um eine »Tarockrunde« handle, um einen Karten spielenden Freundeskreis von Vertretern der verschiedenen weltanschaulichen Lager und Interessengruppen, deren politisch so konsequenzreiche private Freundschaft sich einer historischen Erfahrung verdanke: »Am Anfang stand zweifellos die vielzitierte gemeinsame Erfahrung der Konzentrationslager«, wiederholte etwa Peter Michael Lingens einmal in der Wirtschaftswoche. Christlichsoziale und Sozialdemokraten hätten im KZ ihre jeweiligen politischen Gegner als »anständige Menschen« kennengelernt und erkannt, daß die Differenzen zwischen ihren Weltanschauungen unerheblich waren neben dem Abgrund, der sie vom Nationalsozialismus trennte. »Zweifellos« ist an dieser Legende nur, daß sie tatsächlich »vielzitiert« ist. Leider gibt es aber keine ergänzende Legende, die erklärt, warum, wenn man nachprüft, tatsächlich keiner der Begründer der »Paritätischen Kommission« und schon gar keiner derer, die diese dann zu einem umfassenden, in alle Gesellschaftsbereiche hineinregierenden System ausbauten, in einem Konzentrationslager gewesen ist, also weder Johann Böhm noch Julius Raab, weder Anton Benya noch Rudolf Sallinger. Auch der in der Regierung Raab so mächtige Bauernvertreter Franz Thoma war nie in einem KZ; als Hitler-Opfer könnte er nur insofern gelten, als seinem 1938 gestellten Antrag auf NSDAP-Mitgliedschaft von der Gauleitung 1943 nicht stattgegeben und seine »provisorische Mitgliedschaft« gelöscht wurde.

Als gesichert, was die Sozialpartnerschaft als Institution in ihrer Hochblüte betraf, kann aber folgendes gelten: Sie bestand aus einer Gruppe von Funktionären, die, so sie überhaupt demokratisch gewählt waren, in ganz andere, mit ihrer Tätigkeit in der Sozialpartnerschaft unvereinbare Verantwortlichkeiten gewählt wurden, weshalb sie in gar keiner Verantwortlichkeit mehr standen. Sie trafen einander als Vertreter von gesellschaftlichen Interessengruppen, die, auch wenn sie so taten als ob, keine öffentlich-rechtlichen Körperschaften waren, sondern bloß Vereine, wie etwa der ÖGB, der ohne Rechtspersönlichkeit verfassungsrechtlich nicht gedeckte Privilegien hatte, zum Beispiel das Recht, auch für Nicht-Mitglieder Kollektivverträge abzuschließen; oder die »Präsidentenkonferenz der Landwirtschaftskammern Österreichs«, ebenfalls bloß ein Verein, der verfassungsrechtlich unzulässig wie eine Bundeslandwirtschaftskammer auftrat. Oder aber es waren Verbände, die über gesetzlich gedeckte, aber in Widerspruch zur Verfassung stehende Privilegien verfügten, etwa dem Recht, ihre Mitglieder durch Zwangsmitgliedschaft zu rekrutieren und Beiträge von diesen automatisch einzuziehen.

Die Spitzenfunktionäre dieser Vereine und Verbände nun setzten sich mit Regierungsmitgliedern informell hinter verschlossenen Türen zusammen, gewissermaßen einen weiteren Verein bildend, der aber nicht einmal bei der Vereinspolizei gemeldet war, sich aber dennoch Vereinsstatuten gegeben hatte, etwa dieses, daß seine Mitglieder verpflichtet waren, untereinander Einstimmigkeit herzustellen.

Nun kann man zu Recht sagen, daß die Tatsache, daß sich eine Handvoll Männer regelmäßig trifft, also quasi als Verein, aber ohne als Verein gemeldet zu sein, und dabei alle wichtigen gesellschaftlichen, politischen und wirtschaftlichen Fragen diskutiert und zu einer gemeinsamen Ansicht kommt, nichts Einzigartiges darstellt. In Österreich gibt es Abertausende solcher Quasi-Vereine, sie alle werden in der Regel »Stammtisch« genannt. Und sie alle sind ebenfalls auf eine formal nicht überprüfbare Weise doch auch in der offiziellen Politik vertreten, dadurch nämlich, daß sich jede österreichische Partei als Dachverband dieser Vereine anbietet. Der Unterschied ist nur, daß die Beschlüsse des Sozialpartnerschaft genannten Privat-Vereins in der Folge automatisch zu österreichischen Gesetzen wurden – zu Gesetzen, die aus dem rechtlichen Nichts kamen. Bekanntlich gab es eine Reihe von Argumenten (zu untersuchen wäre einmal die Interessenlage derer, die sie formulierten), denen zufolge gerade dies ein Segen für Österreich war. Nun kann einem Segen tatsächlich nichts entgegengehalten werden, am allerwenigsten der Hinweis, daß dieser Segen in Wahrheit kein Segen ist – denn keiner der Gläubigen würde das glauben. Heaven forbid.

Aber es ist unbestreitbar, daß dies eine radikale Eigentümlichkeit darstellte: daß sich ein Rechtsstaat dort am stabilsten empfand, wo er mit allgemeiner Zustimmung im rechtlosen Raum agierte.

Man darf ja nicht glauben, daß die Sozialpartnerschaft nach dem »Bundeshymne-Prinzip« entstanden war: daß da also etwas informell in Gebrauch gekommen war, was alle anderen zivilisierten Länder auch hatten, was nur symbolische Bedeutung hatte, ganz erbaulich war und niemandem schadete, und was dann nur vergessen wurde, in der Verfassung festzuschreiben. Im Gegenteil: Die Regierung und die Sozialpartner wußten ganz genau, daß sie mit der Institutionalisierung ihres Verhandlungsgremiums und mit der Macht, die sie diesem Gremium zuerkannten, einen Verfassungsbruch begingen, und sie praktizierten diesen Verfassungsbruch ganz bewußt immer weiter. Denn zunächst war diese Institution unter dem Titel »Wirtschaftsdirektorium der Bundesregierung« (1951/52) durch Bundesgesetz eingerichtet worden – worauf es vom Verfassungsgerichtshof ausdrücklich als verfassungswidrig befunden wurde. Die Regierung und die Spitzenfunktionäre der Interessenvereine und -verbände zogen daraus die Konsequenz, eben ohne gesetzliche Deckung weiterzumachen und sich nur »privat« zu treffen – dadurch wurde die »Paritätische Kommission« vor einem weiteren verfassungsgerichtlichen Urteil geschützt, weil sie kein vom Verfassungsgerichtshof zu beseitigendes Substrat besaß.

Diese pragmatische Rücknahme des Rechtsstaates, diese Verabschiedung von den bürgerlichen Idealen im Namen einer gesellschaftlichen Rationalität, wurde schließlich nicht nur in Österreich, sondern weltweit anerkannt.

Die Konsequenzen des sozialpartnerschaftlichen Systems, also etwa die niedrige Streikrate, die niedrigen Lohnabschlüsse bei dennoch allgemeiner gesellschaftlicher Zufriedenheit etc., wurden bekanntlich als vorbildlich angesehen. Offenbar wollte die weltgeschichtliche Entwicklung nicht bei der stattgehabten Rücknahme der sozialistischen Revolution stehenbleiben. Die letzte Utopie der abgeklärten Welt schien die Aufhebung auch der Französischen Revolution zu sein – was in Österreich, und vorerst nur in Österreich, bereits gelungen war. Dies ist keine bemüht originelle Interpretation, sondern explizit die Ansicht jener, die gerade das rechtlich und faktisch Bedenkliche der Sozialpartnerschaft bewunderten.

Im September 1989, also in dem Jahr, in dem die Staaten, die sich auf die sozialistische Revolution beriefen, ins Wanken kamen und zugleich auch das große Jubiläum der Französischen Revolution gefeiert wurde, fand in Den Haag ein Seminar über das Thema »Sozialpartnerschaft und Rechtspolitik« statt. Als dort der österreichische Verfassungsrechtler Hans R. Klecatsky in Hinblick auf die Sozialpartnerschaft die österreichische »Verfassungsruine« kritisierte, wurde ihm bei der Diskussion von Dr. DDr. h. c. o. Univ.-Prof. Theo Mayer-Maly, einem Adepten der Sozialpartnerschaft, entgegengehalten: »Mir paßt das System. Ich würde nun gerne vom Vortragenden Klecatsky diese einfache Auskunft bekommen: Paßt es ihm oder paßt es ihm nicht? Ich habe nämlich doch den Eindruck einer gewissen Antipathie, besonders deutlich bei den Appellen, mit der parlamentarischen Demokratie reinsten Wassers Ernst zu machen. Wenn wir das wirklich machen, kommt das den Wirkungen einer Revolution gleich. Was ich Klecatsky in Verdacht habe, zu postulieren, ist, endlich die Französische Revolution bei uns einzuführen. Denn eines ist ja ganz klar: Das, was wir als System der Sozialpartnerschaft etabliert haben, hat die Französische Revolution in einem wichtigen Bereich rückgängig gemacht. Denn eines der zentralen Ziele der Französischen Revolution war die Beseitigung der Korporationen. Es lag aber an uns, in diesem Teil die Französische Revolution rückgängig zu machen und wieder ein korporatives Element einzuführen. Und dieser Mechanismus, möchte ich sagen, der paßt mir.«

Die Aufhebung der Französischen Revolution – wieder ein Beispiel für Österreichs avantgardistische Musealität, oder, wie Klecatsky es nannte: »Paläolithische Herrschaftselemente«, deren »Kraft, die sie treibt, in die Zukunft weist«. Ihr Motto ist: Freiheit von demokratischer Kontrolle, Gleichheit in den Gremien, Brüderlichkeit in der Preisgestaltung. Ist dies wirklich so? Die Frage nach der Wirklichkeit ist in Österreich grundsätzlich falsch. Wirklich war nur eines mit Sicherheit: Daß die österreichische Wirklichkeit niemanden wirklich tangierte. Die Sozialpartnerschaft, die nicht wirklich existierte, übte wirklich Macht aus, aber so, daß sie die Wirklichkeit entwirklichte. Denn dadurch, daß alle relevanten Entscheidungen abseits von Öffentlichkeit und demokratischer Kontrolle getroffen wurden, das Zustandekommen der Realität also nie nachvollzogen werden konnte, erhielt die Realität im allgemeinen Bewußtsein etwas Diffuses, den Charakter des irgendwie Gegebenen, in dem man es sich eben möglichst glücklich einzurichten versuchte. Und die »Gebenden« waren erst recht in Nebel gehüllt. Entsprechende Meinungsumfragen in Österreich belegten dies: Eine Untersuchung des Instituts für empirische Sozialforschung ergab, daß die überwiegende Mehrheit der Österreicher keine Angabe darüber machen konnte, was »Sozialpartnerschaft« sei und wie sie funktioniere, aber dennoch das Wirken der Sozialpartnerschaft einhellig als »vorteilhaft für Österreich« beurteilte.

In dem vom damaligen Parlaments- und heutigen Staatspräsidenten Heinz Fischer herausgegebenen Band *Das politische System Österreichs* heißt es daher im Abschnitt über die Sozialpartnerschaft: deren Politik sei »illusionär«, »wirklichkeitsfremd« und »verklärt«, aber »dennoch« – oder vielleicht deswegen – konnte sie »geschichtsgestaltende Kraft erlangen«.

Wie diese Kraft wirkte, ist bereits deutlich geworden: Sie gestaltete Geschichte, um von ihr zu befreien. Ihre fixe Idee war die Erlösung des materiellen Lebens mit seinen Interessenkonflikten in Fiktionen, die am Ende, »vielzitiert«, zu Klischees wurden, die also der Realität nicht mehr entgegenstanden, sondern sie bereits ersetzt hatten. Und dann war es völlig egal geworden, ob man »Sozialpartnerschaft« sagt oder »Kaiserschmarrn«.

Dies war einer »Informationsschrift« der Handelskammer über die Sozialpartnerschaft zu entnehmen: »Was für den einen Wiener Walzer, Lipizzaner oder Kaiserschmarrn, das ist für den anderen die Sozialpartnerschaft: ein österreichisches Spezifikum. Unverwechselbar, unvollkommen, unübertragbar, ständig in Frage gestellt und dennoch nie ernstlich bedroht – mit einem Wort ein Spiegelbild der klischeehaften Spezies Österreicher.« Das war, obwohl es in einer »Informationsschrift« der Handelskammer stand, allerdings auch nicht ganz wahr. Denn die Sozialpartnerschaft mochte ständig in Frage gestellt, aber dennoch nie ernstlich bedroht gewesen sein – bei den Lipizzanern, regelmäßig von rätselhaften Krankheiten bedroht, verhält es sich allerdings genau umgekehrt.

8.

Es wurde und wird oft beklagt, daß die Zweite Republik nie zu einem eigenständigen, spezifischen, repräsentativen Baustil fand, keinen Mut aufbrachte, sich zeitgenössisch in der Architektur zu reflektieren, sondern sich einerseits auf den steinernen Lorbeeren eines großen architektonischen Erbes ausruhe, andererseits auf akute Wohn- und Raumbedürfnisse mit unspezifischen, phantasielosen, genormten Serienbauten reagiere. Inkohärente, singuläre Ausnahmen würden diese Regel nur bestätigen. Die besten Architekten habe es daher ins Ausland gezogen. Das ist natürlich nicht ganz richtig. Es stimmt zwar, »daß etwa die Hauptleistungen des österreichischen Barocks oder des Historismus in einem gleichen Zeitraum [wie dem, den die Zweite Republik schon zur Verfügung hatte] verwirklicht wurden, daß die Bauten der Wiener Secession nur etwa die halbe Zeit für ihre Realisierung zur Verfügung hatten, gar nicht zu reden von den Leistungen des Volkswohnbaus der 20er Jahre, die innerhalb eines Jahrzehnts entstanden« (Friedrich Achleitner).

Aber eine genauere Betrachtung der in der Zweiten Republik in Wien entstandenen Bauten zeigt doch auch, daß sie eine repräsentative Aussage über diese Zeit geben, daß sie auf eine ebenso schlüssige, konsequente und selbst in Unterschieden kohärente Weise den Geist ihrer Zeit architektonisch vergegenständlichen, wie es »Historismus« oder »Rotes Wien« taten. Dies kann nur dem verborgen bleiben, der Architektur vor lauter Bauwerken nicht sieht.

Die Geschichte der Architektur ist natürlich die Geschichte von Klassen-Bauwerken. Die Ringstraßenpalais, der Karl-Marx-Hof etc. können soziologisch unmittelbar Klassen zugeordnet werden, in ihnen drückt sich Selbstbewußtsein, Stärke im gesellschaftlichen Kräftespiel, die politischen, sozialen, ästhetischen Ansprüche etc. der jeweiligen Klasse in einer bestimmten historischen Epoche aus.

Bei Betrachtung der Architektur der Zweiten Republik liegt gerade darin das zunächst Verwirrende: Es scheint keine Herrschaftsarchitektur mehr zu geben (ja, die Bautätigkeit schien sich geradezu unbeherrscht zu entfalten), aber auch keine tabubrechende, programmatische Sozialarchitektur mehr, sondern nur »eine entideoligisierte Architektur, die auf die Addition von Wohnungen beschränkt bleibt« (R. Gieselmann/G. Lautner/R. Szedenik).

Nun war aber »Ideologielosigkeit« genau die ideologische Chiffre, mit der im sozialpartnerschaftlichen Österreich Politik gemacht wurde, und die programmatischen oder von Sachzwängen abgeleiteten Erklärungen dafür, »warum [...] das, was gebaut wird, so aus[schaut,] wie es uns erscheint« (Dietmar Steiner), zeigten sich plötzlich nur als Verhüllungen handfester politischer Interessen: Die Entwicklung des kommunalen Wohnbaus, um es an einem Beispiel zu zeigen, macht dies deutlich:

In den 50er Jahren wurden große Wohnhausanlagen errichtet, die am Stadtrand in Zeilen angelegt wurden, d. h. in einer Aneinanderreihung freistehender Wohnhäuser, deren Einheiten nach bedeutungslosen ästhetischen Kriterien gruppiert wurden, meistens einfach parallel oder rechtwinkelig versetzt. Wegen ihrer »Gestaltarmut« wurden diese Bauten im Volksmund »Emmentalerbauten« genannt.

Bauweise, Anlage und Aussehen dieser Bauten sollen in der wirtschaftlichen Notsituation dieser Jahre begründet sein, als die virulente Wohnungsnot aufgrund der Kriegsschäden dazu zwang, möglichst rasch, möglichst billig eine größtmögliche Zahl von Wohnungen zu bauen.

Gut: möglichst rasch, möglichst billig, möglichst viel: das erklärt, daß für die Fertigteilbauweise optiert wurde. Das erklärt aber nicht, daß die Bauten so aussehen und so angelegt sein müssen.

Die Erklärung springt ins Auge, wenn wir die »Emmentalerbauten« mit den gemeindebaulichen Leistungen der Zwischenkriegszeit, etwa mit dem Karl-Marx-Hof, vergleichen:

»Die Planung bezog sich dabei nicht auf das einzelne Wohnhaus, um erst danach diese Einzelheiten nach beliebigen ästhetischen Kriterien zu gruppieren. Vielmehr war der architektonische Bezugspunkt von vornherein die gesamte Wohnanlage. Sie sollte ein geschlossenes Ganzes ergeben, um die Macht der Arbeiterklasse zu symbolisieren. Dafür exemplarische Bauten wie der Karl-Marx-Hof in Wien-Döbling stellen weitläufige Trutzburgen mit hervorragenden Verteidigungsbedingungen dar. Der Zugang zu den Wohnanlagen, die weite, miteinander verbundene Höfe umschließen, ist nur durch wenige Tore möglich. Diese können rasch und wirkungsvoll mit schweren Gittertoren aus Stahl verschlossen werden. Die eigentlichen Zugänge zu den Wohnungen, die einzelnen ›Stiegen‹, gehen daher nicht auf die Straße oder auf nicht umbauten Raum, sondern münden in die Höfe, welche mit Ruhebänken, Kinderspielplätzen und Gemeinschaftseinrichtungen ausgestattet sind, also Orte von Teilöffentlichkeiten darstellen. Die Verteidigung der Tore wird durch Vorsprünge und Erker erleichtert, die relativ geschützte Stellungen bieten. Und tatsächlich waren die Gemeindebauten die Stützpunkte der revolutionären Arbeiter Wiens beim Schutzbund-›Aufstand‹ im Jahre 1934, der gegen das austrofaschistische Regime von Dollfuß gerichtet war« (Lutz Holzinger). Im Vergleich damit zeigen sich die Gemeindebauten der Nachkriegszeit als Wohnanlagen, deren freistehende Gebäude keine Verteidigungsmöglichkeiten bieten. Sie werden durch freie Flächen zerschnitten, in die, im Gegensatz zu den geschützten Innenhöfen, Panzer mühelos eindringen könnten und die auch zu breit bemessen sind, um Barrikaden zu bauen. Die Artillerie hätte freies Schussfeld, während die glatten Fassaden mit den großen freien Fensterflächen einer Verteidigung keine Deckung böten.

»Die bewaffneten Arbeiter wurden (1934) vom österreichischen Bundesheer niederkartäscht; die strategische Bedeutung der damaligen Gemeindebauten war dennoch eine Voraussetzung dafür, daß das Proletariat sich überhaupt formieren konnte« (Holzinger).

Daß es dazu nicht mehr kommen sollte, das hat bei der Planung der neuen Gemeindebauten sicherlich eine Rolle gespielt, eine ebenso große zumindest, wie die notwendige »Sparsamkeit« aufgrund der wirtschaftlichen Notsituation. Daß dies als gewiß anzunehmen ist, folgt nicht zuletzt auch der Erklärung der Repräsentaten der großen Parteien und Interessenorganisationen, daß ihre Konsens-Politik – zunächst in Form der großen Koalition, dann der Sozialpartnerschaft – in ihren Erfahrungen aus der Ersten Republik begründet sei.

Was also die Gemeindebauten der Zweiten Republik, im Vergleich zu denen der Ersten Republik, in erster Linie charakterisiert, ist, daß sie entpolitisiert wurden. Die Arbeiter sollten in ihnen weder »bei sich« sein, also Klassenidentität empfinden, noch sollte, notfalls, an Verteidigung überhaupt auch nur gedacht werden können.

Die glatten, freien »Emmentalerbauten« vermittelten aber gleichviel auch so eine Identität, repräsentieren nicht nur das Bewußtsein derer, die diese Bauten schufen, sondern auch derer, die sie bezogen: das der glatt eingepaßten, »freien«, soziologisch undefinierten einzelnen, deren Sozialverband die Familie ist. »Es zogen überwiegend junge Familien, d. h. eine Altersgruppe, ein, die hier ein bis zwei Kinder aufziehen konnten. Eine Homogenität der Alters- und Sozialstruktur entstand« (Gieselmann/Lautner/Szedenik). Mit Gemeinschaftseinrichtungen wurden diese Bauten nicht ausgestattet, die einzige Folgeeinrichtung war in der Regel der Supermarkt. In den 60er Jahren wurden, im Zuge des allgemeinen Wirtschaftsaufschwunges, die glatten, schmucklosen, genormten Fassaden der Gemeindebauten mit einem ersten, allerdings ebenso genormten Statussymbol versehen, das anzeigen sollte, daß »die Wiener Proletarier« nicht nur keine Proletarier mehr sind, sondern gar schon »Wohlstandsbürger« wurden: mit dem Balkon. Der Balkon wurde zum Charakteristikum der Fassaden der freistehenden Wohnquader eines Jahrzehnts. Der Balkon ist jene Fläche eines freien, außerhalb des geschlossenen privaten Wohnbereichs befindlichen Raumes, der sich ergibt, wenn man die Innenhöfe eines alten Gemeindebaus durch die Anzahl der im Gemeindebau lebenden Familien dividiert. Nun hatte jeder seinen Anteil Außenwelt für sich alleine und in seine Innenwelt zurückgeführt.

Im Balkon war die weitere Entwicklung des Wiener Gemeindehauses schon programmatisch angelegt, ihm entschlüpften die Loggia-Bauten, die vor allem in Gestalt der »Glück-Wohnmaschinen«, wie etwa »Alt-Erlaa« (Architekten Glück u. a.), zum entfalteten architektonischen Ausdruck des sozialpartnerschaftlichen Österreich wurden.

Von der Loggia, ihre saure Wurst essend, oder vom Swimmingpool am Dach blicken die »Wohlstandsbürger«, die früher

»Proletarier« geheißen haben, selbstvergessen mit den Allüren von Penthouse-Besitzern hinunter auf die öde freie Fläche zwischen den Wohntürmen, ohne zu wissen, daß diese freie Fläche ein blinder Spiegel ihres sozialen Seins ist: eine gemähte Wiese, deren politische Bedeutung heute vergessen sein darf, in Ordnung gehalten, ohne daß mit ihr etwas anderes geschähe, als daß man auf sie hinabblickt.

Während also die modernen Massenbauten dadurch gekennzeichnet sind, daß ihnen jede Möglichkeit soziologischer Zuordnung genommen ist, so die Herrschaftsarchitektur noch verwirrender dadurch, daß sie überhaupt fehlt: die »eher gehobene Bewohnergruppe« suchte in der Zweiten Republik gar nicht lange nach ihrem genuinen architektonischen Ausdruck, sondern fand ihn in der Revitalisierung und Renovierung der alten Gründerzeitbauten, die sie besiedelte. Da diese Bauten dem allgemeinen Bewußtsein heute aber nicht mehr als »herrschaftlich«, sondern als »historisch« gelten, sind »Herrschaftsarchitektur« so wie »Arbeitersiedlungen« aus dem modernen Stadtbild gleichsam verschwunden.

Es gibt nur noch »Wohnungen«, an denen gesellschaftliche Widersprüche nicht mehr festgemacht werden können. Dieser Sachverhalt macht aus der Architektur der Zweiten Republik eine so homogene und markante Leistung, wie es die des Historismus oder des »Roten Wien« war.

9.

Österreich ist eine Nation, aber keine Heimat. Zu diesem eigentümlichen Befund gelangt man, wenn man die Untersuchungen österreichischer Meinungsforscher und Zeithistoriker studiert, die sich mit der österreichischen Identität auseinandersetzen. Denn einerseits stimmen bei den letzten Meinungsumfragen bereits 94% der Österreicher dem Satz zu, daß Österreich eine Nation sei bzw. sich als Nation zu fühlen beginne, andererseits erweist sich dieses extrem stark scheinende Nationalgefühl als völlig wirkungslos in Hinblick auf kollektive Identitätsbildung etwa in dem Sinn, daß Heimat- und Zugehörigkeitsgefühle zu politischen, gesellschaftlichen und kulturellen Einheiten in irgendeiner Form mit dem Nationalgefühl vermittelt wären. Die radikale Spaltung von Nationalgefühl und Heimatgefühl führt etwa zu solch eigentümlichen Widersprüchen, daß, ebenfalls laut Meinungsforschung, 34% der Befragten die Aussage unterstützten: »Der Anschluß (1938) brachte endlich wieder die natürliche Verbindung mit dem deutschen Volk.« Gar 45% wollten einen neuen »Anschluß« in der Zukunft nicht ausschließen.

Diese Widersprüche haben sicherlich damit zu tun, daß das österreichische Nationalgefühl kein über längere Zeit historisch gewachsenes ist, sondern, wie wir bereits gesehen haben, erst sehr spät und dann sehr forciert durchgesetzt wurde. Es ist daher extrem arm an konkreten und eindeutig bewußten inhaltlichen Bestimmungen: Die beiden einzigen sind wesentlich der Staatsvertrags- und der Neutralitätsmythos, die ja die einzigen integrativen und identitätsstiftenden Erfolgserlebnisse von vier Generationen von Österreichern sind (Ernst Bruckmüller). Das österreichische Nationalgefühl ist daher gewissermaßen ein Kräfteparallelogramm ohne Resultante: Denn es ist keine reale Verwirklichung der Konsequenzen seiner inneren Widersprüche unmittelbar möglich, ohne daß das Ganze implodierte. Dies mag man bewerten, wie man will. In einer Zeit vielschichtig und komplex und letztlich gemeingefährlich aufbrechender Nationalismen scheint das so dürftig ausgestattete und immobile österreichische Nationalgefühl sogar etwas geradezu Heimeliges zu haben. Tatsache aber ist, daß »nationaler Mythos ja nicht nur grausliche nationale Überheblichkeiten vermittelt, sondern auch Identität und Geborgenheit. Ob aus dem Fehlen der letzteren (wie in Österreich) automatisch Weltbürgerlichkeit entsteht, darf bezweifelt werden« (Bruckmüller). Die aufbrechende Fremdenfeindlichkeit etwa spricht da eine klare Sprache. Aus der überwältigenden Zustimmung zur »Nation Österreich« muß man schließen, daß es ein starkes österreichisches Nationalgefühl zweifellos gibt – allerdings, wie die Meinungsforschung im übrigen zeigt, ohne all die realen Konsequenzen, die ein entwickeltes, positiv besetztes Nationalgefühl gemeinhin hat: Es ist offenbar historisch zu jung, inhaltlich zu dürftig, insgesamt zu abstrakt, als daß es Identität, Geborgenheit, Heimatgefühl vermitteln und verwurzeln hätte können. Die Meinungsumfragen zeigen daher auch, daß, außer der abstrakten Angabe der eigenen Nationalität, keiner verbindlich zu sagen weiß, was Heimat ist.

Symptomatisch sind gewiß auch die zahllosen »Heimat-Symposien«, die vor dem EU-Beitritt in Österreich veranstaltet wurden: Es hätte sie sicherlich nicht gegeben, wenn »Heimat« für die Österreicher ein selbstverständlicher identitätsstiftender Faktor wäre. Ein Grund für die österreichische »Heimatlosigkeit« im begrifflichen Sinn ist wohl auch, daß nach dem Krieg alles wieder aufgebaut wurde, was von den Alliierten zerstört und besetzt worden war – aber es wurde nicht wieder aufgebaut, was von den Nazis besetzt und zerstört worden war. Aus diesem Grund konnten Burgtheater und Oper, die Fabriken, das Straßen- und Eisenbahnnetz, kurz gesagt: die Infrastruktur des Landes, bald wieder in Betrieb genommen werden, aber nicht das Heimatgefühl in diesem Land, nicht der Heimat-Begriff. Damit kein Mißverständnis aufkommt: Nicht daß der Heimat-Begriff belastet war, war zunächst das zentrale Problem, er hätte sonst ja niemals in die neue österreichische Bundeshymne Eingang finden können, das Problem war vielmehr, daß der Heimat-Begriff für die politische Pragmatik der jungen Republik, sowohl außen- als auch innenpolitisch, unbrauchbar, ja gefährlich war: Man wollte die staatliche Unabhängigkeit erringen, und der Heimat-Begriff hätte, so wie er konnotiert war, regionale Identitäten gefördert, die politisch auf jenen größeren Zusammenhang verwiesen hätten, von dem diese Generation zähneknirschend, aber glücklich befreit worden ist. Am Beispiel Kärnten, wo nach dem Krieg doch auf dem Heimat-Begriff insistiert worden ist und der sogenannte Heimatdienst bis heute eine einflußreiche Rolle spielt, kann man dies leicht erkennen.

Nun ist es aber in der Regel sicherlich auch so, daß regionale Identitäten, Heimatgefühl und positive Zustimmung zu Heimat nicht unbedingt von offizieller ideologischer Propagierung des Heimat-Begriffs abhängig sind. In Österreich kam es allerdings in der Folge zu einer Entwicklung, die auch die genuine, selbstverständliche, gewissermaßen »automatische« Entfaltung von Heimatgefühlen zerstörte. Der mit Hilfe des Marshall-Plans bald einsetzende Wirtschaftsaufschwung, der Österreich sehr schnell von einem Agrar- zu einem Industriestaat transformierte, führte zu Formen des Selbstgefühls und der Selbsteinschätzung, die auf die tradierten, gewissermaßen »ländlichen« Identitätsmuster weitgehend verzichten konnten – und wollten: Denn in den kleinen, überschaubaren, regionalen ländlichen und dörflichen Einheiten, dort also, wo »Heimat« unmittelbar erlebbar wäre und sich entsprechende Gefühle unter Umständen sinnhaft entfalten können, dort aber auch, wo jeder jeden kannte und um seine kleinere oder größere Beteiligung an den Nazi-Verbrechen wußte, war man in der Mühsal des Verdrängens und im notwendigen Identitätswechsel verstrickt, was selbstbewußte und ungebrochen offene Repräsentation gewachsener Identitäten natürlich weitgehend verunmöglichte. Aber es blieb nicht nur dabei, daß »Heimat« tabuisiert wurde: Sie wurde real den Menschen ein zweites Mal genommen, besetzt und zerstört: durch deren Vermarktung als Wirtschaftsfaktor. Der Tourismus brachte zwar ökonomischen Wohlstand auch in nichtindustrialisierte Regionen, zerstörte aber vollends die Identität der dort lebenden Menschen. Über ihre Jugend in Tirol berichtete Marie-Thérèse Kerschbaumer: »Es herrschte Reservat-Atmosphäre, aufbereitet für heimlich gehaßte, in ihren weiblichen Teilnehmern aus Rache erniedrigte Touristen aus dem westlichen (ehemals gegnerischen) Ausland. In dieser Ranküne-Küche der Landschaftsverödung und des schwitzenden Fremdenhasses, der sich die saisonweise Besetzung durch das Ausland teuer abgelten läßt, bekam das Ausland zum Dank das gebuchte Österreich zu Gesicht, ein von der russischen Besatzungsmacht befreites, dankbares, unterwürfiges, geldgieriges Operetten- und Biskuit-Museum.«

Die hier beschriebene Realität ist nicht nur beschämend, sie ist, wenn man nur wenige Jahre zurückdenkt, zugleich auch überraschend: Denn noch in der Ersten Republik – obwohl sie so arm an wirtschaftlichen Ressourcen war, daß es naheliegend gewesen wäre, wenn sie jede sich bietende Möglichkeit zum ökonomischen Überleben bedingungslos genützt hätte – wurde der Idee, den Fremdenverkehr in Österreich als Wirtschaftsfaktor zu forcieren, eine klare Absage erteilt: Im Juli

1928 erklärte etwa der damalige Kanzler Ignaz Seipel, daß es überhaupt nicht in Frage komme, davon leben zu wollen, daß man Österreich »gegen Entree den Fremden zeigt«. Diese erniedrigende Erwerbsquelle lasse sich mit dem historisch begründeten Stolz und dem Selbstgefühl der Österreicher nicht vereinbaren.

Und noch im Mai 1933, dem letzten Jahr der Ersten Republik, als die Deutsche Reichsregierung die berühmte 1000-Mark-Sperre für Reisende nach Österreich verhängte, um Österreich ökonomisch zu schwächen, gab es von österreichischer Seite keine wie immer gearteten Versuche, den Fremdenverkehr in Österreich »zu retten«, etwa durch Zugeständnisse an das Deutsche Reich mit dem Ziel, daß die 1000-Mark-Sperre wieder aufgehoben werde. Im Gegenteil. Im darauffolgenden Juni wurde die NSDAP, und übrigens gleichzeitig der »Steirische Heimatschutz«, in Österreich verboten.

Kurz nach dem »Anschluß« aber erschien ein Buch des österreichischen deutschnationalen Erfolgsautors Bruno Brehm, das in diesem Zusammenhang in mehrfacher Hinsicht interessant ist: Dieses Buch, mit dem Titel *Glückliches Österreich*, sollte eine »Bestandsaufnahme« sein, welche Vorzüge die nunmehrige »Ostmark in das Deutsche Reich einbringt«. Es seien dies, so Brehm, wesentlich zwei: die Schönheit von Natur und Landschaft, die dieses Land zum Erholungsraum prädestiniere, und der historisch ererbte kulturelle Besitz, der nicht nur eine geistige, sondern auch eine machtvolle wirtschaftliche Ressource darstelle. Hier zeigt sich Brehms Buch als erste umfassende Vorformulierung jenes »glücklichen« Selbstverständnisses, das wir, von nationalsozialistischen ideologischen Schnörkeln und Ornamenten befreit, in der Zweiten Republik wiederfinden: die Selbstdefinition Österreichs als Naturreservat und Museum.

Das Buch *Glückliches Österreich* enthielt auch einen umfassenden Foto-Teil, der Brehms These und Beschreibungen illustrieren und belegen sollte. Diese fotografischen Abbildungen der landschaftlichen und kulturellen Schönheiten Österreichs sind, mit einer einzigen Ausnahme, durchwegs menschenleer, wodurch sich ein gespenstisch-kulissenhafter Eindruck von Österreich ergibt. Zur Selbstdarstellung Österreichs als Welt ohne Menschen kam es gleich nach der Befreiung vom Nazi-Regime ein zweites Mal: Im Juli 1945 wurde im Wiener Rathaus unter dem Ehrenschutz vom Bürgermeister und späteren Bundespräsidenten Theodor Körner eine Fotoschau »Unser Österreich« gezeigt: Wieder eine »heile«, menschenleere Welt, die nur aus Natur- und Kunstschönheiten zu bestehen scheint. Vergleicht man den Katalog dieser Ausstellung mit dem Bildteil von Bruno Brehms Buch, dann kann man feststellen, daß beinahe das gesamte Fotomaterial Brehms für die Rathaus-Ausstellung, die eine ehrgeizige Nachkriegs-Selbstdarstellung des »Neuen Österreich« sein sollte, verwendet wurde. Mit einer markanten Ausnahme: Es fehlte natürlich das Bild »Hitlerjugend marschiert in Linz«, das Brehms menschenleeren Fototeil so menschenreich wie doch auch entmenscht abschloß.

Bruno Brehms Buch enthielt weiters einen Plan Österreichs, aufklappbar auf jene Weise, die später zum Markenzeichen der Playboy-Pin-ups wurde. In diesem Plan waren nicht nur alle Städte und Verkehrswege Österreichs eingezeichnet, sondern, in perspektivischer Darstellung graphisch hervorgehoben, auch die wichtigsten »Sehenswürdigkeiten«, die mitsammen ein dichtes Netz auf der geographischen Fläche Österreichs bilden. Dieser Plan wurde später, zunächst weitgehend unverändert (»Braunau. Führers Geburtshaus« wurde natürlich getilgt), schließlich allmählich modernisiert, von der Fremdenverkehrswerbung des neuen Österreich in Prospekten und Werbematerialien reproduziert und weiterverwendet.

Dies sind nur einige Indizien, aber es gibt zahllose, die zeigen, daß das Glück des glücklichen Österreich, das im wesentlichen in radikaler Hingabe zur Touristenbeglückung besteht, Produkt der Selbstaufgabe Österreichs ist, wie sie 1938 Wirklichkeit geworden war und die später zu Lebensstil und Erwerbsquelle ausgebaut wurde. 1938 war es zu einer historisch qualitativ neuen Funktionsbestimmung Österreichs gekommen: Die wichtigen Entscheidungen werden woanders getroffen, Österreich wird zu Erholungsgebiet und Museum mit einigen eingesprengten Inseln ausgelagerter deutscher Industrie.

Der Sieg der Alliierten 1945 über den Nationalsozialismus war nicht dazu angetan, das österreichische Selbstbewußtsein wieder zu heben. Im Gegenteil. Es herrschte Ressentiment, gegen die »Piefke« ebenso wie gegen die »Besetzer«, Ressentiment, das sich aber duckte, das schwieg, es herrschte eine »Politikverdrossenheit«, die verdrossen akzeptieren mußte, daß alle relevanten Entscheidungen nun wieder und erst recht anderswo in der Welt fallen, es herrschte Angst davor, was alles an eigener Beteiligung an den Nazi-Verbrechen aufkommen konnte, man flüchtete in ideologischen Transvestismus, Kulissenschieberei, in das folkloristische Theater vom Volk der Wirte und Gastgeber. Die Nachkriegszeit erwies sich als der Feinschliff jener Lehre, die Österreich 1938 begonnen hatte und die es zum hypertrophierten flächendeckenden Massentourismus befähigen sollte.

Der Wirt in Gerhard Fritschs Roman *Fasching* heißt Warhejtl, ein schweigsamer Mann, der während des Krieges Ortsgruppenleiter gewesen war.

Der Massentourismus, für den die Zweite Republik als wichtigen Wirtschaftsfaktor optierte – in Hans Leberts Roman *Der Feuerkreis*, der 1947 spielt, hört man die entsprechende Propaganda regelmäßig im Radio –, erweist sich als die Umsetzung der Erfahrung, die Österreich mit den »Gästen« zunächst aus dem »Altreich« und dann aus den Siegermächten machte, als Fortsetzung einer erwiesenermaßen hin und her wendbaren Selbstaufgabe, auf der Basis eines von den Nazis nicht nur zerstörten Heimat-Begriffs, sondern auch einer fortgesetzten profitablen Transformation von Heimat in ein Ensemble von Kulissen, die menschenleer sind, wenn keine Fremden davor herumstehen. Das vor dem »Anschluß« als »Künstlersommerfrische« berühmte Altaussee, um nur ein Beispiel zu nennen, zeigt sich dem heurigen Besucher außerhalb der »Saison« als solch kulissenhafter, toter, menschenleerer Geisterort, wie es in den Fotografien von Bruno Brehms Buch *Glückliches Österreich* vorweggenommen ist. Hier, vor dem verschlossenen »Cafe Jedermann« – unter dem Schriftzug ein karikaturhaftes Porträt von Klaus Maria Brandauer –, kann sich heute kein Einheimischer mehr heimisch fühlen. »Wir erwarten unsere Gäste wieder ab dem Soundsovielten«, dem Beginn der neuen »Vorsaison«. Mit »Jedermann« ist wohl der prototypische Gast, mit »Brandauer«, einem international anerkannten Schauspieler, der prototypische Nationalheld bezeichnet.

Nation ohne Heimat.

Es ist gewiß kein Zufall, daß in Österreich mit der sogenannten »Anti-Heimat-Literatur« eine im internationalen Vergleich völlig eigenständige, neue literarische Gattung entstanden ist: Österreich ist die Anti-Heimat par excellence. Aber die Anti-Heimat-Literatur ist nicht nur eine eigenständige österreichische Gattung, sie ist vor allem auch die wichtigste, die dominante Form der Literatur in der Zweiten Republik: Die Autoren, die diese Form herausgebildet und weiterentwickelt haben, ergeben mitsammen ein beinahe vollständiges Who's who der modernen österreichischen Literatur: Hans Lebert, Gerhard Fritsch, Peter Handke, Thomas Bernhard, Gert Jonke, Alfred Kolleritsch, Alois Brandstetter, Gernot Wolfgruber, Max Maetz, Peter Turrini, Elfriede Jelinek, Marie-Thérèse Kerschbaumer, Wilhelm Pevny, Michael Scharang, Franz Innerhofer, Klaus Hoffer, Josef Winkler, Marianne Gruber, Norbert Gstrein, um nur einige zu nennen. (Daß die Anti-Heimat-Literatur eine eigenständig österreichische, in anderen Ländern inexistente Gattung darstellt, ist von der internationalen Germanistik übrigens neidlos anerkannt.) Nichts wurde in Österreich nach 1945 bis heute so umfassend, so vielfältig in so großer Bandbreite, so genau im Detail, so konsequent, so formal innovativ beschrieben wie das ländliche und dörfliche Leben, das Regionale, »die Wirklichkeit dessen, was man in den Großstädten abschätzig ›das flache Land‹ oder ›die Provinz‹ nennt« (Herbert Zand in seinem Aufsatz Heimatkunde), deren verlogenen Idyllen, mörderischen Klischees, die Zerstörung der »Heimat« und die dadurch zerstörten Menschen. Realistische Beschreibungen des dörflichen und ländlichen Lebens in bestimmten Regionen, abseits trivialer Klischees und verlogener Idyllen, gibt es natürlich auch in der Weltliteratur – allerdings mit dem Unterschied, daß diese Literatur ein nicht nur realistisches, sondern am Ende auch wesentlich ein positives Bild der beschriebenen Heimat evoziert. In der österreichischen Literatur ist es aber so, daß jede Destruktion von Klischees und Idyllen sofort zur völligen Destruktion jeglichen positiv besetzten Heimatgefühls führt:

Werden die Kulissen der Heimat, weil man in ihnen nicht zu Hause sein kann, zerstört, dann ist überhaupt nichts mehr da, worin man sich heimisch fühlen könnte. Wo ist der große Stadtroman nach Doderer? Der zeitgenössische Wien-Roman, der Graz-, Klagenfurt- oder zumindest Bludenz-Roman? Es gibt ihn nicht. Das Beste, was die Literatur der Zweiten Republik hervorgebracht hat, beschäftigt sich mit dem Desaster der Provinz, auf eine Weise, daß wir über den Entwicklungsbogen von der Nazi-Zeit bis zum zerstörerischen Massentourismus der heutigen Tage von dieser Literatur anschaulicher informiert werden, als es der dürren Abstraktheit soziologischer Untersuchungen möglich ist.

Zunächst, gewissermaßen in der Phase der Konstituierung dieser Gattung, erschienen Romane, die sich bei der Beschreibung des Dorf- und Landlebens auf die nationalsozialistische Vergangenheit rückbeziehen, damals begangene Verbrechen aufdecken, personelle und mentale Kontinuitäten und die mörderische Komplizenschaft der Dorfbewohner thematisieren, wie etwa *Die Wolfshaut* (1960) von Hans Lebert oder *Fasching* (1967) von Gerhard Fritsch.

In der Folge wurde von jüngeren Autoren, die die Nazi-Zeit selbst nicht mehr erlebt hatten, das Brutale, Verstockte und zugleich wieder Selbstgewisse des Alltagsfaschismus in der Provinz beschrieben, nun ohne Rückbeziehung auf die Zeit des Nationalsozialismus und auf damals begangene Verbrechen, aber durchaus so, daß die strukturelle Kontinuität im beschriebenen Alltag deutlich wird, etwa bei Franz Innerhofer (*Schöne Tage*, 1974), Werner Kofler (*Guggile – Vom Bravsein und vom Schweinigeln. Eine Materialsammlung aus der Provinz*, 1975), Gernot Woifgruber (*Niemandsland*, 1978).

Schließlich wurde das grotesk Verlogene und Desaströse des Fremdenverkehrs und der an die Touristen ausverkauften Heimat zum Thema der österreichischen Literatur, in der *Katzenmusik* (1974) von Gerhard Fritsch noch mit expliziten Verweisen auf die mentalen Kontinuitäten aus der Nazi-Zeit, Kontinuitäten, die sich in der Erzählung *Einer* (1988) von Norbert Gstrein implizit, in Denken und Handeln der »Dorf-Helden« bereits vollends verinnerlicht zeigen. Die »mir sein mir«-Dorfgemeinschaft Gstreins erinnert an das Wirtshausgespräch der beiden Kriegsverbrecher Habergeier und Rotschädel in Leberts *Wolfshaut*. »›Wir bleiben wir!‹ sagte Habergeier, nachdem er einen Zug getan und einen Schluck genommen hatte. ›Wir bleiben wir‹, sagte Rotschädel, wie es schien, unter unwiderstehlichem Zwang, dem Jäger nachzusprechen. ›Wir bleiben die alten!‹ bekräftigte dieser und nahm einen weiteren Schluck. »Die alten!‹ sagte Rotschädel. ›Was auch immer kommen mag.‹«

Was gekommen ist, ist bekannt. Und das in der Wolfshaut gegebene Versprechen, nämlich zu bleiben, was sie sind, zeigt sich in *Einer* eingelöst: Sie sind, was sie blieben: Menschen, die jederzeit bereit sind, sich zu ducken, zu schweigen, etwas vorzuspielen, devot zu dienen, bis sich die aufgestaute Aggression an wehrlosen Opfern entlädt, immer in dieser eigentümlichen, von geschichtlicher Erfahrung gesättigten Sicherheit, ungestraft davonzukommen.

Auch die in Innerhofers *Schöne Tage* geradezu archetypisch beschriebenen »Knecht«- und »Leibeigenen«-Tätigkeiten und -Handgriffe lassen sich bei Gstrein wiederfinden, nur werden jetzt eben nicht mehr Milchkannen geschleppt, sondern Tabletts mit Tellern und Gläsern, und es werden nicht mehr Kühe auf die Weide getrieben, sondern die Touristen auf die Schipisten – aber in überraschend homologen Formulierungen, auf die gleiche schwitzend-stumm-aggressiv-angsterfüllt-devote Weise. Und so wie Innerhofers Holl in ohnmächtiger Wut und Aggression manchmal Kälber so halsbrecherisch über die Weide treibt, daß sie Abhänge hinunterstürzen, so tut es auch Gstreins Jakob – als Schilehrer mit seinen Schülern. Natürlich muß da einer, der sagt, daß es »für die unmittelbare Gegenwart kein Bewußtsein (gebe), und das Bewußtsein für die Vergangenheit oft ein falsches (sei), das sich immer und immer wieder selbst betrügt, bis es da ist, wo man es haben will«, natürlich muß der abgeholt und weggebracht werden – zumal wenn die ideologischen Tröstungsprogramme nicht funktionieren: »Komm, warum er sich aufrege, wir sind doch alle deutsch.« Was Gstrein an dieser Stelle so lakonisch erzählt, erinnert an die Figur des Hindier in Leberts Roman *Der Feuerkreis*. Hindier, ein ehemaliger Nazi, bezeichnet sich selbst, im Jahr 1947, einmal als »Österreicher«, dann wieder als »reinsten Deutschen«, ein Widerspruch, den er keineswegs dramatisch empfindet. Er habe, sagt er, einen österreichischen Paß. Er spekuliert mit dem Gedanken, die Villa, in der Hilde, seine Geliebte, lebt, zu einem Hotel auszubauen: denn wenn das Tourismus-Förderungsprogramm funktioniere, würden massenweise Fremde kommen, das wäre ein gutes Geschäft, und dann würde man sich natürlich hier wieder mit den Deutschen verbrüdern. (»Fast auf der ganzen Welt hatten die deutschen Kriegshelden Lachverbot, nur bei uns nicht, bei uns durften sie lachen und reden«, heißt es später bei Franz Innerhofer.)

Und langfristig sei die Frage, ob Österreicher oder Deutscher, so Hindier, überhaupt hinfällig, »denn eines Tages wird eine europäische Vereinigung erfolgen und auf diese Weise Österreich an Deutschland wieder angeschlossen werden«.

Die Entwicklung Hans Leberts von seinem ersten zu seinem zweiten Roman ist in diesem Zusammenhang besonders interessant: Denn Lebert kommt, wie kaum ein anderer Autor, von der Beschreibung des Regionalen schließlich zu einem universalen Bild der Verfaßtheit des heutigen Österreich insgesamt.

Schon in seinem ersten Roman *Die Wolfshaut* hatte sich Lebert mit der Kontinuität vom Nationalsozialismus in die Zweite Republik beschäftigt. In diesem Buch geht es um ein Verbrechen, das gegen Ende der Nazi-Zeit in einem Dorf begangen wurde und zu Beginn der fünfziger Jahre, der Handlungszeit des Romans, aufgedeckt wird, wodurch die Dorfgemeinschaft schließlich als Bande faschistischer Verbrecher und Mitwisser erscheint.

Bei allen – viel gewürdigten und untersuchten – Qualitäten dieses überaus erfolgreichen Romans: Er konnte nicht zuletzt deshalb so große Zustimmung erhalten, weil er anspielungsreich und zugleich akribisch letztlich einen Einzelfall schildert, noch dazu einen solchen, der, obwohl ähnliche Verbrechen da und dort bekannt waren, eindeutig fiktional ist. Das Dorf hat den sprechenden Namen »Schweigen«, die Hauptfigur, die die Verbrechen aufdeckt, heißt »Unfreund« etc., eine Technik, die, auch wenn es anders gemeint war, eben nicht den exemplarischen, sondern wesentlich den fiktionalen Charakter des Beschriebenen verstärkt. Das heißt, wir haben es hier mit einer Literatur zu tun, der jeder Leser zustimmen konnte, auch wenn er mit der

Verfaßtheit der Zweiten Republik prinzipiell einverstanden war, und erst recht, wenn er dennoch einen kritischen, zumindest abstrakt »antifaschistischen« Gestus aufrechterhalten wollte. (Die Orgien betulich-zustimmender »Analysen«, die dies bei der Germanistik evoziert hat, wären ein eigenes Kapitel wert: So lesen wir zum Beispiel mit angehaltenem Atem in einer literaturwissenschaftlichen Arbeit: »Der Name ›Unfreund‹ dürfte symbolische Bedeutung haben. Zu denken wäre etwa an ›Un-Freund‹ = ›Nicht-Freund‹ = Feind der Dorfbewohner.« Etwa.)

Dazu kam, daß Lebert Techniken des Kriminalromans verwendete, aber dabei die trivialisierenden Konsequenzen, die diese Techniken nahelegen, vermied. Dadurch wird die Lektüre spannend, und wenn die Spannung nachläßt, dann liegt dies eben am »Niveau«. Noch dazu erschien dieser Roman in einer Zeit, da fast alle Literaturkritiker wesentlich an einer Literatur ausgebildet waren, bei der das Wetter stets zum Gang der Handlung paßt, und sie alle wurden auch diesbezüglich glänzend von der *Wolfshaut* bestätigt. Dies alles führte dazu, daß Lebert als bloßer Fiktionalist mißverstanden und gepriesen wurde, der eine schockierende Geschichte, die durchaus etwas Wahres hat, die aber nicht unbedingt als paradigmatische Geschichte gelten mußte, spannend und geradezu »klassisch« erzählen konnte. Wer dies glaubte, also fast alle, wurde nach Lektüre seines zweiten Romans gehörig überrascht. Mit dem *Feuerkreis* wurde deutlich, daß es Lebert nicht um Einzelfälle ging, nicht bloß darum, irgendwelche schockierenden Ereignisse gelungen zu erzählen, sondern um das Ganze. Nicht um irgendein Verbrechen in irgendeinem Dorf, sondern um Verfaßtheit und Konstitution der »Heimat« Österreich, der Zweiten Republik insgesamt, um ihre wirkliche Verdichtung.

Der *Feuerkreis* kennt keine traditionellen Hauptfiguren mehr, denen durch Namensgebung oder gewisse plakative Attribute irgendeine Prototypik zuzuschreiben versucht wird, der sich der Leser, jeder ein Individuum, das darauf Wert legt, eines zu sein, selbst gleich wieder entziehen kann. Der Roman kennt im Grunde nur eine Hauptfigur, gewissermaßen die Totalität aller in diesem Land lebenden Menschen: den Staat Österreich, die nach dem Krieg wiedergegründete Republik.

Dieses Österreich, als Hauptfigur des Romans, wird anthropomorphisiert dargestellt in den Gestalten eines Mannes und einer Frau, eine Aufspaltung, die auf Verschmelzen, also auf Identität hinauswill. Er, Captain Jerschek, war während der Nazi-Zeit in der englischen Emigration und ist mit der British Army als Befreier zurückgekommen. Sie, Hilde, war während der Nazi-Zeit BDM-Führerin und KZ-Wärterin, als solche hat sie auch Morde begangen.

Da sie beide für Österreich stehen, für die beiden Seiten, die dieses Land gezeigt hat, sind sie natürlich Geschwister. Da sie, der Widerstandskämpfer und die Nationalsozialistin, aber so verschieden sind, sind sie natürlich Halbgeschwister. Jerschek liebt Hilde, nicht weil er einfach seine Schwester liebt, so wie Absolventen glücklicher Kinderstuben selbstverständlich jedes Mitglied ihrer Familie lieben – nein: Er liebt sie, die für die dunklen Seiten Österreichs, seiner Herkunft, steht, weil er dieses Land so sehr liebt, mit allen sinnlich-erotischen Implikationen des Patriotismus und der Heimat-Liebe, daß er es immerhin unter Einsatz seines Lebens befreien wollte. Es ist unmöglich, zu befreien und das Befreite zu hassen. Er muß sie also lieben, ihre Liebe und ihre Läuterung erringen.

Und Hilde liebt Jerschek, nicht weil sie einfach ihrem Halbbruder in geschwisterlicher Zuneigung zugetan ist, im Gegenteil, sie muß ihn aufgrund ihrer ideologischen Prädispositionen ja als »Verräter«, »Schwein«, als »Fahnenflüchtling« sehen, dessen Rückkehr noch dazu einige Komplikationen in Hinblick auf die familiären Eigentumsverhältnisse nach sich zieht – sie liebt ihn, weil sie, ebenfalls aufgrund ihrer ideologischen Prädispositionen, die Sieger liebt, die Helden, aber auch, weil sie nach allem, was geschehen ist, letztlich die Sehnsucht nach einer Rückkehr in ihre Kindheit und Jugend hat, nach einer Unschuld, in der das erotisch aufgeladene Abwehr- und Konkurrenzverhältnis zum Halbbruder einen Sündenfall darstellt, der im Vergleich zu dem, was danach kam, nun bewältigbar erscheint. Hier spielen natürlich die bekannten Referenzen Nachkriegsösterreichs an die Erste Republik hinein. Die beiden lieben also einander, wobei die Ambivalenzen dieser Beziehung noch verschärft werden durch die Tatsache, daß Hilde bereits ein Verhältnis hat, nämlich mit dem Kriegsverbrecher und Obernazi Hindler (»Eine Mischung aus Hitler und Himmler«), und daß sie die emotionale und ideologische Rückendeckung der Dorfbewohner und der in der Umgebung lebenden Bauern hat (»Wir sind hier alle Nazi!« »Alle?« »Alle!«). Daß Jerscheks Rückhalt die englische Armee ist, verschärft natürlich dieses Ungleichgewicht nur, statt es auszugleichen.

Mit der Zeit aber wird klar, daß es Erlösung von dieser zerreißenden Spannung des Inzest-Wunsches nur geben kann, wenn diese Liebe sich realisiert, wenn der Befreier und die Schuldige eins werden, ja mehr noch, daß ein Überleben dieser Liebe, dieser Liebenden, dieses Landes, für das dieses Verhältnis steht, nur möglich sein kann, wenn der Unschuldige die Schuld der Schuldig-Gewordenen auf sich nimmt, dadurch also den Abgrund, der sie trennt, überbrückt, bzw. wenn die Schuldige als Schuldige verschwindet, in einem wahren Purgatorium, zu dem es am Höhepunkt dieses Romans auch kommt, in jenem Haus, das so prädestiniert für den Umbau in ein Fremdenverkehrs-Hotel schien.

In einem Presse-Interview nach Erscheinen dieses Romans sagte Hans Lebert: »Das ist alles sehr symbolträchtig. Man kann es schwer erzählen.« Wir haben schon am Beispiel von Fritschs *Katzenmusik* gesehen, daß das Erzählen als Komposition und Verdichtung von Symbolen die genuine literarische Antwort auf den Symbolismus der österreichischen Realität darstellt. Aber so wie bei Fritschs *Fasching* und *Katzenmusik* wurde auch bei Lebert die künstlerische Leistung, ein so kühnes wie stimmiges Universal-Symbol für Österreich gefunden und mit all seinen komplexen Implikationen gültig dargestellt zu haben, nicht anerkannt und bedankt.

Dieses Buch widerspricht in einem zentralen Punkt der offiziellen Selbstdarstellung Österreichs, die so glückliches Gemeingut geworden ist, radikal: Es zeigt die Wahrheit der Opfer-Täter-Dialektik Österreichs und die wahre Qualität der österreichischen Befreiung: Die Majorität des österreichischen Volkes ist schuldig geworden, und nur eine kleine Minorität hat zur Befreiung dieses Landes beigetragen, eine Minorität, die, damit dieses befreite Land leben kann, auch noch die Schuld der Schuldigen auf sich nehmen, daher selbst schuldig werden mußte – durch ihre »Ver-Brüderung« (im Sinne der Bedeutung des »Bruders« im *Feuerkreis*), durch ihre »inzestuöse« Liebe zu ihren »Verwandten«, ihrer Verschwisterung mit den Schuldigen, und nicht zuletzt dadurch, daß sie in ihrer eigentümlichen Liebe ein Purgatorium inszeniert haben, an dessen Ende nicht nur alle schuldig, sondern bekanntlich alle eben auch Opfer waren.

Sind sie tot? Nein, sie leben. Der Roman endet damit, daß Jerschek nach Jahren zu dem Ort der Ereignisse zurückkehrt und dort auf ein junges Mädchen trifft, das er, phantasierend, für Hildes Tochter hält. Um den Hals trägt sie ein kleines Kreuz, nicht aus Gold, sondern aus Stahl, offenbar herausgestanzt aus einer Nazi-Erkennungsmarke; Jerschek will es genauer sehen, sie nimmt es ab, zeigt es ihm in ihrer flachen Hand, und Jerschek sieht: Das Mädchen hat die gleiche Lebenslinie wie Hilde, eine, die plötzlich unterbrochen ist und sich dann dennoch kräftig fortsetzt:

»Ich hab' das Kreuz von meiner Mutter«, sagt das Mädchen.
»Ist sie tot?« fragt Jerschek.
»Nein«, sagt das Mädchen, »warum soll sie tot sein. Sie lebt.«

Das Mädchen heißt übrigens Veronika, die »Siegbringerin«, und ihre wundervolle Unschuld, die sie in den Augen Jerscheks offenbar hat, kann nur ermessen, wer die Dialektik der Kollektivschuld, die gerade durch Jerschek in diesem Roman deutlich geworden ist, akzeptiert.

Daß »sie« lebt, irgendeine Hilde, die mitgemacht hatte, die ihre Nazi-Uniform in ein Steirer-Kostüm umarbeiten hatte lassen und ihre Nazi-Erkennungsmarke ihrem Kind als kleines Kreuz um den Hals hängt – der Befreier Jerschek empfindet dies als »Freispruch«.

Es gibt nur eine Unschuld: den Tod. Und nur einen Freispruch: den durch das Leben. In einer atemberaubend dichten Passage im Finale des Romans beschreibt Lebert, wie Hilde ihren Geliebten Hindier »mit Worten tötet«, indem sie ihm seine begangenen Verbrechen an den Kopf wirft, sie zugleich auf sich nimmt und mit den Worten endet: Jetzt könne er gehen und tun, was er wolle, »mach, wie du vorhast, in Fremdenverkehr und in Demokratie und Humanität. Uns ist es gleich. Wir haben dich getötet. (...) Du bist tot – verstehst du? Tot! – Ein totes Nichts. Eine tote Null: Ein Unschuldiger.«

So tot oder so unschuldig, je nachdem, wie die Naturschönheiten dieser Heimat, die Berge, die bei Lebert einmal als »Leichenberge« bezeichnet werden und die er dann wieder als bedrückend-beglückend schönes Panorama beschreibt, über das der Patriot Jerschek räsoniert: »Ein Panorama ist noch kein Zuhause.« So tot oder so unschuldig wie die abgeholzten weißen Hänge, von denen »die glücklichen Ski-Heil-Rufe der Wintersportler zu hören sind«.

10.

Im Mai des Jahres 1992 übernahmen österreichische Spitzenpolitiker den Ehrenschutz für ein Treffen der »Kameradschaft IV/Waffen-SS«.

An einem der Tage, an denen die Zeitungen voll waren mit der Diskussion, ob dies womöglich »nicht sehr geschickt« (der damalige Bundeskanzler Vranitzky) oder, weniger staatsmännisch formuliert, nicht vielmehr ein Skandal sei, fand in Mauthausen eine Gedenkveranstaltung statt anläßlich des Jahrestages der Befreiung des dortigen Konzentrationslagers. Selbstverständlich hatte kein österreichischer Politiker für diese Veranstaltung, die nur unter »Kurz notiert« in einer Tageszeitung Erwähnung fand, den Ehrenschutz übernommen.

Kurz vor der Befreiung des Konzentrationslagers Mauthausen, in der Nacht zum 2. Februar 1945, hatten ca. fünfhundert Häftlinge einen Ausbruchsversuch unternommen. Sie wurden von den Anrainern des KZ, einfachen Menschen, die ihrem Selbstverständnis nach »unpolitisch« waren, verfolgt und fast alle ermordet. Ihrem Selbstverständnis nach »unpolitisch«: Dies ist einzigartig in der Geschichte der Moderne, und vor allem im Vergleich mit ähnlichen Vorkommnissen zur gleichen Zeit in Deutschland, daß diese Menschen also keineswegs »politische Verblendung« in irgendeiner Form als Milderungsgrund für sich geltend machten. Sie beanspruchten für sich das Recht auf eine unmittelbare, sozusagen »reine« Bestialität. Und sie haben auch recht bekommen: Keiner dieser Menschen wurde nach dem Krieg für diese Morde verurteilt und bestraft. Elisabeth Reichart hat darüber einen Roman geschrieben, *Februarschatten*, der in dem Wörtchen »Vergiß« kulminiert. In dieses »Vergiß«, das bekanntlich das umfangreichste Kapitel der österreichischen Geschichte ist, sind diese Morde an KZ-Häftlingen unter dem Begriff »Mühlviertler Hasenjagd« eingegangen. Hasenjagd. Als im Mai 1992 Kritik am Ehrenschutz österreichischer Politiker für die Waffen-SS laut wurde, titelte die *Kronen Zeitung* »HEXENJAGD GEGEN KRIEGSGENERATION«.

Natürlich zeigt sich in solch einer Schlagzeile besonders deutlich jener Mechanismus, dem zufolge in Österreich Täter immer nur in Personalunion mit Opfern zu haben sind, zum Beispiel eben in Gestalt der Waffen-SS, die bei den Nürnberger Prozessen zwar als kriminelle Organisation eingestuft wurde, in Österreich aber lediglich als pars pro toto für »Kriegsgeneration« gilt. In diesem Begriff »Kriegsgeneration« sind Mitverantwortung und Ohnmacht, begangene Verbrechen und erlittenes Leid in einer Weise verschmolzen, daß jede Kritik an ihr gleich als Diffamierung der Opfer erscheint. Das Infame an der Sprache der *Kronen Zeitung*, die in dieser Frage durchaus als genuiner Ausdruck des österreichischen Selbstverständnisses gelten kann, ist nicht, daß sie die Realität einfach in ihr Gegenteil verkehrt, sondern daß sie beides für sich beansprucht: die Realität und ihr Gegenteil. In diesem Sinn ist sie so totalitär, wie es das Regime war, von dem sie sich abschottet, weil sie jede inhaltliche Kritik, die man gegen sie vorbringen kann, sofort usurpiert und deren Sprache für sich ausplündert. Erinnert man an die Taten der Waffen-SS, dann heißt es, deren Mitglieder seien arme Schweine gewesen – einer der Ehrenschützer sagte »Frontschweine« –, und keiner, der damals nicht dabeigewesen sei, könne sich vorstellen, was sie mitgemacht hätten. Die Doppeldeutigkeit der Worte »Schweine«, »dabeisein«, »mitmachen« ist symptomatisch für diese Sprache.

Die, die diese Sprache haben, dekretieren zwar immer wieder, daß »endlich einmal Schluß« sein müsse, aber jede Kritik am Vergessen und Verdrängen oder an der fortgesetzten Demütigung der Opfer gleitet an ihnen ab, da sie ja auch das Gegenteil für sich beanspruchen: »Seit Jahrzehnten«, schrieb die *Kronen Zeitung*, »treffen sich diese Menschen« (gemeint ist die Waffen-SS), »um sich an diese schwere Zeit zu erinnern«, um der »Opfer zu gedenken« und »die Toten zu ehren«. Jede Kritik daran sei eine »Hexenjagd«.

Auch dieser Begriff »Hexenjagd« zeigt noch einmal, wie diese Sprache funktioniert: Er macht nicht nur aus ehemaligen Tätern jetzt Opfer, er verwirrt die Identitäten noch vollends dadurch, daß er Herren, die sich männerbündlerisch treffen, zu Hexen macht, er beansprucht also für Mitkämpfer im faschistischen Krieg geradezu den »weiblichen Namen des Widerstands«.

Der weibliche Name des Widerstands, das ist zugleich und eigentlich der Titel eines Buches der österreichischen Dichterin Marie-Thérèse Kerschbaumer, das sich sprachlich und inhaltlich genau diesen Mechanismen des gesellschaftlichen Diskurses radikal entgegenstemmt und das zugleich als das komplementäre Buch zu Hans Leberts *Feuerkreis* gelesen werden kann. Lebert rührte vor, wie es zum Tod der Täter als Täter kam und wie durch ihr unschuldiges Fortleben, nun aber gleichsam als Opfer, die gesellschaftliche Realität Österreichs konstituiert wurde. Kerschbaumer erweckt mit ihrem Buch die wirklichen Opfer wieder zum Leben und stellt sie der aktuellen Realität Österreichs entgegen. Und nicht zuletzt ist Kerschbaumers Buch auch die Antwort auf einen Satz, den Hilde in Leberts Roman sagt, nämlich: »Ich empfinde nicht, was ich empfinden müßte, astronomische Zahlen lassen mich kalt.«

In dem Buch *Der weibliche Name des Widerstands* berichtet Marie-Thérèse Kerschbaumer von sieben Frauen, die aus politischen oder rassischen Gründen zu Opfern der Nazi-Herrschaft wurden. Bekanntlich hat diese Herrschaft eine siebenstellige Zahl von Opfern gefordert, und zweifellos hat es die Größe dieser Zahl erleichtert, mit dieser Geschichte zu leben, mit dem Fortwirken dieser Geschichte zu leben. Jede Zahl ist natürlich abstrakt. Aber einfache Zahlen verweisen doch auch auf einzelnes, unter dem man sich Konkretes wieder vorstellen kann. Eine siebenstellige Zahl aber ist, zumal wenn sie Ermordete bezeichnet, in einer Weise abstrakt, daß in ihr nicht nur ausgedrückt ist, wie viele Menschen zu Tode gebracht wurden, sondern auch, daß diesen Menschen nicht nur das Leben, sondern sogar noch ihr Tod genommen wurde.

Vom Leben dieser Menschen ist nichts mehr da, von ihrem Tod nichts mehr vorstellbar als diese Zahl. Es ist eine Zahl, die per se die Gesellschaft heute mehr entlastet, als es die Versuche einiger Spinner können, diese Zahl anzuzweifeln.

Mit ihren sieben Berichten zertrümmert Kerschbaumer die Abstraktheit der siebenstelligen Zahl, ohne den Toten allerdings das einzige zu nehmen, was von ihnen geblieben ist, nämlich diese Zahl, deren Abstraktheit zumindest insofern stimmig ist, als ihr gegenüber jedes Hererzählen eines Einzelschicksals schon wieder bagatellisierend wirkt. Diese sieben Berichte wollen also nicht einfach die unvorstellbare Zahl reduzieren auf eine, unter der wir uns etwas vorstellen können, sondern sie verweisen durchaus auf die unvorstellbare abstrakte Zahl, während sie im einzelnen zeigen, was dies konkret bedeutet hat.

Eine Dichterin, eine Professorin, eine Zigeunerin, eine Nonne, ein Lehrmädchen, eine Lehrerin, eine Arbeiterin – man sieht schon an dieser Aufzählung, daß es Kerschbaumer ebenso wie um die Rekonstruktion des im Abstrakten versteckten Individuellen auch um gesellschaftlich wieder verallgemeinerbare Typik und Bandbreite ging.

Diesen sieben Frauen gab Marie-Thérèse Kerschbaumer also Namen, Identität, Individualität, Sprache, Gedanken, Gefühle zurück, aber auf eine Weise, die nicht nur Mitleid und Trauer gegenüber einigen Opfern eines vergangenen Terror-Regimes evozieren will: Erstens blieb sie nicht bei einer letztlich ideologischen, weil im Grunde nie wirklich rekonstruierbaren historischen Faktizität stehen, sondern hob sie in die Gegenwart des Schreibens, in die Aktualität der fortwirkenden Geschichte. Zweitens reflektierte sie, trotz radikaler Liebe zum Individuum und seinem Schicksal, dessen Exemplarik mit, ohne die gerade das systematisch Mörderische des Nationalsozialismus allzu leicht wieder aus dem Blick verschwände. Dies gelingt Kerschbaumer durch die konsequente Anwendung eines ästhetischen Prinzips, das man Dialektik von Identifikation und Distanz nennen kann.

Im zweiten Bericht wird zum Beispiel ein Gespräch zwischen Elise Richter, der ersten österreichischen Hochschullehrerin, und ihrer jüngeren Schwester Helene während einer Eisenbahnfahrt beschrieben. Das klingt sehr idyllisch, tatsächlich handelt es sich bei dieser Eisenbahnfahrt um den Transport von 1322 Jüdinnen und Juden nach Theresienstadt. Es ist gewiß unmöglich zu rekonstruieren, was in den beiden Schwestern während dieser Fahrt vorging, ob und was sie mitsammen gesprochen haben. Gesichert ist nur zweierlei: Dieser Transport hat stattgefunden; und am Ende dieser Fahrt erwartete die beiden Schwestern der Tod. Dies und eine Reihe von Gesprächen mit Menschen, die die Schwestern Richter gekannt haben, ist die Basis, auf der Marie-Thérèse Kerschbaumer ihre Kunst entfaltet:

Wenn ich also nichts weiß als das, was ich weiß; wenn ich daher gezwungen bin, mir alles andere vorzustellen; wenn es aber unmöglich ist, sich dies vorzustellen, dann gibt es nur eine Möglichkeit: Ich radikalisiere die Identifikation so sehr, daß keine Differenz zwischen meinen Vorstellungen und der möglichen Faktizität mehr übrigbleibt. Zugleich radikalisiere ich die Distanz zur Faktizität, die ich ohnehin nur scheinbar, weil journalistisch, weil verlogen, überbrücken könnte. Das heißt, ich versuche, mir nicht mehr vorzustellen, was Elise Richter gedacht, empfunden, gesagt hat, sondern: Ich bin Elise Richter. Ich sitze in diesem Zug. Ich spreche mit meiner Schwester. Aber wenn ich Elise Richter bin, dann weiß Elise Richter alles, was ich weiß, und sie weiß das nicht, was ich nicht weiß. Ich weise die ideologische Fiktion zurück, zu tun, als ob ich wüßte und empfinden könnte, was Elise Richter wußte und empfand. Ich zeige den wahren fiktionalen Charakter jeglicher Identifikationsanstrengung dadurch, daß ich Elise Richter das wissen und empfinden lasse, was ich weiß und empfinde. Dadurch aber radikalisiere ich zugleich die Distanz, die Distanz zur historischen Faktizität einerseits und zu jedem simplen Tröstungsversuch des Mitgefühls andererseits: Denn wenn nun ich Elise Richter bin und in diesem Zug sitze, so mache ich doch klar, daß dieser Zug nur mein Schreibtisch ist, mein Blatt Papier, meine Schreibmaschine, und daß am Ende dieser Fahrt nicht der Tod steht, sondern eine vorläufig unveröffentlichte Erzählung.

Durch dieses Spiel mit Faktizität und Fiktion, Identifikation und Distanz, Recherche und Poesie entsteht tatsächlich auch eine völlig neue, eigenständige Sprache, die, selbst wenn nur eine Figur spricht, etwas von einem Stimmengewirr hat, zugleich aber auch an einen Chor denken läßt, was dem Thema deshalb völlig angemessen ist, weil jede einzelne, die spricht, zugleich für so unendlich viele steht. Tote wie Überlebende. Es ist eine Sprache, deren Kraft und Reichtum sich auch darin erweisen, daß sie sich jedem einzelnen der sieben Berichte völlig anpaßt, jeweils eine eigene Form etwa für die Nonne oder für die Zigeunerin findet und trotz dieser notwendigen Unter schiede und Differenzierungen zugleich einen gemeinsamen Ton durchhält.

Dieser Ton ist ein sehr hoher Ton, im Sinn einer hohen poetischen Qualität, aber auch in dem Sinn, daß er gleichsam eine Kopfstimme ist, fast schrill, aber bis aufs äußerste kontrolliert, und so durchdringend, daß er sich – auch in diesem Sinn eine Kopfstimme – als Flüstern im Kopf des Lesers fortsetzt.

Ich glaube, das Bemerkenswerte dieses Buches ist nicht, daß Marie-Thérèse Kerschbaumer das Unrekonstruierbare rekonstruiert, sondern daß sie im Spannungsfeld dieser Dialektik die falschen gesellschaftlichen Rekonstruktionsversuche zerstört. Dazu noch zwei Beispiele: In der Erzählung über die Schwestern Richter unterläuft Kerschbaumer systematisch das gesellschaftliche Entlastungsverdikt, daß mit all dem längst Vergangenen endlich einmal Schluß sein muß. Nicht nur dadurch, daß sie das »längst Vergangene« mit ihrem Schreibverfahren in die aktuelle Gegenwart hebt, sondern auch dadurch, daß die beiden Schwestern, die ihrem Ende entgegenfahren, während dieser Fahrt immer wieder aufs neue darüber zu reden beginnen, wie das alles begonnen hat. In immer neuen Anläufen entstehen immer neue Anfänge, aber sie alle erweisen sich als zweifelhaft, sind nie Prinzip, sondern bloß Episoden im historischen Prozeß; so gehen sie immer weiter zurück, bis sie tatsächlich am Anfang der Geschichte landen, bei wallenden Nebeln und der Entstehung der Materie. Und so ist am Ende klar, daß nie »Schluß« sein kann, solange es Geschichte gibt.

Im fünften Bericht, über den Schneiderlehrling Anna Graf,

zerlegt Marie-Thérèse Kerschbaumer auf eine atemberaubende Weise das Entlastungsverdikt »Wir haben ja nichts gewußt«. Von Anna Graf wußte Marie-Thérèse Kerschbaumer durch Recherchen, daß sie in der Gefängniszelle, wo sie auf ihre Hinrichtung wartete, verbotenerweise einen kleinen Spiegel besaß, den sie immer beim Gitterfenster hinaushielt, um zu sehen, wohin der beauftragte Justizbeamte ging: Ging er ins obere Tor, dann wurde ein Mann geholt, ging er aber weiter, dann wußte sie, daß eine der Frauen das nächste Opfer war. Es folgt eine seitenlange Beschreibung dieses Spiegels und des Justizbeamten, der sich darin gespiegelt hat, eine Beschreibung allerdings, die ausschließlich aus Fragen besteht, Fragen über Fragen, wie dieser Spiegel ausgesehen, wie er beschaffen war, welche Rückschlüsse er auf den Menschen ermöglichte, dessen Gang sich in ihm spiegelte, keine einzige Antwort, nur Fragen, bis wir schließlich nur aufgrund der unerbittlichen Konsequenz dieser Fragen eine so plastische Vorstellung von diesem Spiegel haben – obwohl wir von ihm nichts wissen als dies: daß es ein Spiegel war –, daß wir mit einem Mal schockartig erkennen, daß sich im kleinsten Detail, wenn wir fragen, die Wahrheit spiegeln kann, auch wenn wir keine Antwort erhalten.

Wir erleben durch die poetische Konsequenz dieser Passage auf verblüffende Weise, wie Wissen, wenn man wissen will, sich auch dann herstellt, wenn man über keine »konkreten« Informationen verfügt, und wie das fraglose Nicht-Wissen nur auf der Basis von Unbeteiligtheit oder Komplizenschaft möglich ist. Und so steht die Entlastung »Wir haben ja nichts Genaues gewußt« sehr fragwürdig da.

Was sie produziert, schreibt Kerschbaumer, entsteht, »weil kein von Menschenhand berührtes Stück Materie nichts zu tun hätte mit mir und kein von menschlichem Bewußtsein geschaffenes Zeichen nicht Teil hätte an mir«. In diesem Satz wird die Radikalität der Identifikation sichtbar und, in den doppelten Verneinungen, zugleich die gesellschaftliche Distanz, die durch diese Identifikation parteilich überbrückt wird.

Diese Dialektik von Identifikation und Distanz ist das poetische Prinzip von Marie-Thérèse Kerschbaumers Prosa und als solches die radikale Antithese zur herrschenden Diskurssprache, die sich, wie wir gesehen haben, distanzlos mit den Tätern identifiziert und sich gleichzeitig identifikationslos von deren Verbrechen distanziert.

11.

Die Frage, ob man die österreichische Literatur als Nationalliteratur bezeichnen könne, wird in Österreich geradezu wie eine Unterstellung zurückgewiesen. Das österreichische Nationalgefühl erschöpft sich eben in der breiten allgemeinen Akzeptanz des Begriffs »österreichische Nation«. Diese Akzeptanz ist, wie wir gesehen haben, historisch sehr spät und ungewöhnlich schnell durchgesetzt worden. Das österreichische Nationalgefühl blieb ein letztlich äußerliches, oberflächliches, dessen inhaltliche Bestimmungen sich wechselseitig in nichts aufhoben. Wie wenig Bedeutung es daher als Parameter für die Konstituierung eines gesellschaftlichen Selbstbildes und für die Praxis kontinuierlicher Selbstüberprüfung hat, kann man eben auch daran erkennen, daß es in Österreich völlig unüblich ist, die literarischen Hervorbringungen österreichischer Autoren als Nationalliteratur zu lesen, d. h. auch dahin gehend zu überprüfen, ob deren ästhetische und inhaltliche Besonderheiten Rückschlüsse auf die Besonderheiten der gesellschaftlichen Organisationsform, der Gewordenheit und der aktuellen Verfaßtheit Österreichs erlauben, ob diese Werke also als »Leitbild der Identität« gelten und »nationale Repräsentanz« beanspruchen können. Während es in anderen Ländern durchaus selbstverständlich ist, die eigene Literatur dahin gehend zu überprüfen, ist dies in Österreich überhaupt nicht der Fall. Selbstverständlich wird jeder Ire zum Beispiel den Ulysses von James Joyce als irische Literatur lesen, als Auseinandersetzung mit der gesellschaftlichen und geistigen Realität Irlands. Erst alle Nicht-Iren sind dazu aufgerufen, unter notwendiger Absehung von nationalen, inhaltlichen und ästhetischen Spezifika, jenes Surplus zu entdecken und zu diskutieren, in dem sich eine verallgemeinerbare Wahrheit ausdrückt, die dieses Werk, über Dublin oder Irland hinaus, für den Rest der Welt interessant macht. Das ist das ganz normale Rezeptionsverfahren, wie einerseits Nationalliteratur, andererseits Weltliteratur entsteht. In Österreich aber wird die österreichische Literatur in der Regel auf dieselbe Weise gelesen und nach denselben allgemeinen ästhetischen Kriterien überprüft, wie jene, die aus Deutschland, Frankreich, Irland oder den USA kommt – das heißt, in Österreich wird die eigene Literatur ohne Umwege gleich als Weltliteratur konstituiert. Dies zeigt sich nicht nur in der kontinuierlichen Rezensionspraxis der österreichischen Kritiker, sondern auch darin, daß die österreichische Literaturwissenschaft beharrlich den Nachweis zu erbringen versucht, daß »österreichische Nationalliteratur« ein »Mythos« sei, eine »Chimäre«, in Wahrheit aber nicht existiere. In einem langen Aufsatz über den Begriff »österreichische Literatur« kommt etwa der Klagenfurter Germanist Albert Berger zu dem Schluß, daß »der Begriff einer österreichischen ›Nationalliteratur‹ bei den Schreibenden selbst wohl nur verständnisloses Achselzucken hervorrufen« würde, »der österreichische Literaturkanon wird weiterhin auf diesen Titel verzichten müssen«. Dieses Mißverständnis ist symptomatisch: Kein Autor schreibt in der Absicht, »Nationalliteratur« zu verfassen, und auch die Definition, worin sie sich als solche erweise, interessiert die Autoren selbst zu Recht nicht. Nationalliteratur wird durch Rezeption produziert. Und diese anderswo eben durchaus übliche und selbstverständliche Form der Rezeption existiert in Österreich nicht. Auch der eher peinliche Gestus, mit dem österreichische Autoren, die im Ausland zu Ruhm und Anerkennung gelangten, schließlich von Österreich wieder vereinnahmt werden, widerlegt diesen Befund nicht, sondern bestätigt ihn nur – diese Vereinnahmung ist ein demonstrativer Gestus vor der Welt, der gesagt werden soll: Diese Weltliteratur haben wir euch geschenkt!

Wer die Rezeptionsgeschichte der neueren österreichischen Literatur studiert, wird feststellen, daß die Unfähigkeit der Österreicher, die österreichische Literatur zunächst einmal als ihre eigene Literatur zu lesen, die etwas über sie selbst aussagt, tatsächlich erstaunlich ist. Bei Hans Leberts *Feuerkreis* wurde zum Beispiel von der Kritik anerkannt, daß die »Grundidee« vom heimkehrenden Befreier, der feststellt, daß seine eigene

Schwester als hochgradige Nationalsozialistin schuldig geworden ist, ein »interessanter Stoff« gewesen wäre, der per se schon an Spannungen und Konflikten sehr viel hergegeben hätte. Das dazukommende »Inzest-Motiv« aber »belaste« (sic!) die Fabel, sei unnötig, letztlich unverständlich und unnachvollziehbar. Daß aber erst die Inzest-Geschichte diesen Stoff zu einer stimmigen künstlerischen Parabel in Hinblick auf die besondere Konstitution der österreichischen Realität macht, ist von der österreichischen Literaturkritik nicht verstanden und von der österreichischen Literaturwissenschaft bis heute nicht bemerkt worden.

Franz Innerhofers *Schöne Tage* nicht als Auseinandersetzung mit der Realität in Österreich, an einem bestimmten Ort, zu einer bestimmten Zeit, zu lesen, ist ein Kunststück. Die österreichische Rezeption hat es weitgehend zustande gebracht. Sieht man nämlich ab von den Hinweisen auf den autobiographischen Charakter des Romans (die als solche für eine verallgemeinerbare Diskussion des Werks natürlich auch nichts hergeben), wurde *Schöne Tage* wesentlich als »radikale Antwort auf die Klischees einer idyllisierenden Heimat-Literatur« dargestellt, so als bestünde die Leistung des Romans darin, eine allgemeine formale Auseinandersetzung mit einer Gattung, die keinen denkenden und mit Literatur befaßten Menschen interessiert, mit Bravour gemeistert zu haben. Hätte sich der Salzburger Landeshauptmann nicht besorgt erkundigt, »ob dieses Buch nicht dem Ansehen des Landes schade«, hätte man völlig vergessen, daß dieses Land nicht nur auf einer fiktiven Landkarte der Weltliteratur eingetragen ist.

Ist das reale Österreich heute gleichsam ein für den Fremdenverkehr errichtetes Dorf, in dem »längst nichts mehr stimmte und alle verkauft waren für billiges Geld«? Ein Ort, wo die Fremden sogar in den hier lebenden Menschen »eine Sehenswürdigkeit sahen«? Sind die Österreicher Gefangene einer »Lüge, die sie für Fremde tun ließ, was sie nie füreinander getan hätten oder für sich selbst«? Ist diese Haltung tatsächlich »Teil ihres Lebens und Teil ihrer Sprache« geworden? Sind unter diesen Voraussetzungen hilflose Verstörung und unscheinbares Scheitern für ein denkendes Gemüt tatsächlich fast unausweichlich?

In einem Land, das ununterbrochen Fehlleistungen produziert

und sie dann »dem Ausland erklärt«, wären diese Fragen nach Erscheinen von Norbert Gstreins *Einer* naheliegend gewesen. Tatsächlich aber sind sie in der öffentlichen Rezeption in Österreich nie gestellt worden. Es wurde lediglich immer wieder vermerkt, daß Gstrein über eine »präzise Sprache« verfüge, daß er »mit großer Sicherheit« erzähle, daß er einen »eigenen Ton« gefunden habe, kurz: daß diese Erzählung abstrakt allgemein »künstlerisch gelungen« sei. Aber daß Gstrein mit dieser präzisen und sicheren Sprache von Österreich erzählt und daß sich diese Erzählung zu einer Parabel verdichtet, die hierzulande zu einer Überprüfung der eigenen Identität und Selbstdarstellung herausfordern müßte, wurde der österreichischen Literaturkritik nie bewußt.

Wenn man bei der Lektüre der österreichischen Literatur feststellen muß, daß Österreich eine Nation ohne Heimat ist, dann setzt sich in der allgemeinen Rezeption dieser Literatur deren Heimatlosigkeit noch fort.

Wir haben schon gesehen, daß in der Zweiten Republik nationale Repräsentanz im Sinn von Nationalliteratur im wesentlichen nur »historischen Größen« zuerkannt wird und daß hierbei eine besondere Vorliebe für jene Literatur bemerkbar ist, die Endzeiten beschreibt. Erst hier zeigt sich auf sehr vermittelte Weise ein stimmiger Bezug zur realen Befindlichkeit der österreichischen Identität. Doch obwohl es also zumindest dieses Vermittlungsmoment zwischen Literatur und nationaler Identität gibt, ist völlig übersehen worden, daß einer der meistgelobten und bestverkauften »deutschsprachigen« Romane des letzten Jahrzehnts möglicherweise auch als definitiver Österreich-Roman gelesen werden kann: Christoph Ransmayrs Roman *Die letzte Welt*.

Keiner hat die Frage gestellt, ob die Neuerzählung der Geschichte von Ovids *Metamorphosen* nicht nur eine faszinierende und geglückte neue Auseinandersetzung mit einem Stoff der Weltliteratur ist, sondern ob die Beschäftigung mit diesem Stoff in einem Land, das in so kurzer Zeit so viele Metamorphosen durchgemacht hat wie Österreich, nicht möglicherweise auch etwas in Hinblick auf dieses Land bedeutet.

Keiner in Österreich hat sich gefragt, ob Ransmayrs Kunstgriff, so zu tun, als ob die Metamorphosen nicht mehr existierten, aber zu zeigen, wie sie fortwirken und wie ihre Fragmente allenthalben noch zu entdecken sind, ob dies nicht konkret etwas über dieses Land aussagt.

Das Problem des Dichters Ovid besteht bei Ransmayr darin, daß er »an Verdrängtes gerührt hatte« – sagt dies mit Sicherheit nichts über das Verhältnis der österreichischen Kunst zu dieser Republik aus?

Daß Ransmayrs *Letzte Welt* von der Vermengung der Gegenwart mit der »Antike« lebt – ist dies völlig ohne Bezug zur aktuellen österreichischen Realität?

Daß Ransmayrs Roman im »menschenleeren Bild« einer Kunstnatur endet, löst dies in einem Land wie Österreich, das sich immer wieder als menschenleeres Ensemble von Natur- und Kunstschönheiten darstellt, keine Assoziationen aus?

Ovid hatte die Entwicklung vom Anfang der Welt bis zu deren Vollendung durch Augustus besungen. Daß Ransmayr den Spieß umdrehte und vom Höhepunkt der Zivilisation aus zum Weltende hinerzählt – entspricht dies in keiner Weise dem von entsprechenden historischen Erfahrungen gesättigten und auf Endzeiten fixierten österreichischen Selbstverständnis? Und liegt nicht genau darin das für Österreich in besonderem Maße Tröstliche: A. E. I. O. U. – Österreich wird in der Welt das Letzte sein?

Das ist ein Ende, dem gut österreichisch gleich wieder ein neuer Anfang entspringt: Wir werden alles neu lesen müssen.

Szenenwechsel

Seinesgleichen wird geschrieben:
Die sozialpartnerschaftliche Ästhetik

Die Basis der österreichischen Gegenwartsliteratur

Als 1966 die deutsche Übersetzung der Arbeit von Claudio Magris *Der habsburgische Mythos in der österreichischen Literatur* erschien, flackerte die Diskussion, was das »Österreichische« an der österreichischen Literatur sei, kurz auf, aber nur, um dann beinahe völlig zu verstummen. Dieses Verstummen hatte mehrere Gründe. Erstens sprach daraus die beredte Erleichterung, daß endlich ein Begriff gefunden war, unter den die unzweifelhaft als österreichisch geltende Literatur, nämlich die von Grillparzer bis Doderer, subsumiert werden konnte.

Zweitens deckte dieser Begriff genau jene Literatur ab, auf die das damals bereits weitgehend durchgesetzte und noch nicht angefochtene kulturelle Selbstverständnis des »Neuen Österreich« verwies: Hauptaufgabe des nun so kleinen Österreich – so lautete die Formel – könne es nur sein, sein großes kulturelles Erbe zu pflegen und zu erhalten, also kulturell ein republikanisches Museum der Habsburgermonarchie zu sein. Magris' Buch korrelierte also prächtig mit einer Kulturpolitik, die 1955 das Burgtheater nicht zufällig mit Grillparzers *König Ottokar* wiedereröffnete und die der reproduzierenden Kunst vor der produzierenden den eindeutigen Vorzug gab.

Drittens begann damals die Auswanderungswelle österreichischer Autoren in die Bundesrepublik Deutschland, zu deutschen Verlagen und auf den deutschen Markt, wodurch die Frage nach dem »Österreichischen« dieser Autoren nur noch eine nach deren Geburtsort zu sein schien. Doch 1976 erschien die von Walter Weiss und Sigrid Schmid herausgegebene Anthologie österreichischer Gegenwartsliteratur *Zwischenbilanz*, in deren einleitendem Essay der Salzburger Germanist Weiss von einer neuen »Hochblüte der Literatur in (aus) Österreich« spricht, »die heute in einem beträchtlichen Maß die Physiognomie der deutschsprachigen Gegenwartsliteratur bestimmt, in einem viel stärkeren Maß jedenfalls, als es der Kleinheit ihres Herkunftsgebietes, statistisch gesehen, zukäme«. Diese Worte eines österreichischen Germanisten in einer Anthologie österreichischer Literatur, die in einem österreichischen Verlag erschienen war, mochten in manchen Ohren vielleicht noch wie eine lokalpatriotische Einschätzung geklungen haben, doch allerspätestens 1979 stand allgemein und unwidersprechlich fest, daß diese Einschätzung nicht zu triumphal formuliert war. Der bundesdeutsche Literaturkritiker Ulrich Greiner, der zuvor schon in der *Frankfurter Allgemeinen Zeitung* die Frage gestellt hatte: »Wieso bringt das kleine Österreich eine so große Zahl beachtlicher Schriftsteller hervor?«, ging in seinem 1979 veröffentlichten Buch *Das Ende des Nachsommers* explizit der Frage nach dem »Österreichischen« in der österreichischen Literatur nach.

Ein anderer deutscher Literaturfeuilletonist, Heinrich Vormweg, sprach – ebenfalls 1979 – bereits von einer »Verösterreicherung der deutschen Literatur«, ein Schlagwort, das sich, wie sich zeigen sollte, rasch durchsetzte und auch in der ansonsten sehr zurückhaltenden österreichischen Literaturberichterstattung zum Topos wurde: So berichtete etwa Kurt Kahl in der Wiener Tageszeitung Kurier von der Frankfurter Buchmesse 1979, daß »die Verösterreicherung der Literatur die Sprachgrenzen überspringt«, da eine außergewöhnliche Menge von Lizenzen österreichischer Literatur ins Ausland verkauft wurde.

Ebenfalls 1979 widmete das *Börsenblatt für den deutschen Buchhandel* eine Sondernummer der österreichischen Literatur, aber auch die bundesdeutsche Germanistik begann sich verstärkt mit dem Phänomen »österreichische Literatur« zu beschäftigen, wie, um hier nur ein Beispiel anzuführen, das Symposium *Literatur aus Österreich – österreichische Literatur* an der Universität Bonn im November 1980 zeigte.

Spätestens zu diesem Zeitpunkt also war »österreichische Literatur« und die Frage, was sie eigentlich sei, wieder aktuell, nur war jetzt nicht mehr vom literarischen »Erbe« Österreichs die Rede, sondern von den Erben selbst, der lebenden zeitgenössischen Literatur, die offensichtlich im einzelnen zwar schwer faßbare, im allgemeinen aber deutlich empfundene Besonderheiten zu haben schien, die unter dem Etikett »österreichisch« zusammengefaßt und vermarktet wurden. Diese Literatur brachte es nicht nur zu einer Prädominanz im deutschen Sprachraum, sondern – zumindest quantitativ – zu einer bis dato nicht gekannten internationalen Bedeutung.

Die neu aufgeworfene Frage nach dem Österreichischen der österreichischen Gegenwartsliteratur führte allerdings nur zu einer Reihe von Beschreibungen, aber zu keinen neuen Begriffen. Da die »Gültigkeitsdauer« von Magris' These ja nicht bis in die Gegenwart verlängert werden konnte, begnügte sich die österreichische Germanistik damit, die »Vielfalt« und den »Reichtum« der österreichischen Literatur aufzulisten, und predigte, daß dies nicht erklärt werden könne. Selbst dort, wo Walter Weiss oder der Wiener Germanist Wendelin Schmidt-Dengler (der nach einer Reihe von Einzeluntersuchungen österreichischer Autoren 1979 eine vorläufige Zusammenschau in seinem Aufsatz »Europäische nationale Literaturen: 1. Österreich« vorlegte) hervorstechende Phänomene der Entwicklung der österreichischen Literatur präzise beschrieben, herrschte ein Staunen vor, das die eigentümlichen Phänomene stets als Barriere vor der Erkenntnis und nicht als Rutsche in die Erkenntnis sah: etwa wenn auf den Widerspruch hingewiesen wurde zwischen der außerordentlichen »Hochblüte« der österreichischen Literatur, ihrer überproportionalen Bedeutung im deutschen Sprachraum, und der gleichzeitigen politischen und ökonomischen Bedeutungslosigkeit Österreichs im Vergleich mit den modernen Industriemächten, aber auch mit seiner eigenen einstigen Größe.

Dieses Staunen ist nichts anderes als ein wohliges Verharren vor der immer wieder gestellten Frage: »Wieso bringt das kleine Österreich eine so große Zahl beachtlicher Schriftsteller hervor?« Diese Frage ist tatsächlich der archimedische Punkt. Sie zeigt, daß der Hinweis auf den Zusammenhang zwischen Geistesleben und, in letzter Instanz, Ökonomie bereits zum Gemeinplatz geworden ist, nicht aber das Wissen um das Wie der Vermittlung.

Daß nämlich der »Kleinheit« eines Landes, also einer im internationalen Vergleich relativ bedeutungslosen ökonomischen Potenz, nur eine unbedeutende Literatur, die sich international kaum durchsetzen kann, entsprechen müsse, ist eine dürftige Ad-hoc-Improvisation, ohne jede Basis in der Wirklichkeit.

In Wirklichkeit – um dieses große Wort weiter zu bemühen –

ist es ja immer wieder so, daß in Überbaudisziplinen (wie eben Literatur, Musik, Philosophie etc.) nach einem Wort von Friedrich Engels gerade »ökonomisch zurückgebliebene Länder doch die erste Violine spielen können«. Dafür gibt es aber jeweils gute Gründe. Wenn wir »dem« Österreicher keine besondere gott- oder naturgegebene dichterische Ader andichten wollen, müssen wir – damit der Verweis auf dieses Engels-Zitat nicht als eine zwar der österreichischen Wirklichkeit entsprechendere, sonst aber genauso dürftige Ad-hoc-Improvisation erscheint – uns fragen, ob es in der ökonomischen Struktur Österreichs eine Besonderheit gab, die seine literarische Prädominanz plausibel begründete.

Was konstituiert also das Spezifische der österreichischen Literatur, das Typische, wie man sagt, das sie von den Literaturen jener Staaten unterscheidet, die sich alle auf das in den Grundlagen gleiche ökonomische und politische System geeinigt haben? Was konstituiert vor allem aber – und zumindest – den Unterschied der österreichischen zu jener Literatur, mit der sie Markt und Sprache gemeinsam hat, nämlich der bundesdeutschen?

Diese Frage ist nicht schwer zu beantworten, muß man doch schon beim ersten Blick einer genaueren Betrachtung erkennen, daß der Satz von der relativen ökonomischen Zurückgebliebenheit des österreichischen Kapitalismus zwar wahr, nicht aber dessen ganze Wahrheit ist.

Denn das isolierte Herausheben eines Aspekts aus der Gesamtheit der Produktionsverhältnisse macht ja noch keinen Begriff von der ökonomischen Struktur, sowenig wie die »schlechte Unendlichkeit« einer kunterbunten Aufzählung aller möglichen Aspekte. Denn wie ersteres zu nichts, so ist bei zweiterem nichts zueinander in Beziehung gesetzt.

Aber worin sonst als in den Beziehungen der Produktionsfaktoren zueinander, also in deren jeweiligen konkreten Organisationsformen, kann die Besonderheit eines Kapitalismus gefunden werden?

Das Verhältnis von Kapital und Lohnarbeit ist ja nicht nur in den verschiedenen Epochen der bürgerlichen Gesellschaft unterschiedlich organisiert worden. Auch innerhalb einer Epoche entstanden und entstehen im internationalen Vergleich Unterschiede in der Organisationsform von Kapital und Arbeit aufgrund unterschiedlicher historischer Voraussetzungen, politischer Bedingungen und wirtschaftlicher Möglichkeiten in den verschiedenen Ländern.

So kann man etwa ganz allgemein sagen, daß mit der Herausbildung des »monopolistischen« Kapitalismus die zunehmende Organisierung der gesellschaftlichen Klassenstruktur und des Klassenwiderspruchs von Kapital und Arbeit in institutionalisierten und bürokratischen Formen eng verbunden ist, daß im besonderen diese Entwicklung sich allerdings verschieden weit fortgeschritten zeigt.

Die Tendenz dieser Entwicklung ist allerdings überall die gleiche: Sie zielt auf eine konfliktminimierende Zusammenarbeit der Interessenorganisationen der Unternehmer und der Lohn- und Gehaltabhängigen, um das dem Klassencharakter der Gesellschaft innewohnende Konfliktpotential zum »Klassenkampf am grünen Tisch« zu sublimieren und auf dem Verhandlungsweg beizulegen. Die schließliche Aufhebung der gesellschaftlichen Antagonismen in einer harmoniestiftenden Konstruktion, die aber die Konfliktursache Privateigentum an Kapital nicht aufhebt, ist – zu einem System ausgeformt, das die überwältigende Mehrheit der Bevölkerung zumindest durch Duldung legitimiert – die konkrete bürgerliche Gegenutopie zur »klassenlosen Gesellschaft«, also das der bürgerlichen Gesellschaft nachgerade innewohnende Geschichtsziel.

Diese Entwicklung hatte aber in den verschiedenen kapitalistischen Ländern nur sehr rudimentäre Formen angenommen und Institutionen mit bloß punktuellem Tätigkeits- und Einflußbereich herausgebildet (wie etwa den »Sozialökonomischen Rat« in den Niederlanden, den »Conseil Economique et Social« in Frankreich, »National Economic Development Council« und »National Board for Prices and Incomes« in England, »Le conseil central de l'economique« und die »commission des prix« in Belgien; entsprechende Versuche waren auch die »konzertierte Aktion« in der BRD oder die historischen Bemühungen um einen »historischen Kompromiß« in Italien etc.). In Österreich aber hatte sich mit der Sozialpartnerschaft tatsächlich schon ein staatstragendes System mit gesamtgesellschaftlichem Aktionsrahmen herausgebildet, noch dazu mit informellem, nichtöffentlichem Charakter, wodurch die Machtverhältnisse jeder öffentlichen Kontrolle entzogen und nicht mehr der Gefahr einer plötzlichen Verschiebung durch demokratische Prozesse ausgesetzt waren – was ihr gleichermaßen größte Effizienz, Homogenität und Kontinuität verlieh.

Sah Max Weber die Bürokratisierung der organisatorischen Strukturen der Gesellschaft »als Form der Vergesellschaftung von Herrschaftsbeziehungen« als eine »geschichtlich zwingende Tendenz«, für die »die Ausübung von Kontrolle auf der Basis von Wissen, organisiert durch abstrakte Regeln und gerichtet auf maximale Effektivität« kennzeichnend ist, so hatte diese allgemein sich durchsetzende Tendenz in Österreich bereits in weitestentwickelter Form gesellschaftliche Gestalt angenommen – eben in jener der Sozialpartnerschaft, deren »Konturen« Rudolf Wimmer folgendermaßen beschreibt: »Interessenverbände, ausgestattet mit hochqualifizierten Bürokratien und einer enormen Informationskapazität, geführt von nach unten hin verselbständigten Eliten, die keinem echten demokratischen Legitimationszwang unterworfen sind, verwalten gemeinsam einen gewichtigen Teil gesellschaftlicher Entwicklung.« Genau das bedeutet eben nach Max Weber »rationalste Form der Herrschaftsausübung«, denn definiert man die Sozialpartnerschaft »funktional«, so dient sie zur

»– Vermeidung bzw. Kanalisierung sozialer Konflikte;

– Festigung der bestehenden Machtverteilung in der Gesellschaft und Vermeidung sämtlicher Veränderungsbestrebungen in dieser Hinsicht;

– Verstärkung und Konzentration politischer Macht, um die sozialen Prozesse jederzeit unter Kontrolle halten zu können« (Dieter Bichelbauer).

Man sieht also, daß sie im Grunde das leistete, was jedwede gesellschaftliche Organisationsform intendierte, jede andere allerdings mit geringerer Effektivität.

Es ist wohl evident, daß die Sozialpartnerschaft gemäß der Logik des Kapitals größere »wirtschaftspolitische Rationalität« bedeutet, als wenn die Interessenorganisationen eine Politik der Stärke und Konfrontation betreiben und »die Gefahr besteht«, daß die Konfliktaustragung »sich auf die Straße verlagert«. Streiks und die Auseinandersetzung mit kämpferischen Gewerkschaften bedeuten für die Unternehmerseite längerwierige, schwierigere Verhandlungen, schwerere Koordination mit der Wirtschaftspolitik der Regierung, Produktionsausfall, höhere Lohnkosten.

»Die Friedensfunktion der Sozialpartner hat für Österreich eine derartige Entwicklung, wie sie eine Reihe westeuropäischer Länder aufweist, verhindern können. [...] Eine Analyse der Entwicklung in einer Reihe westlicher, von wirtschaftlichen und politischen Krisen geschüttelter Länder zeigt, daß diese das Problem der industrial relations nicht gelöst haben. Streiks und Aussperrung, ideologische Machtkämpfe in Sachfragen und Verpolitisierung der Wirtschaft werden heute zu schweren Hemmschuhen für Wachstum und allgemeinen Wohlstand. Die innere Stabilität Österreichs, vor allem die natürliche Beilegung der unvermeidlichen Interessenkonflikte, *erweist sich heute international als beachtlicher komparativer Kostenvorteil*«, schrieb etwa Johannes Farnleitner, der auch auf die größere organisatorische Effizienz der Sozialpartnerschaft verweist, die den Handelskammern ermögliche, »auf allen Ebenen der Politik mitzubestimmen«. Diese zwar verdeckte, aber formalisierte Mitbestimmung sei »aus der Sicht der Wirtschaft [...] den Lobbies diverser westlicher Länder vorzuziehen«.

Die Stabilität und Stärke von Herrschaftsverhältnissen zeigte sich vor allem darin, wie sehr die Forderung nach Umverteilung des gesellschaftlichen Reichtums abgewehrt werden konnte. Die Sozialpartnerschaft war wohl die einzige Organisationsform gesellschaftlicher Interessenauseinandersetzung, der es gelungen war, die Forderung nach Umverteilung beinahe gänzlich aus dem gesellschaftlichen Bewußtsein auszublenden. Das macht doch wirklich verständlich, daß Apologeten der bestehenden (Wirtschafts-)Ordnung der Sozialpartnerschaft in »wirtschaftlich bedeutsamen Fragen größte Effektivität« zuerkannten.

Worin diese »Effektivität« besteht, verdeutlicht Egon Matzner: »Die Konfliktminimierung trug wesentlich zur Produktionssteigerung bei. Eine solche glatte Entwicklung wäre ohne die

Institution der Sozialpartnerschaft nicht möglich gewesen. Dies erleichterte wesentlich der sozialpartnerschaftliche Konsens über die *Priorisierung der Wachstums- vor der Verteilungspolitik.* Der Vorrang der Wachstumspolitik ist mit der Zeit so weit gediehen, daß die Verteilungsfrage aus den öffentlichen Diskussionen weitgehend ausgeklammert wurde. Die Kehrseite dieser Entwicklung ist die Verschlechterung der relativen Verteilung von Einkommen und Vermögen zu Lasten der Arbeiter und Angestellten und innerhalb dieser Gruppe zu Lasten der schlechter Entlohnten. Sie ergibt sich aufgrund der wirtschaftlich-gesellschaftlichen Grundtatbestände nahezu zwangsläufig.«

Kräftiges Wachstum, völliges Verdrängen der Umverteilungsfrage, dabei quasi lückenloser sozialer Friede und allseitige Zufriedenheit – schlagender läßt sich wohl nicht beweisen, daß der Kapitalismus in der Epoche vor der Globalisierung in der Sozialpartnerschaft dessen effektivste Organisationsform gefunden hatte, daß also Österreich, was ihre Realisierung betraf, innerhalb der Kapitalismen die absolute Avantgarde darstellte. Dies, daß also das wirtschaftlich »unbedeutende«, »kleine« Österreich durch rationellste Organisation durchaus bedeutend exploitiert werden konnte, schrieben Tageszeitungen auf der Wirtschaftsseite gelegentlich in bemerkenswerter Offenheit. So z. B. der *Kurier* vom 17. Oktober 1979 unter dem Titel »Österreichs Wirtschaft ist Weltmeister«: »Österreich kann zur Zeit nicht nur die niedrigste Inflationsrate der ganzen Welt vorweisen, sondern hat sich in den letzten Jahren auch hinsichtlich der Vollbeschäftigung, des Wirtschaftswachstums, der Einkommensverteilung und der Zahlungsbilanz besser bewährt als fast alle anderen Nationen. [...] Hinsichtlich des Wirtschaftswachstums wurde Österreich in den letzten zehn Jahren nur vom Wachstumsspezialisten Japan knapp geschlagen. Österreichs Wirtschaft wuchs pro Jahr um 4 Prozent, jene der EG-Staaten nur um 2 Prozent. [...] Auf der Einkommensseite werde die Exportindustrie durch die *niedrigen Lohnabschlüsse* unterstützt: bei absolut sinkenden Produktionskosten je Einheit seien *kräftige Gewinnzuwächse* zu verzeichnen.«

Im März 1981, als die internationale Wirtschaftslage äußerst angespannt war, verwies die *New York Times* auf das Modellland Österreich, das durch niedrigste Arbeitslosen- und Inflationsrate und durch ein enormes Wirtschaftswachstum »auf einsamer Spitze unter den westlichen Industrienationen« stand. Die *New York Times* führte dieses Phänomen einsichtig auf die »fast völlige Übereinstimmung bei der Behandlung von Wirtschaftsfragen« in Österreich zurück, die dem Land »die so verletzenden Konfrontationen erspart, von denen die politische Entscheidungsgewalt in den meisten anderen westlichen Nationen betroffen ist«.

Kurz: enormes Wirtschaftswachstum, niedrigste Lohnabschlüsse und erstaunlicherweise gerade deshalb sozialer Friede. Tatsächlich: Welche kapitalistische Organisationsform hat sich jemals besser bewährt?

Wenn also vorhin von der relativen ökonomischen Zurückgebliebenheit Österreichs die Rede war – am radikalsten formulierten das wohl Cheryl Benard und Edith Schlaffer: »Österreich ist ein Entwicklungsland mit einigen modernen Großstädten« –, dann sehen wir jetzt aber, daß dieser ökonomisch relativ schwache Kapitalismus mit der Sozialpartnerschaft die höchstentwickelte und effizienteste Organisationsform besaß. Damit haben wir das Spezifikum der Entwicklung der Zweiten Republik identifiziert, das im wesentlichen in der eigentümlichen Dialektik begründet lag, daß Österreich von seiner ökonomischen Potenz her Nachzügler, von der Organisationsform her aber die Vorhut der kapitalistischen Länder war.

Der österreichische Überbau

Die Tatsache, daß die Sozialpartnerschaft in ihrer Entwicklung so weit fortgeschritten war, daß man sie nachgerade als »eigentliche Regierung« in Österreich bezeichnen konnte, hatte natürlich weitreichende Konsequenzen auf das öffentliche und allgemeine Bewußtsein, die durch die »ökonomische Bedeutungslosigkeit« Österreichs noch verstärkt wurden – ist doch ein kleines Land erstens leichter ideologisch zu vereinheitlichen und zweitens international ökonomisch so relativ unbedeutend exponiert, daß auch internationale Interessenkonflikte nicht zu einem wirklichen Regulativ dieser Prozesse werden können: In Österreich trat diese ideologische Dimension der Sozialpartnerschaft »in Form einer häufig recht naiven harmonistischen Ideologie besonders stark hervor. Daß im Interesse der vorgetäuschten Harmonie die Thematisierung zahlreicher ernster Probleme in vielen Bereichen verhindert wird, gibt der ohnedies vorhandenen Entpolitisierungstendenz beträchtlichen Auftrieb. Daß die [...] indirekten Auswirkungen der Sozialpartnerschaft beachtlich sind, ist aus guten Gründen anzunehmen« (Günter Chaloupek/Hannes Swoboda).

Es genügt zunächst, bloß auf die offenkundigsten und nächstliegenden Konsequenzen der Sozialpartnerschaft zu verweisen, um eine erste Vorstellung von ihren Auswirkungen auf den geistigen Überbau Österreichs zu bekommen: Die ökonomische und politische Konfliktregelung war gänzlich aus der öffentlichen Parteienkonfrontation herausgenommen, die Regierung konnte alle schwierigen Situationen in Übereinstimmung mit den großen Interessengruppen des Landes meistern, wodurch es innenpolitisch nie zu nennenswertem Widerstand gegen Regierungsentscheidungen kam. Alle wesentlichen politischen Entscheidungen wurden im harmonischen Gespräch einer informell sich zusammensetzenden Handvoll Männer hinter verschlossenen Türen getroffen, abseits jeglicher demokratischer Kontrolle oder öffentlicher Diskussion. Auf dieser Grundlage gelangten nur noch marginale Auffassungsunterschiede zwischen Politikern (als reduzierte Form des notwendigen Ringens um Wählerstimmen) oder Skandalisierungen von ihrem individuellen Verhalten in den öffentlichen Diskurs, der dann natürlich nicht mehr als politischer, sondern nur noch als moralisierender funktionierte. Es ist daher wohl kaum zu kurz geschlossen, wenn man daraus folgert, daß sich in den Köpfen der Menschen der Eindruck der Schicksalhaftigkeit und Naturbedingtheit der gesellschaftlichen, wirtschaftlichen und politischen Entwicklung herausbilden und immer mehr festigen mußte, sowie Harmoniekonzeptionen mit im wesentlichen nichtöffentlichem und nichtdemokratischem Charakter.

Dies ging so weit, daß die Sozialpartnerschaft im öffentlichen Bewußtsein (sowohl der breiten Bevölkerung als auch der politischen Eliten) in den von ihr beanspruchten Materien mit dem Anspruch größerer Rationalität auftreten konnte, als sie etwa den Parteien zuerkannt wurde. In bestimmten Fällen wurde sogar in der öffentlichen Diskussion gefordert, die zur Lösung anstehende politische Frage dem »Parteienzank« zu entziehen, um sie so im Schoße der Sozialpartnerschaft einer sachlichen Bereinigung zuzuführen. Da die Struktur der sozialpartnerschaftlichen Konfliktlösung strikt durch das Prinzip der Nichtöffentlichkeit gekennzeichnet war, wurde somit das nichtöffentliche Aushandeln zu einer Form der Legitimitätsbeschaffung, Rationalität wurde durch die Entrückung der Macht aus dem Bereich demokratischer Kontrolle sichergestellt. Diesen Sachverhalt pointierend, schrieb Franz Schuh im Rahmen einer Analyse einer Burgtheater-Inszenierung von Raimunds *Der Bauer als Millionär*: »Heute noch sind die Mächtigen Feen, Geschöpfe einer anderen Welt, die gelegentlich die Macht über unsere verlieren, die es aber eigentlich nicht gibt. Es gibt ja weder Kreisky noch Sekanina, sie huschen nur über die Mattscheiben, und in Wirklichkeit hat sie noch keiner gesehen. Was sie, die es nicht gibt, wirklich wollen, ist hinter Verwicklungen verborgen, die niemand versteht.«

Daß dies in Österreich wirklich so erlebt wurde, läßt sich auch empirisch belegen: Meinungsumfragen, die den Grad der Akzeptanz des sozialpartnerschaftlichen Systems in der Bevölkerung testen sollten, kamen zu dem bemerkenswerten Ergebnis, daß die überwältigende Mehrheit der Österreicher keine Auskunft darüber geben konnten, was »Sozialpartnerschaft« konkret sei bzw. wie sie funktioniere – daß aber ebenfalls die große Mehrheit das Wirken der Sozialpartnerschaft als »positiv« oder »sehr positiv« für Österreich einschätze. Das heißt, daß offenbar etwas Entrücktes, das niemand versteht, in Österreich grundsätzlich als Qualität angesehen wird. Als einmal ein sehr kompliziertes Steuergesetz beschlossen wurde, sagte der zuständige Minister in einem Interview: Er selbst verstehe dieses Gesetz auch nicht! Auf die Frage, warum er es dann beschlossen habe, antwortete er: Das hätten die Sozialpartner so ausgehandelt. Und warum er bei den Verhandlungen nicht seine Einwände geltend gemacht habe? »Ich war bei den Verhandlungen nicht dabei. Die Sozialpartner verhandeln hinter verschlossenen Türen.«

Es ist unerheblich, ob dieser Minister dumm oder zynisch war, weil er vielleicht nur ein Phantom war: Drei Tage vor diesem Interview war ein Foto dieses Ministers in einer englischen Zeitung erschienen, mit der Bildlegende, daß es sich um den – portugiesischen Finanzminister handle.

Wenn die gewählte Regierung keine Macht auf die Gesetzgebung, also auf die Konstituierung der Rahmenbedingungen der gesellschaftlichen Realität hatte, wenn weiters das Zustandekommen der Gesetze unnachvollziehbar und die Gesetze selbst oftmals unverständlich waren, dann mußte die Bevölkerung, die diese Regierung immerhin gewählt hatte, sich selbst erst recht als ohnmächtig, die Realität auch individuell als unbeherrschbar empfinden – was war es nun, das dabei als »positiv« empfunden wird? Wesentlich der Sachverhalt, daß die Gesetze, wer immer sie nun formulierte, ohne Streit, ohne öffentliche Konflikte zustande kamen. Daher auch der Stolz der Österreicher, daß Streiks in diesem Land höchstens in »Streiksekunden« gemessen werden konnten. Genau dadurch aber wurde die Entwirklichung der Realität im allgemeinen Bewußtsein erst verfestigt: Was als sogenannte Harmonie so positiv bewertet wurde, blendete den Sachverhalt aus, daß in jeder Gesellschaft grundsätzlich verschiedene, oft gegensätzliche Interessen wirksam sind, die politisch vermittelt und, je nach Kräfteverhältnis, in Kompromissen aufgehoben werden müssen. Keine Gesellschaft kann also in solch einem simplen Sinn wie dem österreichischen wirklich harmonisch sein. Jeder Kompromiß, auch oder gerade dann, wenn er Teile zugunsten anderer übervorteilt, ist grundsätzlich Ergebnis eines Konflikts und kann daher immer nur ein vorläufiger sein. Immer wieder produzieren die Konflikte unter sich wandelnden Kräfteverhältnissen neue Kompromisse, neue Synthesen der Widersprüche, denen die Interessengruppen zustimmen oder zustimmen müssen.

Widersprüchliche Interessen und jede Menge Konfliktursachen gab es natürlich auch in Österreich – allerdings war dies hier nicht mehr sichtbar. Der Kompromiß erschien in Österreich nicht als Folge eines Konflikts, sondern als ein Apriori, das in der Folge Konflikte ersparte.

Die Widersprüche waren deshalb aber natürlich nicht ausgeräumt – allerdings erschienen in dieser »harmonistischen Irre« (Klaus Hoffer) die konkreten, oft widersprüchlichen Interessen der einzelnen nur noch als Idiosynkrasien, weshalb sich für das allgemeine und individuelle Bewußtsein die gesellschaftliche Totalität immer auch als radikal zersplittert darstellte, als unendliche, zusammenhanglose Ansammlung von beliebigen, höchst privaten Absichten, Vorstellungen, Sehweisen.

Das sozialpartnerschaftliche System produzierte also gleich doppelt einen falschen Anschein der gesellschaftlichen Realität: Es produzierte den Schein einer harmonischen Geschlossenheit, wobei die wirklichen gesellschaftlichen Interessengegensätze und Konflikte ausgeblendet wurden, und es produzierte den Schein einer gesellschaftlichen Zersplitterung, wobei das Zustandekommen des gesellschaftlichen Zusammenhangs völlig im dunklen blieb. Auf eine komplex vermittelte Weise wirkten sich diese Bewußtseinsformen auch auf die österreichische Literatur aus bzw. auf das literarische Leben insgesamt, wie noch gezeigt werden soll. Man kann in diesem Zusammenhang von einer »sozialpartnerschaftlichen Ästhetik« sprechen, und diese ist der erste materiell wirklich nachweisbare Austriazismus der österreichischen Literatur seit dem »habsburgischen Mythos«.

Dieser Satz ist kein Aphorismus, er verweist tatsächlich auf einen Traditionszusammenhang, der im »Geist« – im Sinne Max Webers – des österreichischen Katholizismus begründet war. In Österreich, das über Jahrhunderte ein Zentrum des politischen Katholizismus war, haben nicht nur die Ideen der katholischen Soziallehre, sondern auch die institutionalisierten Riten des Katholizismus einen prägenden Einfluß auf die gesellschaftliche Entwicklung ausgeübt. Gesellschaften, die sich auch politisch wesentlich über ihr katholisches Selbstverständnis definieren, unterscheiden sich von protestantischen Gesellschaften, wie etwa der deutschen, vor allem durch die Konsequenzen, die die ritualisierte Beichte auf die Herausbildung der gesellschaftlichen Diskursformen hat. Im Beichtverhältnis geht die Macht von dem, der etwas zu sagen hat, auf den Zuhörenden über, der nun die Möglichkeit hat, Befehle auszusprechen und die Absolution zu erteilen, also eine Harmonie herzustellen, die ein Geschenk der Allmacht ist.

Ist die Form der Ohrenbeichte und die regelmäßige Erfahrung mit ihr nun mitkonstitutiv für die Entwicklung des gesellschaftlichen Diskurses, so erhalten die Repräsentanten des gesellschaftlichen Widerspruchs, in dem Maß, wie sie gesellschaftliche Machtpositionen institutionell einnehmen und sich zu verständigen suchen, zunehmend über Mitwisserschaft vermittelte Macht, dadurch aber nur Macht miteinander. Diese Vermittlung scheint erlösende Wirkung auf die Konflikte des wirklichen Lebens zu haben und ist den realen Gegebenheiten gleichzeitig völlig entrückt: Widersprüche werden gleichsam transzendiert, in der Realität aber nicht angetastet. Die daraus resultierende allgemeine mentale Haltung gilt, etwa wie sie schon Hermann Broch in *Hofmannsthal und seine Zeit* exemplarisch formulierte, daher zu Recht als spezifisch österreichisch: »Der Kutscher hat die Allüren des Grafen und der Graf die des Kutschers.«

Sozialwissenschaftliche Untersuchungen haben ergeben, daß die Sozialpartner, formal die Vertreter gegensätzlicher gesellschaftlicher Interessen, sich jeweils viel stärker mit den Vertretern des gesellschaftlichen Widerspruchs identifizierten als mit denen, die sie vertraten. »Daß die Funktionäre der Sozialpartnerschaft Informationen akkumulieren und austauschen können, die nie in die öffentliche Debatte dringen, und daß ihre Verhandlungen abseits jeglicher öffentlicher Kontrolle stattfinden, hat zweifellos dazu geführt, daß sie mit ihren Verhandlungspartnern mehr verbindet als mit jenen, die sie vertreten. Der Kompromiß, den jede Verhandlung zum Ziel hat, ist daher im Selbstverständnis der Sozialpartner immer schon vorgegeben« (Peter Gerlich).

Die Entwicklung des österreichischen Literaturbetriebes und seine Strukturierung im Geiste der Sozialpartnerschaft

a) Der monolithische Literaturbetrieb des Wiederaufbaus

Mitte der fünfziger Jahre wurden in Österreich die Konturen eines offiziösen Literaturbetriebes wieder sichtbar. 1955 brachte der Staatsvertrag die politische Selbständigkeit Österreichs und damit auch seine wirtschaftliche Unabhängigkeit. Wenn sich daraus auch zunächst beträchtliche wirtschaftliche Lasten ergaben, so war doch zu dieser Zeit die Periode der unmittelbaren Mühen des Wiederaufbaus, der ersten Konsolidierung und Stabilisierung der österreichischen Wirtschaft abgeschlossen, die erste Periode der Hochkonjunktur hatte schon – etwa 1953 – eingesetzt.

Das literarische Leben befindet sich bekanntlich – aus mancherlei Gründen – niemals ganz auf der Höhe der Zeit. Es setzt sich aus retardierenden und antizipativen Momenten zusammen, deren Verhältnis zueinander als auch zur gesamtgesellschaftlichen Entwicklung ihre eigentümliche Gestalt bedingen.

So läßt sich vom »Wiederaufbau des Literaturbetriebes« tatsächlich erst so recht reden, als der wirtschaftliche schon getätigt war. Sicherlich hatte es auch schon sofort in den ersten Nachkriegsjahren Ansätze eines literarischen Lebens gegeben – allerdings bestenfalls nur in Form heroischer Einzelleistungen, wie etwa Otto Basils *Plan*, eine Zeitschrift, die sich wohl nur retrospektiv und in einem sehr engen Betrachtungsfeld als »repräsentativ« für die österreichische Nachkriegszeit bezeichnen läßt.

Umfassend gesehen war aber diese Zeit, wenn man es idealistisch ausdrücken will, eine Zeit verpaßter literarischer, verlegerischer und kulturpolitischer Möglichkeiten. Richard Beer-Hoffmann, Robert Musil, Franz Werfel waren im Exil gestorben, Hermann Broch, Elias Canetti, Johannes Urzidil, Albert Ehrenstein, Erich Fried u. a. aus den USA oder England nicht mehr zurückgekehrt; deren »dichterische Kraft«, wie es so schön hieß, blieb also »der Heimat vorenthalten«.

Was sich in Österreich in Position brachte, waren die »Übriggebliebenen«, die durch den Vorwurf, daß ihr gemeinsames Merkmal die »Mittelmäßigkeit« sei (Milo Dor), nachgerade verniedlicht wurden.

So galt z. B. Alexander Lernet-Holenia als »Grandseigneur der österreichischen Literatur«, so unangefochten, daß Hans Weigel 1948 sagte: »Die österreichische Literatur besteht derzeit aus zwei Autoren, aus dem Lernet und dem Holenia.« Seine Legitimation bezog er im wesentlichen daraus, daß er als Symbol für eine »österreichische Kontinuität« taugte – hatte er doch den Kaiser nicht nur »noch gesehen«, sondern soll sogar, nach einem bezeichnenden Gerücht, ein illegitimer Sohn von ihm gewesen sein; und auch als Antifaschist konnte er gelten, vor allem durch seinen 1940 vorabgedruckten und dann verbotenen Roman *Mars im Widder*, der als »edel verschlüsselte Absage an Hitler« interpretiert wurde. Daß der »Antifaschismus« Lernet-Holenias, der zumindest noch 1942 Mitglied der Reichsschrifttum-Kammer war, lediglich in der aristokratischen Verachtung des »lauten Polterers« Hitler bestand, hat im Nachkriegsösterreich, das er mit entwaffnender Geistlosigkeit »viertes Reich« nannte, weiters niemanden beschäftigt. Bevorzugt publizierte er im *Turm*, wo er unwidersprochen einen seltsamen aristokratischen Konservatismus proklamierte, dem man nicht einmal mehr Adel des Geistes, aber leider doch eine klare politische Programmatik konzedieren kann: »In der Tat brauchen wir nur dort fortzusetzen, wo uns die Träume eines Irren unterbrochen haben« – im Ständestaat?

Herausgegeben wurde der *Turm* von einer »österreichischen Kulturvereinigung«, deren Präsident Dr. Hans Pernter war, Unterrichtsminister in der austrofaschistischen Ära – und nach dem Krieg Mitbegründer der ÖVP und schließlich wieder Unterrichtsminister.

Ein weiterer »Repräsentant« der Zeitschrift Pernters, und als »anerkannte Person des künstlerischen Lebens« (Hilde Spiel) ein kulturpolitischer Macher der Nachkriegszeit, war Rudolf

Henz, der 1936/37 Geschäftsführer des Kulturwerkes »Neues Leben« der Vaterländischen Front (der Einheitskulturorganisation des Austrofaschismus und Pendant zu Hitlers »Kraft durch Freude«) war und dafür auch das goldene Ehrenzeichen der Vaterländischen Front bekommen hatte. Sein »Dollfußlied« wurde damals vom Unterrichtsministerium – Dr. Hans Pernter! – für den Gebrauch an den Schulen empfohlen (»Wir Jungen steh'n bereit/mit Dollfuß in die neue Zeit«).

Nach dem Krieg wurde er Vorstandsmitglied des »Verbandes demokratischer Schriftsteller und Journalisten Österreichs«, des heutigen Schriftstellerverbandes. Chef des Verbandes war Edwin Rollett, für dessen untadelig antifaschistische Haltung Henz in seiner Autobiographie nur einige spitze Bemerkungen übrig hatte. Tatsächlich gelang es Henz, der ebenfalls im Mitgliedsverzeichnis der Reichsschrifttum-Kammer von 1942 aufscheint, woran er sich später nicht mehr erinnern konnte, die antifaschistische Politik Rolletts in einigen Punkten zu durchlöchern. So verweigerte Rollett z. B. dem »Leibdichter des braunen Regimes« Max Mell die Mitgliedschaft im Verband, auf Betreiben von Henz wurde Mell aber schließlich doch aufgenommen. Man kann die damalige Bedeutung Henz', die von ihm repräsentierte Kontinuität vom Austrofaschismus in der Zweiten Republik, kaum überschätzen: Vor dem Krieg Chef des austrofaschistischen Rundfunks »Ravag«, gelang es ihm, nach dem Krieg wieder Programmchef des Rundfunks zu werden.

Die hier angeführten Beispiele sollen den Zusammenhang nur andeuten, in dem man die vergebenen und verpaßten Chancen und Möglichkeiten sehen muß, die der sogenannte Neubeginn geboten hätte. Es gab Figuren wie Lernet-Holenia und Henz, aber weit und breit keine adäquate literarische Aufarbeitung von Faschismus und Krieg, oder wie Gerhard Fritsch schrieb: »Österreich hat keinen Borchert und keine Gruppe 47 hervorgebracht.« Aber nicht nur keine Dichter mit Profil, sondern auch keinen mit Dichtung sich profilierenden Verlag: Zwar ist natürlich auch in Österreich nach dem Krieg eine ganze Reihe von Verlagen gegründet worden, »es erschienen eine Menge Bücher, aber« – so Fritsch – »der Dilettantismus feierte dabei nicht nur einen traurigen Triumph«. In mehr als einem Dutzend österreichischer Verlage erschien Roman um Roman – eine Situation, die sich später nie mehr wiederholen sollte –, allerdings eben Werke, die sowohl einzeln betrachtet, erst recht aber im Kontext der weiteren Entwicklung der Literatur in Österreich völlig unerheblich und bedeutungslos waren: wie die literarischen Eskapismen der Nazisympathisanten Bruno Brehm, Gertrud Fussenegger, Mirko Jelusich oder der vielen anderen, die sich auf Kinderbücher, Tierbücher und historische Romane verlegten. Zudem ging auch noch eine Flut nazistischer Memoirenliteratur in Österreich hoch.

Bald darauf begann das Massensterben der österreichischen Buchfirmen. Die meisten schafften schon nicht mehr die Hürde der Währungsreform vom Dezember 1947, die aber auch für die meisten Zeitschriften, so auch den *Plan* (im Frühjahr 1948), das Ende bedeutete.

Ist der *Plan* Otto Basils zwar vergleichsweise ein Lichtblick gewesen, so war doch auch er für den Aufbau des österreichischen Literaturbetriebes eher bedeutungslos. Relevante Dichter, deren Entdeckung man ihm zuschreiben könnte, waren schon auf dem Weg ins Ausland: Paul Celan ging nach Frankreich, Ilse Aichinger nach Deutschland. So läßt sich also konstatieren, daß die Jahre nach 1945 von einem »bedeutungslosen Literaturbetrieb« (Gerhard Fritsch) oder präziser: vom »Fehlen eines vollorganisierten Literaturbetriebes gekennzeichnet« (Paul Kruntorad) sind. Nach 1950 begannen die Medien plötzlich von einer »allgemeinen Kulturpleite« zu sprechen und »das Vorhandensein oder Nichtvorhandensein einer jungen österreichischen Literatur zu diskutieren.«

Der aus Prag stammende, später in den USA lehrende Germanist Peter Demetz, der die Nachkriegszeit in Wien verbrachte, führte diese »Kulturpleite« auf die politische Situation in Österreich zurück, auf die Koalitionsregierung und das Proporzsystem, die ein muffiges geistiges Klima und intellektuelle Abstumpfung des öffentlichen Bewußtseins bewirkt hätten. Durch die politische Kooperation der beiden großen gesellschaftlichen Lager sei das Parlament seiner Funktion beraubt, »Dialektik und Kritik durch Gemeinplätze« ersetzt worden,

»die Dumpfheit der Tageszeitungen« spiegelte das daraus resultierende dumpfe intellektuelle Klima wider und setzte es dadurch auch erst so recht fest.

Unbestreitbar hat dieser Zusammenhang etwas Wahres, gewiß aber nur in viel komplizierterer, komplexerer Weise. Denn die große Koalition existierte noch bis in eine Zeit fort, in der von einer kulturellen bzw. literarischen »Pleite« in diesem Sinn keine Rede mehr war und auch kaum mehr sein konnte, es wurden also in der Zeit der großen Koalition zumindest auch die strukturellen Voraussetzungen für den späteren eigentümlichen Höhenflug der österreichischen Literatur geschaffen. Das wird auch unmittelbar deutlich, wenn wir die gesellschaftlichen Bewegungen und Strukturveränderungen betrachten, die sich gleichsam im Schatten der starren und so immobil erscheinenden großkoalitionären Verhältnisse damals ereigneten. Die politische und wirtschaftliche Zusammenarbeit hatte sich – aus der Sicht der Wirtschafts- und Gewerkschaftsspitzen – zwar bewährt, ein ruhiges soziales Klima und ein niedriges Lohnniveau (Lohn-Preis-Abkommen!) hatten eine rasche Rekonsolidierung und schließlich einen kontinuierlichen Aufschwung der Wirtschaft ermöglicht; gerade nach dem Staatsvertrag aber drohte die Stabilisierung durch heftige Kämpfe um das Sozialprodukt gefährdet zu werden. Immerhin schnellte 1956, dem ersten Jahr der vollen Selbständigkeit Österreichs – als der Zeitpunkt gekommen schien, in dem die Früchte des Konjunkturaufschwunges geerntet werden konnten –, die Anzahl der Streikstunden auf das Dreifache gegenüber den vorhergehenden Jahren hinauf, und es kam zu den stärksten Lohn- und Gehaltserhöhungen in der Privatwirtschaft seit 1945.

Um die Wirtschaftspolitik besser zu koordinieren und »die Lohn- und Preisentwicklung in Zusammenarbeit mit den großen Wirtschaftsverbänden unter Kontrolle zu halten«, ventilierte Johann Böhm, Präsident des Österreichischen Gewerkschaftsbundes, gleich 1956 »die Schaffung einer gemeinsamen Institution, der Kammern und des ÖGB zur Behandlung von Wirtschafts- und Sozialfragen«.

Von der Regierung akzeptiert, gelang 1957, als ganz Europa eine inflationistische Welle drohte, eine diesbezügliche Vereinbarung des ÖGB mit der Bundeswirtschaftskammer – die »Paritätische Kommission« war geschaffen. Ihre Wirksamkeit wurde vorerst mit Ende des Jahres 1957 begrenzt. Am Ende des Jahres war aber aufgrund der Erfolge von einer Einstellung keine Rede mehr.

Das war wohl die Geburtsstunde des spezifisch österreichischen Systems der »Sozialpartnerschaft«. Doch die vergleichsweise plumpe Kooperation der beiden Lager in Form einer Koalition der beiden großen politischen Parteien konnte sie umfassend erst ablösen, als ihre Tätigkeit ausgeweitet, ihr System eingespielt und ihre Autorität gestärkt war. Retrospektiv kann man sagen, daß die große Koalition in den folgenden Jahren im wesentlichen die Aufgabe hatte, jene demokratische Meinungsbildung auszulösen, die zu einer allgemeinen Zustimmung zur Sozialpartnerschaft als der eigentlichen Regierung führen sollte. Die große Koalition war als Kooperationsmodell nicht zuletzt deshalb plumper, weil sie nicht in dem Ausmaß, in dem die Kooperation sich intensivierte, im öffentlichen Bewußtsein den Eindruck der Rationalität verstärken konnte, sondern im Gegenteil, je besser dieses System gemäß seiner inneren Logik funktionierte, immer stärker der Eindruck der Willkür aufkam und damit wieder das Bedürfnis nach einer großen Oppositionspartei und nach Kontrolle. Der Hauptvorwurf, zu dem die große Koalition, das Proporzsystem, immer eindringlicher herausforderte, bestand ja bekanntlich in dem der »Packelei«. Die Sozialpartnerschaft hingegen vollzog die Kooperation nicht vordergründig auf der Parteienebene, ermöglichte daher das formale Spiel von Differenzen zwischen Regierung und Opposition, also den Anschein einer politischen Kontrolle, und vor diesem Hintergrund bzw. hinter diesem Vordergrund konnte sie dann mit dem Anspruch größerer Rationalität auftreten, die die anstehenden Probleme »dem Parteienzank entzieht« und »einer sachlichen Lösung zuführt«. Während also die Kooperation auf der Ebene der Parteienkoalition zunehmend den Eindruck von Willkür und Packelei hervorrief, produzierten die hinter den Parteien kooperierenden Sozialpartner, auch wenn ihre Spitzenfunktionäre mit den Spitzenfunktionären der Parteien identisch waren, den stetig steigenden Eindruck von Rationalität und Sachlichkeit. Bis sich dieser Eindruck im öffentlichen Bewußtsein allgemein durchgesetzt hatte – bis 1966 also, als die absolute Mehrheit der Wähler im Vertrauen auf die hintergründige gegen die vordergründige Packelei stimmte –, mußte die große Koalition weiterbestehen. Ihr prägender Einfluß auf das geistige Klima ist gewiß unbestritten, doch ist es beim besten Unwillen schwer möglich, dieses ausschließlich als »elende Atmosphäre« zu bezeichnen, wie es Oswald Wiener retrospektiv tat, eine Atmosphäre, in der die »korruption großen stils das längst gestorbene kulturleben einen nicht enden wollenden zombie-tanz tun ließ«.

Schließlich müssen doch, wie gesagt, in diesen Jahren auch die Voraussetzungen für den späteren Höhenflug der österreichischen Literatur geschaffen und also ebenso von diesem Klima prägend beeinflußt worden sein bzw. müssen diesem entsprochen haben. Betrachtet man die Art und Weise, wie sich der österreichische Literaturbetrieb konsolidierte, die Gestalt, die er annahm, die Interessen, die er repräsentierte, und das spezifische Verhältnis von Offiziösität und Protest, wird dies ohne weiteres deutlich.

Wir haben schon oben gesagt, daß in diesen Jahren, ansatzweise etwa seit 1951, deutlicher und umfassender nach dem Staatsvertrag 1955, die Konturen eines offiziösen Literaturbetriebes in Österreich wieder sichtbar wurden. Der Unmut der Medien über die »kulturelle (bzw. literarische) Pleite« Anfang der fünfziger Jahre verweist aber schon auf die Umkehr dieses so simpel konstatierten Sachverhaltes: Denn das plötzlich entstehende Bewußtsein davon und die Kritik daran signalisieren ja auch, daß wieder ein Interesse an einer repräsentableren Literatur entstanden war, daß neue Voraussetzungen sich herauszubilden begonnen hatten.

Tatsächlich wurden erst in diesen Jahren die Grundlagen für den effektiven Wiederaufbau des Literaturbetriebes geschaffen. Umfassende gesellschaftliche Interessen begannen nicht unbedingt direkten, aber doch verstärkten und deutlichen Einfluß auf das künstlerische Leben zu nehmen, wollte die beginnende Prosperität sich doch ornamentativer Ausgestaltung und die mit dem Staatsvertrag einsetzende massive Restauration ideologischer Aufrüstung versichern. Erste größere Summen flossen in die Bereiche der Kunstproduktion. 1954 beschloß das Parlament erstmals einen eigenen Budgetposten »für die Bedürfnisse von Wissenschaft und Kunst«: 150 Millionen Schilling. Es wurden auch die ersten Förderungspreise für Literatur eingerichtet: Unterrichtsministerium 1950, Förderungspreis der Stadt Wien 1951, Adalbert-Stifter-Medaille 1955, Preis der Theodor-Körner-Stiftung 1955 usw. Es ist klar, daß die staatliche Repräsentationskunst am raschesten wieder aufgebaut und konsolidiert war, Burg und Oper etwa wurden 1955 wiedereröffnet.

1955 aber erschien auch die »erste offizielle« Literaturzeitschrift in Österreich. *Wort in der Zeit*, herausgegeben von Rudolf Henz. Sein Geleitwort zur ersten Nummer zeigt sehr aufschlußreich, wie sich die Bedürfnisse und Interessen im Hinblick auf die Restaurierung der Institution Literatur in Österreich artikulierten: Er bezog sich auf einen Vortrag Friedrich Sieburgs in Wien, »der die mangelnde Präsenz der Österreicher im deutschen Kulturraum beklagte« und mit den Worten begonnen hatte: »Meine Herren, ich sehe Sie nicht, ich kenne Ihr Gesicht nicht.« Henz: »Dieses Gesicht zu zeichnen ist unsere Aufgabe. Wie soll auch der Nachbar es kennen, wenn wir es verhüllen.«

Es sollte daher das literarische Besitztum Österreichs vorgestellt, aber auch verhindert werden, daß »das fremdsprachige Ausland die literarischen Zusammenhänge zwischen dem alten und dem neuen Österreich nicht begreift, und etwa Rainer Maria Rilke und Franz Kafka zu Tschechoslowaken oder Ödon von Horváth zu einem Ungarn stempelt«. Die vom Staat eifrig geförderte Besinnung auf Österreich hatte auch die Literatur erfaßt. Es war nicht ein irgendwie breiter gewordenes Interesse an Literatur, es war ein wiedererwachtes grundsätzliches gesellschaftliches Interesse an Literatur, das die Literaten mobilisierte und es ihnen ermöglichte, ihr »Gesicht zu zeichnen«: Der neue Staat wollte eben auch literarisch »ein Gesicht haben«, wollte zeigen, daß er sozusagen auch kulturell lebensfähig, »auch in literarischer Hinsicht autark sein konnte« (Schmidt-Dengler).

Die Rekonstruktion und noble Präsentation eines literarischen Lebens in Österreich – etwa durch die großzügig subventionierte Abhaltung des Internationalen PEN-Kongresses 1955 in Wien – sollte das Ihre zu einem ausbalancierten Staatsbewußtsein beitragen, das die junge Republik sich nach dem Staatsvertrag zu schaffen bemühte, nicht zuletzt aufgrund der Erfahrungen mit der Ersten Republik, die durch ihren Mangel an Selbstbewußtsein so krisenanfällig gewesen war.

Symptomatisch die Namen der geförderten literarischen Reihen, die in Österreich nun verlegt wurden: *Das österreichische Wort*, *Neue Dichtung aus Österreich* und die *Österreich-Reihe* sollten das literarische Nationalvermögen versammeln. Bezeichnend auch für diese Forcierung der österreichischen Tradition, daß nach längeren Debatten das Wiener Burgtheater nicht mit Goethes *Egmont*, sondern mit Grillparzers *König Ottokars Glück und Ende* wiedereröffnet worden war.

Aus der Polemik Lernet-Holenias gegen »ausländische Moden«, wie etwa »Prosa hinzuschreiben und sie, ohne ihrer natürlichen Rhythmen zu achten, in Verszeilen abzuteilen, wo's einem gerade einfällt. Dergleichen haben die Engländer und Amerikaner eingeführt, weil sie weder Gefühle für den Rhythmus zu haben brauchen, den ihre Sprache ohnedies nicht hat, noch sich die Zeit nehmen, nach Reimen zu suchen«, spricht geradezu das Bedürfnis, auch literarisch nicht länger »besetzt« zu sein.

Man wollte also wieder eine eigene, eine österreichische Literatur besitzen, und diese sollte sich eben durch eine Verwurzeltheit im Österreichischen ausweisen können, was den Blick naturgemäß in die Vergangenheit, ins »alte Österreich« wendete. Die »alten Herren«, die schon apostrophierten »Übriggebliebenen« vermehrt um einige »Heimkehrer« – im wiedergegründeten PEN-Club geradezu einen »Eliteclub« bildend –, die ihren Kaiser, zumindest aber ihren Kraus noch gesehen hatten und sich so zu den Erben, Nachlaßverwaltern und Weiterführern der österreichischen Tradition selbst ernennen konnten, übten das Interpretationsmonopol der offiziösen Literatur aus.

Der Konservatismus, der davon ausging, daß »die offiziöse Literatur auf das Programm festgelegt wurde, eine Staatsmythologie zu zeugen, die aus lauter Retrospektiven besteht« (Friedrich Geyrhofer), korrespondierte prächtig mit der nach dem Staatsvertrag einsetzenden harten Restaurationsphase und der

Ideologie des kalten Krieges, die auch in Österreich politisch das geistige Klima bestimmte. Man denke in diesem Zusammenhang an den Brecht-Boykott, an die Machenschaften rund um die Schließung des Scala-Theaters, an die Ausbootung sogenannter »Kommunistenfreunde« im PEN etc.

Von dieser Konvenienz her läßt sich sicherlich ab diesem Zeitpunkt wieder von einer »österreichischen Literatur« sprechen, insofern als man wieder eine zu haben glaubte, mit der man »Staat machen« könne, wie es bezeichnenderweise immer wieder hieß, eine förderliche also und daher auch geförderte. Wenn auch vorgeworfen wurde, daß bei der offiziellen Förderung, die jetzt immer ausgiebiger betrieben wurde, in Proporzbegriffen gedacht wurde, so gab es doch damals de facto zunächst keine ideologisch und etwa daraus folgend ästhetisch gegensätzlichen Gruppen, die zwecks Wiederaufbau des Literaturbetriebes koalierten. Wenn man von einem literarischen Proporzsystem – im weitesten Sinne – sprechen will, dann höchstens von einem der Generationen: »Jene Spaltung der österreichischen Literatur in ein traditionelles und ein experimentelles Lager, die in den siebziger Jahren zu offenem Bruch und deklarierter Zwietracht führte, war [...] noch nicht vorauszusehen. Schriftsteller, die sich zwei Dekaden später spinnefeind gegenüberstanden, lebten damals friedlich mit- oder nebeneinander, die Jungen von den Älteren entweder unterstützt und ermuntert oder toleriert, schlimmstenfalls ignoriert; Nachwuchsautoren verschiedenster Kunstauffassung waren ohne Widerspruch in den Spalten der Zeitschriften und Anthologien vereint« (Hilde Spiel).

Ein voll ausformulierter Literaturbetrieb ist eben noch nicht gegeben mit einer Handvoll »alter Herren«, die einen solchen vielleicht repräsentieren mögen, sie bedürfen auch der »Jungen«, der »Nachwuchsautoren«.

Mit der »ursprünglichen Akkumulation« eines Grundstocks junger Autoren hatte man schon unmittelbar nach Wiedergründung des PEN-Clubs (1948) durch eine »Nachwuchsaktion« zu beginnen versucht, aber erst unter den von uns hier skizzierten Voraussetzungen wurden sie umfassend »gesammelt«: »Präzeptoren und Tutoren« wie Hans Weigel, Hermann Hakel,

Albert Paris Gütersloh, Rudolf Felmayer u. a. bildeten Gruppen, in denen sie die »Jüngeren« um sich versammelten, um deren »Leitbild« zu werden bzw. deren »Manager«. In dieser Zeit erschienen Sammlungen und Anthologien, die eine Bestandsaufnahme der neu aufgetauchten Autoren möglich machen sollten. 1950 publizierte z. B. Rudolf Felmayer die Lyrikanthologie *Tür an Tür*, im selben Jahr stellte Hans Weigel, der bereits im Jungbrunnenverlag die Taschenbuchreihe *Junge österreichische Autoren* herausgab, den ersten seiner Sammelbände *Stimmen der Gegenwart* zusammen, die von 1951 bis 1956 erschienen.

Während sich in der BRD schon sehr bald (etwa mit der Gruppe 47) »ein konfliktgeladener scharfer Gegensatz zwischen einer jungen Schriftstellergeneration und der älteren bzw. alten Generation derer herausbildete, die nun darangingen, die Bundesrepublik politisch, wirtschaftlich und geistig zu formieren, bietet die österreichische Literatur bis weit in die fünfziger Jahre hinein das Bild eines nicht grundsätzlich gestörten Neben- und Miteinanders der verschiedenen Schriftstellergenerationen« (Weiss).

Das nennen wir eben einen »monolithischen Literaturbetrieb«, wiederaufgerichtet als ein Klotz ohne die Risse oder Sprünge gegensätzlicher bzw. unterschiedlicher politischer oder ästhetischer Konzeptionen, »die Widersprüche der Literatur in Österreich bis in die sechziger Jahre hinauf« sind, so Kruntorad, »beschränkt geblieben auf Wertungsfragen und Diskrepanzen innerhalb einer Mitteilungsbereitschaft, die in sich selbst und in ihren Verfahren von beiden Enden her unbezweifelt blieb. Es gab keinen Streit über die Spielregeln des Betriebes, höchstens über Möglichkeiten des Zuganges zu ihm. Es gab auch keine Auseinandersetzungen über die Tauglichkeit des Verfahrens, das Vertrauen darauf war fast blind.«

Das Fehlen sogar von Generationskonflikten hat nicht nur mit dem damals in Österreich herrschenden Einverständnis zu tun, daß Wiederaufbau nur als Zusammenfassung aller Kräfte unter Hintanstellung des Trennenden vorstellbar sei – tatsächlich hatten ja schon wegen des kalten Krieges brutale Ausgrenzungskampagnen eingesetzt –, sondern sicherlich auch mit dem eigentümlichen Verständnis von Tradition, auf das man sich kultur- und staatspolitisch eingeschworen hatte. Und tatsächlich sah der wiederaufgebaute Geistesbetrieb in Österreich bzw. in Wien, was damals dasselbe war, in gewisser Hinsicht wieder so aus, wie schon von Robert Musil beschrieben: »Der Geist dieser Stadt [ist] in der Macht von Anpassungsfähigen, welche in irgendeinem Punkte alle feine und begabte Menschen sind, aber es freiwillig übernommen haben, volle Begabung nicht aufkommen zu lassen. Deshalb sind sie gezwungen, den ungeheuren Vorrat von Größen aller Art, der in einer Stadt der großen Erinnerungen an den Mann gebracht werden muß, ebenso wie die mannigfachen Vorteile, die es da gibt, unter sich aufzuteilen, und der Wiener Parnaß gleicht durch diesen Umstand jenen Negerrepubliken, welche Präsidenten, Staatskarossen, Palmenfräcke und eine Akademie früher haben als eine Schrift. In solcher Umgebung wird man ein großer Mann, indem man sich dorthin stellt, wo große Männer verkehren. Man hebt ihnen die Asche auf, wenn sie rauchen, und eines Tages steht man selbst mit der großen Zigarre da, auf die gebeugten Rücken Jüngerer herabblickend.«

Wo es keine sichtbaren Zwischenräume mehr gibt, erscheint alles wie aus einem Guß, ein Block, monolithisch. »Es ist symptomatisch dafür«, schreibt Walter Weiss, »wie der fast siebzigjährige Heimito von Doderer für die avantgardistische Wiener Gruppe eintrat.« Doderer, der in den unmittelbaren Nachkriegsjahren wegen seiner NSDAP-Mitgliedschaft Veröffentlichungsverbot gehabt hatte, war in den fünfziger Jahren kometenhaft aufgestiegen und wurde zum idealtypischen Repräsentanten der neuen österreichischen Literatur: ein großer, anspruchsvoller, politischer Romancier, ein Genie aber der politischen Balance und Harmonisierung, verankert im alten Österreich, zugleich auch ein Förderer der Jungen, alles in einem, einer für alle.

Mit den ersten (Skandal-)Erfolgen der Wiener Gruppe (etwa durch die Literarischen Cabarets 1957, 58, 59) war der Wiederaufbau des österreichischen Literaturbetriebes abgeschlossen: Jetzt hatte er auch einen »Untergrund«!

b) Auffächerung und Polarisation der literarischen Szene in Wirtschaftswunder und Krise

Das Auftreten der Wiener Gruppe bedeutete die Vollendung des Wiederaufbaus des österreichischen Literaturbetriebes, weil die offiziöse Literatur nicht zuletzt erst durch die Abgrenzung vom sogenannten »Untergrund« gefaßt werden kann, der »Untergrund« also die offiziöse Literatur nachgerade mitkonstituiert. Zugleich aber bedeutet Vollendung auch das Ende dieser spezifischen Form des Literaturbetriebes, den Anfang des Aufbrechens seines monolithischen Charakters, da die Entwicklung der Wiener Gruppe zeigt, daß die ausformulierten und gesättigten Strukturen des offiziösen Betriebes neue literarische Konzeptionen nicht mehr so ohne weiteres absorbieren konnten, ohne seine Kompaktheit zu gefährden.

Die Wucht dieser neuen literarischen Konzeptionen, die Tatsache, daß sie sich schließlich doch – gegen die Widerstände des literarischen Interpretationsmonopols – durchsetzen konnten, signalisiert, daß ein gesellschaftlicher Wandel eingetreten sein mußte, dem die Praxis der mittlerweile etablierten, repräsentablen österreichischen Autoren alleine nicht mehr entsprach. Tatsächlich wird in den Texten und Aktionen der Wiener Gruppe eine neue Situation reflektiert, nämlich daß jetzt am Markt jederzeit mit ungewohnten und absolut neuen, immer mehr und immer anderen Waren zu rechnen sei, weil das Kapital über den ersten Aufschwung, den es durch den Nachkriegswiederaufbau gewärtigte, hinaus prosperieren mußte. Gerhard Rühm: »Wiener und ich erklärten alles mögliche für Literatur, schrieben Witze ohne Pointen, Wiener bediente sich des Formularstils, sammelte Aufzählungen, notierte Geschäftsschilder, ich unterlegte meinen Gedichten das Vokabular von Kreuzworträtseln, signierte schriftliche Anschläge, Partezetteln, gebrauchte Löschpapiere usw.«

Die Wahrheit dieser emphatischen Aufzählung, was alles Literatur sein kann, ist die Tatsache, daß jetzt alles Ware sein konnte. Sogar Produkte ohne Gebrauchswert wie die Witze ohne Pointen: »Quill, das erste flüssige Waschmittel. Löst sich im Wasser schneller auf, weil es selbst schon flüssig ist.«

Freilich ohne diesen Zusammenhang zu verstehen, beharrten die konservativen Autoren auf jenen Waren, deren Gebrauchswert traditionell ausweisbar ist, und verweigerten die Einübung auf die neuen – Herbert Eisenreich: »Man kann nie genug Schuhe haben: Das klingt doch im Grunde sehr viel vertrauenswürdiger als alles, was die Wiener Gruppe über sich selbst zu sagen weiß.«

Tatsächlich hat etwa um die Zeit der Skandalerfolge der Wiener Gruppe die zweite Periode der Hochkonjunktur eingesetzt, die Grundlegung der wirtschaftlichen Stabilität und auch des Selbstbewußtseins der jungen Republik war abgeschlossen; nach einer kleinen Rezession des Jahres 1958, die eine geringere Auswirkung gehabt hatte, als man zuerst befürchtete, kam es zu einer stabilen Hochkonjunktur, die man selbstbewußt als »österreichisches Wirtschaftswunder« auswies, als lokale Version des »deutschen Wirtschaftswunders«. Das Wirtschaftswunder mußte natürlich auch Auswirkungen auf die weitere literarische Entwicklung zeitigen, war doch das Verlagswesen, wie alle anderen Wirtschaftszweige auch, in ununterbrochenem Wachstum und Expansion begriffen. Wolfgang Kudrnofsky versuchte diese Entwicklung mit dem Begriff »Literaturexplosion« zu fassen: In atemberaubender Geschwindigkeit wurde der Markt mit immer mehr Büchern, mit immer mehr literarischen Werken überschwemmt, die Verlage selbst gerieten in einen umfassenden Konzentrationsprozeß, wurden immer weniger, die verbliebenen aber immer größer, immer durchschlagskräftiger, wirtschaftlich immer stärker, wodurch sie die Anzahl der veröffentlichten Titel stetig erhöhen konnten.

Da es aber, wie wir schon festgehalten haben, in Österreich kein nennenswertes Literatur publizierendes Verlagswesen mehr gab, betraf diese Entwicklung natürlich im wesentlichen das bundesdeutsche Verlagswesen, das auf der Suche nach immer neuen Namen in zunehmendem Maße auch Autoren aus Österreich importierte und groß herausbrachte.

Michael Scharang setzte diesen »Export von Kultur- und Kunstproduzenten als rohes Menschenmaterial ins Ausland zur Weiterverarbeitung« in Beziehung zur wirtschaftlichen Situation in Österreich, z. B. zur verstaatlichten Schwerindustrie, »die nach wie vor im Sinn des imperialistischen Marshall-Planes funktioniert und ihre Finalproduktion nicht ausbaut; dies bedeutet Halbfertigprodukte, wenn nicht Rohprodukte fürs Ausland, wo sie fertig verarbeitet werden«.

Das klingt zunächst wie eine mehr oder weniger witzige Analogie, verweist aber tatsächlich auf den einfachen Zusammenhang zwischen der literarischen Entwicklung und der relativen ökonomischen Schwäche Österreichs, die sich im Falle des österreichischen Verlagswesens eben so ausdrückte, daß es – einmal zusammengebrochen – nicht mehr so recht wieder aufleben wollte, daß also expandierende Publikationsmöglichkeiten, literarische Reihen, die neue Autoren in zunehmendem Maße aufnehmen konnten, fehlten. Auch der offiziöse Literaturbetrieb war in seinen Möglichkeiten, junge Autoren durchzusetzen, äußerst schwach und daran auch gar nicht interessiert.

Die überwiegende Mehrzahl der »Jungen«, die die »alten Herren« in der Wiederaufbauphase des Literaturbetriebes um sich geschart hatten, ist heute unbekannt, vergessen oder in ganz anderen Bereichen hauptsächlich tätig geworden. Auch als die Autoren der älteren Generation nach und nach starben, wurden »ihre« Jungen, auf die sie mit großem Gestus gewiesen hatten (was eben auch den monolithischen Charakter des Betriebes ausgemacht hatte), nicht ihre wirklichen Nachfolger und erlangten auch nie deren Integrationskraft. (Der berühmteste Junge, der nie ein »Alter«, sondern im Alter ein vergessener Autor wurde, ist wohl Herbert Eisenreich.) Tatsächlich ging es ja gar nicht um die Jungen, sondern um den Gestus, mit dem auf sie verwiesen wurde, es war eine Legitimationsbewegung, mit der die, die sie ausführten, immer aufs neue nur sich selbst als Leitbilder bestätigten.

Das alles zwang die nachrückenden jungen Autoren zu versuchen, Karriere in der BRD zu machen. Zwar begann Österreich, trotz seiner prinzipiellen wirtschaftlichen Strukturschwächen, zu prosperieren, aber dies führte zu keinen unmittelbaren Verbesserungen der Publikations- und Lebensbedingungen österreichischer Autoren. Das österreichische Verlagswesen wurde vom österreichischen Wirtschaftswunder nicht erfaßt, die Förderungsmittel für Literatur waren im starren Repräsentationsbetrieb der »alten Herren« fix aufgeteilt und wurden nicht erhöht; gleichzeitig verschwanden weitgehend die Feuilletonseiten der österreichischen Tageszeitungen, wenn nicht ganze Zeitungen überhaupt. Wie konnte also just in dieser Zeit jenes große Potential neuer österreichischer Literatur entstehen, die dann über die BRD zu Bedeutung und Anerkennung gelangen sollte? Der Zusammenhang läßt sich deutlicher fassen, wenn wir dieses Phänomen im Kontext der Entwicklung der österreichischen Medien insgesamt untersuchen: Die sechziger Jahre sind von einer radikalen Minimierung der Bedeutung der Parteienpresse, dem Siegeszug der als »unabhängig« bezeichneten Blätter und einer zunehmenden Zeitungskonzentration gekennzeichnet.

Heinz Fabris: Die »Konzentrationserscheinungen, die sich dabei zum einen an der Verringerung der Anzahl der Zeitungen überhaupt (Zeitungssterben), an der Reduzierung der Anzahl der selbständigen publizistischen Einheiten sowie an der Kooperation zwischen einzelnen Verlagen, in vertikaler Konzentration und vor allem der Auflagenkonzentration zeigen«, weisen Österreich im internationalen Vergleich diesbezüglich einen Spitzenplatz zu. Besonders das Presseimperium von Dichand und Falk eroberte sich einen Marktanteil, der das so legendäre wie berüchtigte Imperium von Axel Springer weit in den Schatten stellte.

Dieser Siegeszug der »unabhängigen« Boulevardzeitungen – allein *Neue Kronen Zeitung* und *Kurier* beherrschen bald über die Hälfte der gedruckten Gesamtauflage der österreichischen Tageszeitungen – war sicherlich nur deshalb möglich, weil die Parteienpresse, die in Österreich auf eine in Europa ebenfalls einmalige Weise bis zur Bedeutungslosigkeit schrumpfte, keine ernsthafte Konkurrenz mehr darzustellen vermochte. Diese Entwicklung bliebe allerdings »unverständlich«, schreibt Fritz Csoklich, »würde man mächtige treibende Faktoren im Hintergrund außer acht lassen: die Sozialpartner«, die die Grundlagen ihres Einflusses immer mehr befestigten, ihre Macht in immer neue Bereiche ausdehnten, vor allem natürlich in den Medienbereich, und gerade in diesen Jahren die Grundlage für ihren dominanten Einfluß auf die Formierung des geistigen Klimas in Österreich schufen. So ist eben gerade auch dieser umfassende Bedeutungsverlust der Parteienpresse Ausdruck jener aus dem Klima der Sozialpartnerschaft erwachsenden allgemeinen Bewußtseinshaltung, der gegenüber die Behandlung eines Problems, also auch die Berichterstattung, nur dann mit dem Anspruch von Sachlichkeit auftreten kann, wenn sie nicht vom »Parteienzank« und nicht von den Interessen einer Partei diktiert ist.

Der Anspruch der »Objektivität« wird daher in Österreich ausschließlich der »unabhängigen« Presse zuerkannt, deren Auflagenspitzenreiter allerdings »in einem spezifischen Nahverhältnis zu den großen Interessenorganisationen stehen«: Egon Matzner verweist in diesem Zusammenhang auf »die Beteiligung und die Einflußnahme auf Zeitungen wie die *Wochenpresse*, *Presse* und *Kurier* durch Unternehmerverbände sowie die Transaktionen der Gewerkschaftsbank mit dem Pressehaus und den Vergleich der *Kronen Zeitung* mit dem ÖGB«.

In einer sozialpartnerschaftlich aufgeteilten, hochkonzentrierten Presselandschaft haben die Zeitungen keine Aktivitäten mehr nötig, die zwar gut, schön und wertvoll wären, aber den ökonomischen Interessen widersprächen, weil sie etwa zu kostenintensiv wären im Verhältnis zu der dadurch zu gewinnenden Leser- oder Inserentenzahl.

Solche Aktivitäten wären z. B. ausführliche Feuilleton- und Literaturteile in den Zeitungen, wie es sie in der BRD gibt, sicherlich »wider alle ökonomische Vernunft« (Jochen Greven), aber doch diktiert von Konkurrenzverhältnissen der großen, seriösen, konservativen und liberalen Zeitungen sowohl untereinander im Kampf um Marktanteile als auch gegen die Boulevardpresse.

Auch im deutschen Rundfunk gibt es – anders als im österreichischen – durch die Konkurrenz einzelner, weitgehend unabhängiger Rundfunkanstalten eine beträchtliche Anzahl von Redaktionen, die mit literarischen Belangen befaßt sind. So machte, um nur ein Beispiel zu nennen, alleine der Saarländische Rundfunk als regionaler Sender ein umfassenderes Literaturprogramm als der gesamte ORF.

Dies bedeutet aber, daß es in der Bundesrepublik einen bedeutenden Arbeitsmarkt für Schriftsteller gab, der sie von der literaturproduzierenden Ebene absaugte und sie bei ökonomischer Absicherung auf der literaturvermittelnden etablierte.

In Österreich gab es diese Möglichkeiten für Schriftsteller nicht, es gab nur jene Minimalstrukturen, die für die Kulturvermittlung in einer hochkonzentrierten, monopolisierten und zentralistischen Medienlandschaft notwendig waren, die man aber nicht als nennenswerten Arbeitsmarkt mit besonderer Aufnahmekapazität bezeichnen konnte: Daher ließ sich für die österreichischen Verhältnisse sicherlich nicht sagen, was Wiesand/Fohrbeck in ihrem Handbuch über die literarische Situation in der BRD konstatierten, nämlich daß der zeitgenössische Autor »nicht mehr vorwiegend für einen kleinen literarischen Salon schreibt, sondern für das breite Publikum der Massenmedien. Er verfaßt zwar auch einmal ein Buch, arbeitet aber vor allem für die Massenpresse, für Funk, Fernsehen, Film und andere öffentliche und private Auftraggeber. Im Vordergrund der Tätigkeit des Normalautors stehen vergleichsweise kurzfristig zu erstellende, aktualitätsbezogene Arbeiten, wie Feuilletonbeiträge, Kommentare, Berichte, Glossen, Interviews, Vorträge etc.« Vor allem »die freien Autoren unter 30«, führen Wiesand/Fohrbeck weiter aus, »haben sich mit ihren größeren Arbeiten schwerpunktmäßig fast ganz auf Hörfunk, Presse und Fernsehen spezialisiert«.

In Österreich vermehrte sich die Zahl der Schreibenden von Jahr zu Jahr naturwüchsig um diejenigen, die als Junge beschlossen, den Schriftstellerberuf zu ergreifen, ohne daß aber Teile dieser immer größer werdenden Gruppe abwandern konnten, etwa in die Feuilletons der Zeitungen oder in die Hörspiel-, Fernsehspiel- oder andere Redaktionen des Rundfunks. Dies zwang die Schreibenden zu »literarischer Selbstverwirklichung, die nicht anders stattfinden kann« (Ulrich Greiner), denn wer unter den skizzierten Voraussetzungen den Entschluß gefaßt hatte zu schreiben, fand keine Möglichkeit, in Tätigkeitsbereiche auszuweichen, wo er als Wortproduzent Anstellung und Absicherung erreichen konnte. Er mußte seine künstlerische Produktion weitertreiben und darauf hoffen, einen Verlag zu finden. Das war sicherlich ein wesentlicher Grund dafür, daß Österreich ein solch überproportional großes Autorenreservoir für die bundesdeutschen Verlage darstellen konnte, eine Voraussetzung für die österreichische »Literaturexplosion« der sechziger Jahre auf dem deutschen Markt. Dieses Entstehen einer »literarischen Hochblüte« auf der Basis eines umfassenden Desinteresses an kreativer, nicht bloß repräsentativer Literatur in Österreich war also Folge davon, daß die Sozialpartnerschaft in jenen Jahren sich auch in der Medienlandschaft und im geistigen Überbau durchsetzte, wodurch sie im literarischen Leben jene Dialektik herstellte, die auch die österreichische Wirtschaft prägte: nämlich Prosperität bei gleichzeitiger Armut an ökonomischen Ressourcen.

Die Kritik einzelner Autoren an den beschränkten literarischen Produktionsbedingungen und Rezeptionsweisen in Österreich wurde ganz einfach im allgemeinen Stolz auf den Erfolg, den diese Autoren im Ausland hatten, aufgehoben. Und daß Österreich gerade durch den Export seiner Autoren diese gewann, ist ja eine Erfahrungstatsache, gegen die sich auch ein Handke vergebens gewehrt hat: »Der hysterische Patriotismus eines kleinen Landes«, schrieb er, formalisiere die Autoren, die es zuvor exportiert hatte, »zu Botschaftern des Landes draußen in der Welt«, daher auch immer wieder die Rubriken »Österreicher im Ausland« in den Zeitungen, die Feuilletons nicht mehr besitzen. 1960 wurde das Grazer Forum Stadtpark eröffnet, das zum bedeutendsten Sammelbecken jener jungen Autoren werden sollte, die im Lauf der 60er bis Anfang der 70er Jahre den Sprung nach Deutschland, zu deutschen Verlagen schaffen sollten.

Die Lesung Heimito von Doderers bei der Eröffnung zeigt sinnfällig die Kontinuität im Bruch der Entwicklung: Es las die Galionsfigur der österreichischen Literatur, des österreichischen Literaturbetriebes, die sich schon fördernd für die Wiener Gruppe eingesetzt hatte, deren Erfahrungen bei den Autoren, die sich im Forum Stadtpark in der Folge sammelten, allerdings gegen den etablierten Literaturbetrieb aufgegriffen und verarbeitet wurden.

Immer mehr Autoren kamen also über den Umweg der BRD, den Erfolg im Ausland, jetzt auch in Österreich zu Rang und Namen, wurden – da es sich, wie Hilde Spiel schreibt, »als unhaltbar erwiesen hatte, gewisse Entwicklungen zu ignorieren« – auch »zu Hause allgemein anerkannt«, freilich ohne eben von den alten Repräsentanten der österreichischen Literatur im eigentlichen Sinn gefördert, unterstützt und protegiert worden zu sein. So konnten die neuen, durch den Erfolg im Ausland Etablierten, den alteingesessenen Etablierten den Vorwurf der Borniertheit und Engstirnigkeit nicht ersparen. Abgesehen von einer einzigen Lesung, die »Abgesandte des Forum Stadtpark« im PEN-Club halten konnten, verweigerte der PEN weiterhin die Öffnung gegenüber den neuen Autoren, deren Mitgliedschaft vornehmlich an der Person des PEN-Präsidenten Alexander Lernet-Holenia scheiterte, der keinen Hehl aus seiner Ablehnung der Avantgarde-Autoren machte.

War der monolithische Literaturbetrieb dadurch charakterisiert gewesen, daß es in ihm nicht nur keine ästhetischen und politischen Differenzen gegeben hatte, sondern nicht einmal Generationskonflikte, so war jetzt ein Generationsbruch aufgetreten, der von seiner Anlage her ästhetische und politische Konflikte nach sich ziehen mußte: ästhetische, weil die in der BRD zu Erfolg gekommenen Jungen sich mit einigem Recht als Neuerer, Innovatoren, Avantgardisten verstanden, die dem »provinziellen Anachronismus« der Alten und der durch sie repräsentierten Schreibweise den Garaus machten; politische, weil doch die alten, konservativen Literaten auch dem politischen Konservativismus zurechenbar waren.

So wie das »noch unbegriffene Zeitalter« des Wirtschaftswunders (Doderer) in Schlagwörtern wie »technisches Zeitalter«, »Übertechnisierung« etc. reflektiert wurde, trug man diesen schwelenden Generationskonflikt zunächst auf der Ebene der »literarischen Techniken« aus. Die Alten warfen den Jungen vor, sie beherrschten die literarischen Techniken, das »Handwerkszeug«, nicht mehr, weil sie die überkommenen durchbrochen hatten – Weigel wendete sich sogar wieder gegen Ilse Aichinger und Ingeborg Bachmann, die er in ihren Anfängen, zu Zeiten des monolithischen Literaturbetriebes, noch gefördert hatte; die Jungen warfen den Alten vor, daß ihre Techniken inadäquat seien und dem technischen Zeitalter nicht mehr entsprächen.

Als am Ende der Hochkonjunkturphase, am Beginn der »Konjunkturverflachung« 1966, das innenpolitische Klima sich verschärfte und polarisierte, die große Koalition auseinanderbrach und allgemein ein breiter Politisierungsprozeß einsetzte, verschärfte sich in der Folge auch die literarische Polarisation. Als erste deutliche politische Kampfansage gegen die alte Schreibergarde gilt das *Manifest des Arbeitskreises der Literaturproduzenten* von 1971. Darüber, daß es »einfältig« war, wie Hilde Spiel schreibt, gibt es wohl keine Diskussion, doch ging es eben nicht um die Tiefe des Vortrags, sondern um die möglichst aggressive Demonstration einer Spaltung im literarischen Leben Österreichs, die sich 1973 organisatorisch endgültig in der Gründung der Grazer Autorenversammlung – als zweites österreichisches PEN-Zentrum konzipiert – vollzog.

Das schuf auch plötzlich die Möglichkeit politischer Zuordnung von Dichtern, die in der Phase des Wiederaufbaus des Literaturbetriebes, als die Etablierung »österreichischer« Dichter wichtig war, noch nicht betont worden ist: In die Grazer Autorenversammlung traten Autoren ein, die sich eher als Arbeitnehmer, abhängig von den Verlagen, empfanden, im PEN blieben jene, die sich eher als Unternehmer, als Freischaffende verstanden.

Der kompakte monolithische Literaturbetrieb war damit zerstört und durch einen organisatorisch gespaltenen, politisch polarisierten und ästhetisch weit aufgefächerten Literaturbetrieb abgelöst worden. Statt durch »Harmonie und Verständnis« – wie Weiss schreibt – war er nun durch »Spannung und Entfremdung« gekennzeichnet. »Die vorgefundenen Entsprechungen zwischen der Literatur in der Zweiten Republik und ihrem politisch-gesellschaftlichen Ausgleich [waren] [...] im Lauf der sechziger Jahre einem gespannten bis gestörten Verhältnis gewichen, zumindest an der Oberfläche.«

c) Gleichschaltung auf der Basis des Pluralismus: die sozialpartnerschaftlich gemeisterte Krise

Walter Weiss konstatierte nicht nur, daß es »zwischen den führenden Autoren der mittleren und der jüngeren bis jüngsten Schriftstellergeneration mehr Spannung und Entfremdung als Harmonie und Verständnis gibt, sondern auch daß »erfreulich weit und pluralistisch die gegensätzlichen, ja einander ausschließenden Stimmen nebeneinander zu Worte kommen«.

Genau darum war es nämlich gegangen, um ein breites Nebeneinander, ein facettenreiches Angebot, um einen »Pluralismus der Stile« (Viktor Suchy), um die Füllung der Regale im literarischen Supermarkt, wie es dem Wirtschaftswunder, der expandierenden Wirtschaft und damit auch der expandierenden Kulturindustrie entsprach. »Der Pluralismus ist jene Ordnung, in der im Rahmen ihrer Aufrechterhaltung alles, das heißt aber auch das Gegenteil von allem, verkauft werden kann. Die Regulierung der kulturellen Bedürfnisse funktioniert so, daß dir, bist du einmal satt von dem einen, das andere schon nachgeschoben wird« (Franz Schuh).

Dieser von der hochentwickelten Marktwirtschaft – die auf unterschiedliche Zeitereignisse und damit verbundene Interessen und Nachfragen immer rascher zu reagieren imstande war – konzentriert produzierte Pluralismus war Anfang der siebziger Jahre deutlich herausgebildet. Wie sehr sich diese Entwicklung gerade in diesen Jahren immens beschleunigte, zeigt auch obiges Weiss-Zitat in schöner Symptomatik, wo er von »führenden jüngsten Autoren« schreibt, was doch – verglichen mit den fünfziger Jahren – ein absolutes Novum darstellt: Damals hatte der Begriff »junger Autor« noch soviel wie »literarisches Mündel« bedeutet. Aber die Notwendigkeit, immer rascher unterschiedliche neue Autoren zu produzieren, etablierte folgerichtig auch immer jüngere.

Es ist klar, daß durch die Schaffung eines immer breiter werdenden literarischen Angebotes, eines immer stärker sich auffächernden Pluralismus der alte monolithische Literaturbetrieb des Wiederaufbaus, der aufgrund der ihn konstituierenden Bedingungen und Interessen nur sehr eng und beschränkt sein konnte, wie beschrieben aufbrechen mußte. Dieser »offene Bruch« der österreichischen Literatur, wie er im Lauf der sechziger Jahre eingetreten war, war also in Wahrheit Ausdruck einer kontinuierlichen Entwicklung seit den fünfziger Jahren und nicht Bruch mit der Kontinuität. Ein kurzer Rückblick darauf, wie diese Entwicklung bereits in den fünfziger Jahren antizipiert worden war, mag dies verdeutlichen:

1957, als in der ersten Phase der Hochkonjunktur der beginnende Wohlstand sich abzuzeichnen begann, schrieb Felix Butschek im *FORVM*: »Die Tendenz der modernen Vergnügungsindustrie läuft darauf hinaus, den Menschen zu verdummen oder seine Triebe in einer hauptsächlich auf den Gelderwerb abzielenden Richtung zu mobilisieren [...]. Am Ende dieser Entwicklungstendenzen (sie sind, wie man sieht, nicht nur totalitären Systemen eigen) ergäbe sich ein Zustand, in dem bei steigendem Lebensstandard eine unvorstellbar primitive Masse, die ihre geistige Nahrung aus Illustrierten, Heimatfilmen und Comicstrips bezieht, von einer Kaste beherrscht wird, die auf einer Klaviatur aus Ressentiments und Triebhaftigkeit jede gewünschte Melodie hervorbringen kann.« Unter den gegebenen Bedingungen gab es – das wurde schon damals klar – nur einen ebenso aussichtsreichen wie profitablen Konkurrenten für die Vergnügungsindustrie, der auch ihr Regulans zu werden versprach: eine massiv aufzubauende Kultur- (und Kunst-)Industrie. »Gegebene Bedingungen«, das bedeutete in diesem Fall, daß das Haben von Kultur (im Gegensatz zur »Primitivität«, die ihre geistige Nahrung nur aus Illustrierten etc. bezieht) lediglich als Konsumption von Kultur- und Kunstwaren begriffen werden kann: »Es ist nicht klar«, merkte also Butschek an, »warum man heute noch von einem Bildungsprivileg spricht, da es ja schließlich der individuellen Entscheidung überlassen bleibt, ob ein Motorrad oder ein Konzertabonnement erworben werden soll.«

Wenn der Erwerb von Konzertabonnements jedem freisteht, verlieren also »klassenmäßige Abgrenzungen [...] immer mehr an Präzision und Bedeutung (ganz ähnlich wie die im politischen Sprachgebrauch immer noch verwendeten Kategorien rechts und links)«, weshalb Butschek auch von einer »Krise der Ideologie« sprechen kann. Karl Bednarik wiederum fragte: »Was ist in dieser Welt revolutionär, was konservativ?« Wer kann das sagen? Revolution und Konservativismus seien geschlagen, korrumpiert, verknöchert, »das Neue aber, das tatsächlich entstanden ist, wurde als Ganzes noch gar nicht definiert«. Worauf können wir uns da also noch verlassen? »Als einziges, was in unserer Welt noch Bestand hat«, so Bednarik weiter, bleibe jedenfalls »die freie Marktwirtschaft. Christin und Nichtchristin tragen die gleichen Nylonstrümpfe, Sozialist und Nationalist kaufen den gleichen Kühlschrank«. Auf diesem Boden der unbegrenzten Möglichkeiten, unbehelligt von Ideologien und Systemen, sollte daher der »Geist der modernen Kunst [...] am besten gedeihen«. »Jedenfalls obliegt es uns, die *Persönlichkeitsentwicklung des Menschen* [Hervorhebung von K. Bednarik] zu fordern und zu fördern, *wozu übrigens die ›unverständliche‹ Kunst sehr wesentlich beiträgt* [Hervorhebung von R. M.].«

Die Persönlichkeit des Menschen mußte tatsächlich entwickelt werden, damit ihm zunächst Unverständliches selbstverständlich werden konnte, wie wir schon am Beispiel der Wiener Gruppe als Ausdruck der Innovationsraserei der modernen Warenproduktion gesehen haben, oder man denke an den Wiener Aktionismus, der auch einiges zur Enttabuisierung von Sphären beigetragen hatte, in die das Kapital heute längst eingedrungen war. Die »Krise der Ideologie«, die geistige Destruktion gesellschaftlicher Widersprüche und Spannungen hinter der Präsentation von Waren – von Kühlschränken bis Kunst –, auf deren Erwerb sich alle Lager einigen konnten, erschien als die Lösung jener Aufgabe, die Gertrude Wagner schon 1955 sah, nämlich »die Spannungen der Klassen zu vermindern«, um eine Gesellschaft zu erreichen, die sie als »harmonisch« bezeichnete.

Diese Zitate, alle aus Friedrich Torbergs *FORVM* (dies deshalb, weil diese Zeitschrift das kulturelle Leben in Österreich damals unbestreitbar dominiert hat), sollten nur einen kleinen Einblick geben, wie schon damals mit der Schaffung der »Ideologie der Ideologielosigkeit« der mentale Boden geschaffen wurde für jene Entwicklung eines breiten Pluralismus, für die Schaffung eines »literarischen Supermarktes«, in dem alle Unterschiede und Differenzen, wie Weiss schreibt, nur »an der Oberfläche« bestehen.

Rückblickend auf die fünfziger Jahre schrieb Geyrhofer: »Der Usus bürgerte sich ein, Kritik nicht an der Gesellschaft, sondern an ihren ›Extremen‹ zu üben. Allein vor diesem Hintergrund – dem intellektuellen Nichts – ist die Genesis eines Handke oder Bernhard verständlich.«

Allerdings ist die Schaffung eines konzentriert produzierten Pluralismus kein spezifisch österreichisches Phänomen, sondern eines der westlichen Industrieländer insgesamt.

In Österreich allerdings fand diese Entwicklung aufgrund der hier gegebenen Bedingungen Mitte bis Ende der siebziger Jahre eine eigene – so rasch wie unbemerkt, zumindest unbegriffen vonstatten gehende – Ausformung, die die pluralistisch aufgefächerte Literatur Österreichs grundsätzlich von der bundesdeutschen sowohl organisatorisch (d. h. in der Formierung des Literaturbetriebes) als auch ästhetisch unterschied.

Es waren dies Unterschiede, die allgemein gekannt, aber nicht erkannt wurden. In durchaus diesem Sinne sieht sie auch oder gerade ein Künstler, der aus Deutschland nach Wien kam. Bazon Brock über Wien: »Für mich ist eine Metropole ein Ort, an dem es möglichst viele ruhmsüchtige, überlebensdurstige, selbstbewußte, kampfwillige, streitbare Menschen gibt, die mit allen ihnen zu Gebote stehenden Mitteln versuchen, Parteiungen zu schaffen, und die, um diese Parteiungen zu erzwingen, Forderungen an das gesamte gesellschaftliche und kulturelle Umfeld stellen. Wien ist für mich leider noch keine Metropole in diesem Sinne, weil hier immer noch das falsch verstandene Demokratieverständnis von Vermeidung kräftiger Auseinandersetzungen gilt. Man hält es immer noch für eine Tugend, sich möglichst rasch und schmerzlos zu arrangieren, zu verständigen, anstatt schöne, kräftige und folgenreiche Auseinandersetzungen zu führen.«

Hier wird ein harmonistisches Klima als charakteristisch für die Situation in Österreich bzw. Wien bezeichnet, das es in der BRD nicht gibt, d. h., daß der Pluralismus in Österreich eine andere Form als in der BRD angenommen hat. Die Differenzen und Auseinandersetzungen im auseinanderbrechenden Literaturbetrieb Anfang der siebziger Jahre hatten sich tatsächlich überraschend schnell in einem konfliktfreien Pluralismus aufgelöst, und es soll im folgenden gezeigt werden, daß diese plötzliche Harmonie eine Konsequenz der weiterhin erfolgreichen Harmonisierungspolitik der österreichischen Sozialpartnerschaft war.

Die Abschwächung der zweiten Phase der Hochkonjunktur, die Wirtschaftsflaute von 1966/67 war nach Auseinanderbrechen der Koalitionsregierung durch das Funktionieren der institutionalisierten Sozialpartnerschaft gemeistert worden. Die große internationale Wirtschaftskrise von 1972/73 – Folge der Überproduktion und der Verteuerung der meisten Rohstoffe, insbesondere des Erdöls – konnte wegen ihres internationalen Zuschnitts nicht sofort aufgefangen werden. Durch gemeinsame wirtschaftspolitische Maßnahmen der Interessenorganisationen und den sozialpartnerschaftlich aufrechterhaltenen sozialen Frieden konnte die Krise allerdings in den Griff bekommen und, wenn auch nicht in einer neuen Hochkonjunktur, so doch in einer Stabilisierung der Situation aufgehoben werden, die noch die folgenden Jahre charakterisierte, während die anhaltende internationale wirtschaftliche Labilität im westlichen Ausland bekanntlich zu einer Zuspitzung der politischen Kämpfe führte.

»Die österreichischen Strukturen sind 1974 im Gegensatz zu den meisten anderen westeuropäischen Ländern augenscheinlich intakt« (Matzner).

Eine wesentliche Rolle für die Meisterung dieser großen internationalen Wirtschaftskrise spielte sicherlich auch der Strukturwandel der österreichischen Wirtschaft, die in diesen Jahren von der Grund- und Rohproduktion verstärkt zur Finalproduktion überging, was eine spürbare Expansion und größere Exporterfolge ermöglichte. Dieses Wirtschaftswachstum, das weitere beträchtliche Gewinnerhöhungen, Arbeitsplatzsicherheit und auch gewisse Lohnerhöhungen garantieren konnte, stellte – so Matzner – ein beträchtliches »konfliktminderndes Element« dar.

Die allgemeine Konzentrationsbewegung schritt weiter fort, in der Presselandschaft ging sie sogar bis zum Versuch, die beiden größten Tageszeitungen, *Kurier* und *Kronen Zeitung*, zu fusionieren. Bedenkt man aber, daß, wie schon gesagt, diese beiden Zeitungen wesentlich den beiden großen Interessenorganisationen von Kapital und Arbeit nahestanden, sagt dieser Fusionsversuch so ziemlich alles über das damalige geistige Klima in Österreich aus.

Der Übergang zur Finalproduktion zeigte sich, so wie auch die fortschreitende Konzentrationsbewegung hin zu Quasimonopolen, – auf österreichisch beschränkte, aber doch deutliche Weise – auch im österreichischen Verlagswesen: 1974 hatte Hans F. Prokop im *Österreichischen Literaturhandbuch* gefordert: »Sicher könnten manche österreichische Autoren zur Rückkehr bewogen werden oder von der Abwanderung abgehalten werden. Das Gegenwartsimage der österreichischen Literatur darf nicht länger hauptsächlich von Emigranten bestritten werden.«

Daß deutsche Verlage österreichische Autoren im gesamten deutschen Sprachraum durchgesetzt hatten, machte die Publikation dieser oder in deren Windschatten befindlicher Autoren tatsächlich nun auch für österreichische Verlage interessant, konnten sie jetzt doch mit einer größeren Nachfrage als der unprofitablen des binnenösterreichischen Marktes rechnen. Dazu kam eine intensiv einsetzende Verlagsförderung des Bundes und auch der Länder, die – in Form von Druckkostenzuschüssen, Tantiemengarantien, Sonderprämien für österreichische Autoren, die eines ihrer Werke in einem österreichischen Verlag herausbringen, Sonderzuschüssen für Verlage, die »anspruchsvolle literarische Produktionen österreichischer Autoren« publizieren, Projektförderungen etc. – mehrere österreichische Verlage, die kaum (noch) Literatur in ihrem Verlagsprogramm hatten, dazu animierte, verstärkt auch wieder auf die Publikation literarischer Reihen bzw. literarischer Einzel- und Werkausgaben zu setzen.

Auch einige Verlagsgründungen fielen in diese Zeit, kleine Verlage, die sich ausschließlich bzw. überwiegend der Publikation von Literatur widmen wollten, wie z. B. die Edition Neue Texte (Linz), der Alfred-Winter-Verlag (Salzburg) und der Rhombus-Verlag (Wien). Zum Teil wurden diese Verlage auch direkt von der österreichischen Wirtschaft wie IBM-Österreich oder Erste österreichische Spar-Casse mitfinanziert. Tatsächlich hat sich der »literarische Rohstoffexport« in die Bundesrepublik Mitte der siebziger Jahre deutlich verringert, eine ganze Schar Autoren ist damals ganz oder zumindest teilweise verlegerisch nach Österreich zurückgekehrt.

Schon 1976 ist die Ausfuhr von österreichischen Buchwaren »gegenüber dem Jahr 1975 um 111,8 Millionen Schilling bzw. + 18,4 % gestiegen. [...] Der Wert des österreichischen Buchexportes in die BRD betrug rd. 533,4 Millionen Schilling, das sind um 63,9 Millionen Schilling mehr als 1975. Dies entspricht einer Steigerungsrate von + 13,6 % gegenüber dem Vorjahr.«

Die nach dem verlegerischen Vakuum der sechziger Jahre mannigfaltig einsetzenden Initiativen in den siebziger Jahren hatten allerdings nicht zu einer vielfältigen österreichischen Verlagslandschaft geführt, sondern dazu, daß schließlich ein Verlag das Monopol für die Vielfalt der österreichischen Literatur erobert hatte: der Residenz Verlag – jener Verlag, über den Franz Schuh meinte, er sei »für jeden österreichischen Autor eine Katastrophe – für jeden, den er publiziert, und für jeden, den er ablehnt«.

Der Residenz Verlag hatte am meisten von der Heimkehr österreichischer Autoren profitiert, am geschicktesten die Verlagsförderung auszuschöpfen gelernt und die Chance, in den deutschen Markt dank der Publikationen von Autoren, die dort schon einen Namen hatten, einzudringen, nützen können. In der Folge konnte er selbst eine ganze Reihe neuer, junger »eigener« Autoren »machen«.

Daneben mußten andere Verlage ihre literarischen Reihen wieder weitgehend einstellen (der Europa Verlag die Reihe *work-shop*, der Bergland Verlag die Reihe *Profile und Facetten*, Jugend und Volk die *Edition Literaturproduzenten* etc.) oder wurden an den Rand gedrängt (wie etwa der Winter Verlag, dessen Vertrieb zu behindern dem Residenz Verlag gelungen ist).

Besonders augenfällig wird das Quasimonopol, über das der Residenz Verlag bezüglich österreichischer zeitgenössischer Literatur damals verfügte, wenn man die Sondernummer »Österreich« des *Börsenblattes für den deutschen Buchhandel* aus dem Jahr 1979 liest.

Die überragende Mehrzahl der hier besprochenen Autoren waren Autoren des Residenz Verlages, den Einleitungsaufsatz über »Die österreichische Gegenwartsliteratur« schrieb der damalige Residenz-Lektor und spätere Verlagsleiter Jochen Jung, und das Titelblatt findet sein Auslangen mit einer Residenz Verlagswerbung. Studiert man, nach einem Wort Geyrhofers, eine aktuelle Literaturgeschichte am besten wie einen Börsenbericht, so konnte man das *Börsenblatt des deutschen Buchhandels* sicherlich als vorformulierte Literaturgeschichte lesen: Und tatsächlich zeigt sich nirgends bezeichnender der damalige Entwicklungsstand der österreichischen Literatur. Man stellte die Frage, was denn nun die österreichische Gegenwartsliteratur sei, und gab die Antwort in Form von Aufzählungen, alphabetisch (Wendelin Schmidt-Dengler) und nichtalphabetisch (Hans Weigel), um zu dem Ergebnis zu kommen, daß »die Fortsetzung eines Kataloges, der einem Telefonbuch ähnelt, keinen Sinn hat. Doch sei festgestellt, daß die Vielfalt der geübten literarischen Praktiken erstaunlich ist« (Schmidt-Dengler). Die österreichische Literaturszene »ist ja keine Szene, sondern eine Vielzahl von Monologen, unübersehbar und unübersichtlich« (Weigel).

Man mag einwerfen, daß über eine schöne Vielfalt lauter Größen auch z. B. die Literatur der Bundesrepublik verfügt, aber durch die besondere Art, wie die Beiträge des *Börsenblattes* das pluralistische Angebot der Literatur aus Österreich auffächerten, strichen sie doch – ohne es zu bemerken – die spezifische Besonderheit der literarischen Situation in Österreich hervor. Es ist die Art und Weise, wie hier alles gleich gültig nebeneinandergestellt wurde, wie sich in diesen Aufzählungen alle Unterschiede und Differenzen vermischten – und nichts ist symptomatischer, als daß Hans Weigel, der seinerzeit tatkräftigst mitgeholfen hatte, Brecht in Österreich zu verhindern, dann in diesem *Börsenblatt* stolz darauf verwies, daß »wir« auch politisch engagierte, kommunistische Dichter »haben«. Dieses »wir haben alles«, die Art und Weise, wie alle diese Strömungen präsentiert wurden, zeigt, daß nicht bloß der Pluralismus als Gleichzeitigkeit sogenannter verschiedener Strömungen das Spezifische an der neuen literarischen Situation in Österreich war, sondern das Verhältnis, in dem diese Strömungen sich plötzlich zueinander befanden: Es bestanden keine echten Gegensätze zwischen etablierter und junger Literatur, keine Konflikte zwischen unterschiedlichen ästhetischen und politischen Konzeptionen in der Literatur; trotz der Vorführung von Unterschieden war es das Fehlen von Unterschieden und von konsequent ausgetragenen Differenzen, das die österreichische Literatur dieser Zeit charakterisierte.

Gleichzeitigkeit verschiedener ästhetischer und politischer Strömungen in der Literatur hat es natürlich schon immer gegeben, diese haben sich aber bekämpft, nicht selten vernichten wollen. Ihr Selbstgefühl schöpfte jede Richtung ja gerade aus dem Glauben, die entsprechendere, gelungenere, adäquatere künstlerische Möglichkeit bezüglich der zu verarbeitenden Probleme ihrer Gegenwart zu besitzen. Sie wollten durchsetzen, umwälzen. So wie aber zu keiner Zeit eine künstlerische Konzeption alleine die umfassende künstlerische Ausdrucksform sein kann, siegen immer mehrere Strömungen, das heißt, etablieren sich, ohne übereinander gesiegt zu haben. Ihr kämpferischer Anspruch bleibt aber, bis sie sich gegenüber deutlich geänderten historischen Voraussetzungen historisch überlebt haben. Noch 1963 hatte in Österreich z. B. Albert Paris Gütersloh darauf bestanden, daß eine künstlerische Richtung, will sie ihren Begriff erfüllen, »notwendig totalitaristisch« sein müsse.

Am Pluralismus aber, der sich in den siebziger Jahren herausgebildet hatte, fällt auf, daß diese Konkurrenzhaltung von einem freiwilligen, kampflosen Sichnebeneinanderstellen abgelöst wurde. Alles trat nun ohne Anspruch auf Allgemein- und Alleingeltung zu dem bisherigen dazu und stand daneben. Die moderne Literatur in Österreich erschien jetzt in einer Koexistenz, wie sie bisher nur der historischen im Pantheon angedichtet worden war, wozu Theodor W. Adorno angemerkt hatte: »Durch ihre Koexistenz freveln sie aneinander. Will ein jegliches, ohne daß der Autor es wollen müßte, das Äußerste, so duldet eigentlich keines das nächste neben sich.«

Aber gegen wehrlose, weil tote Künstler konnten die Literaturgeschichtsschreiber diesen Frevel, diese Harmonisierung durchführen, so streitbar die Künstler zu Lebzeiten auch gewesen sein mögen. Das historisch qualitativ absolut Neue ist, daß diese Harmonisierung, diese Koexistenz die Künstler in Österreich nun schon selbst betreiben.

Das ist eben jene Situation, die Bazon Brock so verwunderte und die Walter Weiss schon zu jener Zeit, als noch der Bruch und die Polarisation der österreichischen Literatur zu konstatieren waren, heraufdämmern sah, indem er schrieb, daß diese Polarisation nur »an der Oberfläche« stattgefunden habe.

Tatsächlich waren die Polarisation der österreichischen Literaturszene und die damit verbundenen Differenzen bloß Symptome dieser Entwicklung, nicht aber wirkliche Polarisationen und wirkliche Differenzen. Die Spaltung des Literaturbetriebes und die damit verbundenen Lagerbildungen und politischen Selbstzuordnungen der Autoren waren bloß Voraussetzung dafür gewesen, daß auch der Literaturbetrieb partnerschaftlich organisiert werden konnte.

Denn anders als etwa zur gleichen Zeit in der BRD, wo der literarische Pluralismus von gesellschaftlich zuordenbaren Gegensätzen und den entsprechenden (kultur)politischen Differenzen geprägt war, war der literarische Pluralismus in Österreich wesentlich durch die Verwischung der Fronten und das Aufgeben grundsätzlicher Gegensätze bestimmt.

Während Künstler in der BRD, so Brock, »kräftig kämpfen« mußten, wobei es aber wie immer, wenn Kämpfe und Konflikte sich zuspitzten, »nicht Parteiungen, sondern nur mehr zwei Parteien, die alles vereinnahmen, gibt«, gab es in Österreich »überhaupt keine Parteiungen mehr«.

Parteiungen, Möglichkeiten der gesellschaftlichen Zuordnung von Autoren, wie sie in der Phase des Auseinanderbrechens des Literaturbetriebes und der Polarisation kurzfristig möglich schienen, verschwanden, plötzlich gab es keine selbstbewußten bürgerlichen Dichter, keine rebellischen linken Autoren mehr, nur noch die vielen österreichischen Schriftsteller.

Die Opposition der Grazer Autorenversammlung (GAV) als »Anti-PEN« war genauso scheinhaft wie die der SPÖ nach Auseinanderbrechen der großen Koalition: Hinter dem scheinbaren Bruch war die Kooperation ja erst stark geworden, die Opposition der SPÖ ist in Wirklichkeit niemals etwas anderes gewesen als die Weiterführung der Koalitionspolitik in den Gremien der Sozialpartnerschaft, also hinter den Kulissen.

PEN und GAV, gleich hoch subventioniert und paritätisch in

den Jurys der Literaturpreise und -stipendien vertreten, wurden zu Vereinshülsen, die über die jeweiligen Mitglieder nichts mehr aussagten; Ende 1980 wurden z. B. zur gleichen Zeit Ex-KPÖ-Mitglied Georg Biron und Ex-Kommunistenfresser und Brecht-Verhinderer Hans Weigel in die Grazer Autorenversammlung aufgenommen. Weigel war vordem PEN-Mitglied.

»Alle Gegensätze der Nachkriegsliteratur – experimentelle Sekten auf der Linken, monarchistische Mythologie auf der Rechten – wurden in einer opportunistischen Synthese aufgehoben, die jeden kritischen Standard überflüssig macht« (Friedrich Geyrhofer).

Leitmotiv

Die Herausbildung
sozialpartnerschaftlich-ästhetischer Strukturen
in der österreichischen Literatur
der Zweiten Republik

Seit den »Lohn-Preis-Abkommen« und immer rascher und umfassender seit der Schaffung der Paritätischen Kommission durchdrang der »Geist der Sozialpartnerschaft« alle gesellschaftlichen Bereiche, prägte auch die Strukturen des österreichischen Literaturbetriebes und bildete in zunehmendem Maße in der Literatur österreichischer Autoren ästhetische Merkmale heraus, die die österreichische Literatur im wesentlichen charakterisieren und auch ihre schließliche Bedeutung und ihren Erfolg begründeten.

Auf diese ästhetischen Merkmale soll im folgenden an Hand einiger signifikanter literarischer Beispiele hingewiesen werden. Die Kritik, die ja bekanntlich einen Hang zum Enzyklopädischen hat, ebenso bekanntlich aber auch nur den Hang, wird vorwerfen, daß die Beispiele beliebig sind. Dem ist entgegenzuhalten: Das sind sie! Und daß sie es sein können, ist ein Hinweis auf die Stichhaltigkeit der These: Jedes andere Beispiel wäre genauso dienlich, und jeder Leser kann das selbst versuchen.

Anders als etwa in der BRD hat es – wie schon gesagt – in Österreich nach 1945 keine relevanten Versuche gegeben, die Erfahrungen mit Faschismus, Krieg und der sogenannten »Stunde Null« literarisch aufzuarbeiten. Zwar ist 1947 *Mars im Widder*, Alexander Lernet-Holenias Roman über den sogenannten Polenfeldzug, neu aufgelegt worden, aber der Überfall auf Polen bleibt in diesem Roman bloß Kulisse, vor der der Autor eine triviale, kleingeheimniskrämerische Unterhaltungsromanhandlung von Liebe und Okkultismus ansiedelt. Dieser Roman, der formal und inhaltlich nur mit billigen Effekten arbeitet, war für die Entwicklung der österreichischen Literatur weiters nicht von Einfluß und Bedeutung. Von Bedeutung war er lediglich für die Person Lernet-Holenia, der sich mit diesem Roman als »Antifaschist« ausweisen konnte, und zwar mit Hilfe eines jener billigen Effekte, die er in diesen Roman gestreut hatte: Krebse, die eines Nachts unbeirrbar über eine Heerstraße marschieren, sollen als Symbol der großen Panzerarmeen begriffen worden sein, die ihrem Untergang blind entgegengingen. Sollte Lernet-Holenia dieses Bild wirklich in dieser Bedeutung intendiert haben (und nicht bloß als ein weiteres jener »okkulten Signale«, die sein Hauptheld Wallmoden empfängt), dann ist unverständlich, warum er soviel Trivialliteratur und soviel Affirmation rund um diese Zeilen gepappt hat.

Eine der wenigen, zugleich auch signifikanten Ausnahmen ist der ehrgeizige Versuch Fritz Habecks, in seinem Roman *Der Ritt auf dem Tiger* (1958) die Geschichte Österreichs vom letzten Jahrzehnt des 19. Jahrhunderts über das Ende der Monarchie, die beiden Weltkriege bis zum Beginn des Wirtschaftswunders aufzuarbeiten.

Fritz Habeck schildert die Entwicklung seines Hauptheldens Martin Leichtfried von einer – im Rahmen seiner Möglichkeiten und Voraussetzungen – radikalen und stürmischen Jugend bis hin zu einem Alter, in dem er als Monument des Ausgleichs und Kompromisses erscheint. Es ist symptomatisch, daß Martin Leichtfried nach seinem Jus-Studium nicht Anwalt, sondern Richter werden will, die Bewegung seines Denkens ist die der Waage der Justitia, die die Gegensätze abwägen will. Nur ist leider das menschliche Bewußtsein – wenn überhaupt – lediglich *eine* Waagschale, und legt man die Gegensätze in diese hinein, werden sie nicht abgewogen, sondern bloß zusammengedacht, was allerdings nur dann zum Problem wird, wenn man auf dem Anspruch des Abwägens insistiert. Denkt man die Gegensätze nämlich bewußt zusammen, kann man sie auch wieder auseinanderdenken, das heißt, man kann innerhalb der zusammengeworfenen Gegensätze Differenzen aufrechterhalten, aber will man sie wägen, wird man von ihnen beschwert, ohne zu merken, daß sie, zusammengeworfen, sich auf verwirrende Weise längst verbunden haben. Dieses Abwägen wird zu einer Aneignung von Gegensätzen, die dadurch, daß sie sich im Kopf verbinden, als Ausdruck einer neuen Stufe der persönlichen Entwicklung erscheinen, einer Entwicklung, die kontinuierlich zu einem Bewußtsein führt, das nicht mehr wahrnimmt, daß Gegensätze voneinander abhängen, sondern glaubt, daß sich alle wechselseitig übereinander aufheben.

Am Ende seines Lebens formuliert Martin Leichtfried diese Weltansicht gewissermaßen als Vermächtnis für seinen Sohn Erich: »Feind ist Freund und Freund ist Feind, damit es Leben gibt, weil alles Leben erst entsteht aus der Spannung der Gegensätze.« Aber diese »Spannung der Gegensätze« heißt nur so bzw. meint nicht den Konflikt und die Notwendigkeit, ihn auszutragen, sondern höchstens die Überwindung jener inneren Konflikte, bis man sich zu der Sehweise durchgerungen hat, daß alle Gegensätze sich im Sinne einer umfassenden Harmonie ergänzen. Martin Leichtfried erklärt nämlich weiter: »Wir sind Engel und Teufel in einer Person, denn der Engel ist gut, aber der Teufel ist schön!« Und auch das »Leben«, das oben angesprochen wurde, als aus der Spannung der Gegensätze entstehend, wird nun näher bestimmt, und plötzlich heißt es »stilles Glück«. Das ist das Ergebnis des Anspruches, weder für die Herren noch für die Knechte brauchbar zu sein, wie Martin Leichtfried glaubt, der dem Irrtum unterliegt, deshalb von Herren und Knechten gleichermaßen gehaßt zu werden.

In Wirklichkeit hat sich in Martin Leichtfrieds Kopf nur das individuell mitvollzogen, was in der allgemeinen gesellschaftlichen Entwicklung Österreichs im Schwange war und sich in politischen, wirtschaftlichen und kulturellen Organisationsformen – verschieden rasch – herausbilden und institutionalisieren sollte, nämlich ein spezifisches, in den Allüren verschmerzendes Verhältnis von »Herren« und »Knechten«, ihre – um es in Martin Leichtfrieds unglücklichem Bild zu formulieren –Verschmelzung zur Engel-Teufel-Identität.

Martins Vater, Karl Leichtfried, verkörpert die Mentalität des alten habsburgischen Österreich, die apolitische Sehnsucht nach dem kleinen Glück und dem inneren, festgefügten Frieden im träumerischen Beobachten des »sanften Gesetzes«. Er berauscht sich an der Natur (ein Grashalm ist ihm mehr als tausend Gedanken), er wandert, beobachtet Pflanzen und Tiere. Im Nachsommer seines Lebens findet er innere Harmonie und Glück in der Beschäftigung mit weltabgewandten kindlichen Dingen wie Geduldsspielen oder Baukästen.

Martin Leichtfried revoltiert gegen seinen Vater, zu Recht erlaubt ihm die ökonomische Realität der Familie nicht, Verständnis für das Leben und das Bewußtsein seines Vaters aufzubringen. Mit der Zeit politisiert er diesen Bruch mit seinem Vater, ohne zu merken, daß er bloß die väterliche, altösterreichische Harmoniekonzeption politisiert, sie also modernisiert und sich in ihr verstrickt. Er wird Mitglied einer schlagenden Verbindung, Mitglied der sozialistischen Partei, er wird Freimaurer, er begrüßt gerührt und hoffnungsfroh den Anschluß Österreichs an Deutschland. Er ist ein Pazifist, der Offizier werden will und es wird, er ist ein Menschenverächter, der Mitleid mit menschlichen Nöten und Schwächen hat. Das alles hat Platz in einem Kopf, der abzuwägen glaubt, dessen Waagschale aber »gut österreichisch« nie etwas anderes war als ein Schmelztiegel, unter dem die Sucht glüht, alle Gegensätze harmonisch zu legieren. In seinem Sohn Erich wird diese Mentalität vollends »modern«: war Martin Leichtfried der ewig Lesende, ewig Studierende – im wesentlichen politisiert, aber handlungsscheu, so wird Erich, nach traumatischen Jugenderlebnissen im Februar 1934, entpolitisiert und pragmatisch. Nach dem Krieg wird er Manager in einem Industriekonzern und sieht gesellschaftliche Harmonie wesentlich vom Wirtschaftswachstum abhängig, so wie er innere Harmonie in seiner Arbeit und danach im schönen Eigenheim findet. Daß er dabei zum Kulturbanausen wird, ist kein Widerspruch mehr, dem er sich anversöhnen muß, weil sein Bewußtsein diesen Sachverhalt zu Recht nicht mehr als Widerspruch zu seinem Glück empfindet.

Formal leidet und scheitert – in gelungenen Passagen exemplarisch – dieser Roman an der vordergründigen Naivität seiner Erzählhaltung. Die Erzählbereitschaft erschien nämlich naiver, als es sich selbst literarisch mittelmäßige Literaturdoyens erlaubten: Während sich in Lernet-Holenias Roman *Mars im Widder* zum Beispiel die Beschreibung einer Kriegsverletzung so liest, als würde ein Schauspieler mit Tomatenmark auf blutig geschminkt, versucht Habeck in vergleichbaren Szenen – der Gewalt bloßen Erzählens vertrauend –, tatsächlich die Schrecken des Krieges darzustellen. Doch während Lernet-Holenia seine Unterhaltungsliteratur mit so unkontrollierbaren Metaphern spickte, daß sie im Gewand einer bedeutenden, weil möglicherweise *etwas* bedeutenden Literatur daherkam, wurde Habecks vordergründiger Realismus als bedeutungslose Unterhaltungsliteratur gelesen, ohne daß gesehen wurde, wie ehrgeizig Habeck in jedem Kapitel Surplus-Bedeutung zu verstecken und in der vordergründigen Handlung zu gestalten versucht hat, auf ein Vorverständnis hoffend, auf dessen Erfordernis er nirgends verweist.

Alle Figuren Habecks sind Stellvertreter – sie sollen *die* Bourgeoisie, *die* Arbeiterbewegung, *die* Aristokratie, *die* Intellektuellen darstellen; diese Technik ist zwar naiv, verrät aber einen großen Anspruch: nämlich stets das *Verhältnis* mitzugestalten, in dem diese Figuren stellvertretend für gesellschaftliche Lager und Klassen zueinander stehen.

Als Beispiel dafür mag das eigentümliche Verhältnis des jungen Martin Leichtfried zu Vera Herzfeld dienen: Man kann natürlich glauben, daß es Martin zu Vera drängt, weil sie »einen schönen Busen hat«, weil er es vor dem Leser so sagt, und man kann glauben, daß sie ihn herankommen läßt, weil er ein talentierter junger Mann sei, wie sie in Anwesenheit des Lesers erklärt. In Wirklichkeit aber soll ihr Interesse aneinander und die Form, die es annimmt, auch etwas bedeuten, und das ist auch nicht schwer zu erkennen, wenn man sich in Erinnerung ruft, daß Vera Herzfeld Unternehmersgattin, also eine Angehörige der Bourgeoisie, ist und Martin Leichtfried »Prolet« mit Aufstiegshoffnungen. Was Habeck im Verhältnis Martin Leichtfrieds zu Vera Herzfeld dargestellt hat, ist Symbol für die allgemeine Entwicklung der österreichischen Gesellschaft so sehr, wie es auch kennzeichnend ist für die individuelle Entwicklung des Haupthelden.

Ob man nun »Klassenzusammenarbeit« oder »Sehnsucht nach dem Verschmelzen der Widersprüche« sagt, es ist symptomatisch, wie es eingeübt wird: In einem koketten Spiel nennt Vera Herzfeld ihren »Proleten« Martin einen »Sklaven« und schlägt ihn sogar mit einer Peitsche, worauf er aufspringt und sie ohrfeigt. Er will gehen. Damit wäre aber das Verhältnis zerbrochen, denn ist der »Sklave« weg, hört auch der »Sklavenhalter« zu existieren auf. Daher hält sie ihn zurück, sie *fleht*, d. h.

nun unterwirft *sie sich*: »Du darfst nicht gehen, tu mir das nicht an« – so unschlüssig wie verblüfft bleibt er stehen, unfähig, einen klaren Gedanken zu fassen. Da eröffnet sie ihm die Aussicht, mit ihr eins zu werden: »Ihr Pelz hatte sich geöffnet, er sah, daß sie darunter nackt war.« Er bleibt. Sie führt ihn zur Chaiselongue, er will sie an sich reißen, doch sie stößt ihn von sich. Er begreift das nicht und beginnt sie zu beschimpfen – aber er ist geblieben und dadurch Sklave geblieben, obwohl er gerade jetzt seinen Stolz dadurch restauriert, dieses Verhältnis umzukehren: allerdings auf der Ebene der moralischen Beurteilung und damit unter Voraussetzung des Einverständnisses mit seiner Knecht-Existenz: »Ich bin gerne Prolet! ... Was bist Du denn? Was kannst Du denn? Was hast Du geleistet? Nichts, nichts, nichts ...«

Sie gibt ihm recht und versucht sich ihm begreiflich zu machen. Der Konflikt ist in ein Beichtverhältnis übergegangen. Sie erzählt, wieso sie so ist. Sie gesteht, was sie sich von ihm ersehnt. »Du siehst, ich bin keine Königin mehr. Ich rede ganz offen mit Dir. Versuche mich zu verstehen.« Sie läßt sich wieder zögernd neben ihm, dem Besänftigten, nieder, sie streichelt leicht seine Wange. »Mein Knabe!« flüstert sie. Der »Sklave« ist zum »Knaben« geworden, aber das Possessivpronomen verrät, daß damit das Herr-Knecht-Verhältnis nur umformuliert ist. Sie hat gesiegt, denn sie hat erreicht, daß er sie durch seine Befreiung nicht auslöscht. Er ist geblieben und empfängt nun neue Anweisungen und Richtlinien. Aber auch er hat gesiegt, denn er hat die Peitsche zerbrochen und die Behandlung als »Partner« durchgesetzt. Allerdings hat er damit seine reale Befreiung verspielt, und auch seine reale Verschmelzung mit dem »Herrn«, in diesem Fall mit der »Königin«: Sie zieht sich an, er hat seine Anweisungen erhalten und verabschiedet sich, d. h., er sagt »auf Wiedersehen«, weshalb er *jetzt* gehen kann, denn *dieser* Abschied hat sein Bleiben versprochen, sein Gehen ist nur ein Gehen, um seine Schuldigkeit zu tun.

Bedeutsam bei dieser und entsprechenden Passagen in Habecks Roman ist, daß damit ein Topos der alten österreichischen Literatur aufgegriffen und verallgemeinert wird, nämlich der Topos vom eigentümlichen Verhältnis von Herrn und Diener im habsburgischen Österreich. Ein Verhältnis, das von der Harmonisierung der wechselseitigen Abhängigkeit und von einer über Mitwisserschaft organisierten Macht übereinander bestimmt ist, ein Verhältnis, dessen Stabilität zum Zentrum gesellschaftlichen und individuellen Handelns wurde. Man muß wohl nicht an Joseph Roths *Kapuzinergruft* erinnern, wo der junge Trotta in der Hochzeitsnacht seine Frau alleine läßt, weil sein Diener stirbt.

Etwas sentimental-karikierend reproduziert auch Ernst Lothar in seinem Roman *Der Engel mit der Posaune* (1947), der die Zeit vom Untergang des Habsburgerreiches bis zur Auslöschung der Ersten Republik anschaulich zu machen versucht, diesen Topos am Beispiel des »höchsten Herrn«: Im Kapitel »Ein Dienst geht zu Ende« schildert er die letzten Stunden Kaiser Franz Josephs aus der Perspektive seines Leibkammerdieners Ketterl. Wieder dasselbe Spiel: Ketterl widerspricht, reflektiert das »Hundeleben seiner Majestät«, widerspricht wieder sorgenvoll einem Befehl des Kaisers, dann wünscht der Kaiser zu beichten und weist Ketterl ins Nebenzimmer, »*wo man alles hörte, auch wenn man nichts hätte hören wollen*«, danach gibt Ketterl dem Kaiser Ratschläge, ermahnt ihn, um schließlich zu denken: »Wir kommen gut miteinander aus, seine Majestät und ich.«

Dieses Kapitel ist zwar eine – literarisch wenig bedeutsame – Anekdote, doch die darin charakterisierte Form des Herr-Knecht-Verhältnisses hat Lothar in seinem Roman durchgehend gestaltet: Die Hauptprotagonisten des Romans sind der Unternehmer Franz Alt und seine Frau Henriette, die einen Diener mit dem Namen Johann Simmerl in Dienst nehmen. Dieser setzt zunächst einmal durch, daß er nicht mit seinem Vornamen, sondern mit dem Zunamen gerufen wird. Dann gelingt es ihm, als »*Herr* Simmerl« gerufen zu werden, und erreicht dadurch ein Verhältnis, das von gegenseitiger Höflichkeit und Sorge bestimmt wird. Als »Herr« wird Simmerl sozusagen ein Bestandteil der Herrschaft, und erst so empfindet er die Arbeit im Dienste der Herrschaft als die seine, die aber beiden Seiten ihre vom Gegenteil entlehnten Identifikationsmuster gibt: Herrn Simmerl würde es nicht im Traum einfallen, die *Arbeiterzeitung* zu lesen, doch sein Herr wünscht dies sehr wohl zu tun, weshalb Simmerl widerspricht, als Herr Alt ihm die Besorgung der *Arbeiterzeitung* aufträgt.

Beim Begräbnis Herrn Alts »glich Simmerl in schwarzem, langem Rock, schwarzer Krawatte, schwarzen Handschuhen und schwarzem, hochumflortem Zylinder dem Senior des Hauses«.

Doch das Verhältnis ist nicht nur eines, das den Diener herrschaftlich macht, sondern läßt auch die Herrschaft dem Diener folgen: Als nationalsozialistische Schergen die Wohnung von Frau Henriette Alt durchsuchen wollen, läßt Herr Simmerl das nicht zu und wird für die Verteidigung von Frau Alts Geheimnissen vor ihrem Schreibtisch ermordet. Daraufhin stellt sich Frau Alt vor den Schreibtisch, »sie tut das, was der alte Mann ihr vorher gezeigt hat«, und sagt: »Sie werden mit mir dasselbe machen müssen«, worauf auch sie ermordet wird.

Ihr Sohn, Hans Alt, ist in der Firma Alt stets der Vermittler zwischen den Interessen der Arbeiter und den Interessen des Unternehmers, seines Vaters, gewesen. Nach dem Tod seines Vaters hat er die Firma übernommen, allerdings ohne sich als Unternehmer zu fühlen. Einer seiner Arbeiter sagt ihm noch: »Wann's Menschen gibt, die was Vorurteile und Klassenunterschiede wegbringen können – Sie sind einer davon!«

Minuten später wird Hans Alt im Zuge der Arisierung von den Nazis enteignet. Mit seinem Entschluß zum antifaschistischen Widerstand endet diese »Wiener Forsyte-Saga«, wie das Buch von der Kritik genannt worden ist. Der eigentümliche Charakter des Hans Altschen Widerstands ist bezeichnend für die Geschichte Österreichs: Über die Sympathie für soziale Reformen und Freimaurertum ist Hans Alt in einer persönlichen Freundschaft mit Kurt Schuschnigg gelandet, den er nach Zusammenbruch der Monarchie als den Bewahrer »österreichischen Wesens« betrachtet, genauso wie Schuschnigg Hans Alt als einen »wahren Österreicher« bezeichnet. Gegenüber dem Austrofaschismus indifferent, ist Hans Alts Widerstand gegen den Nationalsozialismus, der die Klassenruhe brachial zu erzwingen versuchte, nicht von der Erkenntnis des Wesens des Faschismus getragen, sondern wesentlich ein Reflex auf ihm zugefügtes privates Leid. Er installiert einen Geheimsender, den »österreichischen Freiheitssender«, und überträgt dreimal in der Woche Reden, die in einigen Wiener Bezirken empfangen werden können. Diese Reden kreisen um die »Idee des Österreichischen«: »Das Deutsche und seine Größe setze er keineswegs herab. Nur, sagte er, die großen Eigenschaften der Deutschen seien niemals die der Österreicher gewesen. Niemals würde die eingeborene, eingewurzelte Verschiedenheit zwischen den Völkern schwinden, welche dieselbe Sprache besäßen, um besser zu verstehen, wie verschieden sie wären: Österreich die Mitte, Deutschland das Extrem. Österreich die Andeutung und der Kompromiß, Deutschland die verläßliche Gründlichkeit, doch auch die hektische Herausforderung.« »Sein eigenes Dasein beweise«, sagt Hans Alt, »daß die österreichische Idee die Klassen einander nähere.«

Die Typisierung Hans Alts ergibt sich stringent aus dessen Biographie, die zugleich auch als exemplarisch gelten kann für die Entwicklung Österreichs und seiner Geistesgeschichte: Sie zeigt die als »spezifisch österreichisch« empfundene Tendenz zur Harmonisierung der Klassenwidersprüche, die aber auf keiner begrifflichen Erkenntnis des Wesens der Klassenwidersprüche basiert, sondern auf einer historisch in Österreich herausgebildeten Form ihrer Umgehung; sie zeigt, wie dieses falsche Bewußtsein, dadurch auch unfähig zur Erkenntnis des Wesens des Faschismus, bei einer sympathisierenden Indifferenz gegenüber dem Austrofaschismus landet, der – im Gegensatz zum Nationalsozialismus – bloß als politischer Ausdruck apolitischer, privater Regelungen der gesellschaftlichen Widersprüche – und deshalb als »gut österreichisch« – empfunden wird.

Die einzige Figur in diesem Roman Lothars, die bezüglich der gesellschaftlichen und politischen Entwicklung Österreichs zu Bewußtsein kommt, Hans Alts Freund Ebeseder, wird 1934 zum Tod verurteilt und hingerichtet. Wer eine politische Lösung der gesellschaftlichen Widersprüche intendierte, wurde liquidiert, was an unbestimmter Harmoniesehnsucht blieb, landete bei Dollfuß und Schuschnigg, ohne aber dies als politische Entscheidung zu erkennen.

Die hier skizzierte diffuse »österreichische Idee von der Annäherung der Klassen« – als so eigentümlich dargestelltes Herr-

Knecht-Verhältnis ein Topos in der Literatur des habsburgischen Mythos – wird am Beginn der Literatur der Zweiten Republik immer wieder neu aufgegriffen, zitiert, den nach-habsburgischen Situationen anverwandelt. Der sozusagen klassische Ort, an dem das Herr-Knecht-Problem und seine österreichische Lösung dargestellt wurde, ist »das Schloß«, weshalb das Schloß der Ort wird, den die österreichische Literatur auch in der Zweiten Republik zunächst immer wieder aufsucht: A. P. Gütersloh: *Sonne und Mond*, George Saiko: *Auf dem Floß*, Gerhard Fritsch: *Moos auf den Steinen*, bis zu Alfred Kolleritsch: *Die Pfirsichtöter*, um nur einige Beispiele zu nennen. In der kleinen Erzählung Peter Roseis: *Franz und Ich* ist es »der Hof«, wo die »Herrschaft des Knechts«, allerdings als bedrohliches Szenario, angesiedelt wird.

Die soziologischen Wurzeln dieses Topos deutet schon die Literatur des habsburgischen Mythos immer wieder selbst an: Es ist der Einfluß der Ohrenbeichtform auf den gesellschaftlichen Diskurs im katholischen Österreich, der zu jenen Organisationsweisen gesellschaftlicher Widersprüche führt, in denen Macht immer auf den Zuhörenden übergeht und damit, über Mitwisserschaft vermittelt, zur gemeinsamen Macht und zur Macht übereinander wird – allerdings nur im Diskurs.

Der Herr spricht. Er befiehlt, aber er erklärt sich auch, und die Macht geht auf den Zuhörenden, auf den Knecht über. Damit die Macht nun wieder auf den zurückgeht, der sie gesellschaftlich realiter besitzt, muß der Knecht widersprechen. Nun erst, gegen diesen Widerspruch, kann sich der Herr durchsetzen, der Widerspruch des Knechts (Ausdruck von dessen über Mitwisserschaft empfangenen Macht) hat den gesellschaftlichen Widerspruch harmonisiert, der sich nicht mehr im schroffen Gegensatz von Befehl und Ausführung äußern kann, sondern komplex umgeschmiedet ist zur Kette Befehl–Widerspruch–Geständnis–Mitwisserschaft–Verständnis, an der aber der Knecht nur subjektiv leichter zu tragen hat.

Man darf nicht vergessen, daß die österreichische Literatur, die sich nach Zusammenbruch der habsburgischen Monarchie der reminiszenten Ausformulierung jenes habsburgischen Mythos widmete, wie ihn Magris analysierte, und die die Entwicklung der jungen Republik und den Faschismus völlig aus ihrem Bewußtsein ausblendete, dies deshalb tat, weil sie mit den so schroff ausbrechenden Klassenkämpfen nicht zu Rande kam; während ihr mit dem Untergang der Monarchie jenes Klima der Harmonie verloren schien, mit der das alte Österreich alle Brutalität, alle soziale Ungerechtigkeit im geistigen Überbau umsäumt hatte.

Als nun die Repräsentanten beider gesellschaftlicher Lager darangingen, nach den von beiden Seiten als traumatisch empfundenen Klassenkämpfen der Ersten Republik und nach dem gemeinsamen KZ-Erlebnis das Neue Österreich in bewußt modifizierter Wiederbelebung des altösterreichischen harmonistischen Konzepts wiederaufzubauen (Konsenspolitik, Große Koalition, später dann Schaffung der Paritätischen Kommission), tauchte der entsprechende Topos sofort wieder in der österreichischen Literatur auf. Zum Beispiel in George Saikos Roman *Auf dem Floß* (1947): »So verschieden die beiden waren und so unüberbrückbar die Kluft zwischen ihnen sein mochte: was sie füreinander empfanden, läßt sich am ehesten als eine Art tiefer und besonderer, sozusagen organischer Bewunderung bezeichnen. Es war natürlich nicht leicht abzuschätzen, wer für den anderen die größere Bewunderung hegte, Joschko für seine Durchlaucht oder seine Durchlaucht für Joschko, aber manches spricht dafür, daß Joschko zeitlebens mehr von der ungewohnten Umgebung als von der Person seines Herrn beeindruckt blieb. Diese Umgebung warf über ihn das Netz eines nicht immer verständlichen Gehabens, in dessen schwierige Feierlichkeit er seinen Herrn längst verstrickt sah, so daß sich bei Joschko von Anfang an das Gefühl einer gewissen Partnerschaft einstellte, in der er mit seiner Durchlaucht durch zahlreiche, genau aufeinander abgestimmte Obliegenheiten verbunden war. Wirklichen Respekt und etwas wie Angst hatte er nur vor dem Kammerdiener, der dieses Netz nirgends durchbrechbarer Regeln von Tag zu Tag enger zog und über jede seiner Maschen unergründlich Bescheid wußte.«

Der Topos vom so eigentümlich harmonisierten Herr-Knecht-Verhältnis ist das Verbindungsglied zwischen der habsburgischen Literatur und der des Neuen Österreich, er bezeichnet den einzig relevanten literarischen Traditionszusammenhang zwischen der habsburgischen Monarchie und der Zweiten Republik.

Auch Franz Schuh verwies in einem Essay über Österreichideologie darauf, daß »ein gewisses Bild der Monarchie gleichsam als ideologisches Netz der Zweiten Republik erscheint, um alle Abstürze in die Realität abzufangen«. Den Satz Hermann Brochs – daß die Grafen die Allüren von Kutschern und die Kutscher die Allüren von Grafen annahmen – paraphrasierend – »heute ist der Kaiser Kleinbürger und der Kleinbürger Kaiser« –, spricht er von »trivialen Leitbildern aus dem Kaiserreich«, die heute »ideologische Muster sind, mit denen die österreichische Kulturindustrie Staat und Gesellschaft mystifiziert«.

Auffällig an der Neufassung dieses Topos, in dem die sozialpartnerschaftliche Ästhetik in nuce angelegt ist, ist zunächst seine formal traditionelle und politisch konservative Präsentation, obwohl Autoren wie Doderer, Fritsch, Habeck und Saiko »literarischen Neuerern« positiv und fördernd gegenüberstanden.

Der formale und politische Konservativismus dieser Autoren erklärt sich teilweise aus ihrer gesellschaftlichen und literarischen Herkunft und aus der harten Restaurationsphase zu Beginn der Zweiten Republik, doch formierte sich dagegen schon – literarischer – Widerstand: bekanntlich durch die Wiener Gruppe und bekanntlich unbekanntlich durch den literarischen Einzelgänger Hermann Schürrer.

Schon Doderer hat den österreichischen Herr-Knecht-Topos inhaltlich aus seiner Fixierung auf »wirkliche« Herren und Diener erlöst und das in diesem Topos ausgedrückte Verhältnis als *Verhältnis von Personen* gestaltet, ohne daß sie – wie eben bei Lothar oder Habeck – darüber hinaus etwas *bedeuten müssen*. Dadurch hat Doderer dieses Verhältnis erst recht als ein allgemeines, also gesellschaftliches begreifbar gemacht: Man denke etwa an das Verhältnis zwischen Zihal und Wänzrich im Roman *Die erleuchteten Fenster* (1950). Aber erst die Wiener Gruppe radikalisierte diesen Topos so sehr, daß sozusagen der Gemeinplatz in sein Material zerfiel und in Hinblick auf die geänderten gesellschaftlichen Verhältnisse neu zusammengesetzt werden konnte. Mit der Wiener Gruppe wendete die österreichische

Literatur den Blick von den historischen Wurzeln zu den aktuellen Blüten, die die österreichische Ideologie nun mit dem Einsetzen des Wirtschaftswunders so kräftig auszutreiben begann.

Wir haben gesehen, daß die österreichische Organisation von Herrschaftsverhältnissen, also ihre reale Einzementierung bei gleichzeitiger Aufhebung im Bewußtsein (Harmonisierung), wesentlich von einer spezifischen Kommunikationsstruktur zwischen »Herr« und »Knecht« getragen wird, einer Kommunikationsstruktur, die vor allem durch operativen Einsatz von Geständnis (Beichtform) und Mitwisserschaft charakterisiert ist. Das heißt, daß Machtverhältnisse ihre Harmonisierung bei Ausblendung ihrer materiellen Basis durch Fixierung auf die sprachliche Ebene und deren ornamentative Ausgestaltung (Allüren) durchsetzen. Es ist klar, daß bei zunehmender Etablierung dieses verbalen Austragungsmodus von objektiven Widersprüchen, die im Bewußtsein der Beteiligten verschwinden, die Elemente dieser Kommunikation zu operativ einsetzbaren Machtmitteln zwischen Sprechern und Hörern werden und die vorgetragenen Inhalte weitgehend an Bedeutung verlieren. Bedeutsam ist also, *daß* einer sagt, und nicht, *was* er sagt, nicht mehr *was* einer gesteht, verleiht dem anderen Macht, sondern prinzipiell, *daß* er gesteht.

Die Wiener Gruppe hat sich weitgehend auf diesen Materialcharakter der Sprache konzentriert. Wir »benutzten die worte im sinne wittgensteins als werkzeuge (allerdings in erweiterter bedeutung) und waren nicht nur am verhalten der worte in bestimmten sprachsituationen (konstellationen) interessiert (was das im naturwissenschaftlichen sinne experimentelle an unseren versuchen ausmachte), sondern auch an der steuerung konkreter situationen durch den sprachgebrauch«, schrieb Oswald Wiener.

Die Experimente der Wiener Gruppe waren also, wie die Literaturkritik naturgemäß lange nicht begriff oder begreifen wollte, keine formalistischen Rituale, und zwar deshalb nicht, weil sie sich mit dem Funktionieren sozialer Systeme beschäftigten, aber sie waren insofern doch formalistische Rituale, weil diese sozialen Systeme in ihrer Organisationsform zu formalistischen Ritualen geworden sind.

Diese formalistischen Rituale hat die Wiener Gruppe analysiert, indem sie sie in ihre materiellen Bestandteile zerlegte. Diese Bestandteile begannen die Autoren der Wiener Gruppe vorzuführen, zu inszenieren, allerdings mit dem Anspruch, daß die darin verschleierten Machtverhältnisse entdeckbar, bewußt, und daher wieder wirklich werden: »wir waren alle überzeugt davon gewesen, daß wir in einer objektiven wirklichkeit lebten, und daß es, in diesem sinne nannten wir uns ja schließlich dichter, unsere aufgabe war, die sprache zu einer optimalen Annäherung an die wirklichkeit zu zwingen« (Oswald Wiener).

Der »Sprachzweifel« (Konrad Bayer sprach etwa davon, daß er noch beim Vorzeigen bloßer Gegenstände landen werde) war – wie in diesem Zusammenhang ersichtlich – ein begründeter Zweifel daran, daß die sprachliche Harmonisierung von Widersprüchen diese Widersprüche (und damit Macht) tatsächlich ausräumt, zugleich natürlich auch ein Verzweifeln daran, daß Sprache diese Harmonisierung zu leisten imstande ist.

Die »optimale Annäherung der Sprache an die Wirklichkeit« erzwang die Wiener Gruppe durch eine Konfrontation des Rezipienten mit jenem Sprachmaterial in einer Weise, die dem Rezipienten die Widersprüche und ihren Kern, nämlich Macht und Gewalt, nicht vorführte (wie bislang in der »darstellenden Literatur«, die ja durch die anthropomorphisierte Darstellung sozialer Probleme immer auf ein Vorverständnis vom Funktionieren sozialer Systeme verweisen muß), sondern ihn als einen Teil des Widerspruchs in den Konflikt literarisch mit einbezog.

Die Autoren der Wiener Gruppe verstanden sich in ihrem Verhältnis zu den Rezipienten zu Recht zunächst als Herren, nämlich als Herren ihres Werkes, das der Rezipient, der Empfänger der Anweisungen des Werkes, sich aneignen muß, um es sich dienstbar zu machen.

Im *cool manifest* hatte Wiener daher von den Unterzeichnern (den Autoren der Wiener Gruppe) »die enthaltung von stellungnahmen jeder art« gefordert; ein Grundgedanke des Literarischen Cabarets war, »das publikum als schauspieltruppe zu betrachten, und uns selber als die zuschauer«. Alle Macht geht vom Volke aus und auf den Zuschauenden bzw. Zuhörenden (Enthaltung von Stellungnahme jeder Art!) über, der das Sprachmaterial zur Organisierung dieses Machtverhältnisses bloß vorschreibt oder zerstört, um die Macht wieder sichtbar zu machen, »auch ohne die verwirklichung unserer phantasien – maschinengewehre und handgranaten einzusetzen, reinen tisch zu machen im parkett. das publikum als gegenstand, in allen bedeutungen des wortes.«

Kruntorad schrieb in der von Hilde Spiel herausgegebenen österreichischen Literaturgeschichte treffend, daß die Wiener Gruppe die Kommunikationsstrategie durch die Strategie des Terrors ersetzte, daß sie eine Kunst produzierte, die zur Unterwerfung aufforderte. Was er nicht schrieb: daß diese Unterwerfung Wirklichkeit war, der sich die Wiener Gruppe bloß genähert hatte.

Die Wiener Gruppe hat sozusagen den österreichischen Herr-Knecht-Topos aus der Darstellung in rückständigen literarischen Techniken befreit und damit zum *Prinzip* der österreichischen Literatur gemacht, indem sie die Sprache zu einer Materialsammlung des Herr-Knecht-Verhältnisses auflöste und dieses Verhältnis mit dem Publikum durchspielte. War der Herr-Knecht-Konflikt und seine »österreichische Lösung« bislang ein Topos *in* der österreichischen Literatur, so markiert die Wiener Gruppe gleichsam die »kopernikanische Wende«, nach der dieser Konflikt durch Literatur als ein *Faktum der gesellschaftlichen Realität* sichtbar wurde.

Zwei Autoren, die besonderen Anteil haben an der gegenwärtigen Bedeutung der österreichischen Literatur, schafften ihren literarischen Durchbruch mit einer formal innovativen Rückbindung des Herr-Knecht-Konfliktes in die Literatur, der aber dadurch nicht wieder bloß ein Topos, sondern Gestaltungsprinzip des Textes wurde: Thomas Bernhard mit *Frost* (1963) und Peter Handke mit *Publikumsbeschimpfung* (1965).

Der Roman *Frost* handelt – soweit er eine Handlung im traditionellen Sinn hat – von einem jungen Medizinstudenten, der in ein Dorf geschickt wird, um die Ursachen der Selbstzerstörung des Malers Strauch zu finden und darüber zu berichten.

Gerade das, was die Kritik zunächst bemängelte – »es fehlt jede Motivierung, warum der verschlossene, menschenfeindliche Maler Strauch den fremden Studenten so schnell und restlos zu seinem Vertrauten macht« –, ist in Wahrheit der qualitativ neue Ausdruck der Entwicklung, die die österreichische Literatur dann insgesamt nehmen sollte. Es ist die *Geständnisprosa*, die das verbale Oszillieren von Machtverhältnissen umfassend zu beschreiben beginnt und dadurch zugleich auch begründet, wie die Machtverhältnisse realiter dadurch unangetastet bleiben. Gerade in der Geständnisliteratur Bernhards zeigt sich deutlich, wie durch die Geständnisse die Konflikte und Differenzen verschwinden und die Protagonisten vordergründig, nämlich im Kommunikationszusammenhang, in eins zusammenfallen. Ihre Egalität ist die der uniformierten Sprache, die zugleich auch verrät, daß Aussagen, die nicht vom Wissen, sondern vom Mitwissen kommen, herrisch machen – bezeichnenderweise auch im Geständnis, das ja ein Antizipieren des Urteils über einen selbst sein will. Diese Sprache drängt zu Urteilen, nicht zu Sehweisen oder Einschätzungen. In Urteilen sind aber Widersprüche immer schon aufgehoben, sie, das Ende stets jedes Verfahrens, werden im Mitwisserschaftsverhältnis zum Apriori, das die Welt regiert, und scheinen sie auch Widerspruch herauszufordern, so doch nur, um zu zeigen, daß es keinen gibt.

Wenn die Kritik also festhielt, bei Bernhard sei egal, wer was sage, wer zu wem spreche, dann schließt Kruntorad falsch, wenn er daraus ableitet: »Die Monologe verhallen ungehört.«

Wie sagte doch der Maler Strauch so treffend: »Man kann nichts tun, ohne daß es publik wird. Auch und vor allem dort wird es publik, wo man Angst hat, es könnte dort publik werden.«

Was verhallt, sind die aggressiv vorgetragenen Unterscheidungsversuche, was bleibt, ist die scheinbare Egalität derer, die ihre Geständnisse austauschen, die Identität der Widersetzlichkeiten, das Verschmelzen aller, die etwas sagen, in einer *herrschenden* Harmonie, und diese ist die entsetzlichste, so Bernhard.

Durch Bernhards hypertrophierten Gebrauch des Verbums »sagen« in allen möglichen Personalformen und Inversionen (»sagte er«, »sagte ich«), bzw. des synonym verwendeten Partikels »so« (»so Karrer zu Oehler«) wird die Geständnisstruktur der Sprache so dominant, daß sie den Inhalt des Gesagten geradezu überlagert. Das ist wohl der Grund, warum die Literaturkritik monierte, daß Bernhard »kein großes Thema« habe und nichts mehr darauf verweise, »daß hier jemand Bestimmter das Wort ergreift«. Aber es ist ja tatsächlich so, daß die *Form* des Geständnisses die Sprechenden vielmehr aneinander angleicht, als sie der jeweilige *Inhalt* der Geständnisse unterscheidet. Nur deshalb konnte ja auch die Sozialpartnerschaft funktionieren: weil die, die in ihr verschiedene Standpunkte und Interessen vertraten, durch die ritualisierte Mitwisserschaft längst schon ununterscheidbar geworden waren. Das ist das Geheimnis des apriorischen Kompromisses, genauso wie des apriorischen Urteils in Bernhards Literatur. Was danach folgt, kann nur noch tautologisch sein: Die Unterscheidungsversuche, die *nach* dem Kompromiß kommen, sind ebenso ununterscheidbar. Je grotesker und idiosynkratischer die Sprechweisen der Bernhardschen Figuren werden, desto rettungsloser verlieren sie sich erst recht im Allgemeinen, und je monomanischer sie auf Widersprüchen insistieren, desto geschlossener wird die Einheit des Textes.

Es ist interessanterweise nicht der Literaturkritik oder -wissenschaft, sondern einem anderen österreichischen Dichter, nämlich Peter Handke, aufgefallen, daß alle Personen in Thomas Bernhards Roman *Verstörung* etwas *gestehen* und daß vor allem der Fürst von Saurau »wie zur Lebensrettung redet«.

Mit der Gestalt des exzessiv beichtenden Fürsten greift auch Bernhard den habsburgischen Herr-Knecht-Topos neu auf, in der der Aristokrat, der Herr, nicht einfach befiehlt und Macht ausübt, sondern sich dem Knecht, dem Diener, immer auch gleich umfassend anvertraut. Allerdings wird dieser Topos bei Bernhard nicht inhaltlich vorgeführt, sondern in der Sprachstruktur des Textes, in der Sprache des Fürsten aufgelöst. Der Fürst redet alleine, er hat keinen »Knecht« mehr, etwa einen Diener oder einen Verwalter, sondern nur noch »*Bewerber* für einen Verwaltungsposten«. Es war ja nicht nur die politische Macht der Aristokratie in der Zweiten Republik desavouiert, Macht war überhaupt nicht mehr sichtbar an eine bestimmte Klasse, geschweige denn an einzelne Personen gebunden, sondern regelte sich über einen allgemeinen gesellschaftlichen Diskurs, der den Kompromissen der großen Interessenorganisationen entsprang. Deswegen redet der Fürst auch »wie zur Lebensrettung«.

In der Sprache des Fürsten sind alle Elemente des klassischen Herr-Knecht-Topos sprachlich aufgehoben: die Apodiktik der Macht, die sich im Geständnis auflöst, um sie zu erhalten; der Hang zum Widerspruch als Allüre, die die eigene Ohnmacht aber hinnimmt und sich daher in völliger Akzeptanz des Gegebenen auflöst; das Zusammenfließen der beiden Momente zu einem Kompromiß, zu einer Identität, der alles identisch wird. Bernhard gestaltet also die besondere Organisationsform des Herr-Knecht-Verhältnisses nicht mehr in einem Verhältnis von zwei Figuren, die diese Dialektik vorführen, wie noch die traditionell erzählende Literatur; aber auch nicht durch Aufbrechen der literarischen Form und Einbeziehung des Rezipienten, mit dem das Herr-Knecht-Verhältnis dann durchgespielt wird, wie es die Wiener Gruppe machte. Eine Referenz daran ist allerdings insofern vorhanden, als die Figur, an die der Fürst seinen Monolog richtet, nichts sagt und nichts kommentiert, wodurch sich der Monolog ebenso unmittelbar an den Leser richtet. Wesentlich ist aber, daß beide Seiten des Verhältnisses, des Widerspruchs, in den Text zurückgenommen sind, deren Dialektik als *Monolog* gestaltet ist – so wie die beiden Seiten des Widerspruchs realiter ja längst verschmolzen sind und eine entsprechende gesellschaftlich allgemeinverbindliche Diskursform hervorgebracht haben, in der die Synthese immer schon enthalten ist.

Natürlich läßt diese Synthese keine wirklichen Identitäten zu, so sehr beim Fürsten auch Innenwelt und Außenwelt identisch werden, aber diese Identitäten sind ihm Verstörungszustände, was eben zeigt: Hier ist etwas gestört, hier stimmt etwas nicht. Sie ermöglicht aber auch keinen wirklichen Widerspruch, weil der Widerspruch ja immer schon aufgehoben ist, weshalb auch alle Versuche des Fürsten, Differenzen herzustellen, sich sofort absorbiert zeigen. Aber wenn der Widerspruch ausgeschaltet ist, dann ist es auch der Kampf – wodurch das Überleben aller garantiert erscheint, mögen deren Identitäten sich auch je auflösen. Der um sein Leben redende Fürst hat also sein Leben gerettet, er hat es durch seinen Monolog bewiesen. Daher erscheint dem Fürsten von Saurau nur noch eines als *wirklich* bedrohlich: nämlich eine ganz andere Form des Diskurses: »Wir, mein Sohn und ich«, gesteht er am Ende des Buches, »waren immer unfähig gewesen, ein Gespräch miteinander zu führen. Er hat sich in England so kurze Sätze angewöhnt, eine Redeweise, die schmerzt, die abtötet. Ich habe ihn, denke ich, zu meinem Vernichter erzogen.«

Handkes Stück *Publikumsbeschimpfung* markiert am deutlichsten, wie die Errungenschaften der Wiener Gruppe und die Lehren daraus in die Literatur zurückgeführt und reästhetisiert wurden: Ist etwa Oswald Wieners vergleichbares Stück *Purim, ein Fest*, das wahrscheinlich Pate gestanden hat, tatsächlich *nur am Theater nicht* aufführbar, so ist Handkes Stück bewußte Rückübersetzung der von Wiener beschriebenen Herrschaftsallüren in die Struktur des Theaters.

Wie bei Wieners *Purim* sind in Handkes *Publikumsbeschimpfung* die Zuschauer Teilnehmer des Geschehens. Während die Zuschauer dies bei Wiener fühlen müssen (bzw. müßten), müssen sie es bei Handke nur hören: »Sie sind nicht Luft für uns. Sie sind uns lebenswichtig, weil sie anwesend sind. Wir sprechen gerade um ihrer Anwesenheit willen. Ohne ihre Anwesenheit werden wir ins Leere sprechen. Sie sind nicht stillschweigend vorausgesetzt. Sie sind nicht die stillschweigend vorausgesetzten Lauscher hinter der Wand.«

Wieners Brachialgewalt wird bei Handke in die Worte zurückgenommen, nicht nur in Schimpfworte, wie der Titel suggeriert, sondern wesentlich in *Aussagesätze*, die im Sprachinstrumentarium von Gewaltverhältnissen, wie schon gesagt wurde, eine zentrale Funktion haben.

Die Aussagesätze in der *Publikumsbeschimpfung* führen vor, wie Geständnisse (»Wir sprechen offen zu Ihnen«) und Mitwisserschaft (»Wir wissen, was Sie sich erwartet haben«) Macht konstituieren, weshalb *erst nach diesen Sätzen*, am Ende des Stückes, die Befehle und Schimpfwörter folgen.

Haben also die Schauspieler daher Macht über die Zuschauer, so verlieren sie sie zugleich wieder durch die Aussagesätze. Die Schauspieler machen die Aussagen, das Publikum hört zu. Daher: »Sie sind die Objekte unserer Worte. Aber Sie sind auch Subjekte.«

Oswald Wieners Stück ist rabiater. Jene Szene im zweiten Literarischen Cabaret (1959) der Wiener Gruppe, als das Ensemble auf drei Stuhlreihen auf der abgedunkelten Bühne saß und das Publikum im erleuchteten Zuschauerraum interessiert durch Operngucker betrachtete, war sicherlich gewalttätiger. Aber Handke gestaltete das Funktionieren des Macht*verhältnisses*, er zeigt, wie der Machtlose sich Macht *herausnehmen* kann, dies allerdings nur im Einverständnis damit, daß er sie *nicht erringt*, weshalb die Schauspieler dem Publikum sagen, daß sie ohne es nichts wären und die Zuschauer die Subjekte sind. Tatsächlich ist das Verhältnis von Zuschauern und Schauspielern das von Herren und Knechten: Die Zuschauer zahlen, der Schauspieler springt. Während die Zuschauer sich in ihrer Muße befinden, müssen die Schauspieler arbeiten, und sie müssen sich anstrengen, die Gunst der Zuschauer zu erhalten (so oder so: durch Befriedigung ihrer Erwartung oder durch befriedigende Enttäuschung ihrer Erwartung), damit sie wiederkommen. Im Theater läßt sich das Herr-Knecht-Verhältnis tatsächlich durchspielen, ohne auf Bedeutungen außerhalb zu verweisen. Doch während die Wiener Gruppe, auf der verdunkelten Bühne sitzend, in den erleuchteten Zuschauerraum blickend, die Umkehrung des Verhältnisses spielte, um es aufzubrechen, zeigte Handke die reale Scheinumkehrung dieses Verhältnisses, die ziellosen Schimpfwörter am Ende des Stückes sind jene Allüren, die sich die Schauspieler herausnehmen dürfen, nachdem sie offen ihre Aussagen gemacht haben, die ja bekanntlich wieder gegen sie verwendet werden können. Und der Zuschauerraum der beschimpften Herren und die Bühne der herrischen Knechte waren gleichermaßen beleuchtet, *in mildes Licht getaucht*: »Die Helligkeit hier und dort ist ungefähr gleich, von einer Stärke, die den Augen nicht weh tut.«

In seinem Stück *Kaspar* hat Handke weiter Sprache als Herrschaftsinstrument dargestellt und im Stück *Das Mündel will Vormund sein* Körpersprache als Ausdruck von Herrschaft und Knechtschaft: Das Mündel stockt z. B. beim Verzehr eines Apfels, als es merkt, daß der Vormund zusieht, als es weiß, daß der Vormund weiß, daß es einen Apfel ißt. Handke stellt in diesen beiden Stücken wieder beide Seiten des Herr-Knecht-Verhältnisses auf die Bühne, aber beziebt die Zuschauer nicht mehr mit ein, abgesehen davon, daß deren Mitwisserschaft mitspielt. Dadurch hat Handke das Herr-Knecht-Verhältnis wieder völlig reästhetisiert und harmonisiert, wobei aber diese Harmonie als unsinnige, als unstimmige dargestellt wird: Am Ende des Stückes hat das Mündel die Arbeitshose abgestreift – und läßt Sand in eine Badewanne fallen. Dieses Bad ist mit keinem Kinde mehr ausschüttbar, will sagen, der Knecht ohne Arbeitshose (ohne Knechtbewußtsein) ist zu keinen radikalen Lösungen mehr fähig, sondern nur noch zu unstimmigen. Handke ist tatsächlich »eine sensible Sonde, die gleich dem Ausschlag eines Instruments den Zustand eines Systems beschreibt« (Michael Springer). Diese Sensibilität hat Handke, wie leicht nachlesbar ist, in seiner weiteren Entwicklung radikalisiert.

Der radikalen, immer umfassenderen Harmonisierung des Systems hat er eine immer radikalere Sensibilität gegenübergestellt, hat jene in dieser immer radikaler aufgehoben. Die Entwicklung Handkes war nicht so sprunghaft, wie es der Kritik erschien, die ihn zunächst als Formalisten sah, und dann seine »plötzliche Rückkehr zum Erzählen« feststellte. Sein Formalismus war kein ritueller, weil er sich, wie wir schon bei der Wiener Gruppe festgehalten haben, mit dem Funktionieren sozialer Systeme auseinandersetzte, und seine »Rückkehr« zum Erzählen bzw. zu einem Theater, »in dem die Bretter wieder die Welt bedeuten«, ist keine Rückkehr zu jenem »Realismus«, der bloß auf ein Vorverständnis vom Funktionieren sozialer Systeme verweist.

Er hat das Material der Wiener Gruppe formal innovativ reästhetisiert, schrittweise beginnend und daher als Formalist erscheinend, hat er sich sorgfältig immer weitergetastet, sorgfältig, um die »Nähe zur Wirklichkeit«, der sich die Wiener Gruppe »optimal genähert« hatte, nicht zu verlieren, während er sich am Weg in die völlige Ästhetisierung der Wirklichkeit so weit von ihr entfernte, wie notwendig war, um ein Gegenbild zur Wirklichkeit mitzuschaffen, d. h. das Defizit der Wirklichkeit mitzugestalten. In seiner Erzählung *Langsame Heimkehr* ist die totale Harmonisierung, die das System betreibt, der begründete Zweifel an der Stimmigkeit dieser Harmonisierung, wie auch die wirkliche Harmoniesehnsucht des Menschen gleichermaßen aufgehoben.

Die Erzählung beginnt mit den Sätzen: »Sorger hatte schon einige ihm nah gekommene Menschen überlebt und empfand keine Sehnsucht mehr, doch oft eine selbstlose Daseinslust und zuzeiten ein animalisch gewordenes Bedürfnis nach Heil. Einerseits zu einer stillen Harmonie fähig, welche als eine heitere Macht sich auch auf andere übertrug, dann wieder zu kränkbar von den übermächtigen Tatsachen, kannte er die Verlorenheit, wollte die Verantwortung und war durchdrungen von der Suche nach Formen.« Sie endet mit dem Bild vom »Paradies dieses Abends«, an dessen Gestaltung Sorger sich »beinahe sehnsüchtig anschließen wollte«, wäre er nicht immer auch »gefolgt von einem bleichen, lautlosen Blitzstrahl, in welchem das so stark Ersehnte leicht, fast sanft wiederum von ihm wegrückte und dabei vor sich die Leere eines erdumspannenden Todesstreifen zeitigte, der ihn schwächte und jäh in sich zurücktaumeln ließ«.

Die Ambivalenz jenes Endzeitzustandes der Sozialpartnerschaft, dieses bürgerlichen Geschichtszieles, das die totale Harmonie durchsetzte, ohne die Konfliktursachen beseitigt zu haben, dieses »Paradies« hat Handke in seiner Erzählung verdichtet. Nach diesem Paradies scheint wahrlich nichts mehr kommen zu können: »Kurz hattest Du, Sorger, da die Vorstellung, daß die Geschichte der Menschheit bald vollendet sein würde, harmonisch und ohne Schrecken. Ja, es gab die Gnade. (Oder?)«

Aber es kommt doch noch etwas danach, denn die Konfliktursachen sind ja nicht tatsächlich ausgeräumt. (Oder?)

Es mag erstaunen, daß Dichter, die die avancierteste Form zur Beschreibung und Kritik von Herrschaftsverhältnissen entwickelt haben, gleichzeitig völlig entpolitisiert scheinen oder, so sie sich explizit politisch äußern, einen deutlichen Hang zu politisch konservativen Positionen haben. Zweifellos ist es aber so, daß der politische Konservativismus im Expliziten durch den formal weit fortgeschrittenen ästhetischen Avantgardismus der Form listig-vernünftig aufgehoben wird, entsprechend der österreichischen Situation, in deren Kontext die Texte entstanden sind – die eben charakterisiert war durch relative ökonomische Zurückgebliebenheit bei gleichzeitig weit fortgeschrittenem organisatorischem Avantgardismus (Sozialpartnerschaft).

Umgekehrt sind jene Autoren, die mit dem Anspruch angetreten sind, eine politisch explizit fortschrittliche Literatur zu machen, letztlich an der Rückständigkeit ihrer Techniken gescheitert – sogar Michael Scharang, der ja auch als kunsttheoretisch versiert gilt und sich in formal avancierteren Texten versucht hat. Aber wenn Scharang im *Charly Traktor* seine Kritik an der Sozialpartnerschaft dem Haupthelden in den Mund legen muß, um sie mitteilen zu können (»Sozialpartnerschaft, wenn ich das schon höre!, sagt Charly Traktor«), dann ist das natürlich ein hilfloser Versuch, das Defizit einer Erzählweise auszugleichen, die die Kritik an der Sozialpartnerschaft künstlerisch nicht zu gestalten vermag. Wir haben schon darauf hingewiesen, daß der sozialpartnerschaftliche Geist Harmoniekonzeptionen mit im wesentlichen nichtöffentlichem, nichtdemokratischem Charakter im gesellschaftlichen Überbau durchsetzte. Diese antidemokratische, antiöffentliche Struktur im österreichischen Überbau (die vor allem aus der wachsenden Funktionslosigkeit des Parlaments unter sozialpartnerschaftlichen Voraussetzungen entstand) legte der österreichischen Literatur nicht nur Entpolitisierung bzw. expliziten Konservativismus nahe, sondern drückte sich auch in einer *Apotheose des Ich* aus, die ein ästhetisches Strukturmerkmal der österreichischen Literatur und unter dem Begriff »Innerlichkeit« zum literarischen Markenzeichen wurde. Wolfgang Pircher verwies darauf, daß die aus der Sozialpartnerschaft folgende »weitgehende Undurchschaubarkeit und Anonymität des politischen Handlungsgefüges«, das Verschwinden »der handelnden Subjekte hinter dem bürokratischen Schleier der scheinbaren Sachgesetzlichkeit«, den einzelnen »unmittelbar nur den Rückzug in die Innerlichkeit erlaubt«.

»Innerlichkeit« ist ein sicherlich treffender, jedoch auch sehr vager Begriff, bezeichnet er doch lediglich ziemlich allgemein eine geistige und psychische Haltung von Menschen, die isoliert und apathisch übermächtigen politischen Apparaten gegenüberstehen – ohne näher die Spezifika des politischen Apparates und auch des Verhältnisses zu diesem zu konkretisieren. Nicht zuletzt ist es z. B. auch in der BRD in den siebziger Jahren als Reaktion auf die forcierte Entwicklung eines »starken Staates« – der sich nicht wie in Österreich durch einen hohen Grad an institutionalisierter Konfliktharmonisierung charakterisiert, sondern im Gegenteil durch eine offensive Aggressivität bei der Konfliktaustragung – zu einem massenhaften Rückzug der einzelnen in die »Innerlichkeit« gekommen, was sich auch in einer literarischen Welle mit dem Markenzeichen »Neue Innerlichkeit« ausdrückte, die einige Zeit in der Literaturkritik als einzige Gegenwartsströmung galt, die die gesellschaftliche Wirklichkeit in der BRD adäquat repräsentiere.

Es ist jedoch bezeichnend, daß die Form- und Stilprinzipien für diese Welle in der BRD von österreichischen Autoren vorgegeben wurden, da der Hang zur Innerlichkeit in Österreich eine längere Tradition besaß, Folge einer gesellschaftlich umfassenderen Entwicklung war.

Die literarischen Vorlagen der österreichischen Autoren konnten daher diese Welle vorwegnehmen bzw. einleiten, ohne auch nur annähernd in irgendeiner literarischen Gattung in Tiefe, Gekonntheit und Absolutheit der Werke von BRD-Autoren, die einfach relativ rasch auf eine aktuelle Situation literarisch reagierten, jemals eingeholt zu werden. Es gibt – um nur ein Beispiel zu nennen – kein Gedicht aus den gewiß unzähligen Werken jener Lyriker, die in der Bundesrepublik Deutschland »Neue Innerlichkeit« produziert hatten, das etwa an Handkes »Blaues Gedicht« heranreicht. Dazu kommt, daß in der BRD die Innerlichkeitsliteratur nur eine unter vielen literarischen Bestrebungen und Konzeptionen blieb, in Opposition dazu standen etwa die »Werkkreise der Literatur der Arbeitswelt«, die sich ebenfalls durchsetzten, während in Österreich schüchterne und einfache Versuche dieser Art wie eben der »Arbeitskreis der Literaturproduzenten« bald spurlos verschwunden waren.

Der für Österreich konstatierte allgemeine und daher auch literarische »Rückzug in die Innerlichkeit« unterschied sich von der literarischen Welle in der BRD im wesentlichen also dadurch, daß er auf einer längeren und umfassenderen gesellschaftlichen Entwicklung beruhte und nicht verschreckter Ausdruck von Individuen war, die angesichts eines plötzlich deutlich übermächtig aggressiv werdenden Staatsapparates den Rückzug antraten und ihre vormals radikaldemokratischen Ansprüche einspannten, also allgemeiner Ausdruck der allgemeinen gesellschaftlichen Apathie war, die aus der Ahnungslosigkeit gegenüber dem politischen Gefüge und dem Gefühl seiner »Naturgegebenheit« abseits von einem selbst kam. Ein solch allgemeiner literarischer Ausdruck einer gesellschaftlich umfassenden mentalen Situation war daher auch weitgehend ohne Alternative, hatte keine Veranlassung, mit anderen Konzeptionen zu konkurrieren, in die Quere zu schießen, und ging folglich immer mehr in die Tiefe.

Dieses Ich also, so trotzig wie wehleidig, gewiß auch eine Restauration des bürgerlichen literarischen Individuums, zugleich aber auch eine utopische Wiederherstellung des von der fortgeschrittenen bürgerlichen Gesellschaft de facto desavouierten Ich, blickte nicht nur in sein Inneres, sondern sich auch um in einer Umwelt, die radikal in Splitter zu zerfallen schien und doch wieder so harmonistisch verkleistert wirkte – wie es der sozialpartnerschaftliche Oberbau dem Betrachter suggerierte.

Natürlich bestand dabei immer auch die Gefahr, daß der Blick des literarischen Ich auf die Welt deren Schein bloß ästhetisch reproduzierte. Diese Gefahr erwies sich eigentümlicherweise dort am größten, wo der Blick sich in größtmögliche Genauigkeit zu steigern versuchte – und sich daher wieder in einer Emphase der Details und in Partikularitäten verlor, die in der Gestaltung kaum mehr sinnvoll aufgehoben werden konnten.

»Auf der dämmrigen Siedlungsstraße ging ein junges Mädchen mit einer blauen Pluderhose geradeaus, auf das letzte Himmelsgelb zu. Aus einem Querweg bog eine ältere Frau auf dem Fahrrad, mit der gefüllten Milchkanne in der Hand (im Torfgebiet gibt es vereinzelte Bauernhöfe). Ein alter Mann ging von seiner Haustür zum Gartentor und zurück, wobei er auf dem Hinweg die Brille auswechselte und sich auf dem Rückweg den Puls befühlte.« Dies alles hat natürlich weiters keine Bedeutung, außer vielleicht der, daß man diese Bewegung endlos fortsetzen kann, ohne daß es je ein Ganzes wird: »Im Zimmerwinkel rollte ein Staubknäuel, von der Stehlampe beleuchtet, vor und zurück, und am Himmel strahlte noch ein Kondensstreifen in der Sonne, gezogen von einem blinkenden Metallstift. Auf dem Grund des Kanals trieben die Moosklumpen. Ein Rehrudel übersprang den Entwässerungsgraben einer Torfwiese.«

Diese Summe von Splittern und beliebigen Einzelheiten (beliebig, weil von zufälligen Momenten des Wahrnehmens abhängig; am Tag zuvor sah er vielleicht statt eines Staubknäuels ein Spinnennetz im Zimmerwinkel, und das junge Mädchen geht vielleicht jeden Tag auf der Siedlungsstraße, nur am Vortag eben statt mit blauer Pluderhose auf das letzte Himmelsgelb mit gelber Cordhose auf das letzte Himmelsblau zu! Es wäre für den Text bedeutungslos!) muß das Individuum ununterbrochen auf sich rückbeziehen, um einen Zusammenhang zu stiften, den die Außenwelt nicht hat.

Diese Versuche, sich selbst zur gesellschaftlichen Synthese zu machen, lösen Gefühle und Meinungen aus: »Als ich einen ländlichen Tabakladen betrat, sah ich dort eine Todesanzeige angeheftet – und unter der Todesanzeige lag ein verdreckter, verschrumpelter Lederhandschuh: der Lederhandschuh, das werde bald ich sein, fuhr es mir sofort kalt in das Herz.« »Und ich sah kürzlich in einem Hausflur eine leere Plastiktragetasche mit der Aufschrift ›Frische Hafermastgänse aus Polen‹. [...] Ich fühlte mich auf einmal ungeheuer geborgen, als ich es las.«

Doch der absurde Versuch, eine individuelle Synthese stiften zu wollen, muß natürlich scheitern, es zerfällt alles erst recht in Einzelheiten, die Gefühle entpuppen sich als austauschbar: »Ich möchte Dich hassen und hasse Kunstleder/Du möchtest mich hassen und haßt den Nebel«. Die Meinungen erweisen sich als beliebig und ohne sinn- und zusammenhangstiftende Macht.

Deshalb müssen die Individuen die Phänomene auslöschen oder sich selbst, so wie Quitt, der so lange mit dem Kopf gegen eine Felswand rennt, bis er liegenbleibt, oder sie müssen in einen Schwebezustand eintreten, wie Loser, der das Problem hinter einer jähen Tat verschwinden läßt, und Zusammenhang durch »eine eigene Geschichte« ersetzt, die er nun hat.

Eine »eigene Geschichte« hat allerdings nur einen Sinn, wenn es eine allgemeine gibt; aber diese schien mit der Sozialpartnerschaft nicht nur an ihrem Ziel, an ihrem Ende angekommen zu sein, sondern war überhaupt, auch als Wissen von Geschichte und als historisches Bewußtsein, verschwunden. Es gibt daher in den Romanen Handkes oder Bernhards grundsätzlich keine Konkretisierung des historischen Moments, in dem diese Romane handeln.

Die jeweilige Romanzeit, die darin sich entfaltenden Ereignisse und Probleme und die Protagonisten des Romans scheinen von einer realen historischen Gewordenheit weder tangiert, noch zeigen sie sich an realen historischen Ereignissen interessiert. Wenn, was selten der Fall ist, eine Jahreszahl genannt wird, dann in pseudokonkreter Manier, deren Bedeutung im Text ihre historische Bedeutung völlig ausblendet: 1919 ist zum Beispiel in Bernhards Roman *Verstörung* lediglich das Jahr, in dem bei einer »Fronleichnamsprozession in Köflach« die »Frau Oberlehrer Ebenhöh« ihren Mann zum ersten Mal getroffen hat.

Historische Ereignisse oder allgemeine gesellschaftliche Entwicklungen, die in das Leben der Romanfiguren hineinwirken, gibt es nicht. Es wird eine enthistorisierte Meta-Zeit konstruiert, in der sich etwa in der Abfolge nicht näher datierter Tage (z. B.: »Erster Tag«, »Zweiter Tag«, »Dritter Tag« etc. als Kapitelüberschriften) eine Reihe historisch nicht konkretisierbarer, oft geradezu archaisch anmutender Begebenheiten ereignen. Diese Zeit vergeht im Rhythmus einfacher temporaler Konjunktionen – »später«, »und dann«, »oft«, »tagelang«, »monatelang« etc. –, die dadurch, daß sie eben nicht näher bestimmt sind und auf keine konkrete Zeit verweisen, einen Stillstand der Geschichte suggerieren, in dem »jetzt« und »immer« identisch wurden: »Es ist noch nicht Nacht. Im ganzen Stadtbereich sind die Lichter wie üblich früh angegangen.«

Die Zeiten ändern sich in Ermangelung allgemeiner Entwicklungen oft abrupt und ausschließlich privat, im ganzen bleibt alles beim alten, nur erhält die Ewigkeit im Empfinden des einzelnen ein neues Element: »Hier, in der Höllerschen Dachkammer, hatte ich plötzlich Zugang zu jenen Gedanken gefunden, die mir die ganzen Jahrzehnte vor der Dachkammer versperrt gewesen waren.«

Der »Lehrer für alte Sprachen«, Andreas Loser, stößt eines Tages – »vor ein paar Tagen« – ohne näher bezeichneten Grund, es war ein »jäher Impuls«, auf der Straße einen Passanten nieder. Daraufhin unterrichtet er nicht mehr, worauf aber erst recht »alles in der Schwebe ist«.

Diese abrupten Wechsel implizieren aber keine Entwicklung. Es kann keine Entwicklung geben, wo es keine Geschichte gibt. Die jähen Wechsel sind nur Wechsel von einem statischen Zustand in den anderen. Diese Zustände sind Varianten des Todes. Handkes Figuren haben kein Leben vor dem Tode, Bernhard zeigt, daß es auch nach dem Tod keines gibt: Wer mit einem Nachleben spekuliert hat, muß »korrigiert«, sein Nachlaß vernichtet, alles hinweggespült werden in einem Strom des Räsonierens, in dem »alles vernichtet wird, um dann endgültig zu sein«. Ein tautologischer Akt allerdings, da ja schon vorher alles endgültig war.

Die künstlerische Rettung aus dieser Gefahr, daß nämlich die ästhetische Annäherung an die Wirklichkeit immer auch gleich deren Verdoppelung zu werden droht, gelingt dort, wo diese Annäherung gleichzeitig auf ihrer Distanzierung von der Wirklichkeit besteht und den Widerspruch zwischen der Zersplitterung der Welt und ihrer harmonistischen Verkleisterung als repressiven Druck gestaltet, der auf dem Individuum lastet. Dabei wird Grundsätzliches im Vortrag der Beliebigkeiten freigelegt und erkennbar gemacht. Man kann dies bei Handke besonders deutlich in *Die Angst des Tormanns beim Elfmeter* (1973) oder in *Die falsche Bewegung* (1975) sehen.

Exemplarisch in der *Falschen Bewegung* auch wieder die Bedeutung des Geständnisses, wobei es die Unvermitteltheit der Geständnisse ist, die diese als *Prinzip* der Diskursformen in Österreich ausweist, etwa wenn der Hausherr zu den Hauptfiguren der Erzählung, die irrtümlich in sein Haus gekommen sind und die ihm daher völlig fremd sind, unvermittelt sagt: »Ich möchte von der Einsamkeit sprechen. Ich glaube meistens, es gibt sie gar nicht. Sie ist vielmehr ein künstliches, von außen erzeugtes Gefühl. Einmal saß ich hier im Zimmer« etc. Die Zersplitterung der Welt und die Sehnsucht nach Erlösung werden als ursächlich verbunden gezeigt, die Geständnisse als hilflos, dort, wo sie nicht Macht und Unterwerfung im Anschein des Verständnisses und der Harmonie, sondern tatsächliches Verständnis und wirkliche Harmonie intendieren.

Das Abgründige und daher Bedrohliche, weil buchstäblich Unerhörte, eines Geständnisses wird im ritualisierten sozialen Austausch dadurch überbrückt, daß es sich bei all diesen Geständnissen nur noch um Meinungen handelt. Unbegriffen und doch deutlich zeigt sich dies in der Entwicklung des österreichischen Journalismus, aus dem der Leitartikel, die Reflexion der fortlaufenden Ereignisse, damals weitgehend verschwand und durch ein Amalgam aus Enthüllungs- und Meinungsjournalismus ersetzt wurde – bei dem die »Enthüllungen« im wesentlichen bloß Details »offener Geheimnisse« waren, bloßer Anschein von Verständnis der Weltenläufte. Auch die aggressiv oder voll Ressentiment vorgetragene Meinung schließt augenblicklich den Graben, verbindet den Widerspruch, den die Meinung herzustellen glaubt, um sich in Differenz zu anderen selbst sehen zu können.

Gerade die allgemeine Verbindlichkeit des Satzes: »Das ist meine Meinung, aber ein anderer hat eine andere«, zeigt das Zusammenfallen der Differenzen. Geteilter Meinung zu sein bedeutet, eine Meinung teilen zu können, die Meinung ist ein Ritual der Überprüfung für die Zuverlässigkeit der Identität der Individuen und nicht zuverlässiger Ausdruck eines Widerspruchs zwischen ihnen. Die geteilte Meinung insistiert gerade nur noch auf den Surrogaten von Widersprüchen, die das Ich braucht, um sich von anderen Ichs abzugrenzen, mit denen es ja auch wieder die Übereinstimmung sucht, um nicht ein verlorenes Ich zu sein.

Die Hülse, die jedes Ich mit diesen Surrogaten auspolstert, ist der Name. Ohne Namen kann kein Ich eine Meinung öffentlich sagen, denn sonst weiß man nicht, daß dieses Ich etwas gesagt hat, sondern nur irgendein Ich, und das wäre wieder nicht Ich. Daher sucht das Ich immer die Konformität mit den anderen, um mit den Surrogaten von Widersprüchen seinem Ich einen Sinn vor den anderen Ichs zu geben, den Namen, der daher auch zu Recht mit »Identität« gleichgesetzt wird und nicht mit »Widerspruch«.

In der Meinung, im Ich, im Namen, den ein Ich sich machen kann, sind also Widersprüche nie ausgetragen, sondern nur subsumiert. Das bürgerliche Individuum, eine schöne selbstbewußte Konstruktion gegenüber der Welt, wenn es von sich weiß, wird zur häßlichen bewußtlosen Demutsgeste gegenüber der Welt, wenn es sich meint. Es will die Welt nicht mehr in seinem Namen gestalten, sondern von der Welt nur noch mit seinem zufälligen Namen gerufen werden.

Die Namen, die die Ichs sich zurufen, sollen eine Geschichte ergeben, deren Kern die Retrospektive auf eine Zeit ist, in der Namen noch etwas bedeutet haben. Diese Geschichte kommt aber nie zustande, da jedes Ich, das – etwas meinend, hoffend, empfindend – sich preisgibt, im Niemandsland zwischen Exklusivität und allgemeiner Geltung bleibt. Denn was es so exklusiv meint, ist allgemein, und das Allgemeine bleibt gegenüber dem Ich exklusiv. Und je mehr das öffentliche Austragen von Widersprüchen aus dem allgemeinen Bewußtsein verschwindet, um so mehr zeigte sich in der österreichischen Literatur das Ich auf die fruchtlosen, privaten Anstrengungen zurückgeworfen, die im Preisgeben des Ich immer wieder hoffnungsvoll das Ich erblicken und nicht dessen Preisgabe.

Gernot Wolfgruber etwa zeichnete diese Identitätsproblematik, die sich abseits aller gesellschaftlichen Auseinandersetzungen ergibt, in seinen Romanen präzise und formal innovativ (z. B. durch die Adaption des inneren Monologes für die Darstellung eines Arbeiterbewußtseins) am Beispiel von »Klassenaufsteigern« nach und zeigt schonungslos und ohne falsche Verweise, was die ideologischen Muster, die diesen Aufsteigern vorgegeben werden, verschweigen. Seine Figuren scheitern nicht prinzipiell, wie die Kritik kritisierte, sondern sie scheitern an diesen in Österreich so elastisch versteinerten Verhältnissen, die, da die gesellschaftlichen Herrschaftsverhältnisse aus dem allgemeinen Bewußtsein völlig ausgeblendet sind, nur noch aus Individuen zu bestehen scheinen und eben deshalb den Individuen, die zu Schattenboxern des Ich werden, als Individuen keine Chance geben.

Das Nicht-Wiedergutmachbare, die harmonistische Irre, in die der Weg der bürgerlichen Gesellschaften führte, auf dem das sozialpartnerschaftliche Österreich schon so weit vorausgeeilt war, zeigte Klaus Hoffer in einer geglückten Parabel, seinem 1979 erschienenen Buch *Halbwegs. Bei den Bieresch 1:* menschenverachtende, brutale Harmonie- und Erlösungssehnsucht *im Namen der Individuen.*

Das vorangestellte Motto des Buches: »Die Hände der Fleißigen ruhen. Nichts regt sich, die Luft ist glatt, wie ein Spiegel. Möglich, daß woanders gerade ein Verbrechen geschieht, so namenlos, so kraftlos ist alles. ›Wie heiße ich?‹ lautet da eine Frage. Und die Antwort ist dieses Summen, dieses Rauschen. Es ist das Gerausche, das von den Haaren der Welt herrührt, die sich in ihrem riesigen Bett auf die andere Seite dreht.«

Das Buch erzählt von einem jungen Mann, Hans, der aus einer österreichischen Stadt in den Ort Zick im Seewinkel kommt, um als nächststehender männlicher Angehöriger seines verstorbenen Onkels diesen für die Dauer eines Jahres zu ersetzen, wie es der Brauch der dortigen Bevölkerung (der Bieresch) vorsieht. Systematisch wird er in das Traditions- und Kommunikationssystem der Bieresch eingewiesen, die aus einem ausbalancierten Verhältnis verschiedener Gruppen bestehen, den »Anachi«, »Histrionen« und »Monotomai«, die sich im wesentlichen durch verschiedene Interpretationsansätze, mit denen sie an ihr soziales Leben und ihre Geschichte herangehen, unterscheiden.

»Anachi« – das bedeutet »Ich« – werden die »Unbelehrbaren« genannt, sie widmen ihr Leben der Rekonstruktion der Identität durch die Rekonstruktion der Geschichte.

Die »Histrionen« denken »Täter und Opfer« zusammen, die ihrer Ansicht nach beide schuldig sind, und sie setzen Techniken durch, dieses Verhältnis regelmäßig umzukehren und Besitz umzuverteilen.

Die »Monotomai« jedoch vertreten die Ansicht, daß es keinen Fortschritt gibt und geben kann, »daß sich die Produktionsverhältnisse und die Struktur unserer kleinen Gemeinde im Lauf der Jahrhunderte nicht geändert haben, daß alles, was wir tun, uns nicht nur reflektiert, sondern auch reproduziert«.

Das Verhältnis dieser Gruppen, ihrer Repräsentanten, ist durch Konflikte charakterisiert, die jeder Dynamik beraubt sind, da sie in einem harmonistischen, verbindlichen Gefühl der Geschichtslosigkeit aufgehoben sind, die daraus resultiert, daß das unter den gegebenen Voraussetzungen geschichtlich Erreichbare schon längst erreicht ist. Darüber hinaus »gibt es keinen Fortschritt, keinen Rückschritt. Uns kann niemand helfen.«

In einer Legende der Bieresch heißt es: »Die Unruhe ist auseinandergebrochen: die Zeiger zeigen nicht die Zeit, sondern den Ort. Hier ist Montag.« Montag bedeutet also nicht den ersten Tag der Woche, sondern den Ort nach dem letzten Tag. Die Bieresch wissen daher: »Spannungen, die zwischen allem bestehen, ertragen ist eine eigene Kunst. Und wir Bieresch haben es in ihr doch weiter gebracht als die anderen.«

Doch die Abtrennung der Individuen von den Widersprüchen ist eine geschichtstechnische Lösung, nicht die Erlösung, die nur um so drängender ersehnt wird. Die Identitäten müssen in ihrer Zusammenhanglosigkeit immer wieder in sich zusammenbrechen, weshalb die Bieresch ein ausgefeiltes System der Namengebung (sprechende Namen) entwickelt haben, mit dem sie die Identitäten im sozialen Kontext abstützen und zu einem Ganzen zu verweben versuchen. Die Erlösungsutopie der Bieresch wäre die eine mögliche, aber noch nie geschriebene Legende, die ausschließlich und ohne Rest aus ihrer aller Namen zusammengesetzt wäre.

Am Ende des Buches erhält auch Hans seinen Namen, »Félúton«, das heißt »Halbwegs«.

Dieser Roman Hoffers greift alle Merkmale auf, die die vom spezifischen geistigen Klima der Zweiten Republik geprägte österreichische Literatur herausgebildet hat, und hebt sie in der Verdichtung zu einem großen Mythos auf eine neue Stufe. Die Geständnisse, mit denen die Figuren auch bei Hoffer so unvermittelt herausrücken, werden in ihrer disziplinierenden Funktion ausgewiesen, wobei aber die Macht bei dem, der spricht, bleiben soll, indem man sich nur offener Geheimnisse bedient. Die Zersplitterung des Bewußtseins wird aufgehoben in einer umfangreichen Legendenbildung um jeden Splitter, der dadurch wieder in ein Ganzes eingepaßt werden soll.

Die Ununterscheidbarkeit der Individuen wird gezeigt in deren Sehnsucht, daß ihr Verschmelzen ein System ergäbe, das jedem seinen Platz im sozialen Kontext und in der Geschichte zuweist, wodurch die Ichsucht als soziales Problem dargestellt wird.

Sogar der explizite Konservativismus der österreichischen Literatur wird bei Hoffer implizit mitgestaltet, als archaisches Harmonie- und Erlösungsbedürfnis, das in der herrschenden (modernen) Balance der Widersprüche nicht wirklich befriedigt sein kann.

Die Art, wie Hoffer diese Elemente miteinander in Verbindung bringt, weist das Bedürfnis der Bieresch nach Harmonie als blasphemisch aus, weckt aber auch den Wunsch nach einer wahren Lösung der gesellschaftlichen Widersprüche, die kein Unglück mehr zuläßt: »Es ist sehr schwer, das zu begreifen, daß es überhaupt Unglück geben kann. [...] Aber es gibt Unglück in Mengen. – Weil in unserem Kopf alles so nahe beisammenliegt, weil uns nichts näherliegt, als alles miteinander in Verbindung zu bringen, weil das Gefühl der Verbrüderung den blasphemischen Wunsch nach unzerteilbarer Harmonie erweckt!«

Wenn es stimmt, daß die Geschichte, wie Hoffer schreibt, »eine alles ausgleichende Ungerechtigkeit« ist, dann hat die österreichische Literatur als eben deren Geschichtsschreibung danach die ästhetischen Grundlagen herausgebildet, um selbst die Epoche der »Globalisierung« zu reflektieren: nämlich die Harmonisierung der Welt auf eine Weise, daß jeder Teil ein Gegenteil des Ganzen ist, gnadenlos befriedet und mit Paradiesvorstellungen terrorisiert.

Notfalls aber bleibt denkbar, daß Österreich entlang seiner Grenzen aus der Erdkugel herausbrechen und sich alleine um die Sonne drehen könnte. Das kann man jedenfalls einem graphischen Gedicht Gerhard Rühms entnehmen.

Protagonisten

Mit- und Gegenspieler im Literaturbetrieb

Die Ohnmacht des Machers im Literaturbetrieb

Zu Tod und Werk von Gerhard Fritsch

Das österreichische Geistesleben besteht aus einer Reihe von Irrtümern, deren Widersprüche sich in einer Weise aufheben, daß schließlich alles doch seine Richtigkeit hat. Einer dieser Irrtümer ist die regelmäßig wiederholte Behauptung, daß in Österreich ein Geist herrsche, der »von brutaler Verstocktheit und brutalem Unverstand, lähmend und tötend« sei. Dieser Satz stammt von Karl Kraus aus dem Jahr 1892, und Franz Schuh bezeichnete ihn 90 Jahre später als nichts weniger als »endgültig«.

Diesem Satz zufolge werden österreichische Dichter geradezu in den Tod getrieben, und erst nach ihrem Tod habe ihr Werk Anerkennung gefunden und Bedeutung erlangt. Stereotyp wird auf jene toten Autoren verwiesen, die am lähmenden und kunstfeindlichen Klima in Österreich zerbrochen sein sollen und Hand an sich gelegt haben, so als wäre deren Selbstmord eine künstlerische Überlebensstrategie gewesen.

Die Irrtümer, die in diesen Behauptungen liegen, sind evident: Weder kann das österreichische Geistesleben so lähmend und tötend sein, wenn man bloß in Betracht zieht, daß es in Österreich, gemessen an der Zahl der Bevölkerung, im internationalen Vergleich den prozentuell höchsten Anteil von Künstlern gibt und es Bedingungen geben muß, die das ermöglichen.

Noch hat in Österreich je irgendein Künstler nach seinem Freitod eine größere Bedeutung erlangt, die auf die Tatsache zurückgeführt werden könnte, daß er eben tot sei, weil selbst bzw. gerade unter Marktbedingungen kein Werk Bedeutung erlangen kann, wenn diese außerhalb des Werkes organisiert werden muß.

In ihrer Synthese haben diese Irrtümer aber ihre Richtigkeit: Es ist richtig, daß etwa Autoren, die Selbstmord begangen haben, danach eine größere Bedeutung für das österreichische Geistesleben erhalten haben, aber deswegen, weil sie für lebende

Autoren als weiteres Beispiel dafür dienen konnten, wie lähmend und tötend der in Österreich herrschende Geist sei. Und der in Österreich herrschende Geist ist tatsächlich lähmend und tötend, aber nur insofern, als er sich mit Vorliebe in dieser Weise reflektiert. Das Wesentliche dieses Beispiels und aller anderen, die man noch anführen könnte, ist, daß in der österreichischen Literatur, und zwar im Literaturbetrieb so sehr wie auch in den literarischen Produkten, ein ausgeprägter Hang existiert, sich mit der gesellschaftlichen Realität zu befassen, allerdings unter der Voraussetzung eines gestörten Verhältnisses zur Realität.

Wenn große Literatur in erster Linie Beschäftigung mit sich selbst und mit der literarischen Tradition ist und darüber vermittelt zu Aussagen über die gesellschaftliche Realität kommt, dann ist bei der österreichischen Literatur ein traditionelles Interesse feststellbar, sich in erster Linie mit der gesellschaftlichen Realität zu befassen, was allerdings nicht danach aussieht, weil sie darüber vermittelt immer wieder zu bloß literarischen Aussagen kommt. Das ist es, was das Verhältnis der österreichischen Literatur zur Wirklichkeit stört: der Glaube, daß selbst ein unwesentlicher Splitter der Realität, wenn man ihn abbildet, etwas bedeuten müsse, das signifikativ für das Ganze sei.

Dieses literaturtheoretische Mißverständnis kommt unter anderem daher, daß in der österreichischen Literatur der Zweiten Republik, aufgrund der spezifischen Entwicklung der Organisationsform der österreichischen Gesellschaft, die aristokratischen Schriftsteller mit ihrem genuin repräsentativen Gestus und die schreibenden Beamten mit ihrer genuin der Realität entsprechenden Haltung abgelöst wurden von freigesetzten Kleinbürgern, also von Vertretern jener Schicht zwischen den antagonistischen Klassen, die ebensowenig wie die Aristokraten oder die Beamten über die modernen Produktionsmittel verfügen oder an ihnen arbeiten, aber im Gegensatz zu jenen fortgesetzt Ideologien produzieren, die beiden Seiten des gesellschaftlichen Widerspruchs anverwandelbar sind. Denn das Bewußtsein des Kleinbürgers ist durch den Glauben gekennzeichnet, jederzeit Unternehmer werden zu können, während seine reale Angst es ist, jederzeit ins Proletariat absinken zu können, wobei der Witz der österreichischen Entwicklung darin liegt, daß das für das

Bewußtsein keinen Unterschied macht: Durch die Sozialpartnerschaft haben die einen längst die Allüren der anderen und umgekehrt. Wenn das Kleinbürgertum nun dadurch charakterisiert ist, daß es ideologische Muster produziert, die beiden Seiten des gesellschaftlichen Widerspruchs dienen können, so produziert es in Konsequenz für sich selbst ein Selbstbewußtsein, dem zufolge alles, was es tut und denkt, eine Bedeutung hat, die für den gesellschaftlichen Kontext verbindlich ist. Diese mentale Haltung, daß alles über sich selbst hinaus etwas bedeutet, vermittelt sich in die Literatur als die Haltung, daß alles exemplarisch ist.

Die Figur, die in einem Roman mit dem Epitheton »Prolet« auftritt, bedeutet gleich die ganze Arbeiterklasse, auch wenn in diesem Roman seine Arbeit darin besteht, für einen Schriftsteller die Korrekturfahnen zu lesen. Ein Schloßherr bedeutet nichts weniger als »das alte Österreich«, ein Pragmatiker, der, absurd genug, in einem Roman nichts weiter als eben Pragmatiker ist, repräsentiert den »neuen Geist« etc., und zwar a priori, während in gelungener Literatur solche Bedeutungen sich a posteriori einstellen.

Das Verhältnis der österreichischen Literatur zur Wirklichkeit kann daher a priori gar nicht anders als gestört sein, ist ihre Wirklichkeit doch eine verkehrte Welt: Diese Literatur befaßt sich nicht mit Schein gegen ein Wirkliches, sondern mit Erscheinung als dem Wirklichen selbst, »über dem verschwindenden Diesseits das bleibende Jenseits«, wie Hegel in der *Phänomenologie des Geistes* im Abschnitt »Die verkehrte Welt« formulierte.

Daß also die Fixierung auf dieses »Jenseits« für einen großen Teil der österreichischen Literatur charakteristisch ist, soll aber nicht heißen, daß deswegen die österreichischen Literaten auch buchstäblich einen besonderen Drang zum »Jenseits« haben. Wenn allerdings ein österreichischer Schriftsteller Selbstmord begeht, dann kann die Institution Literatur in Österreich, da sie sich nun einmal in der verkehrten Welt befindet, gar nicht anders, als auch und erst recht auf einen solchen Vorfall nur aus dem »Jenseits« heraus reagieren. Die Reaktion ist: Das muß doch etwas bedeuten!

Einer der etwas bedeutenden Selbstmörder im Heiligenkalender des österreichischen Literaturbetriebes ist Gerhard Fritsch, der 1969 im Alter von 45 Jahren freiwillig aus dem Leben geschieden ist. Als sich in Österreich so etwas wie eine offiziöse, institutionalisierte Sub- oder Gegenkultur herausgebildet hatte, die, genauso hoch subventioniert wie die herkömmliche, lediglich die sozialpartnerschaftlichen Verhältnisse auch im Geistesleben ausdrückte, galt Fritsch offiziös als eines der Beispiele dafür, wie ein von brutaler Verstocktheit und brutalem Unverstand gekennzeichneter, lähmender und tödlicher Literaturbetrieb, den die damals institutionalisierte Subkultur allerdings mit einem Pflichtteil beerbt hatte, sensible, kritische, innovative Dichter in den Tod trieb.

Was also der Selbstmord von Fritsch, so wie der einiger anderer Schriftsteller, bedeuten soll, ist, daß die mit dem österreichischen Literaturbetrieb verbundenen Attribute »brutal« und »tödlich« durchaus wörtlich zu nehmen seien und daß Sensibilität, Kritik, Innovation in diesen Verhältnissen, so oder so, geradezu zerbrechen mußten.

Mir ist unbekannt, warum Gerhard Fritsch Selbstmord begangen hat, aber daß es so, wie es die Fama der verkehrten Welt will, nicht gewesen sein kann, wird sofort deutlich, wenn man sich mit Biographie und Werk von Gerhard Fritsch beschäftigt. Gerade das Beispiel Fritsch zeigt die Karrieremöglichkeiten, die der österreichische Literaturbetrieb bot, vor allem aber auch, daß der Freitod, der eine aufstrebende künstlerische Entwicklung sinnlos unterbricht, dem Autor gerade jene Bedeutung wieder raubt, die zu erringen er schon begonnen hatte.

Zwar gilt die Zeit der 50er und 60er Jahre, also die Zeit von Gerhard Fritsch, bis heute unwidersprochen als das finsterste Kapitel der Geschichte des österreichischen Literaturbetriebes, und die abfällig-gehässigen, aggressiven, zynischen oder selbstmitleidigen Äußerungen von Oswald Wiener, Gerhard Rühm, Elfriede Gerstl und vieler anderer über diese Zeit sind zu bekannt, als daß sie hier zitiert werden müßten. Aber zugleich ist es selbst beim besten Unwillen unmöglich, den damaligen Literaturbetrieb auf diese Einschätzung zu reduzieren: Denn schon wenige Jahre später kam es zu einer Situation, die als »literarische Explosion in Österreich« bezeichnet wurde, die eine Vielzahl neuer Autorennamen über die Grenzen hinaus berühmt machte und die dazu führte, daß in der Bundesrepublik von der »Verösterreicherung der deutschen Literatur« gesprochen wurde. Die Exportzahlen der österreichischen Literatur, der Verkauf von Lizenzen und Rechten, die Zahl der Übersetzungen erreichte eine für die österreichische Literatur bis dahin nicht gekannte Höhe. Und für diesen Erfolg mußte der Literaturbetrieb in den Jahren davor, trotz all seiner Beschränktheit, den Boden bereitet haben.

Zugleich hat, wie schon angedeutet wurde, der österreichische Literaturbetrieb, wenn er sich reflektiert, immer dann recht, wenn er irrt. Und tatsächlich ist der erwähnte Erfolg der österreichischen Literatur beschämend genug: Keiner der Autoren, die damals berühmt geworden sind, deren Namen Synonyme waren für die »literarische Explosion in Österreich«, hat jemals in Österreich eine gesellschaftliche intellektuelle Bedeutung erlangt oder nur die Voraussetzung dafür gehabt, wie selbst die zweite Autorengarnitur in Frankreich oder der Bundesrepublik, und sie haben auch nicht die formale Gediegenheit in ihrer Literatur entwickeln können, wie etwa ein mittelmäßiger amerikanischer Erzähler.

Aber, wie gesagt, es ist dem österreichischen Literaturbetrieb gelungen, so unverständig, unaufgeschlossen gegenüber allem Neuen, brutal und lähmend er auch gewesen sein soll, eine Vielzahl neuer Namen, die erfolgreichste Autorengeneration der österreichischen Literaturgeschichte überhaupt zu produzieren.

Und damit kommen wir zum zweiten Punkt: Gerhard Fritsch war kein unter dem damaligen Literaturbetrieb leidender, verhinderter Autor, sondern er war schon längst auf den sich anbahnenden Erfolg abonniert. Er war ein Macher des alten Betriebes und nicht, wie unterstellt wird, dessen Opfer.

Er war, wie Reinhard Urbach schreibt, einer der wichtigsten »Gründer« der zweiten Generation, die nach dem Krieg zu publizieren begann. Er war Mitbegründer von Zeitschriften (zunächst *Wort in der Zeit*, dann *Literatur und Kritik* und *Protokolle*, beriet Verlage, gab Anthologien heraus (etwa das berühmte Sammelwerk *Aufforderung zum Mißtrauen. Literatur,*

Bildende Kunst, Musik in Österreich seit 1945 gemeinsam mit Otto Breicha) und war damit fest in den Schaltstellen des damaligen Literaturbetriebs verankert. Und er war unbestreitbar anerkannt. Alle Preise und Förderungen, die es damals gab, hat er bekommen.

Gewiß, er war nicht immer unumstritten: Als er etwa in *Wort in der Zeit* 1964 Texte von Konrad Bayer und Gerhard Rühm veröffentlichte, kam es zu heftigen Protesten, die zur Entlassung des Redakteurs Fritsch führten. Aber selbst solche Geschehnisse zeigten, daß die Position von Fritsch stärker war als die seiner Feinde: Nach der Entlassung von Fritsch hörte *Wort in der Zeit* praktisch zu existieren auf, während Fritsch danach die neue Literaturzeitschrift *Literatur und Kritik* herausgeben konnte. Und vor allem: Trotz dieser seiner Unterstützung der jungen, avantgardistischen, angefeindeten Autoren wie Rühm oder Bayer markierte die Position von Fritsch nicht die Konflikte, die damals im österreichischen Literaturbetrieb herrschten, ganz im Gegenteil: Dadurch daß er, der etwas ältere, eher konservative, nach herkömmlichen literarischen Mustern schreibende, in die Vergangenheit blickende, sich an die überlieferten Österreich-Topoi haltende Autor diese Allianz mit den jüngeren, rebellischen, innovativen Autoren eingehen konnte, repräsentierte er im österreichischen Literaturbetrieb jene Harmonisierung und Synthetisierung der Gegensätze, die Heimito von Doderer in seiner Literatur herstellte. Wenn zu Recht gesagt wird, daß Doderer die österreichische Literatur der 60er Jahre unangefochten dominierte, so hatte Fritsch sich im Lauf der 60er Jahre in eine entsprechende Position im Literaturbetrieb gebracht, zu dessen Papst er berufen war, wie die spätere Entwicklung zeigte, als die Strukturierung des Betriebs im Sinn der Sozialpartnerschaft, die Gleichschaltung auf der Basis des Pluralismus voll einsetzte, die Fritsch schon damals antizipiert hatte.

Fritsch als Opfer des österreichischen Literaturbetriebes zu sehen ist also absurd. Und doch hat der österreichische Literaturbetrieb, wenn er sich selbst reflektiert, recht, wenn er irrt. Auch die Herrschaft frißt ihre Kinder, und Fritsch wurde zum Opfer des Betriebs insofern, als er an den eigenen, von ihm im Betrieb durchgesetzten und repräsentierten Normen scheiterte:

Im Literaturbetrieb bürgte er für die Synthetisierung von Alt und Neu, für die Harmonisierung aller Widersprüche. Seine Karriere im Betrieb war eben deshalb möglich, da dies gleichzeitig die herrschende Staatsideologie war. Genau an diesen Prämissen aber scheiterte seine Literatur. Fritsch hat nur zwei Romane publiziert: *Moos auf den Steinen* (1956) und *Fasching* (1967). Der erste, ein Versuch, die falsche Versöhnung Österreichs mit seiner Geschichte literarisch zu gestalten, mußte künstlerisch scheitern; und der zweite, ein Versuch, daraus die Konsequenzen zu ziehen und mit avancierteren literarischen Mitteln zu arbeiten, mußte bei künstlerischem Gelingen die falsche Synthese und die ideologischen Harmonisierungen zerstören.

Der Germanist Walter Weiss bezeichnete *Moos auf den Steinen* als einen »Beitrag zum Thema der österreichischen Kontinuität«. Schon mit diesem Satz deutet Weiss, wahrscheinlich ohne es zu wollen, an, worin das Problem lag: Österreichische Kontinuität war ein »Thema«, aber kein Faktum, sie sollte herbeigeschrieben werden, und Fritsch versuchte brav dazu beizutragen. Das heißt: Er saß einer Ideologie auf.

Wenn es eine faktische österreichische Kontinuität gibt, dann die vom Austrofaschismus über den Nationalsozialismus in die Zweite Republik. Das wäre aber eine Themaverfehlung gewesen. Das Thema war vielmehr – Weiss wörtlich – der »Anschluß [sic! jedoch:] an die altösterreichische Tradition«, verbunden mit einer »Kritik an einer verfälschenden Restauration im wiederhergestellten Österreich«. Doch zunächst verbindet der Roman mit dem gestellten Thema weniger Kritik als vielmehr Affirmation, ein so blindes wie pathetisches Übereinstimmen mit jener damals staatspolitisch so brachial betriebenen ideologischen Anstrengung, die sich die Produktion eines »neuen Österreichbewußtseins« zur Aufgabe gestellt hatte, das aus lauter Retrospektiven bestand, in denen das jüngste Kapitel der österreichischen Geschichte, der Faschismus in zwei Varianten, aber ausgeblendet war. Die Synthese zwischen dem »Alten« und »Neuen«, zwischen dem Vergangenen und dem, was sich herausbilden sollte, über die Kluft des Ausgeblendeten hinweg, versuchte Fritsch literarisch dadurch herzustellen, daß er das besondere Sein der Gegenwart einfach ignorierte:

Das konkrete Sein war ihm lediglich ein Verschwinden, vergängliche und beliebige Erscheinungsformen von Kräften, die von der Vergangenheit solliziert in die Zukunft wirken und dadurch das Nicht-Mehr und das Noch-Nicht verbinden und zu einer ursächlichen Einheit verschmelzen. Hinter dem verschwindenden Diesseits soll die wahre Welt sein, das Bleiben im Verschwinden. Diese These der »verkehrten Welt« als Prämisse für seinen Roman formuliert Fritsch so: »Hinter dem Vordergründigen, das seine Spannung aus dem tragischen Konflikt einer kleinen Gruppe von Menschen bezieht, steht das Wesentliche: Ich wollte dieses Marchfeld-Schloß Schwarzwasser zu einem Symbol für Österreich machen. Für die Kräfte, die in ihm wirksam sind.«

Hinter dem Vordergründigen das Wesentliche: Damit beschrieb Fritsch präzis die Linie, entlang der sein Roman kläglich auseinanderbricht: Dadurch steht vor dem Hintergründigen das Unwesentliche, aber zunächst einmal steht ja nichts anderes im Roman als dieses. Wohl gehen die Figuren geradezu gebückt von der Last dessen, was sie alles im Roman bedeuten müssen, die Sätze schleppen sich überfordert von der Symbolkraft, die sie aufbringen sollen, aber wie können sie etwas bedeuten, wenn sie zunächst, per se, eingestandenermaßen bedeutungslos, unwesentlich, oder mit einer literaturtheoretischen Kategorie von Lukács gesagt: untypisch sind?

Gerhard Fritsch schrieb, daß er »dieses Marchfeld-Schloß Schwarzwasser zu einem Symbol für Österreich machen« wollte, und zu mehr führt sein Roman auch nicht: Es sollte etwas zu etwas gemacht werden, das es nicht ist.

Die Ekstase der Bedeutungszuschreibungen, die Sucht, den Dingen ihr jeweiliges konkretes Gesicht herunterzureißen, um deren exemplarische Maske zu zeigen, die ihnen allerdings erst gegeben wird, ist signifikant für die kleinbürgerliche Mentalität, auf die sich das österreichische Geistesleben damals eingeschworen hatte; der Kleinbürger kann nichts tun oder lassen, ohne es als exemplarisch und gesellschaftlich verbindlich zu empfinden. Durch die soziologische Stellung des Kleinbürgers fällt ihm aber immer nur das Unwesentliche als Beispiel zu, weshalb sein philosophisches System tatsächlich in der Umkehrung des Fritschschen Satzes (»Hinter dem Vordergründigen das Wesentliche«) formulierbar ist: Hinter dem Unwesentlichen muß etwas Hintergründiges stecken! Und da es, das Unwesentliche, buchstäblich Nichts ist, muß es etwas bedeuten, es muß, koste es, was es wolle!

Auch die von Weiss apostrophierte »Kritik«, die Fritsch leiste, macht sich daher am Unwesentlichen fest, um sich, nach einem Blick ins »Jenseits«, mit einer anderen Sehweise zu begnügen: In *Moos auf den Steinen* symbolisiert z. B. die Figur des Dr. Mehlmann »den Pragmatismus«. Er will das verfallende Schloß Schwarzwasser, das wiederum »das alte Österreich« bedeuten soll, mit Hilfe von öffentlichen Geldern restaurieren und zu einem Kulturzentrum bzw. »Österreich zu einer Kulturnation« machen.

Die Figur des Dr. Mehlmann ist negativ dargestellt, also wahrscheinlich »kritisiert«. Er wird aber durch ein Todeserlebnis geläutert und nimmt von der Renovierung und dem Kulturzentrum-Plan Abstand. Der Pragmatiker läßt die Finger von der »Kultur«, die als tote ja Monopol des Kleinbürgers bleiben soll, und wird gegen Ende des Romans »neu gesehen«, in ein milderes Licht getaucht. Bei gleichbleibender Phraseologie wird er nun plötzlich als sensibel gezeigt, was nach Fritschs Prämisse wahrscheinlich bedeutet: Hinter dem Vordergründigen, der harten Schale, steckt das Wesentliche: ein sensibler Kern.

Dieser sensible Kern war aber gewiß nicht der Grund dafür, daß das Wiederaufbau-Österreich eine lebendige Auseinandersetzung mit seiner jüngsten Geschichte scheute, aber gleichzeitig pragmatisch für ein museales Hüten des Verfallenden, der habsburgischen Geschichte, sorgte, als Schauobjekt für den Fremdenverkehr. Wo immer Fritschs Kritik ansetzte, sie kam nie zu des Pudels Kern, sondern immer nur zum behaupteten Kern eines unwesentlichen Exempels, und wurde unter der Hand zur Affirmation der ohnehin statthabenden Entwicklung. Absicht und Ergebnis fallen auseinander, so wie das Erzählte und dessen »Bedeutung«.

Verheerender noch als die Tatsache, daß in diesem Roman auseinanderbrach, was Fritsch eigentlich harmonisierend synthetisieren wollte, ist, daß die so entstehenden Gegensätze nie zu produktiven Widersprüchen werden, die dann eine dialektische Synthese doch ermöglichen könnten. Vielmehr ordnen sich die Gegensätze und Widersprüche, in die Fritschs Roman zerfällt, in einer Weise an, daß sie sich gegenseitig einfach auslöschen und auf diese Weise sowohl die Teile als auch das Ganze nichtig machen. Wenn Fritschs Hauptabsicht war, etwa »das Wesentliche« zu zeigen, so wird gerade dieses zum Unwesentlichen, weil es als Wesen bloß eines atypischen Vordergründigen keine allgemeine Geltung haben kann. Und das atypisch Vordergründige, das per se unwesentlich sei, aber seine Legitimation und Notwendigkeit darüber beziehen will, daß es eine Erscheinungsweise des Wesentlichen sei, wird zum Opfer dieser Selbstumkehrung, die es schon an sich hat: Es löst sich als simple Tautologie, als Vordergründiges unwesentlich zu sein, aber ein Wesen zu beherbergen, das jedoch auch unwesentlich ist, vollends in Nichts auf.

Es ist nicht unbedingt erstaunlich, daß dieser Roman ein großer Erfolg in Österreich war. Er korrelierte in Anspruch und Form allzusehr mit den Ansprüchen, die damals an eine österreichische Staatsliteratur gestellt wurden, und mit der verklärenden Form, die das allgemeine Bewußtsein in Österreich angenommen hatte: Er bediente ein allgemein verbreitetes sentimentales Verhältnis zum untergegangenen alten Österreich und den Stolz auf die vergangene Größe und Schönheit, um darüber zur Versöhnung mit der Geschichte und zur Zustimmung zum Neuen Österreich zu kommen: Denn dieses habe *das Beste aus seiner Geschichte* geerbt.

Soweit die Rezeption von *Moos auf den Steinen* heute noch rekonstruierbar ist, hat niemand an diesem Roman je inhaltliche oder formale Kritik geübt. Es gab nicht einen Hinweis darauf, daß in dieser sogenannten Aufarbeitung der jüngsten Geschichte Österreichs der Faschismus zur Gänze unterschlagen wurde. Und es gab nicht einen einzigen Kritiker, der das blinde Vertrauen in die simple, schon damals überholte traditionelle Erzählweise problematisiert hätte, die technisch noch weit hinter das zurückfiel, was sie aufzugreifen und fortzusetzen meinte (etwa die Romane von Joseph Roth).

Doch, einen gab es: Gerhard Fritsch selbst.

Es ist erstaunlich, daß Gerhard Fritsch von der allgemeinen Zustimmung, die sein erster Roman erhalten hatte, nicht dazu verführt wurde, diesen Erfolg einfach zu wiederholen. Seine unerbittliche Kritik an *Moos auf den Steinen* hieß *Fasching* und war sein zweiter Roman. *Fasching* ist in Inhalt und Form die reine Negation von *Moos auf den Steinen*.

Die Zweite Republik als Erbin des kakanischen Österreich? Eine Lüge. Nun zeigt Fritsch die personelle und mentale Kontinuität des Faschismus in Österreich.

Das moderne Österreich eine glückliche Verbindung aus tiefsinnig-sensiblem Hang zu historischer Schönheit und nun funktionierender Demokratie? Eine dürftige Ideologie. Nun zeigt Fritsch die banausische Schäbigkeit, Borniertheit und Gemeinheit der Menschen und einer Demokratie, die auf der alles überwältigenden Mehrheit derer basiert, die »ihre Pflicht getan« haben.

Fritsch ein traditioneller, künstlerisch anspruchsloser, in keinem Moment kühner Erzähler? Das war einmal. Nun zeigte sich Fritsch als Romancier mit radikalem Kunstanspruch, besessen im Versuch, seine Erzählweise zu modernisieren.

Es ist sinnlos, darüber zu spekulieren, warum Fritsch ohne äußeren Druck die beiden von niemandem bemängelten Defizite seines ersten Romans (unterschlagener Faschismus, überholte Erzähltechniken) in seinem zweiten Roman mit einem Mal abzuarbeiten versuchte. Für jeden, der die These ernst nimmt, daß Kunst ein Weg zur Wahrheit ist, ist diese Frage belanglos. Fritsch war offenbar sensibel und unbestechlich genug, das Manko seines Erstlings selbst zu erkennen, und besessen genug, eine naheliegende Bequemlichkeit kompromißlos seiner künstlerischen Entwicklung zu opfern.

Und wenn man nach der Lektüre von *Fasching* noch einmal *Moos auf den Steinen* liest, dann wird man darin eine kurze Passage neu entdecken, die schon auf die stimmige Metapher verweist, die Fritsch in *Fasching* für das Wesen der Zweiten Republik gefunden hat, und die zum künstlerischen Gestaltungsprinzip von *Fasching* geworden ist. Diese Metapher für das Wesen der Zweiten Republik taucht in *Moos auf den Steinen* als erste kurze, poetische Ahnung an jener Stelle auf, in der Jutta, die Tochter des Schloßherrn, ihrem Verlobten Dr. Mehlmann den Vorschlag macht, sich zu verkleiden. Man hatte eben Mehlmanns Ideen zur Rettung von Schloß Schwarzwasser besprochen und seine Vorschläge akzeptiert. Das Schloß sollte zwar zu etwas gänzlich anderem gemacht werden, als es vordem war, aber immerhin werde man es dadurch erhalten können. Das müsse man feiern – durch eine Maskerade. Mehlmann stimmt zu, denn »Spaß muß sein«. Allerdings will Jutta, daß ihr Verlobter Frauenkleidung anzieht, in das Kleid einer Tante soll er schlüpfen, es sei das einzige, sagt Jutta, das ihm passe. Die Aggression, das Entsetzen, die Abwehr Mehlmanns kann man in ihrer Bedeutung erst verstehen, wenn man *Fasching* gelesen hat.

Der Transvestismus ist die durchgehende Metapher im Roman *Fasching*. Sie ist der Ausgangspunkt der Erzählung, Katalysator sämtlicher erzählter Konflikte, ihre dialektische Spannung sorgt für die Dynamik der Sprache, der Reden der Hauptfiguren, und sie ist das monströs-brutale Ziel, auf das die Erzählung unerbittlich zusteuert, sie ist Prinzip, Struktur und Telos des Romans.

Fasching ist die Geschichte des Felix Holub, der aus der Deutschen Wehrmacht desertiert und die Zeit bis zur Befreiung in einem kleinen österreichischen Dorf als Dienstmädchen verkleidet überlebt. Am Ende des Krieges bewahrt Felix Holub das Dorf vor einer letzten Abwehrschlacht und rettet es dadurch vor einer sinnlosen Zerstörung. Der Kommandant des letzten Aufgebots hat sich nämlich in das angebliche, unschuldige Dienstmädchen verliebt und will es verführen. Um nicht im letzten Moment noch als desertierter Soldat entdeckt und hingerichtet zu werden, geht Holub zunächst auf die Avancen des Kommandanten ein, bis er Gelegenheit hat ihn zu entwaffnen und zur Kapitulation zu zwingen.

Die Tatsache, daß sie in der Schuld eines Feiglings in Frauenkleidern stehen, wird zum Grund mühsam unterdrückter und schließlich gewalttätig sich entladender Aggressionen der braven Pflichterfüller, die, nunmehr brave Demokraten, selbst allesamt gespenstisch-komisch sich in sprachlichen Travestien verkleidet zeigen. Der Volkszorn entlädt sich im Finale des Buchs, als Felix Holub, der zehn Jahre nach dem Krieg ausgerechnet zur Faschingszeit in dieses Dorf zurückgekehrt ist, zur Faschingsprinzessin gewählt wird.

Diese Metapher verästelt sich bis in die Schicksale der Nebenfiguren. Da ist zum Beispiel Fiala, eine Art Dorftrottel mit Führerbärtchen, der von den nun zu Demokraten gewordenen Honoratioren des Dorfes dazu gezwungen wird, sich Frauenkleidung anzuziehen und im Dorfgasthaus als Klofrau zu arbeiten. Wollen sich die Honoratioren einen besonderen Jux machen, wird Fiala zum Tisch geholt, wo er mit einem absurden Übermaß an Essen und Trinken gequält wird, als farcehafte Inszenierung tätiger Reue:

»Bereust du, Fiala? Erzähle, was dir gebührt hätte.

Fiala würgte an seinem Bissen. Kerker, sagte er, schwerer Kerker.

– Und im Dritten Reich?
– Kerker und die Sterilisierung.
– Und was hast du bei uns?
– Die Freiheit und ein herrliches Essen.«

Elias Canetti hat diese Stelle besonders hervorgehoben, sie »könnte nicht besser sein«, schrieb er. Ihr tatsächlich besonderes Gelingen bezieht sie aber aus der formalen und inhaltlichen Stimmigkeit der Metapher insgesamt. Dorothea Zeemann schrieb, zwanzig Jahre nach Fritschs Tod, zu Recht: »Auf diesem Fasching tanzen wir noch immer.«

Tatsächlich ist ja die Zweite Republik wesentlich eine Transvestitenrepublik.

Noch nie in der Geschichte hat die Bevölkerung eines Landes so oft in so kurzer Zeit ihre Identität wechseln müssen wie die Österreicher: von der Monarchie in die Erste Republik, von der Ersten Republik in den austrofaschistischen Ständestaat, vom Ständestaat in den Nationalsozialismus, vom Nationalsozialismus in die Zweite Republik – im Lauf nur einer einzigen Generation. Mit dem Ergebnis, daß daraus nicht das Bedürfnis nach der Erlangung einer wirklichen Identität entstand, sondern das Bedürfnis nach der Erlangung eines endgültigen Transvestismus: der Sozialpartnerschaft, in der jeder den Anschein seines gesellschaftlichen Gegenteils annimmt, um in dieser Verkleidung eine weitere Änderung vorwegzunehmen und eben dadurch definitiv zu verhindern.

Dieser österreichische Transvestismus ist Erlösung und Rettung ohne Helden – so wie Felix Holub das Dorf nicht aus heldenhaftem Entschluß rettete, sondern aus Angst und aus Zufall. Im Grunde ist ja auch Holub, wie er auch selbst sagt, ein Opportunist, er wollte nur davonkommen; genauso wie er zehn Jahre später, wieder zurück in diesem Dorf, den ehemaligen Nazis, die ja auch nur davonkommen wollten, gar nichts vorzuwerfen hat, sondern nur in Ruhe gelassen werden wollte. Nicht weil er ein Held, sondern eben weil er kein Held, weil er ebenfalls Opportunist war, konnte er bei den anderen Opportunisten diese Aggressionen auslösen: weil das Bild des Opportunisten in Frauenkleidern, der zum unfreiwilligen Helden wurde, ein besonders peinliches und entlarvendes Spiegelbild all derer ist, die ihren Opportunismus so exportiert in immer anderem Gewande zeigen mußten: Vor lauter Opportunismus waren die braven Österreicher gleich begeisterte Nazis und wollten Kriegshelden sein, um es dann aber nur unfreiwillig gewesen zu sein, weil sie ja plötzlich ihren Opportunismus und ihre bedingungslose Verläßlichkeit im Gewande begeisterter Demokraten ausstellen mußten.

Im allgemeinen Bewußtsein Österreichs gibt es keine Helden des Widerstands, sie sind tot oder totgeschwiegen, gesellschaftlich desavouiert, so daß sie nicht einmal Aggressionen auslösen können.

Der Held in Österreich ist *die* Vorsehung, die es gut gemeint hat mit diesem Land, weil sich alle immer so falsch bedeckt gehalten haben.

Manche Passagen in diesem Roman sind zwar mißglückt, weil sich in ihnen die Sucht nach sprachlichen Experimenten und nach Aneignung der literarischen Moderne verabsolutiert und noch nicht gemeistert zeigt – es sind dies vor allem die monologischen Partien Felix Holubs in seinem Versteck –, dennoch ist *Fasching*, entgegen der allgemeinen Meinung – der *erste* Roman von Gerhard Fritsch. Und es ist zugleich nicht nur *sein* letzter Roman, sondern der letzte Roman überhaupt, der so analytisch und mit einer solch stimmigen Metapher sich mit der österreichischen Identität auseinandersetzt. Die Bedeutung, die dem Roman *Moos auf den Steinen* bloß a priori aufgebürdet war, hat erst *Fasching* tatsächlich. Durch die besessene Auslotung der literarischen Möglichkeiten der Moderne und seines Themas stellte Fritsch sie a posteriori her. In *Fasching* beschäftigte sich Fritsch nicht mehr mit ideologisch aufgeblasenen Splittern der Realität, sondern ging aufs Ganze.

So gesehen ist es nicht verwunderlich, daß dieser Roman kein Erfolg wurde. Die Erstauflage von dreitausend Exemplaren wurde nicht einmal nach Jahren zur Gänze verkauft. Das ist insofern doch erstaunlich, weil Fritsch damals, wie schon gesagt, ein mächtiger und einflußreicher Mann im österreichischen Literaturbetrieb war und daher zumindest höfliche Kritiken, ein wenigstens mittelmäßiger Verkauf und die übliche transvestitenhafte schulterklopfende Zustimmung zu erwarten gewesen wären.

Aber Fritsch hat die Harmonie, für die er im Literaturbetrieb gebürgt hatte, durch seinen Roman bedroht. Er hat sich mit *Fasching* vom Betrieb freigeschrieben, weil die Wahrheit seiner Literatur nun seine Position im Literaturbetrieb negierte. Nun war er frei, endlich wirklich ein freier Schriftsteller – und ausgerechnet jetzt benötigte er, wegen des kommerziellen Mißerfolges seines Romans, zum ökonomischen Überleben den Betrieb dringender als zuvor. Ein Ansuchen beim Ministerium zur Subventionierung eines neuen Romans wurde abgelehnt. Er hatte schon alle Förderung erhalten, die es damals in Österreich gab. Natürlich ist es höchst unwahrscheinlich, daß sich Fritsch deshalb umbrachte. Genauso wie es nie bewiesen werden kann, daß Fritschs Selbstmord der Anlaß dafür war, daß unmittelbar danach die Staatsstipendien für Literatur eingeführt wurden.

Was immer die subjektiven Gründe für seinen Selbstmord waren, objektiv ist Fritsch am Literaturbetrieb gescheitert, den in seiner besonderen Gestalt zu konstituieren er selbst wesentlich beigetragen hatte. Der Betrieb wollte die Synthese von Widersprüchen und nicht den wirklichen Widerspruch. Er wollte die Zustimmung zum österreichischen Wesen, duldete noch murrend überraschende formale Varianten dazu. Aber er wollte auf keinen Fall die Analyse des österreichischen Wesens, und nicht die kritische Gewalt, die Fritsch am Ende besaß. Der Betrieb konnte, wie sich gezeigt hat, die Veröffentlichung von Texten von Gerhard Rühm nach ein paar anfänglichen Protesten noch absorbieren, aber er konnte nicht umgehen mit *Fasching*.

Bis heute hat der Literaturbetrieb in Österreich recht, wenn er irrt und Fritsch als Beispiel zitiert – der Betrieb war und ist »von brutaler Verstocktheit und brutalem Unverstand, lähmend und tötend«. Es sollte fast 30 Jahre dauern, bis *Fasching* neu aufgelegt und den Lesern wieder zugänglich gemacht wurde.

Wien, die Hauptstadt des ausgehenden 20. Jahrhunderts

Zu Leben und Werk von Hermann Schürrer

Als Hermann Schürrer am 29. November 1986 starb, war das zu seinen Lebzeiten erfolgreichste Werk des Dichters abgeschlossen: sein Leben. Es ist zwar stets gründlich mißverstanden, aber, im Gegensatz zu seinen literarischen Arbeiten, immerhin ausgiebig rezipiert und interpretiert worden. Von 1955 an hatte Schürrer intensiv und ausschließlich geschrieben, die hohe Qualität seiner Literatur hat stets außer Frage gestanden – mit ihr beschäftigt hat man sich nie. Gegenstand der Rezeption Schürrers und der Diskussion über Schürrer war ausschließlich das, was seine Existenzweise genannt wurde, seine Haltung, oder schlicht sein Benehmen.

Der erste längere Aufsatz über Hermann Schürrer, Reinhard Priessnitz' Nachwort zu Schürrers Lyrikband *Der kleinere Teil einer größeren Abrechnung*, ist nichts anderes als eine phänomenologische Darstellung von »Schürrers Dichterleben«, die noch auf seine »Art zu sprechen«, nicht aber auf seine Dichtung eingeht. Daß Schürrer, zeitweise obdachlos, in öffentlichen Bedürfnisanstalten übernachten mußte, wird aber als exemplarische Konsequenz eines Kunstanspruchs gerühmt, die jeder Käuflichkeit zu entgehen trachtet – außer acht lassend, daß auch Gedichte, die man in Lokalen gegen Biere tauscht, Waren sind. Im Österreich-Band von Kindlers Literaturgeschichte findet Schürrer Erwähnung, die an das Buch der Rekorde erinnert: Seine Bestleistung war, daß seine »Art von Existenz [...] das Bild vom hungernden Dichter in der Dachstube noch bei weitem übertrifft«. Zu Schürrers Lyrik steht in dieser Literaturgeschichte kein Wort, aber Priessnitz' Nachwort über Schürrers Leben wird zitiert.

In Peter Weibels Kompendium über den Wiener Aktionismus wird Schürrers Leben wie ein aktionistisches Kunstwerk beschrieben, sein »stil der existenz jenseits von subvention« sogar als Kommunikationsstrategie interpretiert. Von Schürrers Gedichten aber erfährt man nur, daß sie »verloren, verschollen« seien bzw. daß Schürrer »sich im lokal damit den arsch ausgewischt« habe. Wäre dies wahr, dann wäre das Fehlen einer Beschäftigung mit seinem Werk zwar erklärt, aber – und das wird ausgeblendet – auch die Beschäftigung mit seinem Leben obsolet. Denn Obdachlosigkeit, Aufenthalte in psychiatrischen Anstalten, Alkoholismus etc. kann doch wohl nur auf der Basis eines existierenden künstlerischen Werkes für Literaturgeschichte und Kunstkompendien von Interesse sein.

Tatsächlich ist Schürrer äußerst sorgsam mit seinen Gedichten umgegangen, und Peter Weibel hat dies sicherlich gewußt. Aber das allgemeine Interesse ausschließlich an Schürrers Leben muß einen starken allgemeinen Grund gehabt haben, weshalb man die Interpretationen von Schürrers Leben und deren Versuch einer Legendenbildung wohl so lesen muß wie alle Ideologien: Auf verzerrte Weise geben sie Hinweise auf die Wahrheit: Wenn also das ausschließliche Interesse des Publikums dem Leben Schürrers galt, und dieses stets als radikale unkorrumpierbare Opposition interpretiert wurde, dann kann das nur bedeuten, daß in Wirklichkeit Interesse am Nachweis bestand, daß Opposition – selbst eine so radikale, die zu individueller Selbstzerstörung führt – gesellschaftlich folgenlos bleibt.

Diese ideologische Ausbeutung von Schürrers Leben entlastet gleich doppelt: Sie entbindet vom Anspruch radikaler Opposition, und sie entbindet aber auch vom Gefühl, deswegen selbst affirmativ und angepaßt zu sein. Bestimmtes Sein und Negation sind dadurch nicht mehr Antithesen, sondern werden plötzlich zu bloßen Varianten, das Trennende verschwindet hinter dem Gemeinsamen – wie es in Österreich ja auch sein soll. Und es ist tatsächlich dieser Sachverhalt, auf den alle Darstellungen und Interpretationen von Schürrers Leben letztendlich verweisen: Etwa Weibels Satz von »schürrers stil der existenz jenseits von subvention« verweist ja nicht nur auf die Differenz Schürrers zu den subventionierten (korrumpierten?) Künstlern, sondern – ohne es allerdings ganz auszuplaudern – auch darauf, daß Schürrer das Problem der Subventionierung von Kunst mit jenen gemeinsam hat: Schürrer hat zwar Subventionen von Staat, Gemeinde oder Institutionen lange Zeit ausgeschlagen oder nicht bekommen, aber dafür Privatpersonen im Beisl zu Subventionierung und Mäzenatentum gezwungen, indem er sie zur Bezahlung der Zeche aufforderte. Da aber in einem historischen Kontext, der dadurch gekennzeichnet ist, daß begüterte Privatpersonen als Mäzene und Förderer der Künste weitgehend vom subventionierenden Staat abgelöst worden sind, »schürrers stil der existenz« sich daher nicht »jenseits von subvention«, sondern jenseits von diesen, aber durchaus diesseits von jenen Subventionen befand, ist die Schürrersche Praxis daher kaum als Antithese bzw. Opposition zu Subvention interpretierbar, sondern entpuppt sich plötzlich als bloße Variante – noch dazu als schlechtere, als historisch überholte.

In Peter Matejkas Roman *Fünfjahresplan*, der sich zu einem guten Teil mit der »Subkultur der Bundeshauptstadt« beschäftigt, gibt es eine Beschreibung von Schürrers »Stil der Existenz«, die diese Identität mit der Differenz besonders schön vorführt. In dem betreffenden Kapitel erzählt Matejka von einer Vernissage in der Galerie Grünangergasse im Jahre 1971:

»Zwei junge Leute (Studenten?) ersuchten den Hanser-Autor Hermann Schürrer, er möge doch ein wenig leiser sprechen, sie wollten sich die Fotos in Ruhe ansehen. Hermann Schürrer brüllte: ›Wer da herinnen ein Trottel ist, das bestimme ich, und deshalb werdet ihr jetzt die Goschen halten!‹ Die Studenten schwiegen. Anschließend ging Schürrer zum bekannten Maler Arnulf Rainer, der sein Haupt kahlgeschoren trug und eine Jakke aus dem Stoff anhatte, wie er in Heil- und Pflegeanstalten benutzt wird. Schürrer faßte den kleinen Arnulf Rainer an der Schulter, beutelte ihn hin und her und sagte ein paarmal zu ihm: ›Du kleiner Idiot!‹ Arnulf Rainer entgegnete nichts. Schürrer ging auf die Straße, öffnete die Hosentür und urinierte, wobei ihm die Maler Attersee und Aratym zuschauten.« Dann erfährt man noch, daß Schürrer, als die Künstler die Vernissage verließen, in zwei Lokalen je einen Tisch zertrümmerte.

In dieser Romanpassage wird das auffällige Benehmen Schürrers zum auffälligen Äußeren des Malers Arnulf Rainer in Beziehung gesetzt. Das auffällige Äußere, ein traditionelles Merkmal avantgardistischer Künstler, soll Antibürgerlichkeit und Opposition zu allem Etablierten und zur etablierten Kunst ausdrükken. Die Differenz existiert aber nur in der Absicht, in der Wirkung stellt sich hinterrücks die Identität mit dem ein, wovon sie sich abgrenzen möchte. So stand zum Beispiel in der schon erwähnten Kindler-Literaturgeschichte über Ingeborg Bachmann, daß »sie sich [bei einem Empfang in der Hofburg] in einem Pagenkostüm, mit schwarzen Kniehosen und Cherubino-Wams eingefunden hatte«, wozu der Kritiker Friedrich Geyrhofer anmerkte: »Die dick aufgetragene Manier ist nichts anderes als Firnis über kleinbürgerlichen Manieren.«

Nun hat das Auftreten Schürrers (gewiß unbürgerlich und auffällig) nicht nur starke Affinitäten zum Äußeren Arnulf Rainers, sondern – und hier hat Peter Weibel durchaus recht – auch zum Wiener Aktionismus, zu dem Franz Schuh anmerkt: »Der Aktionismus ist die groteske Übertreibung kleinbürgerlicher Tischmanieren.«

Bürgerlichkeit, Kleinbürgerlichkeit, Antibürgerlichkeit, Etabliertheit, Avantgarde, radikale Außenseiterposition stellen sich als eine Reihe bloßer Varianten heraus, jede ist in Wesen und Wirkung deutlich mit den anderen verwandt, und je deutlicher Differenzen demonstriert werden, desto stärker wird bloß das, worin sie in Wahrheit identisch sind, übertrieben. Dies macht natürlich jede Radikalität, die an die Substanz des Lebens eines Künstlers geht, überflüssig, und es genügt tatsächlich, eine Jacke aus dem Stoff zu tragen, wie er in Heilanstalten benützt wird, statt ein Leben zu führen, das zu Einweisungen in Nervenheilanstalten führt. So ist auch bei Rainer, im Gegensatz zu Schürrer, wesentlich das Werk rezipiert worden und nicht sein Auftreten. Die in seinem Auftreten demonstrierte Antibürgerlichkeit konnte nur eine kleine Referenz sein, die zeigen sollte, mit welcher Seite des Widerspruchs, der nicht mehr wirklich existiert, er eine etwas nähere Verwandtschaft empfindet.

Vielleicht ist dies der Grund dafür, warum im Falle Schürrer es aber das Leben und nicht das Werk war, das so genau verfolgt, immer wieder beschrieben und interpretiert wurde: weil Schürrers Leben durch seine bis an die Grenzen der Selbstzerstörung gehende Radikalität als vorgelebte Beweisführung erlebt werden konnte, stellvertretende Lehrjahre, die zeigten, daß eine solche Radikalität obsolet geworden ist, sie daher gesellschaftlich folgenlos bleibt, und das Werk ohne Wirkung. Die Lehre war: Die Möglichkeit der Kompromißlosigkeit – unter Voraussetzung des sozialpartnerschaftlichen Kompromisses als umfassendes gesellschaftliches Organisationsprinzip – ist buchstäblich und allgemein das, was durch die Rezeption von Schürrers Leben beispielhaft daraus wurde: eine Legende.

Aber auch wenn es stimmen sollte, daß Schürrers Existenzweise Folge seines radikalen Kunstanspruchs war, also ein unmittelbarer Zusammenhang zwischen Leben und Werk besteht, dann ist damit ja noch immer nichts über sein Werk ausgesagt. Denn diesen Zusammenhang haben diejenigen ja nur behauptet, die die Legendenbildung um sein Leben betrieben, aber auf sein Werk nie eingingen. Nun ist aber Schürrers Werk keine Legende, sondern existiert wirklich. Schürrer hat zwar lange Zeit nichts, dann wenig, später im eigenen Kleinverlag Freibord veröffentlicht (auch eine bizarre Lebensironie Schürrers: der Anarchist als Kleingewerbetreibender), doch als 1984 seine gesammelte Lyrik aus drei Jahrzehnten in einem Prachtband im Medusa-Verlag erschien, hätte man allerdings erwarten können, daß nun endlich sein Werk in den Mittelpunkt des Interesses rückt. Die Buchpräsentation in der Wiener Sezession war nachgerade ein gesellschaftliches Ereignis, und tatsächlich war wieder über Hermann Schürrer in der österreichischen Presse zu lesen, und zwar nicht mehr auf den Gerichtsseiten, sondern schon auf den Kulturseiten, aber erstaunlicherweise waren alle Reaktionen auf seine gesammelte Lyrik wieder nichts anderes als Nacherzählungen von Schürrers groteskem Leben, ideologische Überhöhungen seines Lebenselends, dessen Zusammenhang mit seinem Werk lediglich vorausgesetzt oder behauptet blieb. Dabei hatten die Literaturkritiker, ohne es zu wissen, mit ihrem Kurzschluß sogar recht, denn der Zusammenhang besteht tatsächlich. Der Irrtum war lediglich, daß er sich am Leben Schürrers deutlicher zeige als in seinem Werk. Wenn es nämlich stimmt, daß Schürrer, wie oft wiederholt wurde, versucht hat, sein Leben zu einer Demonstration persönlicher und künstlerischer Freiheit auszugestalten und dabei sämtliche sozial vorgegebenen Grenzen in einem fort zu überschreiten, so zeigen seine Texte deutlicher als sein Leben, daß diese Grenzen längst elastisch geworden sind.

Den Ehrenschutz über Schürrers Buchpräsentation hatte der damalige Bürgermeister Helmut Zilk übernommen. Dieser Sachverhalt konnte nur diejenigen überraschen, die Schürrers Werk nicht kennen, denn erst dieses sagt aus, was das bedeutet.

Das literarische Werk Schürrers war ja zunächst ein großangelegtes Scheitern im Versuch, sich gegen die Strukturierung des Geisteslebens im Sinne der sozialpartnerschaftlichen Ästhetik zu stemmen, und es ist der so strukturierte Überbau, in dem ein Bürgermeister Zilk erst möglich wurde.

Mit seiner Literatur hatte sich Hermann Schürrer vor der (Literatur-)Geschichte sicherlich zum Wiener Gegenbürgermeister promoviert. Schürrers Schriften sind das Pendant zum Wort des Helmut Zilk, das als Konsens von allem, was sich »in eigener Sache« formulieren läßt, regiert.

So wie Schürrer war ja auch Zilk ein Grenzüberschreiter. Einen Schürrer-Vers paraphrasierend kann man sagen, daß Zilk die Rastlosigkeit der Identität aufgab, um seßhaft von Funktion zu Funktion zu ziehen. In diesem Zerfließen der Identitäten, das signifikativ war für das Leben in der Hauptstadt der Sozialpartnerschaft, waren natürlich jene die Repräsentanten, die in diesem allgemeinen Verschwimmen sich zu bewegen verstanden wie ein Fisch im Wasser – sei es vor laufenden Fernsehkameras oder vor den weinseligen Augen des Publikums im Szenen-Beisl.

Was die als »grenzüberschreitend« bezeichnete Existenzweise Schürrers also praktizierte, hatte Zilk (Volksbildner, Journalist, Fernsehmacher, Minister, Ombudsmann ...) längst patentiert. Und die Stadt, die Zilk schließlich regierte, wurde von Schürrers Werk gleich zur Hauptstadt der Welt erklärt. Denn geographisch sind die Grenzen nicht, die Schürrers Werk überschreitet. Zwar beginnt sein Gedicht »Plädoyer für ein Denkmal« mit der Zeile »Om mani padme hum«, der Segensformel des Lamaismus, das Gedicht »Im wilden Westen nichts Neues« beginnt mit der Paraphrasierung eines Spanienklischees, im Gedicht »Iliassa – Centre de Danse« werden Frankreich, Rußland und Griechenland angesungen, »Orpheus« beginnt und endet englisch, in »E. März« finden wir türkische Vokabeln etc.

Und doch muten diese Elemente im Kontext der Gedichte, ja vor allem im Kontext der Schürrerschen Lyrik generell, bloß als mystische, archaische Silben an, die – so wie die auf den Reisen entstandenen Gedichte – ein letztendlich nicht umstürzbares viennazentrisches Weltbild bloß umranken.

Die internationalen Fluchtpunkte seiner Lyrik sind bei genauerer Betrachtung Signale einer Fliehkraft, die daher kommt, daß seine Gedichte – in jedem Wortsinn – rasend immer denselben Punkt umkreisen: Wien. Dieses Eindrucks kann man sich nicht erwehren, nicht nur beim Blick auf so deutliche Beispiele wie »Wiener Luft« oder »Unio mystica«, die zwei bekanntesten, ja sogar relativ bekannten Gedichte Schürrers. Vordergründig sichtbar ist dies auch bei der ganzen Reihe von Schürrer-Gedichten, die sich unmittelbar auf irgendwelche Orte, Bereiche, Lokale oder Personen in Wien beziehen, wie z. B. »Schönbrunn«, Schürrers erstes Gedicht überhaupt, »Café Sport«, »Tante Paula Monolog«, »Art-Center« etc. Aber auch in den komplexeren, hermetischen Gedichten lassen sich immer wieder Facetten Wiener Realität, Personen, Situationen, Sachverhalte enträtseln, die nicht bloß »eingewoben« sind, sondern nachgerade das »Rückgrat« des Gedichtes bilden. Im viennazentrischen Weltbild geht alles Übel von Wien aus – aber alles Heil, jede Chance auf Rettung kann auch nur von Wien ausgehen.

Ein Gedicht, in dem sich diese Identität etwa zeigt, ist »Wiener Triangel«, dem zumindest zu entnehmen ist, daß Schürrer sich eine schönere Welt so vorstellt, daß sie »so gut wie nichts zu tun hat mit dieser«, mit Wien, aber auch »nicht viel« mit einer, die nichts zu tun hat mit dieser. Dieser Viennazentrismus ist in seinem Umfang und seinen Ausformulierungen nicht einfach damit zu erklären, daß Schürrer eben hauptsächlich in Wien lebte und daher das entsprechende Lokalkolorit in seine Literatur einsickern ließ. Schürrer hatte ja keine literarische Konzeption, die in irgendeiner Weise auf die gestaltende Abbildung der Wirklichkeit, die geographisch eben als »Wien« bestimmbar ist, abzielte und daher Elemente spezifisch wienerischen Lebens in seine Literatur einwob, so daß man erkennt: Aha, das spielt in Wien, so wie die *Buddenbrooks* in Lübeck, so daß die verallgemeinerbare Wahrheit im besonderen dieser

Literatur eben die spezifisch wienerische oder lübecksche Note hat oder – wie in trivialen Fassungen dieser Konzeption – daß weiters nicht ortsspezifische Platitüden folkloristisch eingefärbt werden.

Außerdem wird in einer Literatur, die »das Leben« oder sonst etwas, womöglich »wie es so ist«, an einem bestimmten Ort beschreibt, dieser Ort deshalb nicht sofort zum Mittelpunkt der Welt und schon gar nicht die an diesem Ort vorherrschende Geisteshaltung zum intellektuellen Rubikon, den jedwede Geistesbewegung der Welt überschreiten müßte, will sie »die Menschheit« erobern. Im Gegenteil: In einer solchen Literatur ist der Ort im allgemeinen immer deutlich als Winkel der Welt spürbar und der Geist, der durch diesen Winkel weht, als ein lokal beschränkter.

Das Eigentümliche aber bei Schürrer ist eben, daß Wien nicht Lokalkolorit für seine Literatur abgab und auch nicht Metapher wurde, sondern schlicht zum Mittelpunkt der Welt geriet, zum – wie der *Spiegel* schrieb – »Zentrum [...], eine Art kosmisches Loch«, und daß Spezifika des geistigen Klimas in Wien nicht zu einem illustrativen Element seiner Literatur wurden, sondern zu einem Weltbild verdichtet, das seine Literatur verkündet.

Die politische und soziale Bedeutung dieses Weltbildes wird in Schürrers Prosa erklärt, am augenfälligsten und gedrängtesten wohl am Schluß seines Romans *Kriminelle Spielereien*, in dessen Schlußapotheose, wo die Verbesserung nicht nur Mitteleuropas, sondern der ganzen Welt, die Weltrevolution, beginnt: natürlich in Wien – mit einer Besetzung des Burgtheaters, der Verminung der Rossauerkaserne, der Sprengung der Donaubrükken, der Einnebelung von Schwechat und Aspern und einem Flugzettelabwurf über der Stadt: »Servus, Grüß Gott, liebe Untertanen, bleibt so doof wie bisher!«

Dieses Unterfangen erscheint zunächst wohl ziemlich sinnlos, denn wozu die ganzen Aktionen, wenn es gar nicht darum geht, die »Untertanen« wachzurütteln und zu einer revolutionären Erhebung zu führen?

Man darf hier natürlich nicht vergessen, daß Wien eben auch dadurch charakterisiert ist, daß die Repräsentanten der Subkultur immer auch die Allüren des Bürgermeisters haben oder, anders gesagt, daß man in Wien sein Gesicht nur noch janusköpfig wahren kann: Karriere, sei es als Bürgermeister, sei es als Revolutionär, kann nur noch der machen, der Gewerkschaftsboß ebensogut wie Chef der Industriellenvereinigung sein könnte. So entpuppt sich obige Romanstelle Schürrers als nachgerade geniale Erfassung jener aktuellen Entwicklung, derzufolge gerade dadurch, daß die Untertanen »doof bleiben«, an ihrem, dem wienerischen (bzw. österreichischen) Wesen dereinst die Welt genesen wird, d. h. die historisch entwickelten Gesellschaftsstrukturen und Herrschaftsverhältnisse auch zunehmend im internationalen Maßstab in einem konfliktminimierenden, harmonischen, daher als »Friede« erscheinenden Modell, dem österreichischen, sich verewigen, ihr bürgerliches Geschichtsziel erreichen.

Unter den gegebenen Voraussetzungen, in denen der Protest noch zur Affirmation des Bestehenden gereicht, wird das Agitieren zum Selbstzweck, das wissen die Schürrerschen Weltverbesserer und betreiben ihre revolutionären Aktivitäten von vornherein als Selbstzweck, die Untertanen können ruhig so »doof bleiben, wie bisher«, bleiben sie es nämlich nicht, ändern sie auch nichts und fielen höchstens in der immanenten Entwicklung des gesellschaftlichen Lebens zurück, das sie in Österreich, so »doof« sie sind, immerhin im internationalen Kontext avantgardistisch modellhaft organisieren bzw. es duldend als solches legitimieren: die Sozialpartnerschaft, das bis dato perfekteste Herrschaftsstabilisationssystem der Geschichte. Daher beginnt bei Hermann Schürrer die »Verbesserung« der Welt in Wien, und genau eben darum geht auch alles Unheil für ihn von Wien aus. Und seine Romanfiguren, die um sich schlagen, ohne zu glauben, damit etwas verändern zu können, sind Metaphern für das, was Schürrer selbst durch seine Existenzweise vorgeführt hat, die die Geister Wiens daher so begeisterte: Denn sie können von Schürrer, wie aus der Literatur, die sie aber nicht lesen müssen, lernen, daß die Opposition folgenlos bleibt, die eigene Anpassung daher nicht Verrat, sondern bloß eine Variante der Opposition darstellt.

Der Beifall, den Schürrers Existenzweise erhielt, galt seinem exemplarischen Scheitern, das man auch so formulieren kann: Seine Freiheitsgesten beschäftigten sich zwar mit dem sozialen System, nicht aber mit dessen Funktionieren, Schürrers Um-sich-Schlagen ist wohl auf die Sozialpartnerschaft losgegangen – hat sie aber letztlich fetischisiert. Denn dies hatte der Sozialpartnerschaft noch zu ihrer Perfektion gefehlt: daß ihr das Bewußtsein produziert wird, daß nicht nur eine Köchin, sondern sogar ein gemeingefährlicher Anarchist das Gemeinwesen lenken könnte, ohne daß sich etwas ändern würde.

In den *Kriminellen Spielereien* schrieb Schürrer an anderer Stelle: »Ich denke, daß Wien als Übungsplatz für die späteren Aktionen in aller Welt am geeignetsten ist. Quasi als Blutspendezentrale doch noch zu einer moralischen Rolle kommt, die dieser Stadt bis jetzt versagt blieb. Es geht uns nicht mehr um Europa allein, es geht uns um die ganze Welt. Sie muß heil bleiben bzw. heil werden, vor allem heil werden, verbesserte er sich noch einmal.«

Er verbesserte sich, aber es ist egal, er verbesserte nicht die Welt – was aber auch egal ist, denn kann eine Welt noch verbessert werden, deren Hauptstadt Wien ist?

Um Wiens Stellung in der Welt zu verkünden, warb der Wiener Fremdenverkehrsverband mit folgendem Inserat: »Das ist Wien: Hochkultur, Subkultur, TV-Kultur, Arena-Kultur, Weinkultur, Pop-Kultur, Baukultur ... In Wien kann man unheimlich aktiv sein. WIEN!«

In Wien ist alles Kultur und als Kultur alles eins, die Subkultur ist ein Bestandteil der offiziellen, Zilk hat also bereits die Regentschaft über Schürrers Domäne übernommen, und die Pointe ist der schürrerhafte Hinweis, daß unheimlich ist, wer da aktiv sein kann.

In Schürrers Lyrikband *Klar Schilf zum Geflecht*, für dessen Präsentation Zilk den Ehrenschutz übernommen hatte, steht auf Seite 294: »Bewundern wir Touristen/Diese österreichische Attraktion«.

Ende der Szene

Unheimlich statt öffentlich

Anmerkungen zu den Schwierigkeiten, in Österreich kreativ zu sein

So gut wie alle österreichischen Schriftsteller und Künstler der Zweiten Republik haben neben ihrem jeweiligen Hauptwerk ein umfangreiches Nebenwerk unter dem ideellen Gesamttitel *Leiden in Österreich* produziert. Es gibt kaum einen, der sich einen Namen gemacht hat, ohne gleichzeitig mit seinem Namen dafür exemplarisch einzustehen, daß in diesem Land kreative Arbeit ver- oder zumindest behindert wird, es gibt kaum einen, der den aufgeklärten gesellschaftlichen Diskurs in Österreich mit seinen Vorstellungen vom Guten, Wahren und Schönen belieferte, ohne mit seinem Beispiel zugleich die Doktrin zu variieren, daß dieses Land vom Bösen, von der Lüge und der Häßlichkeit unheilbar infiziert sei. Nun sind Beispiele für Banausentum, Kunst- und Intellektuellenfeindlichkeit gewiß überall leicht zu finden, aber nirgendwo wird dieser Sachverhalt so verabsolutiert wie im Österreich der Zweiten Republik – wo es vergleichsweise eines der höchsten staatlichen Kunstbudgets und massivste Kunstförderung gibt, wo für Kunst und Kultur sogar ein eigener Nationalratsausschuß existiert und wo Auseinandersetzungen über Kunst (Theater, Literatur, bildende Kunst, Baukunst) gesellschaftlich und medial einen erstaunlich hohen Stellenwert haben. Diese Fixierung der österreichischen Künstler auf den Staat hat zu einer Eigentümlichkeit geführt, die, soweit ich es überblicke, in der Welt tatsächlich einzigartig ist: Österreichische Künstler sind fast nur noch als Personalunion von Staatsfeind und Staatskünstler zu haben. Underground und Überbau sind dadurch identisch geworden, die Oberfläche – phänomenologisch reflektiert – stellt sich als der tiefste Punkt dieses Landes dar.

Warum ist das so?

Ich möchte von der bekannten Tatsache ausgehen, daß in Österreich die weltweit üblichen Kunstmarktmechanismen traditionell unterentwickelt blieben und alle Ansätze für einen funktionierenden Kunstmarkt durch mächtige gegenläufige Traditionen erstickt wurden. Unter den üblichen Kunstmarktmechanismen verstehe ich den banalen Sachverhalt, daß Künstler Kunstwerke produzieren, Kritiker diese beurteilen und vermitteln und ein daran interessiertes Publikum diese Werke entweder annimmt oder ablehnt, sich so oder so in seiner Zeitgenossenschaft überprüft. Diese einfachen Voraussetzungen sind selbstverständlich offen für das Entstehen verschiedener Strömungen, für große Auffassungsunterschiede hinsichtlich der Frage, in welcher Form eine Zeit ihren gelungenen künstlerischen Ausdruck findet. Es sind kurzfristige, mittelfristige und langfristige Karrieren möglich, stetige Revisionen und Neugewichtungen.

Dieses Spiel funktioniert in Österreich vor allem deshalb nicht, weil es hier kein entsprechendes Publikum gibt. Es fehlt jener gewichtige Teil der Öffentlichkeit in einer für einen funktionierenden Markt relevanten Größe, der sich in seinem Selbstverständnis wesentlich auch über sein Kunstinteresse definiert. Das hat eine Reihe historischer Gründe, die bekannt sind – das traditionelle Fehlen eines selbstbewußten und starken Bürgertums genauso wie die Liquidierung und Vertreibung der Vernunft 1938 aus Österreich etc.

Von Zeit zu Zeit, vor allem in den 50er und 60er Jahren, sind in Österreich wohl sogenannte Gegenöffentlichkeiten entstanden, die aber, eben durch das Fehlen von Öffentlichkeit, Aporien in sich waren, keine Märkte erobern oder eine gesellschaftlich sich schließlich verbreitende Diskussionskultur entwickeln konnten. Ohne existierende Öffentlichkeit wurde jede Gegenöffentlichkeit, zumal sie in der Regel aus den Produzenten selbst und ihren Freundeskreisen bestand, bloß zu einer Art Wartesaal, wo späterer Anerkennung entgegengedämmert wurde. Es ist in diesem Zusammenhang vielleicht bezeichnend, daß der erfolgreichste Kunstsammler der Zweiten Republik damals nicht zeitgenössische junge Künstler sammelte, die sehr billig zu haben waren, sondern Schiele, der damals auch billig zu haben war.

Das Fehlen von Publikum muß natürlich auf die Vermittlerinstanz, auf die Kritiker, zurückwirken. Da es keine kunstinteressierte Öffentlichkeit in relevanter Größe und mit entsprechend ausgebildeter Diskurskultur gibt, der gegenüber die Kritiker sich argumentativ bewähren müßten und der sie verpflichtet sein könnten, sehen sich die Kritiker ausschließlich jeweils einigen Produzenten verpflichtet, was jenen medialen Lobbyismus produziert, der in Österreich den Platz der Kunstkritik eingenommen hat. Dieser Lobbyismus sah sich und sieht sich regelmäßig in einer eigentümlichen Aporie. Medialer Lobbyismus kann ja erst recht nur funktionieren, wenn er es versteht, Öffentlichkeit zu mobilisieren. Nun gibt es aber in Österreich keine dafür vorbereitete Öffentlichkeit. Die österreichische Lösung dieser Aporie ist bekannt: Wenn es keine kunstinteressierte Öffentlichkeit gibt, dann muß man eben die an Kunst nicht interessierte und sogar die kunstfeindliche Öffentlichkeit mobilisieren. Und die gibt es. Und sie ist auch mobilisierbar. Natürlich nicht mit ästhetischen, kunsttheoretischen und kunstkritischen Kategorien, sondern mit solchen, die eine an Kunst uninteressierte Öffentlichkeit tatsächlich bewegen – zum Beispiel *Unser Steuergeld* oder *Unser Stadtbild* oder *Unser politischer* oder *religiöser* oder *sozialer Friede* oder *Unser moralisches Empfinden* etc.

Das ist also meine erste These: Auseinandersetzungen mit Kunst, Kunstwerken, Projekten, Inszenierungen etc. haben in Österreich einen so hohen Stellenwert und dabei ein so niedriges Niveau, weil, in Ermangelung einer kunstinteressierten Öffentlichkeit von relevanter Größe, Politik mit der Mobilisierung der kunstfeindlichen Öffentlichkeit gemacht wird, die natürlich viel größer ist, als es selbst der Idealfall einer hochentwickelten kunstinteressierten Öffentlichkeit sein könnte.

Dieses Spiel hat sich in Österreich so perfektioniert, daß es heute von einigen Künstlern selbst schon betrieben bzw. einkalkuliert wird, um sich als Markenname auf einem nur in Derivaten existierenden Markt durchsetzen zu können. Auf diesen Markt, und die, die seine Funktion übernommen hat, möchte ich gleich zu sprechen kommen. Zunächst aber folgt aus dem beschriebenen Sachverhalt dies: Ein vernünftiger gesellschaftlicher Diskurs über Kunst, der ästhetisch und werkkritisch argumentiert, ist so natürlich nicht möglich. Und jeder Versuch, einen solchen Diskurs in öffentliche Auseinandersetzungen über Kunst hineinzutragen, ist regelmäßig gescheitert bzw. wurde in *erpreßter Solidarität* spurlos aufgehoben. Solidarität zu erpressen wurde zur infamen Spezialität derer, die scheinbar blauäugig vor der Kunstfeindlichkeit erschraken, die sie selbst mitmobilisiert haben. Man konnte etwa ästhetische oder inhaltliche Einwände gegen Alfred Hrdlickas *Mahnmal gegen Faschismus und Krieg* bei der Albertina haben (etwa: Sind die Verbrechen des Faschismus und Nationalsozialismus durch eine platt realistische Darstellung eines straßenwaschenden Juden überhaupt adäquat darstellbar? Ist ein Mahnmal gegen Faschismus *und* Krieg nicht ein Unding in sich, da der Faschismus schließlich nur durch den Krieg besiegt werden hatte können?), aber damals mußte man dafür sein, um nicht als Nazi-Sympathisant zu gelten, weil eine an Kunstfragen desinteressierte Öffentlichkeit ästhetische Einwände nur als *Einwände gegen ein antifaschistisches Mahnmal* verstehen konnte und wollte.

Nach demselben Prinzip verpufften auch etwaige künstlerische Einwände gegen Claus Peymann: Man mußte sich für seine Vertragsverlängerung als Burgtheater-Direktor stark machen, sonst war man automatisch auf der Seite des Loden und Hermestuch tragenden austrofaschistischen Bürgertums, das von einer Restauration der Häussermann-Ära träumt.

Bleiben wir kurz beim Beispiel Peymann, um deutlicher zu zeigen, wie das funktioniert. Ich habe eingangs gesagt, daß alle mit Kunst befaßten Menschen in Österreich regelmäßig darüber Klage führen, wie kunstfeindlich das Klima in Österreich sei. Bei Peymann sieht man besonders deutlich, wie diese Kunstfeindlichkeit auch von jenen ausgeht, die darunter zu leiden vorgeben. Vor einer Uraufführung, etwa vor *Heldenplatz* oder vor der *Raststätte*, lanciert er einige ausgewählte Textstellen, einzelne Zitate, die jenen zugespielt werden, die, wenn sie diese Zitate bekommen und wörtlich nehmen, dagegen protestieren müssen. Kaum hat er solcherart eine Hetzmasse mobilisiert, mobilisiert er jene dagegen, deren Solidarität er gegen diese reaktionären Mächte für sich erpressen kann. Wie auch immer man dann am Ende Werk und Inszenierung diskutiert und diskutieren kann: Was Peymann getan und vorgegeben hat, ist das Geistloseste und Banausischste, was an Umgang mit Literatur überhaupt möglich ist, nämlich Textstellen aus dem Zusammenhang zu reißen und die Öffentlichkeit darauf einzuschulen, diese Zitate wörtlich zu nehmen, um auf diese Weise reflexartige Ablehnung oder Zustimmung zu erreichen. Gäbe es in Österreich eine kunstinteressierte Teilöffentlichkeit von einigermaßen relevanter Größe, wäre es just diese, also nicht der banausische und reaktionäre, sondern der aufgeklärteste Teil der Gesellschaft, der sich über Peymanns Scheitern einig geworden wäre und seine Ablöse betrieben hätte.

Damit komme ich zu meiner zweiten These: Wenn es keine kunstinteressierte Teilöffentlichkeit in gesellschaftlich relevanter Größe mit entsprechend entwickelter Diskussionskultur gibt, wenn das fehlende Publikum durch mobilisierte Hetz- und Solidaritätsmassen und -meuten ersetzt wird, wenn es also keinen funktionierenden Kunstmarkt gibt, dann hat die Kunst in Österreich auch keinen wirklichen Adressaten. Die Rolle des Adressaten der Kunst hat in Österreich der Staat übernommen, als alleiniger potenter Förderer, Käufer, Vermittler, Initiator, Vermarkter (etwa in Hinblick auf den Fremdenverkehr) etc.

In Österreich werden, um nur ein Beispiel aus einer Sparte zu geben, mehr literarische Bücher angekauft als verkauft. Das ist der Grund, warum österreichische Künstler so fixiert sind auf den Staat, daß sie gar nicht anders können, als sich zu einer Personalunion von Staatsfeind und Staatskünstler zu entwickeln. Das gehorcht einer Dialektik, in der Hoffnungen und Frustrationen gegenüber dem einzigen real existierenden Adressaten ununterbrochen kollabieren. Herrman Nitsch: »Daß der Bundespräsident nicht zu meiner Vernissage kommen will, ist ein Skandal. Der Präsident dieses Staates muß hinter meiner Kunst stehen, wie hinter der verstaatlichten Industrie!«

In jedem anderen zivilisierten Land würde der Vorwurf, der Staat sei banausisch oder kunstfeindlich oder ahnungslos gegenüber neuer Kunst, als lächerlich empfunden werden, da es nirgendwo als eine dem Staat zufallende Aufgabe empfunden wird, das neue Genie im Café am nächsten Eck zu entdecken. In Österreich ist das anders. Wer sonst als der Staat soll den Künstler entdecken, noch dazu so, daß er dann auch davon leben kann?!

Um diesen einzigen Adressaten tobt daher der Krieg der Lobbies, die die Kunstkritik und Vermittlung in Österreich ersetzt haben. Und deshalb und nur deshalb kennt ein österreichischer Schriftsteller oder Maler in der Regel schon seinen zuständigen Minister, noch bevor er einen Verleger oder Sammler kennengelernt hat. Und ebendeshalb hat dieser des Banausentums und der Ahnungslosigkeit geziehene Staat eines der relativ größten Kunstbudgets der Welt. Wie dieses Geld verteilt wird, ist eine sekundäre Frage. Das hat mit dem Kräfteverhältnis der Lobbies zu tun. Sich an dem Lobbyismus aber zu beteiligen, macht jede Klage über den Verteilungsschlüssel bloß zu einem taktischen Bestandteil dieses Kampfes und darüber hinaus obsolet. Jedenfalls muß der Staat die Förderung, die er so oder so ausschüttet, wieder legitimieren, d. h. vor einer *Wähleröffentlichkeit*, die an Kunst nicht interessiert ist. Sie sehen, wie sich die Spirale dreht. Und er muß die Leistungen, die er finanziert, auch wieder verkaufen. In der Regel geschieht dies dadurch, daß er sie als Angebot in der Fremdenverkehrswerbung inseriert. Das heißt, der Staat, der in Ermangelung eines Publikums zum alleinigen Kulturadressaten geworden ist, sorgt dafür, daß ein Publikum in dieses Land importiert wird.

Meine dritte These: Unter den beschriebenen Voraussetzungen kann es kaum zeitgenössische Auseinandersetzung mit Kunst geben, sondern wesentlich nur zeitverschobene, verspätete Auseinandersetzungen. Wenn der Staat der Hauptadressat der Kunst ist, dann bedingt dies schon alleine wegen der natürlichen Trägheit bürokratischer Institutionen einen stark retardierenden Effekt, abgesehen davon, daß ein Staat nicht auf Karrieren spekulieren kann, sondern sie voraussetzen will. Kleine Förderungen, also ökonomisches Überlebenlassen, und große staatliche Repräsentation sind verschiedene Dinge. Es ist in der Regel daher in Österreich so, daß zum Beispiel ein Maler zwanzig Jahre von staatlichen Stipendien oder vom Verkauf von Bildern lebt, die in staatlichen Depots verschwinden, bis er endlich zu dem Genie herangereift ist, das man mit staatlichen Fördermitteln in den internationalen Kunstmarkt einzuschleusen versucht. Dann jettet auch der Kanzler ins Ausland, um einer Vernissage beizuwohnen, und sieht sich mit baffem Unverständnis konfrontiert. Dabei war es nicht Unverständnis, sondern nur ein doppeltes Mißverständnis. Natürlich hatte der Kanzler geglaubt, daß die Bilder, deren Präsentation im Ausland er durch seine Anwesenheit aufzuwerten versucht, zeitgenössische Kunst seien, aber dort hat man gewußt, daß sie das nicht sind bzw. vor zwanzig Jahren gewesen wären. Und natürlich hatte der Kanzler zu Recht diese Bilder als Leistung der Kulturnation Österreich, als Produkt der staatlichen Rahmenbedingungen angesehen. Aber dort hatte man, was ja auch stimmt, einen Künstler erwartet, der dem Staat aufmüpfig ist – und dann ist es nicht möglich, ein Foto von diesem Künstler zu machen, ohne daß er von Staatskanzler und Kunstminister eingerahmt ist.

Genauso ist es die Regel, daß etwa ein Architekt zwanzig Jahre in Österreich nichts bauen darf, in dieser Zeit aber zu einem solchen Star wird, der sich dann gleich im Zentrum verwirklichen darf. Wer meinte, daß wirklich *zeitgenössisch* gebaut werden soll, wenn sich schon überraschenderweise die Möglichkeit auftat, daß an dieser Stelle »zeitgenössisch« gebaut werden darf, der hat seine Einwände sofort zurückgesteckt, als sich die antimodernen Kräfte in Wien zu formieren begannen.

So muß hier schon als kühn gelten, was Staat oder Stadt bei einem *Lebenden* bestellen, und als ästhetisch konsequent, was nur noch Selbstzitat, also die werkgewordene Durchhalteparole des Künstlers ist.

Kaum ist die Kreativität eines Künstlers erschöpft und in blanke Repetitivität übergegangen, wird er als kreatives Potential entdeckt. Jede Auseinandersetzung damit, was er dann produziert, muß verquer laufen, weil sie zu spät kommt und dieser Sachverhalt, weil es ja das Neueste ist, das jetzt zu spät kommt, in der Debatte auch nicht mehr mitreflektiert wird. Dies geschieht sehr naiv und unschuldig, es gehorcht einem selbstverständlichen, geradezu banalen Mechanismus. In der Moderne bezog sich der Staat, wenn er an kulturelle Repräsentation und künstlerische Selbstdarstellung dachte, auf die Vormoderne. In der Postmoderne greift er natürlich auf die Moderne zurück. Doch während sich etwa das Gründerzeit-Wien im Historismus tatsächlich noch adäquat dargestellt fühlte, obwohl die zeitgenössische Kunst schon viel weiter war, so geht es heute überhaupt nicht mehr um adäquate Selbstdarstellungen auch durch Kunst, sondern einfach um die verspätete Hofübergabe der Vormoderne an die Moderne in Österreich unter der Patronanz des Staates. Und das wäre weiters ja belanglos bzw. sogar historisch gerecht, wenn es eben jene Teilöffentlichkeit in Österreich gäbe, die mit einem avancierteren Diskurs und mit expliziter Zeitgenossenschaft diese Entwicklung dadurch konterkarierte, daß sie ihr eben voraus ist. So aber gemahnen die Signale der Moderne in Österreich an einen Blinker, den ein geradeaus fahrender Autofahrer vergessen hat auszuschalten, und bekanntlich hat solch ein Blinken auch keine weiteren Konsequenzen auf das Fahrverhalten. Das geschieht, wie gesagt, unschuldig.

Im SPÖ-Club hängt jetzt zum Beispiel dort, wo früher ein Ölgemälde war, das den Parteigründer Viktor Adler zeigte, ein großes Schüttbild von Hermann Nitsch. Unterstellen Sie diesem Sachverhalt keine Ironie. Kein postmoderner Zyniker in der Partei hat das durchgesetzt, etwa mit der Überlegung, daß ein Schüttbild von Nitsch aussieht wie eine rote Fahne nach dem Hauptwaschgang und daher den Zustand der Partei gelungen künstlerisch ausdrückt. Wahrscheinlich hat sich nur irgendwer gedacht: *Das ist modern*, und: *Wir müssen uns jetzt moderner darstellen.* Nicht mehr und nicht weniger. Bloß Signale, denen alles Grundsätzliche fehlt, was ein gesellschaftlicher Diskurs über Kunst produzieren könnte.

Allerdings: So versteinert die beschriebenen Verhältnisse auch schienen, Ende der 80er Jahre begannen sie zu tanzen. Die Gesellschaft, ihre Interessenvertretungen, der Staat, seine Institutionen befanden sich plötzlich in einem großen Transformationsprozeß, der dazu führen sollte, daß bald nichts mehr stimmte, was wir unter dem Titel *Zweite Republik* für selbstverständlich erachtet haben. Dies sollte eine Reihe von Chancen auch für die Kunst und für eine neu sich formierende Öffentlichkeit eröffnen, neue Auseinandersetzungen ermöglichen. – Im Transformationsprozeß allerdings noch mit derselben Methode der »erpreßten Solidarität«; nun allerdings politisch: nämlich gegen Jörg Haider. Ich verstehe, daß es Wut bei einem Staatskünstler auslösen mußte, wenn ihm sein Staat abhanden zu kommen droht, und es mußte wirklich eine Horrorvorstellung für einen

Staatsfeind sein, daß der Staat plötzlich wirklich sein Feind werden könnte. Hier kündigte sich die Normalisierung der Realität an – die sich aber noch einmal als Operette inszenierte.

Deus ex machina I

Kurt Waldheim

Der Name der Rose ist Dr. Kurt Waldheim

Der erste postmoderne Bundespräsident

> Populationen leben den Stil der Zitate, derer sie mächtig sind.
>
> *Oswald Wiener*

Österreich war nie ein wirklich modernes Land.

Weder die Emphase des industriellen Fortschritts noch das Pathos der Aufklärung haben hier jemals eine geschichtsmächtige, umwälzende Rolle gespielt. Österreichs Geschichte ist vielleicht deswegen besonders reich an Tragödien. In der Zweiten Republik mußte dies natürlich zu einer Serie von Farcen führen, die das wirtschaftliche, politische und kulturelle Sein Österreichs bestimmten.

Österreich ist nicht nur reich an Geschichte, man hatte hier nach dem Krieg buchstäblich genug von Geschichte, weshalb der Anspruch der Zweiten Republik, aus der Geschichte gelernt zu haben, umgesetzt wurde in die Konstruktion einer Immobilität, die es erlaubte, mit den fortwirkenden Konsequenzen der Fehler der Vergangenheit irgendwie zu leben, statt sich ihnen zu stellen; Fesseln werden grundsätzlich als Verband für die Wunden der Vergangenheit empfunden, statt sie abzuwerfen.

Geschichte ist ja in Österreich das, was die Medien als etwas verbreiten, das wir glücklicherweise irgendwie überlebt haben. Als solche, sozusagen als ein System von Narben, ist sie völlig im Heute aufgegangen, Vergangenheit, Gegenwart und Zukunft sind hier früher und umfassender als anderswo in eins zusammengefallen.

Geschichte ist dadurch in den Zustand der ewigen Gegenwart eingetreten, was Doderer unter dem Stichwort »unser normaler Zustand« in folgendem Bild formuliert hat: »Schwimmst wie ein Blatt am Wasser, mit Adhäsion an der Oberfläche, und augenlos über der Tiefe.«

Doderer hat in seinem letzten, leider unvollendeten Roman, *Der Grenzwald*, eine Figur geschaffen, die er, wie man den Tagebüchern entnehmen kann, ganz bewußt als zutiefst österreichische Existenz konzipiert hatte, die paradigmatisch sei für die neuere österreichische Geschichte.

Doderer beschreibt im *Grenzwald* das Leben eines Heinrich Zienhammer (ursprünglich sollte er übrigens Zeithammer heißen!), der in Wien eine Karriere als Staatsbeamter anstrebt. Er ist ein Streber, der aber genau weiß, daß es unklug ist, als ein solcher aufzufallen. Alles, was er lernen muß, lernt er perfekt, aber zugleich bleibt es ihm äußerlich und bedeutungslos. Er hat schon die ersten Sprossen der Karriereleiter erklettert, als er in den Krieg eingezogen wird, in dem er als Leutnant dienen muß. Dieser Kriegsdienst begeistert ihn naturgemäß nicht, er empfindet ihn als Unterbrechung seiner natürlichen Laufbahn, allerdings weiß er auch, daß nur die Verweigerung dieser Pflicht seine Karriere definitiv beenden würde. Sein Bestreben ist es daher, diesen Krieg einfach irgendwie zu überleben, sich durchzuschwindeln und nach Ende des Krieges wieder eine gute Position für die weitere Karriere erobern zu können. Er wollte, schrieb Doderer, alles richtig machen. Er nahm sich in acht. Und er machte sich nützlich. Und er wird auf jene Weise schuldig, die er jederzeit als Unschuld auslegen kann: Er wird, gewissermaßen als bürokratisches Zwischenglied, am Tod von Menschen mitschuldig, gewissenlos wissend, daß weder die Entscheidung, diese Menschen zu liquidieren, noch die Durchführung dieser Liquidation in seine unmittelbare Verantwortung fallen.

Mit alldem ist Zienhammer, wie Doderer anmerkt, »weitaus kein perfekter Schurke«, »keinesfalls böse«, denn »er hat auch in dieser Dimension kein Format«, er ist vielmehr nichts als ein »Funktionär«, »ein fatologisches Nichts«, Prototyp des »Undezidierten« und als solcher allerdings »für alles anfällig«. Doderer: »So kann aus der Mittelmäßigkeit das Finsterste kommen und zur Tathandlung werden.«

Zienhammer kommt aus dem Krieg zurück und setzt seine Beamtenkarriere nahtlos fort, in den »Schleimfäden seiner Interessen vor einem immer offen gehaltenen Hintergrunde«.

Bis Jahre später Zienhammers Verhalten im Krieg thematisiert wird und sich eine Katastrophe anbahnt. Zienhammer lügt, merkte Doderer an, aber er lügt nicht in dem, was er sagt, sondern in dem, was er nicht sagt. Zienhammer, so Doderer 1966, »ist ein wahrer Repräsentant unserer Zeit: ein Mann der routinehaften, impotenten Wurstigkeit, unansprechbar, aber auch unangreifbar: Es ist daher ganz selbstverständlich, daß er siegt, daß er vernichtet, was ihm in den Weg gerät.«

Das alles kommt aus der Undezidiertheit: In ihr hat der Mensch wohl eine Chronik, aber keine Geschichte.

Bekanntlich lesen wir Bücher in verschiedenen Zeiten auf verschiedene Weise. Diesen Roman heute zu lesen, ohne an Waldheim zu denken, ist fast unmöglich. Ebenso unmöglich, jetzt an Waldheim zu denken und ihn nicht als ein wandelndes Zitat zu sehen bzw. als die farcehafte Wiederholung einer von der Literatur als Katastrophe beschriebenen österreichischen Existenz.

Man könnte fast daran zweifeln, daß es Waldheim überhaupt gab. Vielleicht huschte er nur durch die Seiten der Literatur, durch die Spalten der Zeitungen und über die Bildschirme, und in Wirklichkeit hat ihn keiner gesehen. Das Ende der Zukunft ist auch in der Tatsache begründet, daß die Menschen Gestalten aus früheren Epochen nicht mehr als tot empfinden können, denn sie waren ja künstlich wie die Lebenden selbst.

Das Künstliche an Waldheim war, daß sich seine Identität aus einem Ensemble von Zitaten und Paraphrasen zusammensetzte, und die Farce ist, daß diese, aus dem Zusammenhang einer Tragödie gerissen, sich schließlich mit leerer Erhabenheit verband, dem Amt des Bundespräsidenten.

Waldheims Identität als Bundespräsident war eine Klitterung von Zitaten aus einer Vergangenheit, die als Ganze im dunklen bleiben sollte, um sie mit Elementen anderer historischer Epochen montieren und konterkarieren zu können, etwa mit seiner Zeit als UNO-Generalsekretär. Das ist nicht, wie man meinen könnte, logische Folge des geschichtlichen Ablaufs eines menschlichen Lebens, das eben Verschiedenes, durch das es hindurchmußte, in sich aufhebt, sondern erinnert vielmehr an das Kompositionsprinzip eines postmodernen Gebäudes oder eines postmodernen Romans.

Die in sich inkohärenten Paraphrasen und Verweise auf verschiedene historische Epochen auf den Fassaden der postmodernen Architektur etwa haben ja auch mit dem Geist und der Wahrheit dieser vergangenen Epochen nichts im Sinn, sondern sagen nur dies aus: daß wir auf all dem Vergangenen irgendwie schwimmen wie ein Blatt auf dem Wasser.

Es scheint, daß wir in Österreich mit Waldheim den ersten postmodernen Präsidenten der Welt hatten.

Zweifellos ist das Farcenhafte, das sich leer all dem entzieht, worauf es zugleich bezogen ist, und das mit wenigen Windungen einmal ins Ironische, dann ins Erhabene gedreht werden kann, ein wesentliches Charakteristikum dessen, was man die Postmoderne nennt. Ebenso die Aufhebung der Trennung zwischen der hohen Kunst und dem Trivialen – im Falle Waldheim die für alle unmittelbar sinnfällige Aufhebung der Trennung zwischen der hohen Kunst der Politik und einer solchen Politik, die tatsächlich so ist, wie der kleine Maxi sie sich vorstellt.

Waldheim gegenüber war zum Beispiel der damalige österreichische Bundeskanzler Franz Vranitzky antiquiert, ein bloß moderner Politiker. Der Unterschied zeigt sich deutlich im Unterschied, den die Bedeutung des Wortes »machen« bei diesen beiden Politikergestalten hatte: Vranitzky galt als »Macher«, d. h., an ihn wurde eine Vernunft delegiert, die eine Kluft zwischen der hohen Kunst des Machens des Möglichen und der eingestandenen Trivialität des Sicheinrichtens und (Über-)Lebens in den gegebenen Umständen aufriß. Die Haltung der Bevölkerung Vranitzky gegenüber war eine zwischen »Wie macht das der Vranitzky?« und »Er wird es schon machen!«.

Waldheim aber definierte sich darüber, daß er nie etwas anderes gemacht hatte als alle anderen (seine Wähler) auch, bzw. was sie auch gemacht hätten – die Frage, was gemacht wurde, wurde durch die Frage, was man denn sonst hätte machen sollen, ersetzt, Machen also mit Nichts-gemacht-Haben, Ohnmacht und Überleben gleichgesetzt, und in dieser Gleichsetzung war die Kluft zwischen dem höchsten Beamten des Staates und der breiten Masse der Staatsbürger nahtlos aufgehoben.

Daß er keiner »über uns«, sondern einer »von uns und wie wir« war, spiegelte sich auch in der Sprache der Medien: »Wir werden mit ihm leben müssen«, schrieb der *Kronen-Kurier*. »Was woll'ma machen?« antwortete die breite Masse. Wenn es also Gründe gibt, zu Präsident Waldheim das Attribut postmodern zu assoziieren, dann sollte man vielleicht fragen, was das bedeutet. Was die Postmoderne, sei es als Philosophie, sei es als Kunst, als »Lebensgefühl« etc. im wesentlichen transportiert, ist eine Art sinnliche Gewißheit vom Ende der Aufklärung.

Die Postmoderne, also der Zeitgeist in Gedanken gefaßt, hat mit diesem Befund natürlich recht, auch wenn er eigentümlich spät kommt.

Denn das »Projekt Moderne«, wenn man so will, die Aufklärung, war nur möglich unter der Voraussetzung, daß gesellschaftliches Sein in seiner historischen Gewordenheit und seinem Werden und daß die wesentlichen gesellschaftlichen Kräfte in ihrem wirkenden Beziehungszusammenhang umfassend erkennbar und daher das Sein vernünftig umgestaltbar sei.

Materialistisch formuliert: daß das Marxsche Basis-Überbau-Modell funktioniert, d.h., daß sich Antagonismen in der ökonomischen Struktur einer Gesellschaft als Widersprüche im Überbau formulieren, daß Widersprüche im Ideenensemble einer Gesellschaft auf Klassenwidersprüche und -interessen dialektisch rückvermittelt werden können, ja überhaupt alle gesellschaftlichen Phänomene und Entwicklungen in einer begreifbaren Totalität sich zuordnen lassen. Die gesellschaftlich durchgesetzte und daher geschichtsmächtige Idee von einer Totalität, die begreifbar ist, über die daher aufgeklärt werden kann und die in Konsequenz veränderbar ist, ist Voraussetzung und Wesen der Moderne.

Nun erhob sich aber in der Ära Waldheim der Überbau nicht mehr in zwar widersprüchlicher und komplex vermittelter, aber doch gleichsam naturgesetzlicher Konsequenz über der gegebenen und sich entwickelnden ökonomischen Basis, sondern nur noch auf einer konsenshaften Interpretation der Basis, aus der (nämlich der Interpretation) jeder Widerspruch eliminiert und durch den Reichtum einer schlechten unendlichen Vielfalt ersetzt schien.

Dies ist die Konsequenz der faschistischen Ära, in der die bewußtesten Teile der Bevölkerung physisch liquidiert worden sind, wodurch vernünftiges Denken, Widerspruch und gesellschaftlich wirksam werdende Aufklärung aus dem geistigen

Überbau nachhaltig eliminiert waren. Dieses Potential fehlte dann natürlich nach der Zerschlagung des Faschismus während der Formierung des neuen Überbaus, der nicht der wiederaufgebauten (alten) ökonomischen Basis entwuchs, sondern auf einer *Interpretation* der Basis errichtet wurde.

Die kapitalistische Ökonomie hatte sich konsequent und ungebrochen entwickeln können, Faschismus und Weltkrieg waren da nur Etappen, für die Entwicklung des gesellschaftlichen Bewußtseins aber stellten Faschismus und Weltkrieg eine Zäsur dar, von der es sich nicht mehr erholen konnte und die die »klassische« Vermitteltheit von Basis und Überbau auseinanderbrechen ließ.

Der Faschismus hatte Widersprüche brachial gelöst, den Überbau uniformiert und von seiner Vermitteltheit mit realen gesellschaftlichen Antagonismen befreit. Diese Leistung des Faschismus haben die nachfaschistischen Gesellschaften geerbt: Es war kein gesellschaftlich relevantes allgemeines Bewußtsein mehr da, das sich als Widerspruch im Überbau hätte formulieren können.

Der von den Faschisten uniformierte Überbau stellte sich nach Austreibung des »faschistischen Geistes« als völlig leeres Gebilde dar, durch das nun ein »neuer Geist« wehen sollte, der umfassend beschworen, also künstlich produziert wurde. Die Produktion des neuen Überbaus fußte im wesentlichen auf allgemeinverbindlichen Prämissen (formaler Antifaschismus, Kritik an »Extremen«, Geschichtslügen etc.) und hatte eben dies, die Allgemeinverbindlichkeit und Uniformiertheit, strukturell mit dem faschistischen Überbau gemein. Die soziologischen und ökonomischen Konsequenzen des Faschismus bewirkten, daß darüber aber kein Bewußtsein aufkommen konnte: Die bewußtesten Teile der Bevölkerung waren eben physisch liquidiert, wesentliche Teile des Kapitals aber sind gestärkt aus der faschistischen Etappe hervorgegangen.

Dadurch war auch die Idee der Totalität gestorben, nicht weil es keine Totalität mehr gäbe und nicht weil sie nicht mehr erkennbar wäre, sondern weil die gesellschaftliche Totalität nicht mehr umfassend im Überbau repräsentiert war und Totalität daher in gesellschaftlich wirksamer Form auch nicht mehr gedacht werden konnte. Für die weitere Entwicklung des Überbaus bedeutete das, daß gesellschaftliche Phänomene nicht mehr zuordenbar, nicht mehr im Kontext denkbar und verstehbar waren.

Das vor-faschistische Denken war ein Denken in Zuordnungen, der nach-faschistische Überbau aber ist charakterisiert durch eine einfältige Ergriffenheit gegenüber einer scheinbar zusammenhanglosen Vielfalt, die, seit Wiedereinsetzen der Überproduktion und damit der Moden, in einem immer rascher wachsenden Wust entsteht.

Das Bewußtsein antwortet darauf mit Erklärungs- und Verstehensverzicht und dem freien Jonglieren und Assoziieren von Elementen aus der Vielfalt der Phänomene, die sich zur Ausgestaltung unseres Seins anbieten.

Aus der Geschichte zu lernen hieß letztlich eben dies: die Wurzeln der Tragödie nicht zu reflektieren, sich in den Konsequenzen der Tragödie aber möglichst behaglich einzurichten.

Daß der Überbau uniformiert ist, sieht man nicht, weil er in die Unvermitteltheit einer ungeheuren Vielfalt wechselnder Phänomene zersplittert ist, aber auch daß er zersplittert ist, ist dem Bewußtsein entzogen, weil er ja durch radikale Vereinheitlichung, Ausblendung gesellschaftlicher Widersprüche und durch die Gleichschaltung auf der Basis des Pluralismus charakterisiert ist.

Daß alles möglich ist, heißt, daß nichts mehr wirklich werden kann – und das hat das postmoderne Denken, ohne es wissen zu können, erfaßt.

Das postmoderne Bewußtsein ist die Emphase von der Beliebigkeit der Beziehungen, die die Phänomene eingehen können, weil reale gesellschaftliche Vermitteltheiten keine Rolle mehr spielen bzw. durch das Prinzip Beliebigkeit ersetzt sind: Das allgemeine Bewußtsein ist eine Klitterung aus Versatzstücken der Geschichte, gereinigt von Geschichte, aus Zitaten, gereinigt vom Geist des Zitierten, Kopien, ohne Bewußtsein vom Original, also Original-Kopien, Farcen, die die Tragödie vergessen haben, die sie perpetuieren. Das postmoderne Bewußtsein sagt von den Dingen nur noch das aus: Es ist so. Dieses So-Sein ist schon die Praxis, und nur noch das Design bestimmt das Bewußtsein.

Postmodernes Denken ist also im wesentlichen postfaschistisches Denken, Bewußtsein, das die logische Konsequenz der Zäsur ist, die die faschistische Epoche in der Entwicklung des Überbaus bewirkt hat. Wenn also vorhin gesagt wurde, daß Waldheim der erste postmoderne Präsident war, dann hat es eine gewisse Schlüssigkeit, daß es Österreich war, das den ersten postmodernen Präsidenten hatte: Österreich hatte in der Umformung des faschistischen Erbes zu einer gesellschaftlichen Organisationsform, die die Ausblendung von Widersprüchen und die Harmonisierung von Gegensätzen definitiv betreiben konnte, ein besonderes Geschick und darin gleichsam eine Avantgarderolle: Nirgendwo sonst ist die Uniformierung des Überbaus und zugleich die Zersplitterung des allgemeinen Bewußtseins so umfassend weil auch institutionell gelungen wie hier.

Es ist ein moderner Treppenwitz, daß gerade die Sozialdemokratie, die diese Entwicklung wesentlich mitgetragen hatte, just als sie einmal doch an ein politisiertes und geschichtliches Bewußtsein appellierte, damit nur dem postmodernen Kandidaten zum Sieg verhalf: einem Mann, der, wie eine postmoderne Fassade, aus Zitaten aus der Geschichte zusammengesetzt war, die beim einzelnen Identifikation, Zustimmung oder gar Gefallen evozieren konnten, im Gefühl, Geschichte zu haben, von ihrer Last aber befreit zu sein.

Die Verösterreicherung der Welt

An der Präsidentschaft Kurt Waldheims schieden sich die Geister. Aber auch Geister, die sich scheiden, wird man nicht mehr los. Ohne Zweifel wird es immer mit seinem Namen verbunden bleiben, daß sowohl in Österreich als auch in der Welt ein Bewußtsein davon aufkam, daß Österreich sich aus seiner Geschichte davongestohlen hat. Nicht weil Waldheim daran oder an etwas anderem nachweisbar schuld hätte, sondern weil es durch ihn deutlich wurde: Was zuvor dumpfe, uneingestandene, allgemeine Identität Österreichs war, wurde erst durch deren Personifizierung im höchsten Amt des Staates weithin sichtbar. So wie ein Krokodil auf einem T-Shirt nichts an dessen Qualität verändert, dieses aber identifizierbar macht und den Raum eröffnet, in dem Anerkennung, Lebensgefühl und dergleichen sich festmachen können, so ist Waldheim zu einer Art Markenzeichen für die Republik geworden, ein Krokodil, das nichts verändert, aber einiges bewirkt hat, das nichts bedeutet, aber Deutungen ermöglicht.

Das ist, sachlich und distanziert betrachtet, eine bemerkenswerte Leistung, nachgerade eine politische Innovation. Was amerikanisierte Wahlkämpfe auf der ganzen Welt versuchen, nämlich Kandidaten nicht als Repräsentanten bestimmter gesellschaftlicher Interessengruppen, sondern als Personifikation des ideell Allgemeinen zu verkaufen, hatte Waldheim als erster verwirklicht: Er vertrat tatsächlich niemandes Interessen und stand symptomatisch für das Ganze.

Vielleicht rührte das gestörte Verhältnis ausländischer Politiker gegenüber Waldheim daher, daß sie in ihm die Verwirklichung des Politikertyps der Zukunft erkennen mußten, während sie selbst immer wieder in die Niederungen der Geschichte mit ihrer Interessenpolitik zurückgestoßen wurden.

Der Satz, daß Österreich sich aus seiner Geschichte davongestohlen hat, ist, wie jede Wahrheit, natürlich nicht ganz wahr. Man kann dessen ganze Wahrheit erst ermessen, wenn man mitreflektiert, wohin Österreich sich gestohlen hat, nämlich: in die

Zukunft. Das ist keine patriotisch schönfärberische Pointe, sondern leider eine Erfahrungstatsache. Was ist denn »die Zukunft«? Sie ist zweifellos die perspektivische Verlängerung der Wirklichkeit in ein System von Möglichkeiten. Möglicherweise kann, unter Voraussetzung des faktisch Gegebenen, dies, möglicherweise kann aber auch das Gegenteil eintreten. Betrachtet man rückblickend nun historische Vorstellungen von der Zukunft, so kann man feststellen, daß immer beides, etwas Bestimmtes *und* sein Gegenteil, eingetreten ist. Das heißt, die Zukunft ist ein System von Möglichkeiten auf der Basis eines Entweder-und-Oder. Das heißt aber auch, daß Zukunft nicht unbedingt etwas sein muß, das vor uns liegt. Man beginnt bereits in der Zukunft zu leben, wenn man die Bestimmungen der Zukunft erfüllt hat.

Das ist in Österreich offenbar gelungen.

Daß wir Österreicher immer schon ein besonderes Talent hatten, den Wirklichkeitssinn völlig durch den Möglichkeitssinn zu ersetzen, davon zeugt ja schon das bedeutendste Werk der österreichischen Nationalliteratur, nämlich Musils *Mann ohne Eigenschaften*. Bruno Kreisky, der bedeutendste Bundeskanzler der Zweiten Republik – er war der bedeutendste, weil er der erste war, der alles mögliche bedeutet hat – ist daher nie müde geworden, auf Musils Roman hinzuweisen, sicherlich aus keinem anderen Grund als dem, daß die Wähler die österreichische Politik besser verstehen können. Traditionell mag ein Wähler ein solcher sein, weil er die Wahl zwischen verschiedenen Möglichkeiten hat. Das österreichische System hingegen ermöglichte es jedem einzelnen, auf der Basis einer verwickelten Konstruktion freiwilliger und automatischer Mitgliedschaften, deren Allianzen und Koalitionen mit einer Stimme gleich alle Möglichkeiten zu wählen. Es ist also in der Zweiten Republik gelungen, den österreichischen Hang zum Möglichkeitssinn in ein real existierendes Gesellschaftssystem umzuwandeln, in ein institutionalisiertes System des Entweder-und-Oder unter dem Namen »Sozialpartnerschaft«. Was die Sozialpartnerschaft ist, ist zwar bekannt, allerdings wurde eigentümlicherweise noch nicht erkannt, daß diese die begrifflichen Bestimmungen der Zukunft gesellschaftlich eingelöst hatte. Dieses institutionalisierte

System des Entweder-und-Oder hat natürlich auch Auswirkungen auf das allgemeine Bewußtsein in Österreich: Es läßt sich erschöpfend mit dem einen Satz beschreiben, den die Lotto-Gesellschaft an allen Ecken und Enden in Österreich plakatiert (die Lotto-Gesellschaft ist ja möglicherweise in Österreich die letzte Hüterin des traditionellen Antriebs aller geschichtlichen Anstrengungen, nämlich, daß die Menschen ihr Glück machen wollen); der Satz lautet: »Alles ist möglich.« Wenn alles möglich ist, dann heißt das, daß nichts mehr wirklich ist. Österreich hat also die Faktizität von Geschichte und Gegenwart verlassen.

Wenn man rückblickend, also von Österreich aus, betrachtet, was in der Welt geschieht, dann wird jegliche dumpfe Zukunftsangst konkret: Denn es droht ja die Verösterreicherung der ganzen Welt.

Die Anzeichen mehren sich. Wien, die Hauptstadt der Sozialpartnerschaft, wurde zum Sitz des internationalen Institutes für Konfliktvermeidung erkoren, zur Zentrale einer Sozialpartnerschaft internationalen Zuschnitts, zur Planungsstelle eines Entweder-und-Oder-Systems ehemaliger Weltmächte. Österreich ist ja bereits eine ehemalige Weltmacht. Nicht der Untergang der wirklichen Welt, wie die Grünen raunen, sondern der Untergang der Welt der Wirklichkeiten ist die Zukunft der Welt.

Natürlich ist das, was weltweit geschieht, von Österreich aus betrachtet, nichts anderes als bloß ein historischer Prozeß. Der Westen zum Beispiel erscheint nun wieder so weit, wie er es eigentlich nur während der Besiedelung Nordamerikas war, als Trecks von der Ostküste Richtung Westen zogen. Aber die neue Weite des Westens ist möglich geworden durch einen innovativen Gebrauch des Möglichkeitssinns, etwa dem, den Westen in Richtung Osten auszudehnen. Und die internationale Tagespresse sieht dies durchaus schon mit zutiefst österreichischem Blick. Täglich schreibt sie über die aktuellen Ereignisse: Dies sei ein historischer Prozeß!

Im Grunde sind die Zeitungen der Welt nur Varianten eines österreichischen Geschichtslehrbuches, approbiert für den Gebrauch an österreichischen Mittelschulen, eine Art von »Zeiten, Völker und Kulturen« mit täglicher Neuauflage. Und in der Tat erfüllt die Weltpresse dieselbe didaktische Aufgabe, täglich fragt sie: Wer hätte das vor wenigen Jahren noch für möglich gehalten? Das heißt, sie schult die Weltöffentlichkeit auf die Veräusterreicherung des Bewußtseins ein, also darauf, ab jetzt alles in erster Linie für möglich zu halten.

Möglich ist ja möglicherweise wirklich alles. Aber wie sehr Österreich der Welt immer noch voraus ist, sieht man daran, daß hier alles nicht bloß möglich, sondern vor allem unwirklich ist. Alles, was man in Österreich erlebt, erfährt, liest, hört oder sieht, bedeutet in Wirklichkeit nichts, es bedeutet nur möglicherweise etwas anderes. Einmal sagte zum Beispiel der österreichische Bundeskanzler wörtlich: »Österreich ist ein Asylland, aber in Grenzen.« Diese Grenzen werden bekanntlich vom Bundesheer gegen Asylsuchende verteidigt, gegen Rumänen zum Beispiel. Die Rumänen werden wieder abgeschoben, und zwar, wie es hieß, »in ihre Heimat«. Gesagtes und Wirklichkeit widersprechen sich also, beides berührt sich allerdings doch, nicht in Wirklichkeit natürlich, sondern im Sprachlich-Semantischen, in der Doppeldeutigkeit des Wortes »Grenzen«. Das hat der Kanzler sicherlich nicht gemeint. Aber wieder etwas anderes ist es, was das Gesagte bedeutet. Es bedeutet: Rumänen haben eine Heimat, nämlich Rumänien. Wir Österreicher haben ein Asylland, nämlich Österreich. Es geht wirklich nicht an, daß Menschen, die eine Heimat haben, in ein Asylland kommen. Asylberechtigt sind in Österreich daher nur Menschen, die keine andere Heimat haben, also die Österreicher. So gesehen hat Österreich acht Millionen Asylanten, was eine wesentlich höhere Zahl ist, als bisher bekannt gegeben wurde, womit auch gleich erklärt ist, warum das Boot wirklich voll ist. Aber auch das hat der Kanzler sicherlich nicht gemeint, selbst wenn Asylant als Synonym für Österreicher möglicherweise eine gewisse Wahrheit enthielte. Auf jeden Fall befindet sich das Gemeinte in Widerspruch zur Wirklichkeit, und die Bedeutung des Gesagten befindet sich in Widerspruch zu beidem und ist vollends unwirklich.

Diese Sprache ist zwar nicht mehr Deutsch, aber gewiß schon das künftige Esperanto der Welt.

Esperanto ist eine Kunstsprache, ein kulturelles Phänomen, und hierin liegt die eigentliche Wahrheit des Gesagten. Denn die Tatsache, daß ein Asylland Asylsuchende »heimschickt«, ist wesentlich eine folgerichtige kulturpolitische Entscheidung, so eigenartig dies auch klingt. Um dies zu verstehen, müssen wir jetzt doch den Blick auf die österreichische Geschichte, auf die Entstehungsbedingungen der Zweiten Republik wenden.

Die besondere Konstruktion dieses Staates und die innere Logik seiner Politik sind ja Konsequenzen des Dilemmas, in dem sich die Republikgründer befunden haben. Die Zweite Republik, die zu gründen von den Alliierten zugestanden wurde, war genauso klein wie die Erste, allerdings wirtschaftlich noch schwächer. Kriegsschäden, Plünderungen, Demontagen und Reparationszahlungen hatten die ökonomischen Ressourcen Österreichs weit hinter den Stand von 1937 zurückfallen lassen. Aber schon von der Ersten Republik war gesagt worden, daß sie zu klein und wirtschaftlich zu schwach sei, um lebensfähig zu sein.

Nun war Österreich nach 45 nicht nur politisch machtlos und wirtschaftlich unterentwickelt, es war auch in seiner gesellschaftlichen Dynamik völlig paralysiert. Die aus Österreich vertriebene Vernunft war nicht zurückgekehrt und wurde in anderen Ländern wirksam, während die hier Übriggebliebenen sich aus gutem Grund bedeckt hielten und ihre aus schuldhafter Verstrickung entstandene Immobilität als Basis für gesellschaftliche Stabilität auszugeben versuchten.

Obwohl die materiellen und gesellschaftlichen Voraussetzungen also wesentlich schlechter waren als die der Ersten Republik, mußte an diese neue Republik jetzt aber auf Gedeih und Verderb geglaubt werden. Die Aufgabe war also, eine Staatsidentität zu stiften, die nicht in einer politischen Programmatik begründet war, weil es ja außer Notlügen keine politische Programmatik gab, und die sich nicht auf wirtschaftliche Ressourcen verließ, weil es keine wirtschaftlichen Ressourcen in Österreich gab. Zudem mußte die gesuchte Identität der gesellschaftlichen Immobilität Österreichs entsprechen. Die Lösung war einfach und revolutionär: Hauptaufgabe des nun so kleinen und schwachen Österreich – so hieß es tatsächlich – könne es nur sein, »sein großes kulturelles Erbe aus stolzer Zeit zu pflegen und zu erhalten« – mit anderen Worten, man beschloß ein republikanisches Museum der Habsburgermonarchie zu sein.

Wenn ein ganzes Land sich zum Museum erklärt, dann ist klar, daß alle Politik, die es macht, Museumspolitik ist. Und Museumspolitik ist Kulturpolitik. Einen komplexen Vermittlungszusammenhang zwischen Politik und Kultur mag es in anderen Ländern geben, hier in Österreich sind alle Formen von Politik ohne komplizierte Vermittlungsinstanzen völlig mit Kulturpolitik identisch geworden. Zum Beispiel die Wirtschaftspolitik. Auch ein Museum muß wirtschaftlich gut geführt werden, und alle diesbezüglichen Entscheidungen sind kulturpolitische Entscheidungen. Die Entscheidung, beim Aufbau der österreichischen Industrie nach dem Krieg nicht auf Finalproduktion zu setzen, sondern auf die Herstellung von Rohprodukten für die billige Weiterverarbeitung durch das Ausland, war eine kulturpolitische Entscheidung: Es ging nur darum, auch einen antiquierten Industriepark zu besitzen, der einem musealen Land entspricht. Der wichtigste Wirtschaftsfaktor Österreichs ist daher der Fremdenverkehr. Etwas zum Herzeigen haben andere Länder auch, aber welches Land kann schon davon leben? Nur ein Land, das sich zum Museum erklärt hat, also per definitionem von Besuchern leben muß. Auch die österreichische Asylantenpolitik wird jetzt verständlich: Die Direktion wehrt sich eben gegen Besucher, die keinen Eintritt bezahlen. Die Entscheidung des Innenministers, eines Kulturpolitikers von Rang, verliert unter diesem Gesichtswinkel jeglichen inhumanen oder bedrohlichen Aspekt.

Man kann alle österreichischen Phänomene nur verstehen, wenn man sich vor Augen hält, daß Österreich ein Museum ist. Gerade auch die Tatsache, daß das österreichische Staatsoberhaupt und ein Museumsdirektor demselben Anforderungsprofil genügen müssen: zum Beispiel Waldheim und der Direktor des Kunsthistorischen Museums Wilfried Seipel: Beide sind nicht über eine moderne Qualifikation definiert, sondern wesentlich über ihre Vergangenheit. Allerdings nicht über irgendeine Vergangenheit, sondern über eine solche, die dem österreichischen Geschichtsverständnis insgesamt entspricht. Das heißt, daß beide in der Vergangenheit möglicherweise nichts gemacht haben, wirklich nichts oder nichts wirklich, ausgenommen das, was alle gemacht haben. Wer will es ihnen also vorwerfen, zumal nichts bewiesen ist – es ist alles nur möglicherweise geschehen, und diese Auflösung der Geschichte in ein System von Möglichkeiten ist eben die österreichische Identität.

Nur in Österreich, unter den beschriebenen Voraussetzungen, ist es daher auch möglich, daß nicht nur das Kunstministerium, sondern sämtliche Ministerien mit kulturellen Belangen befaßt sind. Die Bundestheater, aber auch die Salzburger Festspiele unterstehen dem Finanzministerium. Im Mozartjahr 1996 trat selbst der Verkehrsminister als Dirigent auf. Das Außenministerium wiederum ist für Leihgaben und Versand österreichischer Exponate zuständig. Es organisiert etwa große Auslandstourneen der Lipizzaner, die daher von den österreichischen Zeitungen »unsere kulturellen Botschafter im Ausland« genannt werden. Für diese Botschafter ist allerdings gleichzeitig das Landwirtschaftsministerium zuständig. Und so weiter. Es gäbe noch unzählige Beispiele, die zeigen, daß die staatlichen Strukturen Österreichs der Logik eines Museums gehorchen, das die Größe eines ganzen Landes hat, unzählige Beispiele aus der Geschichte der Zweiten Republik, die deutlich machen, daß das Prinzip der österreichischen Politik die Kulturpolitik ist. Etwa die Tatsache, daß im Nachkriegswien in ganzen Bezirken abends der Strom abgeschaltet wurde, weil man den kontingentierten Strom zum Bespielen der Theater benötigte. Der Mann, der die Macht hatte, den Arbeitern abends in ihren Wohnungen den Strom abzuschalten, war natürlich der (übrigens kommunistische) Kulturstadtrat. Oder die Tatsache, daß der reproduzierenden Kunst bis heute der absolute Vorrang vor der produzierenden Kunst gegeben wird. Der Anteil der produzierenden Kunst am Kulturbudget beläuft sich in Promille, möglicherweise auch ein Hinweis darauf, warum die hier lebenden Künstler in der Mehrzahl Alkoholiker sind.

Es lohnt nicht, die Beispiele ins Unendliche fortzusetzen, im Grunde kann jedes österreichische Phänomen als Beleg dafür gelten, daß Österreich ein Museum ist. Bleibt nur die Frage, ob dieser Sachverhalt nicht in Widerspruch zur eingangs aufgestellten These steht, daß Österreich bereits in der Zukunft lebe.

Nun sind Widersprüche im sozialpartnerschaftlichen Österreich dazu da, um miteinander identisch zu werden. Außerdem ist dies nicht unbedingt ein Widerspruch. Die Zweite Republik ist der erste Staat der Welt, der, indem er sich zum Museum erklärte, dezidiert als kulturpolitisches Experiment gegründet wurde. Dies war zweifellos ein avantgardistischer Akt. Tatsächlich hat die Identität von Avantgardismus und Musealität nichts Überraschendes. Ein unzeitgemäßer, also hier jederzeit aktueller Denker, nämlich Walter Benjamin, hat einmal lapidar geschrieben: »Die Avantgarde ist ihrem Wesen nach konservativ.«

Wie zwingend die welthistorische Tendenz der Verösterreicherung ist, kann man auch an der Geschichte der ehemaligen DDR ermessen. Staats- und wirtschaftspolitisch ist sie gescheitert. Aber unter der Hand, so unbeabsichtigt wie unaufhaltsam, hatte sich die DDR zu einem beeindruckenden kulturpolitischen Experiment gewandelt, nämlich zum größten Schriftstellerverband der Welt: Hunderttausende Menschen haben, unterstützt, ermuntert und gefördert von den Rahmenbedingungen dieses Staates, regelmäßig recherchiert, beobachtet und die dabei gemachten Erfahrungen zu Papier gebracht. Dies hat zu einem geistigen Klima in der DDR geführt, in dem literarische Meisterwerke entstehen konnten, wie z. B. *Mutmaßungen über Jakob, Das dritte Buch über Achim, Nachdenken über Christa T.* und andere, deren Titel schon anklingen lassen, was die Textstrukturen bestätigen: nämlich, daß sich diese Werke dem Prinzip des Stasi-Berichts verdanken. Vor allem die Gattung Roman hat ja von jeher versucht, die Widersprüche, in denen sich ein Individuum befindet, einzukreisen und dingfest zu machen. Dabei ist es in der Regel so, daß Autor und Leser immer über mehr Informationen verfügen, als der literarische Held selbst. Wenn man dies bedenkt, wird man leicht verstehen, warum die gesellschaftliche Praxis, die in der DDR geherrscht hat, dem Romanschreiben neue genuine Möglichkeiten geradezu zwangsläufig erschließen mußte.

Politisch und wirtschaftlich war die DDR – und ist es jetzt unter dem Titel »Neue Bundesländer« erst recht – ein Museum ihrer selbst. Es entspricht nur der Logik der allgemeinen Entwicklung, daß ihre Industrieanlagen nicht modernisiert, sondern stillgelegt wurden. Aber die im Weltmaßstab avantgardistische Leistung der DDR, nämlich der Versuch, aus einem ganzen Staat einen Schriftstellerverband zu machen, wirkt, wie man deutlich sieht, heute weiter. Daß es *das* ist, was bleibt, nämlich die Konsequenzen eines *kulturpolitischen* Experiments auf der Basis einer weitgehenden Musealisierung des Landes, zeigt, daß die DDR zu Recht von hellsichtigen Menschen gerne als »Zweites Österreich« bezeichnet wurde.

Wenn dereinst die völlige Auflösung aller politischen Wirklichkeiten, wie sie gegenwärtig in der Welt stattfindet, zum Abschluß gekommen sein wird, dann wird über dem UNO-Hauptquartier in New York eine große Fahne wehen, die einen Doppeladler zeigt, als Symbol für die Doppelköpfigkeit der Welt, die dann als Ganze einerseits avantgardistisch, andererseits museal ist. Und dieser Doppeladler wird brüten auf einem Kuckucksei, auf dem geschrieben steht: A. E. I. O. U. (Austria Erit In Orbe Ultimo – Österreich wird in der Welt das letzte sein).

Deus ex machina II

Jörg Haider

Ein verrücktes Land

Zweifellos hat Österreich in der zweiten Hälfte der 90er Jahre einen Normalisierungsprozeß erlebt, der dieses Land erst nach und nach mit anderen westlichen Demokratien vergleichbar machen sollte. Dieser Normalisierungsprozeß ist im wesentlichen zwei Politikern zu verdanken: dem »klassischen Aufklärer« Kurt Waldheim und dem »neuen Linken« Jörg Haider.

Kurt Waldheim war ein »klassischer Aufklärer« im Sinn der Dialektik der Aufklärung, weil alles, was er sagte oder tat, sowohl zu einer Vertiefung als auch zu einer Verbreiterung des gesellschaftlichen Wissens um Österreichs Gewordenheit und Verfaßtheit führte. Und es entspricht durchaus den klassischen Konsequenzen solcher Prozesse, daß es dabei auch zu immer stärkeren gesellschaftlichen Manifestationen von antiaufklärerischen und reaktionären Positionen kommt. Wer das beklagt, vergißt, daß es zur gesellschaftlichen Normalität gehört, daß verschiedene Menschen oder soziologische Gruppen verschiedene Interessen und Ziele haben und diese eben unterschiedlich legitimieren – nicht zuletzt auch durch unterschiedliche Geschichtsinterpretationen. Der Fortschritt in Österreich besteht darin, daß dies öffentlich besser sichtbar und klarer identifizierbar geworden ist. Die von Waldheim ausgelösten Diskussionen haben alle politischen und gesellschaftlichen Tabus zerstört, hinter denen nicht nur markante weltanschauliche Differenzen, sondern gleich die Realität insgesamt versteckt war. Vor Waldheim konnte ein Politiker in Österreich zum Beispiel Antisemit sein, aber er hätte es nie öffentlich gesagt. Nach Waldheim kann er es sagen – und er sagt es dann mit hoher Wahrscheinlichkeit auch ganz bewußt, etwa weil er über Umfragedaten und Erfahrungswerte verfügt, die ihm zeigen, daß er mit solch einer Aussage eine bestimmte Anzahl Wähler für sich gewinnen kann. Man muß sich jetzt nicht der grundsätzlichen Irrationalität des Antisemitismus vergewissern, um festhalten zu können, daß dies *strukturell* einen Fortschritt an politischer Rationalität bedeutet: Denn nun ist es möglich geworden, eine antisemitische, nationalistische oder fremdenfeindliche Äußerung eines Politikers nicht als herausgerutschte individuelle Privatmeinung, sondern als politisch programmatische zu verstehen. Und die Größe des Wählerzuspruchs zu solchen Aussagen sowie der Grad der Heftigkeit der öffentlichen Kritik an solchen Aussagen zeigen die reale gesellschaftliche Verfaßtheit dieses Landes deutlicher, als es zehn Jahre zuvor noch vorstellbar gewesen wäre.

Das ist der Hintergrund, vor dem die Karriere von Jörg Haider möglich wurde und auch erst einschätzbar wird. Haider ist ein »neuer Linker« im Sinn der Neudefinition der Begriffe rechts und links, wie sie sich in eben diesen Jahren international durchgesetzt hatte. Im Zuge des Transformationsprozesses der ehemaligen Sowjetunion und ihres schließlichen Untergangs wurde es nämlich in den 90er Jahren, wie heute gern vergessen wird, international und auch in Österreich üblich, jene Politiker, die in Opposition zur alten sowjetischen Nomenklatura standen, als Linke zu bezeichnen – und zwar unabhängig von ihrer konkreten politischen Programmatik. Die alten Parteikader waren die Rechten, und links wurde zum Synonym für oppositionell und antisozialistisch. Genau dies, oppositionell und antisozialistisch, ist es im wesentlichen, worauf sich Haider politisch festmachen läßt. Und genau dies ist es auch, warum Haider im politischen Spektrum Österreichs den Titel »neuer Linker« verdiente. Vierzig Jahre lang war die Zweite Republik Österreich ihrem Selbstverständnis nach eine moderne Demokratie westlicher Prägung. Tatsächlich aber hat ihr ein wesentliches Moment gefehlt, um diesem Selbstbild tatsächlich zu entsprechen: nämlich eine Opposition.

Selbst eine frei gewählte Regierung garantiert, wenn die Opposition fehlt, noch keine demokratischen Verhältnisse. Dazu kam der durch die Sozialpartnerschaft übermächtige Korporatismus in Österreich, der – wie der hochdekorierte österreichische Wissenschaftler Dr. DDr. h. c. o. Univ.-Prof. Theo Mayer-Maly befriedigt feststellte – »die Wirkungen der Französischen Revolution in Österreich rückgängig gemacht« und das Parlament weitgehend entmachtet hatte.

Seit 25 Jahren regiert in Österreich die SPÖ, ohne daß ihre Spitzenpolitiker müde werden, in Sonntagsreden zu ihrer Legitimation als Garanten einer »offenen Gesellschaft« Karl Popper zu zitieren – allerdings nie dessen zentralen Gedanken, daß sich eine funktionierende Demokratie in regelmäßigem Regierungswechsel erweise. Der einzige Wechsel, der im letzten Vierteljahrhundert stattgefunden hatte, war, daß die SPÖ (*Sozialistische Partei Österreichs*) als Regierungspartei von der SPÖ (nunmehr *sozialdemokratische Partei Österreichs*) abgelöst wurde.

Mit Haider entwickelte sich erstmals eine starke im Parlament vertretene Opposition. Diese in der Geschichte der Zweiten Republik erste wirksame Opposition ist aufgrund der Situation der Zweiten Republik mit einiger Logik als antisozialistische entstanden. Diese Opposition hat aber auch konkurrierende Formen der Opposition ermöglicht: Weder die Entstehung des Liberalen Forums noch die wachsende Bedeutung der Grünen wäre ohne diese Öffnung des politischen Fächers möglich gewesen. Zudem hat der Bedeutungsverlust der Sozialpartnerschaft – nicht zuletzt durch die Schläge, die Jörg Haider ihr versetzt hat – zu einer Aufwertung des Parlamentarismus in Österreich geführt. Dies ist zunächst einmal ein großer Fortschritt, zumindest, im internationalen Vergleich, eine weitgehende Normalisierung der österreichischen Verhältnisse – und das muß als positive Entwicklung anerkennen, auch wer nicht mit Haiders Analysen und politischen Absichten übereinstimmt. Aber es gehört nun einmal zum demokratiepolitischen Einmaleins, daß man sich die Opposition nicht aussuchen kann – man kann mit ihr nur konkurrieren.

Der Doppelschlag Waldheim und Haider – mit anderen Worten: eine erstmals wirksame Aufklärung und eine erstmals wirksame Opposition in Österreich – hat dieses Land verändert. Diese Veränderung ist enorm und dennoch nicht dramatisch: Denn im Grunde ist nichts anderes passiert, als daß Österreich dem Selbstbild ähnlicher geworden ist, das es ohnehin schon gut vierzig Jahre lang hatte, und zweitens daß Österreich strukturell mit jenen Ländern vergleichbar geworden ist, mit denen es sich nun im Zuge des europäischen Einigungsprozesses verstärkt vernetzt.

Aber es wäre nicht Österreich, wenn es in diesem Normalisierungsprozeß nicht doch wieder eine so seltsame wie radikale Besonderheit mitproduziert hätte.

Man sollte nämlich meinen, daß eine größere politische und gesellschaftliche Differenzierung, das Entstehen mehrerer Oppositionsparteien, die wachsende Bedeutung des Parlamentarismus und die größere Transparenz gesellschaftlicher Stimmungen und Tendenzen sich auch förderlich auf den intellektuellen Diskurs des Landes auswirkt. In Österreich war aber zunächst das Gegenteil der Fall: Der intellektuelle Diskurs kollabierte.

Jahrzehntelang waren die österreichischen Künstler und Intellektuellen die einzigen, die Opposition betrieben haben. Sie waren es, die Tabus bekämpft, die Sozialpartnerschaft kritisiert, Demokratisierung eingefordert, über die Lügen und Mythen der Zweiten Republik aufgeklärt haben. Sie haben dafür in Kauf genommen, als »Nestbeschmutzer« beschimpft, von Gerichten verfolgt zu werden oder von Politikern psychiatrische Behandlung empfohlen zu bekommen. Es stimmt, daß diese Arbeit nicht besonders wirksam war: Im Grunde belieferte sie einen kleinen, kaum wachsenden Markt, wurde zur Überzeugungsarbeit für bereits Überzeugte, nährte zwar Familien und Selbstgefühl, tendierte aber letztlich viel stärker zur eigenen Pragmatisierung als Kritiker denn zur Veränderung der kritisierten Gesellschaft. Es stimmt daher auch, daß der gesellschaftliche Transformationsprozeß, der nach 1986 in Österreich einsetzte, nicht unmittelbar der langen und geduldigen Arbeit der kritischen Intelligenz dieses Landes zu verdanken war, sondern diese vielmehr überraschte. Aber immerhin hätte sie die so radikal sich verändernde Situation als Chance, als *ihre* Chance begreifen können. Denn plötzlich stellte eine Mehrheit der Österreicher in Frage, was die Intellektuellen zuvor so einsam in Frage gestellt hatten (etwa die historischen Tabus und nicht zuletzt die Sozialpartnerschaft), und plötzlich forderte eine kontinuierlich wachsende Anzahl von Österreichern, wofür die Intellektuellen zuvor so isoliert eingestanden waren (nämlich Opposition).

Aber die österreichischen Intellektuellen wurden nicht euphorisch, nicht einmal animiert, sondern sie wurden verschreckt und schließlich hysterisch. Sie sahen einen »Rechtsruck«, wo nichts anderes geschehen war, als daß Stimmungen in der Bevölkerung endlich sichtbar wurden, die sie, die Intellektuellen, immer schon als unterschwellig vorhanden vorausgesetzt haben. Sie sahen einen »drohenden neuen Faschismus«, wo nichts anderes zu sehen war, als daß eine mit F sich abkürzende Partei als Opposition im Parlament saß, und sie übersahen, daß dort auch zwei weitere Oppositionsparteien sitzen, die zu stärken und verstärkt ins politische Transformationsspiel zu bringen eine notwendige politische Aufgabe wäre. Sie sahen die Gefahr einer Zerschlagung der Zweiten Republik, und es fiel ihnen zur Verteidigung der Republik nichts anderes ein, als plötzlich jene Mythen, Legenden und Tabus zu verteidigen, die sie selbst immer kritisiert hatten, und sie taten dies, weil sie meinten, daß diese Mythen, Legenden und Tabus untrennbar zu der Republik gehören, die nun verteidigt werden müsse – statt zu sehen, daß sie damit genau jene Atmosphäre miterzeugten, von der Jörg Haider besonders geschickt profitierte.

Zu dieser Zeit wurde man in Österreich von Freunden angerufen, die einem nahelegten, sich mit kritischen Aussagen im Moment zurückzuhalten, weil sie nur Wasser auf Haiders Mühlen wären. Und es konnte einem passieren, von Menschen, die sich immer noch der kritischen und aufgeklärten Intelligenz zuzählen, mit Hilfe von entstellten, aus dem Zusammenhang gerissenen oder gar erfundenen Zitaten als einer diffamiert zu werden, der »Österreich preisgeben« wolle oder »für den Anschluß Österreichs an Deutschland« eintrete. Diese Methode, jemanden mit Unterstellungen zum »Landesverräter« zu stempeln, hätte man früher ausschließlich mit »finsterer Reaktion« assoziiert.

Suchte man das Gespräch in der Hoffnung auf Erklärungen, dann erfuhr man in aller Deutlichkeit, wie radikal selbstzerstörerisch der Wandel der österreichischen Intelligenz war: Geschichtslügen, so wurde man aufgeklärt, wären etwas völlig Normales, jede Nation habe zu ihrer Nationswerdung und zur Festigung ihrer Identität Geschichtslügen benötigt und instrumentalisiert, warum sollte man dies also ausgerechnet Österreich vorwerfen? Im Gegenteil, wer gegen eine Dritte Republik unter Haider sei, der müsse also die Zweite Republik mit ihren identitätsstiftenden Lügen verteidigen.

Nun stimmt es zwar, daß Geschichtslügen unabdingbarer Bestandteil jeder Nationsbildung waren, aber genauso stimmt es, daß es die selbstverständliche Aufgabe der Intellektuellen in allen Nationen immer war, über diese Lügen aufzuklären.

Hat Emile Zola auf die Dreyfus-Affäre mit den Worten reagiert: »Eine ganz normale Lüge, sie wird die Identität Frankreichs festigen«? War die Bedeutung von Max Frisch der Tatsache zu verdanken, daß er die Schweizer Legenden so besonders hübsch nacherzählte?

Die Preisgabe der Frage »Was ist wahr?« hat zu einem intellektuell betrüblichen Klima in Österreich geführt. Nun war nirgends mehr Halt. Die Angst, womöglich zu weit gegangen zu sein, trieb vormals Fortschrittliche in einen konsequenten Rückschritt. Die Trennung von Kirche und Staat etwa mag historisch ein Fortschritt gewesen sein, nun machten ausgerechnet die Fortschrittlichen Kirchenprobleme zur Staatsaffäre. Die Erschütterung der Allmacht der Sozialpartnerschaft mag als Fortschritt ersehnt worden sein, nun hätten sich die Fortschrittlichen am liebsten vor der Sozialpartnerschaft angekettet, um sie zu retten, wenn sie nur wüßten, in welchem Heurigen-Lokal sie residierte.

Die Hysterie wuchs, und sie war das denkbar schlechteste Rezept gegen die Entwicklung, die sie fürchteten. Schon wurde gemunkelt, daß Haider, einmal an der Macht, die Konzentrationslager wieder in Betrieb nehmen würde. Schon wurde geraunt, daß man sich auf das Exil vorbereiten müßte, ja es wurden sogar schon mögliche Exil-Orte bereist. Diese Gedanken waren so verkürzt, daß die in Betracht gezogenen Exil-Orte immer viel zu nahe waren – diejenigen, die öffentlich bekannt wurden, befanden sich alle innerhalb der Europäischen Union.

Eine der grundlegenden Geschichtslügen der Zweiten Republik ist die von Österreich als dem »ersten Opfer der Naziagression«. Die Intelligenz dieses Landes hat diese Lüge immer bekämpft, wissend, daß ein freier, selbstkritischer, republikanischer Diskurs auf der Basis solcher Lügen nicht zu haben ist. Nun aber wurde diese Lüge auf einmal als sinnvolle und notwendige Stärkung der Identität der Zweiten Republik verteidigt – ausgerechnet aus Angst vor einer Wiederholung der Geschichte. Aber sind es nicht Lügen wie diese, die zur Wiederholung geradezu herausfordern, weil sie präsumptiven Wiederholungstätern geradezu einen Freibrief ausstellen? Der Freibrief lautet: Österreicher können sich, wie man gesehen hat, in der Geschichte aufführen, wie sie wollen, am Ende werden sie nicht als Täter bestraft, sondern als Opfer exkulpiert.

Ein verrücktes Land: Von einem Normalisierungsprozeß, dem Aufbrechen von in Jahrzehnten erstarrten politischen Strukturen, ließ sich ein Teil der Intelligenz dieses Landes irre machen.

Pro- bzw. Analepse

(Vor- bzw. Rückblende)

Rot – Weiße Rose – Rot

Das Jahr beginnt in Österreich traditionellerweise mit dem Neujahrskonzert der Wiener Philharmoniker, das vom Fernsehen in alle Welt übertragen wird. In der Konzertpause wird der Welt ein Film über Österreich gezeigt. Dieser Österreich-Film am ersten Jänner ist gleichsam ein halboffizielles Bulletin darüber, wohin Stimmung und Selbstverständnis dieses Landes aktuell tendieren. Wenn zum Beispiel Mannequins aller Hautfarben durch Wien tanzen, dann ist das zwar keine sehr glückliche Metaphorik, aber eine beglückende Botschaft – sie lautet: Wir sind jetzt urban und weltoffen! Im Jahr 1996 aber wirkte der Film über weite Strecken wie eine Verfilmung des austrofaschistischen Schul-Lesebuchs »Ich bin ein Österreicher« aus dem Jahr 1935: In archaisch-markiger Bildsprache wurde die »traditionsreiche Arbeit der Stände« verklärt, ebenso die »stummen Zeugen einer großen Geschichte« in Gestalt imperialer Gemäuer, das »Gottesgeschenk der reichsten und schönsten Natur« wurde in stiller Andacht angebetet und wohlgemut gepflegt, bevor »die Menschen, die treuen und guten« sich grundsätzlich in Steireranzügen zu patriotischer Geselligkeit zusammenfanden, etwa Schubert-Lieder singend bei einem Glaserl Wein. Diese trübsinnigen Selbstdarstellungsbilder wurden sporadisch durch Nazi-Ästhetik behutsam »modernisiert«, etwa wenn Schwerindustrie ins Bild kam, die aussah wie ein nachträglich kolorierter Wochenschaubericht über die Hermann-Göring-Werke, doch wir wollen nichts unterstellen, es kann sich auch um eine hypertrophierte Sensenschmiede gehandelt haben, denn augenblicklich sah man wind- und wettergegerbte Bauern schwungvoll mit Sensen ihre Felder mähen. Als plötzlich eigentümlich lang ein fliegendes Flugzeug zu sehen war, wurde klar: Mit dieser Maschine verlassen gerade die denkenden Menschen dieses Land – und sie wollen sehr, sehr weit weg.

Rund eine Milliarde Menschen auf der Welt hat mit diesem Film gesehen, was zuvor die innerösterreichische Debatte bestimmt hatte: Die angebliche Gefahr einer neuen Faschisierung der Gesellschaft und die Gelüste der österreichischen Intelligenz, ins Exil zu gehen.

1996 feierte Österreich sein sogenanntes »Millennium«, seine tausendjährige Geschichte, die, egal wie man sie »aufbereitet«, doch nur Fiktion sein kann. Warum ist ein halbes Jahrhundert republikanischer Geschichte diesem Land nicht grundsätzlich identitätsstiftend genug? Wessen Stolz soll es bedienen und wem Genugtuung bereiten, daß das »Tausendjährige Reich« in diesem Jahr Österreich hieß?

Solche Selbstdarstellungsversuche sind nicht bloß Produkt einer österreichischen Fremdenverkehrswerbung, die vielleicht einer vertrackten Dialektik der Aufklärung huldigt: Die Touristen, die eingeladen wurden, Faschisten-Schauen zu kommen, sollten nachhaltig damit überrascht werden, daß Handaufhalten wirklich nicht mit dem Hitler-Gruß verwechselt werden kann.

Nein, sie waren Ausdruck einer Stimmung in diesem Land, die sich immer stärker, aber auch immer tollpatschiger, gegen die tatsächliche Entwicklung dieses Landes richtete.

Denn in Wahrheit wurde Österreich in eben diesen Jahren ein modernes, attraktives Land. Der Gründungsmythos der Zweiten Republik, daß Österreich selbst bloß »Opfer der Nazi-Aggression« gewesen sei, wurde sowohl in breiter gesellschaftlicher Debatte als auch offiziell revidiert, Selbstreflexion statt Schönfärberei wurde selbstverständlich, der Parlamentarismus wurde stärker, während der sture Korporatismus in eine Krise geriet, und wirkliche internationale Vernetzung ersetzte den »Insel«-Provinzialismus Österreichs mit seinen gelegentlichen Ambitionen, sich als »internationaler Vermittler« anzudienen. Österreich wurde endlich ein »normales Land« – durchaus mit Besonderheiten, aber solchen, die ein denkendes Gemüt dieses Landes nicht peinlich berührten: Während zum Beispiel die kritische Intelligenz eine bislang nicht gekannte öffentliche Aufmerksamkeit und Wirksamkeit erringen konnte, hat sich in dieser Zeit eines allgemeinen internationalen Rechtsruckes in Österreich kein Intellektueller, sei es politisierend, sei es ästhetisierend, als neuer Rechtsintellektueller etablieren können. Dies ist ein bemerkenswerter Sachverhalt, der festgehalten werden muß: Es gab keine rechte Intelligenz in Österreich.

Wir kommen nun zu den Rechten in Österreich.

Die konservative Österreichische Volkspartei hatte ihren unbestreitbaren Anteil an der grundsätzlich so positiven Entwicklung Österreichs, als Koalitionspartner in der Regierung und als jene Partei, die konsequent den Beitritt Österreichs zur EU betrieb. Dennoch wurde die ÖVP zum großen Verlierer der vorhergegangenen zehn Jahre.

Noch 1986 konnte die ÖVP, erstmals seit 16 Jahren und zum letzten Mal bis heute, die Hoffnung haben, die SPÖ zu überflügeln und wieder stärkste Partei in Österreich zu werden. Durch den Sieg ihres Kandidaten Kurt Waldheim bei den Präsidentschaftswahlen fühlte sich die ÖVP als demoskopisch führende Partei bestätigt. Bei der Nationalratswahl 1986 kam aber der große Schock: Es ist der ÖVP nicht nur nicht gelungen, die SPÖ endlich wieder zu überholen, sie mußte sogar den Verlust von Stimmen und vier Mandaten hinnehmen. Damals begann der unaufhaltsame dramatische Abstieg der Volkspartei von einstmals 43 % der Stimmen (1983) auf knapp 28 %. Diese Partei, die sich zehn Jahre zuvor noch Hoffnungen auf Platz 1 machen konnte, sollte im Verlauf der darauffolgenden Jahre zur bloß drittstärksten Partei absteigen. Wie die ÖVP es hassen muß, dieses letzte Dezennium, dessen »Zeitgeist« ihr zunächst doch die schönsten Hoffnungen gemacht hatte! Profitiert hat aber nur die Freiheitliche Partei unter Jörg Haider, auf den sich die ÖVP schließlich immer stärker fixierte: sowohl durch den Versuch, seine Wähler herüberzuziehen, als auch durch die Verlockung, mit seiner Hilfe wieder Kanzlerpartei zu werden. Nun ist Jörg Haider bloß eine virtuelle Gefahr, solange er nicht wirkliche politische Gestaltungsmöglichkeit erhält. Als die ÖVP mit dem Gedanken an eine Liaison mit Haider spielte und dabei überwunden geglaubte politische Traditionen wiederentdeckte, war das zwar noch nicht Ausdruck der realen politischen und gesellschaftlichen Verfaßtheit Österreichs, aber es entstand eine Stimmung, und es stiegen Bilder auf, die den Film beim Neujahrskonzert plötzlich als konkrete Vision von Österreich erscheinen ließen.

Vor den ersten Wahlen der neugegründeten Republik, im November 1945, propagierte die SPÖ, die damals noch *SPÖ/Sozial-*

demokraten und revolutionäre Sozialisten hieß, die wahrlich revolutionäre Idee, alle in Österreich befindlichen ehemaligen Parteimitglieder der NSDAP der Sowjetunion im Austausch gegen einfache österreichische Kriegsgefangene anzubieten. Ein Aufschrei der Entrüstung ging durch das Land. Nun waren zwar ehemalige NSDAP-Mitglieder damals nicht wahlberechtigt, wohl aber deren Angehörigen – eine Million Stimmen. Es besteht heute kein Zweifel daran, daß die ÖVP die ersten Wahlen der Zweiten Republik deshalb gewann, weil sie versprach, »die Deportation ehemaliger Parteimitglieder nach Sibirien nicht zuzulassen«. Damit war der ÖVP etwas äußerst Bemerkenswertes gelungen: Sie, das Sammelbecken der ehemaligen Austrofaschisten (der austrofaschistische Führer Engelbert Dollfuß ist bis heute ein Säulenheiliger der ÖVP, in deren Klub ein Dollfuß-Porträt immer noch hängt), konnte die ehemaligen Nazis, deren Angehörige für sich gewinnen, und dadurch die beiden einstmals konkurrierenden Faschismen erstmals zusammenführen und mitsammen versöhnen. *Das* war der Schluß, der sich über ein halbes Jahrhundert später noch in der Koalitionsregierung von ÖVP und FPÖ als fruchtbar erweisen sollte.

Vor den Wahlen 1949 wurde die SPÖ durch die informellen Kontakte von ÖVP-Abgeordneten zu »Ehemaligen«, über die die ÖVP die ehemaligen Nazis als Wähler zu gewinnen versuchte, nervös und ventilierte deshalb die Gründung einer neuen Partei, des VdU (Verband der Unabhängigen), Vorläuferpartei der FPÖ. Geheimverhandlungen der ÖVP mit Nazi-Vertretern in Oberweis nutzten nichts, außer daß diese Verhandlungen, als sie bekannt wurden, den Gründungskonsens der Zweiten Republik erheblich erschütterten. Die »Ehemaligen« wählten VdU, und die ÖVP büßte ihre absolute Mehrheit ein.

Sicherlich sind einzelne Ex-Nazis auch in die SPÖ eingetreten und dort in wichtige politische Positionen aufgestiegen. Aber diese hatten keine Signalfunktion in Richtung Wählerschaft. Die ÖVP aber verdankte ihre ursprüngliche Größe und ihre staatstragende Bedeutung am Anfang der Zweiten Republik dem zunächst gelungenen Versuch, sowohl ehemalige Austrofaschisten als auch ehemalige Nationalsozialisten als Wähler zu gewinnen.

Seit Anfang der 90er Jahre führten Jörg Haiders Aussagen, seine politischen Signale und Reaktionsweisen immer wieder dazu, in ihm einen neuen Faschisten zu sehen – doch während er in der Wählerzustimmung kontinuierlich zulegte (nicht so dramatisch, wie manche es zunächst sahen: Er gewann rund 12% im Laufe von zehn Jahren), schien es immer schwerer zu fallen, seine politische Position begrifflich festzumachen: Kaum lobte er die »Beschäftigungspolitik des 3. Reiches« (Nazinazi!!!), verkündete er schon »Österreich zuerst!« (Ach so!). Kaum forderte er »das Ende der Deutschtümelei« (Aha?), lobte er die Gesinnungstreue der ehemaligen Mitglieder der Waffen-SS (Nazinazi!!!).

Wenigen fiel auf, daß Haider nichts anderes tat, als das Erfolgsrezept der Nachkriegs-ÖVP zu kopieren, nämlich seine Partei als Versöhnungsstätte von austrofaschistischen Patrioten und ehemaligen Nationalsozialisten und deren Kindern anzubieten – was politisch-programmatisch zunächst wenig mehr bedeutet als die Einladung, an einem »neuen Aufbauwerk der Anständigen und Tüchtigen mit der rechten Gesinnung« teilzunehmen. Damit stößt Haider tief in das klassische Wählerreservoir einer »Volkspartei« vor, das von den Modernisierungsgewinnern, die die Moderne nicht verstehen, bis zu den Modernisierungsverlierern reicht.

Natürlich kam die Mehrheit der Wählerstimmen Haiders von jenen, die auf seine ressentimentgeladenen austrofaschistischen Signale ansprachen. Der Austrofaschismus ist ja heute, als säkularisierter, nichts anderes als eine von den Vätern ererbte Mentalität, die die konkreten politisch-programmatischen Implikationen dieser historischen Bewegung vergessen oder nie gelernt hat: Als solche, als alltagsfaschistische Geisteshaltung mit spezifisch österreichischen Wurzeln und Blüten, ist sie einfach die naheliegende österreichische Möglichkeit, sich ein bißchen Faschismus zu erlauben, ohne sich deswegen gleich als politischer Krimineller fühlen zu müssen, sondern sich dabei vielmehr als trotziger, gegen die Verkommenheit der Zeit »anständiger« Patriot fühlen zu können – denn als faschistisch geächtet wurde nach 1945 nur das explizit nationalsozialistische Gedankengut. Als berühmtes Beispiel für die Versuche, diese

Geisteshaltung in Österreich politisch zu mobilisieren, gilt etwa das Plakat, mit dem die ÖVP vor der Wahl 1970 ihren Spitzenkandidaten kernig blickend und steirergewandet mit dem Slogan »Ein echter Österreicher« präsentierte – im Gegensatz zum weltgewandten Sozialisten und Juden Bruno Kreisky.

Die »lieben Freunde« von der ehemaligen Waffen-SS holte Haider in diesen Kreis der »Anständigen« herein, ohne ihnen mehr zu versprechen als »Respekt«, Anerkennung ihrer Existenz.

Eines verdient hier nachdrücklich festgehalten zu werden: Die ÖVP errang mit dieser Methode nach 1945 die absolute Mehrheit. Jörg Haider stieß mit ebendiesem Verfahren bis 1996 an eine Grenze von rund 20%. Das ist, pathetisch gesagt, ein Fortschritt. Aber statt zu sehen, daß heute diese Art der Wählermobilisierung ins politische und historische Abseits führt, entdeckte die ÖVP sie plötzlich als ihre Tradition und – grotesk genug – Zukunftschance.

Der austrofaschistische Führer Engelbert Dollfuß wurde wegen seiner operettenhaften Machtpolitik und seiner physisch so schmächtigen Konstitution »Millimetternich« genannt. Wie wird der ÖVP-Vorsitzende Wolfgang Schüssel wohl dereinst genannt werden?

Es ist bekannt, wie die von ihm angezettelten Neuwahlen ausgegangen sind, mit denen er Kanzler werden wollte: Er hat relativ verloren, Haider hat absolut verloren. Dennoch zog er in das nach der Wahl sich neu konstituierende Parlament mit der von Revanchismus triefenden Genugtuung ein, gemeinsam mit den Freiheitlichen eine »bürgerliche Mehrheit« in Österreich zu repräsentieren. Alle ÖVP-Abgeordneten trugen an diesem Tag eine weiße Rose.

Das erste, was die ÖVP-Abgeordneten nach dem Eid auf die Verfassung taten, war, daß sie in einer mit der Haider-Partei konzertierten Aktion Wilhelm Brauneder, einen bekennenden Deutschnationalen, in das Amt des dritten Parlamentspräsidenten, also formal in das zweithöchste Amt der Republik Österreich wählten. Natürlich weiß in Österreich jedes Schulkind, und die Dollfuß-Bewunderer der ÖVP wissen es besonders gut, daß das Ende der Ersten Republik durch unzuverlässige Parlamentspräsidenten herbeigeführt wurde. Warum aber trug jeder ÖVP-Abgeordnete dabei eine weiße Rose?

Nein, mit der antifaschistischen Widerstandsgruppe um die Geschwister Scholl habe die weiße Rose der ÖVP nichts zu tun gehabt, diese weiße Rose sollte vielmehr »das traditionelle Symbol der Christlichsozialen repräsentieren – schon im alten Österreich sind die christlichsozialen Abgeordneten mit weißen Rosen ins Parlament eingezogen«, klärte der Klubobmann der ÖVP auf.

Dies kann man nachlesen: Im Frühsommer 1907, bei der Eröffnung des »Volkshauses«, des Abgeordnetenhauses des Reichsrats, zogen die christlichsozialen Abgeordneten mit weißen – *Nelken* ein. Die Sozialdemokraten trugen übrigens rote Nelken, die Deutschnationalen blaue Kornblumen, die Lieblingsblume des deutschen Kaisers Wilhelm II. Weiße *Rosen* tauchen in der Geschichte Österreichs nur einmal auf: Gemeinsam mit weißen Lilien waren weiße Rosen der informelle, nicht parteipolitisch definierte Schmuck österreichischer Katholiken an den Marienfeiertagen in der Zeit des Austrofaschismus.

Das politische Symbol der »alten Christlichsozialen« war also die weiße *Nelke*. Was wollte uns die ÖVP mit dem Symbol »weiße Rose« also sagen? Der Name der Rose ist Nelke? War das der hilflose Versuch, wenn schon nicht modern, so zumindest postmodern zu sein? War diese Rose ein genetischer Zwitter, der Versuch, Erinnerungen an den Ständestaat mit Verweisen auf die vergleichsweise noch unschuldige Zeit des politischen Katholizismus zu kreuzen? Oder war dieses Symbol bloß ein Symbol des geistigen Zustands einer Partei, die nicht nur nicht bedachte, woran alle bei »weißer Rose« denken, sondern auch nicht einmal weiß, wie die eigene Tradition wirklich beschaffen war, an die sie sich plötzlich zurückbesinnen wollte? Oder sollte die weiße Rose, mit der die weiße Nelke gemeint war, der Versuch sein, auf jene Parole anzuspielen und sie gleichzeitig zu verschleiern, die der erfolgreiche rechtspopulistische Meisterdemagoge, der Wiener Bürgermeister Lueger, seinerzeit ausgerufen hatte: »Kornblume und weiße Nelke müssen zusammenstehen, um den Sieg zu erringen!«?

Nichts von alldem. Die »weiße Rose« war schlicht und einfach das gelungene österreichische Symbol schlechthin. Wer es verstand, verstand erst den Österreich-Film beim Neujahrskonzert, er verstand die Millennium-Wollust, er verstand jene, denen gegenwärtige politische Signale in Österreich angst machten, und er verstand zugleich auch jene, die sie verharmlosten. Er verstand alles. Die »Weiße Rose« meint: Man kann irgendwie an alles mögliche denken, aber alles hatte nichts wirklich zu bedeuten. Es wurde nur österreichischer, das heißt: möglicher!

Es stellte sich heraus, daß der deutschnationale Parlamentspräsident in seiner bisherigen Karriere als Wissenschaftler ein SPÖ-Protegé war. Die österreichische Fremdenverkehrswerbung bekam einen neuen Generaldirektor. Dann stand wieder, noch einmal, die große Koalition. Business as usual – so far.

Die Geschichte vom Haus der Geschichte

Die politische Elite der Zweiten Republik feierte 1999 weihrauchschwingend und selbstverliebt den achtzigsten Jahrestag der Gründung der Ersten Republik. Ich kann mich nicht erinnern, daß die Gründung der *Ersten* Republik jemals zum Anlaß für solch emphatische staatliche Feierstunden der Zweiten Republik genommen worden wäre. Die SPÖ hatte aus »Anschluß«-Betreiber Renner ein Institut gemacht und die ÖVP aus dem Republik-Killer Dollfuß einen patriotischen Ölschinken in ihrem Parlamentsklub. So hatten diese beiden staatstragenden Parteien ihre je eigene Tradition und zugleich deren Aufhebung, konnten von Anfang an »alte Parteien« und zugleich »Neues Österreich« sein. Darüber hinaus gab es in der Zweiten Republik kein Interesse mehr, eine »republikanische Geschichte« zu feiern, die, recht besehen, den Anspruch der Zweiten Republik nur unterlaufen hätte. Bekanntlich hieß die Erste Republik »Deutsch-Österreich« und ihre Gründungsidee war die möglichst rasche Selbstauslöschung durch einen Anschluß an Deutschland. Die Gründungsidee der Zweiten Republik war das genaue Gegenteil: nämlich einen dauerhaften, stabilen, souveränen Staat zu schaffen. In welchem Zustand befand sich die Zweite Republik, als sie sich plötzlich in der Republik, die keiner wollte, spiegeln wollte? Leider in genau diesem: Die Erste Republik endete mit der Selbstausschaltung des Parlaments, die Zweite Republik begann sehr bald mit der Ausschaltung des Parlamentarismus (durch die Sozialpartnerschaft, einem Erbe des Ständestaats). Die Erste Republik hieß »deutsch«, und am Ende war es nicht so gemeint, die Zweite Republik heißt »demokratisch«, und es war nicht ganz so gemeint. Die Erste Republik konnte und wollte sich nicht wehren gegen mächtige antidemokratische Entwicklungen, und die Zweite verhielt sich nicht nur wehrlos, sondern sogar komplizenhaft in Hinblick auf antidemokratische Entwicklungen (z. B. die in zivilisierten demokratischen Staaten einzigartige Medienkonzentration). Die Erste Republik fühlte sich als Opfer der Geschichte, maßlos bestraft, die Zweite Republik pragmatisierte sich als Opfer der Geschichte, um im Schutz dieser Pragmatisierung der Bestrafung zu entgehen. Das alles und noch viel mehr arbeitet unausgesetzt weiter, ohne aufgearbeitet zu werden.

Im Lauf eines halben Jahrhunderts hat dieses Land sich daran gewöhnt, die Fesseln seiner Geschichte als Verband für die Wunden der Vergangenheit zu empfinden. Sie aber abzuwerfen war undenkbar, und erst recht undenkbar war, sie zumindest mit halb so großem Interesse und annähernd so avancierten Methoden wissenschaftlich zu untersuchen wie den Penis des Similaun-Manns (genannt »Ötzi«).

Geschichte – das war in diesem Land schon virtuell, als es den Begriff »virtuell« noch gar nicht gab, ein unwirkliches Spiel mit wirklichen Empfindungen. In diesem Feierjahr verbrachte ich wegen Dreharbeiten für einen Film über Österreich einen Tag in Bad Ischl, saß schließlich im Café Zauner und blätterte mit der Filmcrew das Gästebuch dieses berühmten Kaffeehauses durch. »Ich erinnere mich immer sehr gerne an Ischl und das Zauner« – Unterschrift: Dr. Kurt Waldheim. Die Eintragung datiert exakt aus der Zeit seiner Wahlkampagne, in der er unausgesetzt mit seinen Erinnerungslücken konfrontiert war. Zynismus? Nein, ich glaube nicht. So war es wirklich. Zumindest in der virtuellen österreichischen Realität. »Seine Majestät, Bruno I., Kaiser von Mallorca.« So unterschrieb Bruno Kreisky unmittelbar nach jener Wahl, bei der er die absolute Mehrheit verlor, woraufhin er schließlich zurücktrat. Zynismus? Nein. So war es wirklich. Zumindest in der virtuellen österreichischen Realität. Da zeigte Kreisky seine wahre Maske.

Die damals letzte Eintragung in diesem Gästebuch stammt von Andreas Khol, unterschrieben mit »Andreas Khol, Klubobmann der ÖVP«. Schon diese Unterschrift zeigt präzise das Verhältnis, das jene zur Geschichte haben, die in Österreich Geschichte machen: Sie gehen ganz selbstverständlich davon aus, daß auch sie einmal dem kollektiven Vergessen anheimfallen werden: Schon in wenigen Jahren könnte einer, der das Gästebuch durchblättert, fragen: »Andreas Khol? Wer war das?«, also wird an die Unterschrift gleich die politische Funktion angefügt, die er dereinst ehemals besessen haben wird. Dadurch wird man sich vielleicht erinnern – und nur noch vergessen haben, wofür dieser Mann einst stand, was er tat und was er verhindert hat. Das ist die Form der Erinnerung, die man sich in diesem Land erhofft. Namen, Funktionen und Begriffe sollen nicht Auslöser von Erinnerung sein, sondern ihr Ersatz, sichtbare Tünche auf dem Vergessenen. Darum wurde auch der Jahrestag der Gründung der Ersten Republik so gefeiert, als wäre bloß ein Begriff zu feiern: »Republik«. Besinnen und Bedenken ist in Österreich immer das Lose, das abblättert vom Besinnungs- und Bedenkenlosen.

In eben diesem Jahr hat der Vorstand der österreichischen Creditanstalt, als die historische Kollaboration dieser Bank mit den Nazi-Verbrechen bekannt wurde, es selbstverständlich abgelehnt, die Archive zu öffnen und mit jenen zusammenzuarbeiten, die dieses historische Kapitel aufarbeiten möchten. Warum fiel dem CA-Vorstand nichts anderes ein als die gebetmühlenartige Wiederholung des Satzes »Wir lassen uns nicht erpressen!«? Die Männer der CA sind »Nachgeborene«, sind kraft ihres Geburtsdatums unschuldig. Warum überfällt sie Panik, wenn sie mit Geschichte konfrontiert werden, warum identifizieren sie sich eher mit den historischen Tätern als mit den zeitgenössischen Fragen an die Geschichte? Aus einem einfachen Grund: Sie haben es nicht anders gelernt. Das, was sie nicht anders gelernt haben, ist, was man in Österreich eben lernt.

Dies alles und alles das, was man jetzt bis zum Erbrechen weiterassoziieren kann, würde es mehr als rechtfertigen, endlich ein »Haus der Geschichte« zu gründen, das die Gewordenheit Österreichs nicht nur wissenschaftlich aufarbeitet, sondern auch auf der Basis internationaler Standards, die man von vergleichbaren internationalen Institutionen kennt, gesellschaftlich vermitteln kann. Bis dato schien der Gedanke, Österreich könne Fußballweltmeister werden, weniger utopisch als der Gedanke an solch ein österreichisches Haus der Geschichte – bis plötzlich die Diskussion darüber begann, wie man künftig das Palais Epstein nutzen könne, aus dem der Wiener Stadtschulrat ausziehen sollte. Auf einmal schien alles so einfach, so logisch, so naheliegend. Ein Gebäude, das auf Grund seiner eigenen Geschichte und gleichzeitig wegen seiner topographischen Lage ideal und wie geschaffen für solch eine Institution und ihre wünschenswerte Wirksamkeit schien. Eine große Bank erklärte sich bereit, das Gebäude zum Marktwert zu kaufen und für einen symbolischen Betrag dem Bund für solch eine Institution zu vermieten. Anton Pelinka verfaßte ein Konzeptpapier, das dem Projekt nicht nur eine erste inhaltliche Fundierung gab, sondern auch keinen Zweifel daran ließ, daß es ebenso absolut wünschenswert wie auch überraschend einfach machbar wäre. Und Leon Zelman, der Vater dieser Idee, wurde einige Tage lang für diese Idee von politischen Würdenträgern umarmt und geküßt. Welcher Politiker will schon – nach 1986 – explizit sagen: »Geschichte? Haben wir nicht. Kennen wir nicht. Brauchen wir nicht.«

Auch der damalige Parlamentspräsident und spätere Heinz Fischer bezeichnete ein »Haus der Geschichte« als »Desiderat« – und besorgte sich blitzschnell in der Präsidiale des Parlaments die Zustimmung aller fünf Parlamentsfraktionen dafür, daß es im allzu nahe liegenden Palais Epstein garantiert nicht verwirklicht wird. So glaubt er, einerseits jenen zu gefallen, die dafür sind, und gleichzeitig jenen dienstbar zu sein, die dagegen sind. So kann er vorführen, daß ihm die Hände gebunden sind, während er sie in Unschuld wäscht, weil er doch gesagt hat, wie gerne er mit zupacken würde.

Heinz Fischer ist ein besonders langgedienter Parlamentarier – der nie in seiner parlamentarischen Karriere dafür auffällig geworden wäre, daß er sich für eine Stärkung des Parlamentarismus und gegen die Entmachtung des Parlaments durch die Sozialpartnerschaft eingesetzt hätte. Und just als die Sozialpartnerschaft aus verschiedenen Gründen endlich in eine veritable Krise kam, wurde ausgerechnet dieser Mann Parlamentspräsident, ein Mann, der auf Grund seiner eigenen politischen Geschichte die Krise der Sozialpartnerschaft gar nicht als Chance für den Parlamentarismus in Österreich begreifen konnte und wollte. Und ausgerechnet dieser Mann wollte sich – nach links blickend und nach rechts blickend, bis als statistisches Mittel ein leeres Nicken übrigbleibt – als Parlamentarier ein Denkmal setzen, indem er dem auch durch seine eigene Komplizenschaft entmachteten Parlament in Steinwurfnähe zum Parlament mehr Büroräume verschafft.

Und die Klubobleute aller fünf Parlamentsfraktionen haben dem zugestimmt. Einhellig. Wie gesagt: Keiner würde es je wagen, sich öffentlich gegen ein »Haus der Geschichte« auszusprechen. Aber sie zeigten mit jedem Wort, daß sie die Notwendigkeit von mehr parlamentarischen Arbeitsräumen besser verstehen als die Notwendigkeit von gesellschaftlichen Aufarbeitungsräumen. Sie zeigten zwar mit jedem Wort unfreiwillig die Notwendigkeit eines »Hauses der Geschichte«, aber sie waren mit keinem Wort dazu zu bringen, dessen Notwendigkeit selbst freiwillig zu verstehen. Also wurde die Ausweitung der Parlamentsbürokratie mit verblüffender Schnelligkeit durchgezogen und nebenbei ein »Haus der Geschichte« so lange als »wünschenswert« bezeichnet, bis es nicht mehr machbar sein wird.

Andreas Khol, der dank des Zauner-Gästebuchs dereinst als »Klubobmann der ÖVP« in Ischler Erinnerung bleiben wird, führte vor, wie das geht. In einem Kommentar in der Tageszeitung *Standard* (vom 24. November 1998) schrieb er, daß ein »Haus der Geschichte« bzw. ein »Haus der Toleranz« natürlich sehr wünschenswert sei – aber: Wenn dem so ist, wäre es dann nicht doppelt wünschenswert, gleich zwei Häuser zu haben? Der gelernte Österreicher versteht: Wenn schon die Forderung nach *einem* Haus ein Problem ist, dann ist der Vorschlag, doch gleich *zwei* Häuser zu fordern, der bloße Versuch, dieses Problem endgültig unlösbar zu machen. Erst recht, wenn man las, wie sich Khol diese beiden Häuser vorstellte: Das eine, das »Haus der Toleranz«, sollte die Verbrechen an den Juden aufarbeiten, und das andere, das »Haus der Zeitgeschichte«, sollte stolz die Erfolge der Zweiten Republik ausstellen. Er wollte also ein Kritikhaus und ein Jubelhaus. Das Kritikhaus konnte natürlich »nicht standortgebunden« sein, da würde sich schon was finden an der Peripherie. Und wer sollte das bezahlen? Das Kritikhaus soll, so Khols Vorschlag, »eine zeitgeschichtlich interessierte Sponsorengemeinde« finanzieren – das ist das eleganteste Synonym für »die alten Geldjuden«, das ich je gelesen habe –, während das Jubelhaus »ein Projekt der Bürgergesellschaft« wäre – also natürlich der öffentlichen Hand.

Dickes Lob von der *Kronen Zeitung*. Sie hatte Khol sehr gut verstanden. Es könne, so die *Kronen Zeitung*, nicht so weitergehen, daß »die Juden mit der einen Hand wild gestikulierend historische Verbrechen anprangern, während sie die andere Hand für allfällige Entschädigungen aufhalten«.

Welche Blindheit war da am Werk, wenn Fischer und Khol solche Sätze einfach als Zustimmung und Lob empfanden statt als Skandal? Welche Verblendung hatte diese Volksvertreter erfaßt, wenn sie sich darüber still freuten, daß sie wieder einmal massenmedial gepunktet hatten, statt sich laut und deutlich gegen diesen expliziten Antisemitismus und Rassismus auszusprechen? Warum nahmen sie diesen massenwirksamen Alltagsfaschismus nicht zum Anlaß, jetzt erst recht für das »Haus der Geschichte«/»Haus der Toleranz« im Palais Epstein einzutreten, das, nach den vorliegenden Konzepten, die Aufgabe und auch die Möglichkeit gehabt hätte, künftige Generationen auch gegen eben diesen fortwirkenden österreichischen Alltagsfaschismus zu impfen? Warum fanden sie es selbstverständlicher und natürlicher, neben dem Lueger-Ring zu sitzen, als neben einem »Haus der Toleranz«?

Und die kleinen Oppositionsparteien? Warum verstanden nicht wenigstens sie, welche Chance sich aufgetan hatte und wie erbärmlich die Art war, mit der sie zunichte gemacht wurde? Sie verstanden es nicht. Von den Liberalen war keine deutliche Stellungnahme zu erhalten, bloß der Hinweis, daß die Debatte über ein »Haus der Geschichte« im Palais Epstein nicht nachvollziehbar sei. Und Andreas Wabl von den Grünen sagte zu mir: »Wenn wir jedes Haus, das irgendwann einmal von einem Juden gebaut worden ist, heute irgendwelchen antifaschistischen Institutionen geben, dann können wir selbst bald überall ausziehen!«

Ein »Haus der Geschichte« wäre nicht zuletzt auch ein Ort, an dem man produktiv, analytisch und gesellschaftlich wirksam darüber nachdenken könnte, warum solche Sätze »passieren«, wenn man in Österreich nur über ein »Haus der Geschichte« zu diskutieren beginnt. Aber es kam zu der einzig schlüssigen Vollendung dieser Debatte über ein »Haus der Geschichte«, sie wurde wieder vergessen. Es wurde stolz, selbstbewußt und glücklich der Welt vorgeführt, was wir am besten können: vergessen.

Sterbensworte

»Jenseits des Krieges«

Warum haben wir von den Verbrechen der Nationalsozialisten so klare Vorstellungen, obwohl doch über diese Zeit immer so beharrlich geschwiegen wurde? Und warum gibt es, trotz unseres grundsätzlich so unverbrüchlichen Wissens, immer wieder so großes Erstaunen und solch erbitterte Diskussionen, wenn neue Details bekannt werden? Und warum ändern diese seit zumindest zwei Jahrzehnten regelmäßig so heftig ausbrechenden Diskussionen nichts an unserem Eindruck, vor einer Mauer des Schweigens zu stehen?

Wer schwieg, tat es beredt, und diejenigen, die redeten, wollten schweigen können. Das war alles. War es das?

Ruth Beckermann läßt in ihrem Film *Jenseits des Krieges* Menschen reden. Es sind überwiegend ehemalige Wehrmacht-Soldaten, die, bei der sogenannten Wehrmachtausstellung mit ihrer Vergangenheit konfrontiert, von damals erzählen. Es ist zunächst und vordergründig ein Film über das Reden, buchstäblich ein Anschauungs-Unterricht über das Erzählen. Aber die noch viel zu wenig gewürdigte Pointe des Films ist: Er führt zu einer Neubewertung des Schweigens.

Ich muß gestehen, daß mich die Erzählungen der alten Krieger, wenn man sie zum Reden bringen konnte, nie interessiert haben. Ich will das, was ich weiß, nicht in den Rang eines simplen Vorurteils erheben und nur noch selbstgerecht nicken, wenn die Verstockten sich entlarven und die Reumütigen sich verstricken. Genausowenig interessieren mich übrigens die Betroffenheitsdemonstrationen der Guten. Sollte sich der Common sense ändern, hätten es die Verstockten immer schon gewußt, und ihre Treue würde ihnen wieder zur Ehre gereichen, die Geläuterten würden läuten wie ehedem, und ihre tätige Reue zerfiele wieder in die Teile, aus denen sie besteht: zuerst Täter sein und dann bereuen. Und die Guten, funktionieren sie nicht allzudeutlich so wie die moralisch integre Gattin, die man sofort verlassen sollte, denn – wie Karl Kraus schrieb: »So wie sie heute mir treu ist, ist sie schon morgen einem anderen treu.«

Muß ich das mit immer neuen Details unterfüttert bekommen? Muß ich mir das immer wieder aufs neue vorführen lassen? Muß ich das alles wissen? Kurz: Muß man alles wissen, um zu wissen? Muß man zum Beispiel wissen, daß die numerische Exzentrizität der Erdumlaufbahn um die Sonne 0,017 beträgt, um zu wissen, daß sich die Erde um die Sonne dreht? Und wenn diese Zahl strittig wäre, wenn konkurrierende Berechnungen ergäben, daß sie »nur« 0,012 betrage – was wissenschaftlich einen enormen Unterschied machte –, würde dies für uns etwas am Grundsätzlichen ändern? Nein.

Natürlich kann man naturwissenschaftliche und ideologische Weltbilder nicht gleichsetzen. Aber soweit trägt der Vergleich: Es geht zuallererst und letztlich um das Grundsätzliche und nicht um Details. Details sind nur so lange sozial dynamisch und mächtig, solange sie allgemeinen Lebensgrundsätzen profund widersprechen und sie umstoßen können. Ist das nicht mehr der Fall, sind sie nur noch für Experten interessant, ein unendliches Feld der Fachwissenschaften. Kein Detail, keine individuelle Erfahrung kann heute das kopernikanische Weltbild mehr umstürzen. Deshalb weiß ein heutiger Experte tausendmal mehr als Galileo Galilei, während wir alle nur einen kleinen Bruchteil dessen wissen, was Galileos interessierte Zeitgenossen oder Nachfolger zu verstehen begannen. So und nicht anders funktioniert »Akkumulation von Wissen«: Hat es sich durchgesetzt, sind wir auf höherem Niveau dümmer. Gut, wir alle können uns mit unserer wissenden Ignoranz oder unserem ignoranten Wissen täuschen, doch wenn alle sich täuschen, eine überwältigende oder überwältigte Mehrheit, dann ist das Detail für das gesellschaftliche Verhalten erst recht belanglos, wird vom Grundsätzlichen gleichsam weggeschnupft. Mir ist zum Beispiel nicht bekannt, daß – als Juden in die Lager abtransportiert wurden – Massen aufgestanden wären, die gesagt haben: »Wir haben einen jüdischen Nachbarn/Hausarzt/Anwalt/Bridgepartner/Oberkellner/Kinobilleteur/Wenauchimmer, und aufgrund unserer Erfahrungen mit diesen Einzelfällen können wir nicht verstehen, daß *alle* Juden jetzt ihrer Bürgerrechte beraubt, erniedrigt, deportiert und umgebracht werden«. Aber das Gegenteil ist sehr wohl in zahllosen Fällen dokumentiert: Positive persönliche Erfahrungen mit einzelnen Juden konnten die grundsätzliche Verachtung *der* Juden und den grundsätzlichen Haß auf sie nicht aufheben. Steht das Grundsätzliche fest, ist der Einzelfall *bloß* ein Einzelfall, und man kann damit alles beweisen, bis auf eins: daß der Grundsatz falsch ist.

Das Zweite ist, wie wir mit unseren unumstößlichen Grundsätzen leben, leben können. Man hat bekanntlich mit dem ptolemäischen Weltbild leben können, obwohl dessen Verteidigung zahllose Leben gekostet hat. Aber heute ist klar, daß es sich besser lebt mit dem kopernikanischen, individuelle Sinneserfahrungen hin oder her. Wir steigen in Flugzeuge ein, mit oder ohne Flugangst.

Das ist der Unterschied zu unseren Grundsätzen in der Einschätzung der ganzen Nazi-Geschichte: Dieser Common sense ist zwar ebenfalls ein zivilisatorischer Fortschritt, aber – es lebt sich schlechter mit ihm. Er ist eine Bürde, mehr: eine Wunde, die schon aufbricht, wenn wir sie nur betulich betrachten. Die ehemaligen Täter, die tatkräftigen Mitläufer und erst recht deren Nachkommen wissen, was sie heute zu sagen haben. Ist mehr zu erreichen? Ja. Mehr Details, viel, viel mehr, aber das ist dennoch immer viel weniger als das Ganze.

Man kann sie reden lassen. Und zeigen, daß wir nichts wissen, wenn wir nur das Grundsätzliche wissen, aber daß es doch genügt, wenn wir nur dies wissen. Ist ein Grundsatz durchgesetzt, kann jeder nur noch *Ich* sagen, seine höchstpersönliche Erlösung im Lichte des allgemeinen Verdikts suchen. *Ich* habe alles gewußt, aber *ich* war zum Glück nicht verwickelt. *Ich* habe nichts gewußt, weil *ich* war in nichts verwickelt. *Ich* wiederum hasse die Vätergeneration (Grundsatz!), aber *ich* konnte *meinem* Vater verzeihen (Detail!). Dies alles zeigt: Die grundsätzliche Einschätzung dieser Geschichte ist heute Common sense. Man mag bezweifeln, daß er definitiv ist, aber jeder Versuch, Details und noch mehr Details zu verallgemeinern, führt immer nur zu folgender Manifestation: Es hat sich ein »gesellschaftliches Wissen« herausgebildet, welche Betroffenheitsadjektive eingeflochten, welche Distanzierungsfloskeln ausgestellt werden müssen, und mit jedem weiteren Wort zeigt sich nur unwillentlich und peinlich, wie Reste des Krieges immer noch in der Kriegsgeneration stecken, wie diese Geschichte in ihnen zuckt, kaum kontrollierbar hin und her zuckt zwischen dem, was sie damals glaubten, erlebten oder glauben erlebt zu haben, und dem, was sie heute, im Frieden gealtert, glauben sagen zu müssen oder sagen, was wir ihnen glauben sollen. In Wirklichkeit wollen sie nur eines: daß diese Geschichte endlich ruht!

Wissend genickt. So sind sie. Keine Chance, wir sind wachsam. Aber – wenn diese Geschichte jetzt wirklich ruhte? Soll sie ruhen! Aus zwei Gründen: Nehmen wir an, daß die Geschichte sich wiederholen kann, und gehen wir davon aus, daß wir uns heute nicht mehr auf das nette Aperçu von Karl Marx wohlig verlassen wollen, daß die Tragödien sich als Farcen wiederholen – ist es dann nicht besser, die Geschichte ruht? Ist aber die Geschichte, von der wir reden, in ihrem verbrecherischen Charakter einzigartig und unvergleichlich – wozu dann selbst in Frage stellen, was wir glücklich durchgesetzt haben, und sagen: Das Einzigartige ist gar nicht einzigartig, es kann sich jederzeit wiederholen?

Daß der Krieg, daß ihre Taten in den Tätern immer noch weiterleben, zeigt ja in erster Linie nicht, daß diese Menschen unverbesserlich sind, sondern daß unser grundsätzliches Verdikt stimmt, nämlich daß dieser Krieg und diese Taten etwas so Ungeheuerliches waren, daß es jedes menschliche Fassungs- und Verarbeitungsvermögen übersteigt. Wie würden wir dastehen mit unserem Urteil über diese Geschichte, wenn die, die sie er- oder gelebt und sie letztlich gemacht haben, mehrheitlich glaubhaft vorführen könnten, daß sie sie »bewältigt« haben und nun so darüber reden können wie ein Scheidungskind nach einer Psychoanalyse?

Ruth Beckermanns Film *Jenseits des Krieges* zeigt dies auf wunderbare Weise: daß das Reden dem Schweigen nichts mehr hinzufügt. Wir haben es immer schon gewußt, wir haben nur noch nicht gewußt, daß wir dies auch wußten: daß Reden und Schweigen eins sind. In diesem Film können wir es plötzlich *sehen*. Wir *sehen* diese Menschen, ihre Physiognomien, ihre Kleidung, ihre Gesten, und: Wir wissen alles. Wir sind nicht überrascht. Oder wir sind, zuhörend, überrascht von Details, die nicht ins Bild passen und uns dennoch nicht am Grundsätzlichen zweifeln lassen. Zum Beispiel, daß der zunächst so besonders grauenhaft wirkende Mann mit dem stutzerhaften Lodenmantel und dem lächerlichen Jägerhütchen, geradezu die Karikatur eines Blut-und-Loden-Österreichers, plötzlich relativ vernünftig spricht, während der aufrechte Antifaschist, der von seinem monarchistischen Elternhaus nachhaltig gegen Hitler geimpft worden war, einen so radikal unsympathischen Eindruck macht. Aber dann sehen wir diesen kleinen Mann, der so gern loswerden möchte, daß er *fast* ein Widerstandskämpfer war und daß er deshalb *beinahe* Schwierigkeiten bekommen hätte. Er habe nämlich einmal angemerkt, daß es ein Wahnsinn sei, die Kriegsgefangenen sofort zu erschießen – weil man sie in der Heimat als Arbeiter gut hätte gebrauchen können. Wie menschlich, Menschen lieber versklaven zu wollen, statt sie zu ermorden. Wenn er doch geschwiegen hätte. Oder jener Mann, der sich freiwillig zum Ausheben der Massengräber gemeldet hat, weil »dafür bekamen wir einen Schöpfer mehr Suppe«. Er hat buchstäblich auf Leichenbergen überlebt. Ich will das nicht wissen – denn ich habe es gewußt. Es ist einer dieser Punkte, wo Vorurteil und begründetes Urteil kaum mehr auseinandergehalten werden können, weil sie sich berühren.

Wir, wir selbst haben in Hinblick auf diese Geschichte etwas zu »verarbeiten«. Wir – ach, keine Verallgemeinerung mehr, ich will jetzt auch *ich* sagen: *Ich* bin kein Opfer, kein Täter, und auch nicht gut. Ich bin ein Nachfahre. Ich leide an dieser Geschichte, an meinem Haß und auch daran, daß dieser Haß so eigentümlich kalt ist. Und er ist kalt, weil er durch den Kopf geht, aber er tat sich dennoch wie jeder Affekt schwer, sich mit einer Erkenntnis zu verbünden – zu der dieser Film jeden, der *sehen* kann, plötzlich zwingt. Ich – nein: Jetzt kann ich wieder *wir* sagen, weil ich mich in diesem Punkt mit meiner Generation einig weiß – *wir* also haben – nicht Opfer seiend, nicht Täter seiend – an dieser Geschichte leidend ebenfalls etwas *getan*, das nun wir »verarbeiten« müssen: Wir haben immer schon Schweigen und Reden gleichgesetzt. Wir haben, wenn geschwiegen wurde, das Schweigen kritisiert, weil es so beredt war, so verräterisch. Und kaum wurde geredet, haben wir das Reden kritisiert, weil es so sprachlos war, voll von Verschweigen, so verräterisch. Wir haben es immer gleich behandelt, es war für uns eins. Und dies müssen wir, sehend und hörend, heute zur Kenntnis nehmen: daß es eins geworden ist. Das heißt aber auch, daß wir, darüber räsonierend, was wir gesehen und gehört haben, das immer wieder skandalisierte Schweigen neu bewerten müssen. Vielleicht war es kein Verschweigen, sondern ein Beschweigen. Wir sehen es und können es begreifen, wenn wir diesen Film sehen, diese Menschen mit ihrer entmenschten Geschichte, die nun auftreten wie Kunstfiguren, synthetische Stichwortbringer für unser Urteil.

Sie reden und wir begreifen das Schweigen. Die Opfer haben geschwiegen und die Täter haben geschwiegen. Wieso haben wir dennoch alles gewußt? Noch nie in der Geschichte hat sich durch so hartnäckiges Schweigen so viel unverbrüchliches Wissen akkumuliert. Wieso? Weil niemand, der geschwiegen hat, so getan hat, so tun konnte, als ob nichts gewesen wäre. Ich kann mich nicht erinnern, jemals nicht gewußt zu haben.

Wenn ich, als Kind, als Jugendlicher, meine Großeltern väterlicherseits besuchte, wußte ich schon längst alles, nämlich nichts, nämlich das Grundsätzliche, genügend, aber nie genug, und ich fragte sie, wie es war, wie sie überlebt haben, Juden in Wien, und mein Großvater sah mich nur kurz an und er schob seinen Stuhl ruckartig zurück, stellte ihn schräg, so daß er nicht mehr mich, der ich ihm gegenübersaß, vor Augen hatte, sondern die Großmutter, und er schlug seine Beine übereinander, tupfte sich mit der Serviette den Mund ab – kurz erwartete ich immer wieder, daß er sich die Augen trocknen würde –, und er sagte zu meiner Großmutter: »Übrigens, Dolly, weißt du, wen ich gestern im Café Monopol getroffen habe?«

Er starb, und ich habe nie erfahren, was er erleben mußte. Aber ich hatte begriffen, warum ich es nicht wissen konnte. Denn ich habe es gewußt. Grundsätzlich.

Und meine Großmutter mütterlicherseits heiratete in zweiter Ehe einen Nazi. Ihr erster Mann, mein Großvater, war als politisch Unzuverlässiger ins Feuer geschickt worden. Und plötzlich dieser Nazi. Wie hatte sie das tun können? Er kam aus derselben

Gegend wie sie, sie kannten dieselben Menschen, interessierten sich für denselben Tratsch, waren süchtig nach Tanzen, sie ließen kein »Feuerwehrfest« aus. Es war ein betulich-befreites Tanzen auf einem erloschenen Vulkan. War/ist er erloschen? Heute würde man sagen, sie lebten eine *regionale Identität*. Das war irgendwie klar, auch wenn ich an diesen Mann keine Fragen hatte. Nie hätte ich Opa zu ihm sagen können. Es genügte, ihn zu sehen. Zu sehen, wie er aß, zum Beispiel. Er liebte es, fett zu essen. Wie schmierig sein Ausdruck von Glück war, wenn das Fett ihm die Mundwinkel herunterrann. Das ist überhaupt eine meiner bleibenden Kindheitserinnerungen: dieses fettverschmierte Glück in den Gesichtern der Menschen, wenn sie aßen. Mehr hatte dieser Großmuttermann schon seinerzeit nicht vom Leben wollen, als ihm eine Wohnung versprochen wurde und das Ende der Arbeitslosigkeit. Dieses fette Grinsen war nicht nur Wollust wegen des endlich erreichten Überflusses, es war auch eine beharrliche Demonstration. Es sagte: Auch wir sind Opfer gewesen! Wir haben lange gehungert! Aber jetzt ist Schluß mit diesen finsteren Zeiten!

Wie ich seine Weinerlichkeit verachtet habe, wie groß meine Schadenfreude war, als der Krebs ihn auffraß. Wie hat er sich schuldig gemacht, was hat er getan? Ich wußte es nicht und weiß es nicht, es hat mich nicht interessiert, weil ich ohnehin alles gewußt habe. Er lag im Sterben und wollte mir bei meinem letzten Besuch im Krankenhaus noch etwas sagen. Ich wollte es nicht hören. Ich wollte, daß er stirbt, und er sollte schweigen. Ich habe mich abgewendet. Jetzt sah ich »ihn« in Ruth Beckermanns Film wieder, nämlich Männer wie ihn. Und was erzählt er? Ich habe es gewußt. So habe ich es mir vorgestellt.

Es ist vorbei. Ich bin hinausgegangen aus dem Krankensaal, und bald darauf kam meine Mutter heraus auf den Gang und sagte, Onkel Franz ist gestorben. Menschen in Weiß liefen auf und ab. Weiß. Plötzlich war alles wie weiß getüncht. Das war's.

Wir sind im Schweigen aufgewachsen und haben doch immer alles gewußt. Was wir nicht gewußt haben, lernen wir erst jetzt: daß es an der Zeit ist, zu begreifen, was wir als Kinder akzeptiert haben. Daß kein Wort mehr etwas ändert.

Für ein Kind, das eine Mauer sieht, ist es unerheblich, ob es erzählt bekommt, daß diese Mauer gestern oder daß sie vor Jahren errichtet worden ist. Oder ob es nichts erzählt bekommt und diese Mauer nur sieht.

Ich saß im Kino und sah. Sah Menschen reden. Und doch war, was ich sah, eine Mauer des Schweigens. Diese Mauer hat heute zahllose Graffiti.

Retardierende Momente

Der Mitmacher

Kaum ein Politikerimage war in den 90er Jahren so positiv besetzt und dabei so zwiespältig wie das des *Machers*. Was ist ein Macher?

Ein Tischler, der tischlert, ein Autorennfahrer, der Autorennen fährt, ein Dichter, der dichtet, gelten nicht als »Macher«. Dabei tun sie unausgesetzt nichts anderes, als »machen« – nämlich das, was man von ihnen erwartet und was sie auch können.

Von politischen Entscheidungsträgern erwartet man gemeinhin, daß sie Entscheidungen treffen und auch den Willen haben, sie durchzusetzen. Warum wurde es also besonders akklamiert, wenn ein Politiker diese Selbstverständlichkeit zu erfüllen schien? Anders gefragt: Warum galt ausgerechnet Viktor Klima als Macher? Da es grundsätzlich wenig Anlaß für Emphase gibt, bloß weil einer etwas macht, was man von ihm erwartet und was er auch kann, muß es, im Fall von Politikern, einen anderen, einen hintergründigen Sinn des Begriffs »Macher« geben – und um den zu begreifen, muß man lediglich in den österreichischen Medien die damalige innenpolitische Berichterstattung nachlesen. Als ein Macher galt hierzulande ein Politiker, der auf besonders dynamische Weise all das, was er zu machen hatte, eben *nicht* tat, der also seine Macherqualitäten im *Vermeiden* bewies: Er will nichts machen, wofür er vom Boulevard angemacht wird. Ein Macher ist ein Politiker, der sich eben nicht für Entscheidungen, sondern für die Reaktionen des Boulevard bereithält. Er krempelt zum Beispiel vor Fotoapparaten die Ärmel auf, um dann, wenn der Film ausgeknipst ist, das Hemd zu wechseln und zu denken: Ich habe gezeigt, daß ich ein Zupacker bin, aber wirklich zupacken – nein, *das* mach ich nicht, ich könnte mir die Finger verbrennen. Der Journalismus, den er bedient, ohne etwas zu tun, das diesen verstört, und von dem er Hilfe bei der bloßen *Imagebildung* erwartet und nicht Auseinandersetzungen mit den von ihm getroffenen Entscheidungen, dieser Journalismus bedankt sich bei solchen Politikern dadurch, daß er *ausnahmsweise* nicht Ressentiments verbreitet, sondern sogar die Wahrheit: Er gibt diesem Politiker das Attribut »Macher« – und damit meint der Boulevard: Er ist ein Mitmacher in unserem Spiel.

Es gibt in Österreich keine Paparazzi, die imstande gewesen wären, mit Kameras, selbst mit den allerlängsten Teleobjektiven, Kanzler Viktor Klima in flagranti dabei zu erwischen, wie er gerade Punch zeigt. Aber dieser Kanzler war jederzeit bereit, in das Fotostudio einer Illustrierten zu eilen, um sich dort mit den allergrößten roten Boxhandschuhen fotografieren zu lassen. Natürlich war es nicht *diese* Willfährigkeit, die vom Boulevard mit positiv besetzten Imageattributen belohnt wurde, sondern des Kanzlers Willfährigkeit schlechthin, die eben auch bis zu *dieser* Willfährigkeit ging. Das ist der Grund, warum etwa dieses Klima-Cover mit den roten Boxhandschuhen auf solch trübsinnig-machende Weise so vexierbildhaft war: Man sah einen Macher, plötzlich sprang das Bild um und man sah: einen Hampelmann. So war, wenn natürlich auch ungewollt, tatsächlich die Wahrheit abgebildet: Klima war nur insofern ein Macher, als er konsequent nur eines machte: nämlich das, was die Boulevardmedien wollten. Und was die Boulevardmedien wollten, war, daß Klima bestimmte Dinge *nicht* machte, zum Beispiel eine vernünftige Medienpolitik.

In der Literatur ist dieses Phänomen übrigens wohlbekannt, da heißt es Henry-Bech-Syndrom. Henry Bech, eine Figur von John Updike, ist ein Schriftsteller, der immer berühmter und beliebter wird, solange er nichts veröffentlicht. Am Ende steht er, der geniale Komplize der literarischen Feuilletons, knapp vor dem Nobelpreis. Als er nun doch etwas veröffentlicht, weil er sich mittlerweile für völlig unantastbar hält, wird er gnadenlos verrissen und stürzt in die Bedeutungslosigkeit ab. Viktor Klima war die lupenreine Version des Politikers mit dem Henry-Bech-Syndrom. Je konsequenter dieser Macher nichts machte, desto überspannter wurden die Erwartungen und desto weihrauchschwingender reagierten die Medien. Alles, was man gemeinhin von einem Spitzenpolitiker erwartet, war bei ihm vergessen und auf den Kopf gestellt. Klima war Regierungschef – regierte er? Nein. Am Beispiel der Pensionsreform läßt sich besonders schön zeigen, wie er dynamisch die Ärmel nur deshalb aufgekrempelt hatte, um bequemer seine Hände in den Schoß legen zu können. Hatte er ein Konzept zur Reform des Pensionssystems ausgearbeitet, es schließlich als Gesetz formuliert und dem Parlament vorgelegt, so wie es in zivilisierten Demokratien selbstverständlich gewesen wäre? Nein. Klima war hilflos, weil die Sozialpartner sich nicht einigen konnten. Ein »Macher«, der wirklich einer wäre, hätte die Krise der Sozialpartnerschaft als seine Chance begriffen. Seit Jahren, wenn nicht seit Jahrzehnten, wurde die Sozialpartnerschaft als demokratiepolitisch höchst bedenkliche »Nebenregierung« kritisiert. Daß sie in eine Krise kam, während der Parlamentarismus tendenziell stärker wurde, hätte Klima Möglichkeiten eröffnet, die kein österreichischer Kanzler vor ihm hatte. Aber was machte er? Er promovierte sich zum wohl einzigen Regierungschef der Welt und der gesamten politischen Geschichte, der eine Nebenregierung anflehte, endlich besser zu funktionieren.

Der Regierungschef hat eine Regierungsmannschaft. Wann ist es jemals passiert, daß einzelne Mitglieder einer Regierung Äußerungen getätigt oder Taten gesetzt haben, die nicht bloß sehr kritikwürdig, sondern buchstäblich unter aller Kritik waren, ohne daß der Kanzler das gemacht hat, was von ihm zu erwarten ist: nämlich ein klärendes Wort, eine Zurücknahme des Deliriums seiner Mannschaft. Seit Beginn der Kanzlerschaft des Machers Klima mußten wir uns daran gewöhnen, daß dies nicht mehr gemacht wird. Zwei Beispiele: Der Verteidigungsminister Fasslabend bezeichnete in »Informationsbroschüren« Griechenland – wie Österreich Mitglied der Europäischen Union, im übrigen Wiege der Demokratie und Schoß der abendländischen Philosophie – als Hort »orthodoxer Horden, gegen die das österreichische Bundesheer geistig aufrüsten« müsse. Fasslabend war Regierungsmitglied, aber Klima war der Chef. Was hat Klima dazu gesagt, was hat er gemacht? Zweites Beispiel: Kunst-Staatssekretär Peter Wittmann. Nie zuvor hat es eine so einhellige, so profunde Ablehnung einer Branche gegen einen Mann gegeben, der politisch für sie zuständig war, wie im Fall des unseligen Staatssekretärs. Könnte man sich etwa einen Wirtschaftsminister vorstellen, der von allen, aber wirklich von allen

Wirtschaftsexperten nur verhöhnt und verlacht wird? Wenn ja, dann nur deshalb, weil wir uns seit Wittmann an den Gedanken gewöhnen mußten, daß dies jederzeit möglich ist. Wie reagierte nun der Chef auf die einhellige Kritik an seinem Sekretär, was machte der Macher? Das, was ein Macher von Boulevards Gnaden einzig machen konnte: nichts, nämlich nichts anderes, als den peinlichen Versuch, diese Kritik durch einen Deal mit dem Boulevard zu konterkarieren. In der Stunde, in der Wittmann einer wirklich verblüfften Öffentlichkeit Dominique Mentha als designierten Volksoperndirektor präsentierte, erschien die neue Ausgabe von *News* – bereits mit der Mentha-Geschichte. Das war natürlich nicht recherchiert, das war gesteckt. Ich bin lieb, du bist lieb, und eine Hand wäscht die andere in Unschuld. Man sieht, worauf Klima setzt. Qualifizierte Kritik? Macht nichts! Handlungsbedarf? Was soll ich machen? Boulevard? Au ja, mach' ma!

Konnte und mußte man nicht von einem – sozialdemokratischen – Regierungschef erwarten, wenn er schon so gerne mit Boxhandschuhen posierte, daß er zumindest die Deckung hochnimmt, wenn ein Frontalangriff auf das bißchen Geist der Republik, auf das wenige an aufgeklärten Standards dieses Landes, auf das Minimum von Liberalität in Österreich stattfindet?

Die österreichischen Bischöfe kündigten den Konsens der katholischen Kirche mit der Zweiten Republik, und der Macher schwieg. Die Bischofskonferenz gab bekannt, daß die Kirche zum politischen Katholizismus zurückkehren wollte, und der sozialdemokratische Macher lachte in die Kameras. Die Bischofskonferenz verlautbarte sinngemäß, daß ohnehin niemand die Zurückhaltung, die die Kirche politisch in den vorhergegangenen vierzig Jahren gezeigt habe, und die sogenannte »Äquidistanz« zu allen Parteien ernst nehmen konnte, denn natürlich sei klar, daß der Kirche eine christliche Partei lieber sei als eine nicht dezidiert christliche Partei. »Kirche will sich wieder politisch einmischen«, war Schlagzeile in österreichischen Zeitungen. Nun gab es Zeitungen, die nachfragten. Daher war zum Beispiel von Erzbischof Schönborn zu erfahren, worum es der Kirche konkret ging: nämlich um »das Gemeinwohl«. Zum Beispiel die »Fristenlösung«, sie gehöre abgeschafft. Nun ist genau dieses Gesetz ein wunderbares Beispiel für eine Gesetzgebung, die das »Gemeinwohl« bedient: Es wird ja keine Frau zur Abtreibung gezwungen, aber alle Frauen haben die Möglichkeit, über ihr Leben und das, das sie schenken wollen, zu entscheiden. Das kann ein Erzbischof vielleicht nicht verstehen. Er will daher die Zeit zurückdrehen. Es gibt immer wieder Menschen, die aus unterschiedlichsten Motiven dies wollen. Gut, das war die Ansage der Kirche. Aber was sagte der politische Chef, Kanzler Klima? Nichts.

Es war gespenstisch: Es ward nichts zu hören als das Rascheln des Ärmelaufkrempelns und das Klicken der Kameras – Österreich wurde zum Paradies des politischen Analphabetismus –, kein Wort mehr, kein Satz, nichts, das man aufschreiben, setzen und drucken und zitieren hätte können. Nicht einmal eine Andeutung dessen, was ein republikanisches Gemüt erwartet hätte. Etwa:

Liebe Kirche! Politischer Katholizismus hat in diesem Land nichts zu tun mit zum Beispiel der Theologie der Befreiung, wie wir sie von Südamerika kennen. Hier fällt das mit einigem Grund unter Wiederbetätigung. Jeder Bischof, der dafür eintritt, wird sich dafür zu verantworten haben. Sollte die Gesetzeslage diesbezüglich unklar sein, dann werden wir die entsprechenden Gesetze überprüfen und klarer formulieren, denn es kann nicht sein, daß Wiederbetätigung im Sinne des einen Faschismus strafbar, im Sinne des anderen Faschismus, den Österreich leidvoll erleben mußte, aber nicht strafbar ist – auch wenn die von der Kirche so sehr geliebte christliche Partei bis heute das Porträt des austrofaschistischen Führers in ihrem Club hängen hat. Im übrigen scheint es an der Zeit zu sein, daß wir endlich in der Verfassung festschreiben, wovon alle denkenden Menschen in diesem Land ohnehin geglaubt haben, daß es in der Verfassung steht: nämlich die absolute Trennung von Kirche und Staat. Was allerdings bereits in der Verfassung steht (in Art. 15 StGG), daß nämlich »jede gesetzlich anerkannte Kirche ihre inneren Angelegenheiten selbständig ordnet und verwaltet«, bedeutet, daß ab sofort die katholische Kirche zum Beispiel den Kirchenbeitrag selbständig einhebt, ohne staatliche Hilfe. Die katholische Kirche hat weiterhin selbstverständlich das Recht, Privatschulen zu unterhalten – es ist aber in Zeiten diverser Sparpakete leider nicht mehr möglich, sie auch noch zu subventionieren. Die katholische Kirche kann selbstverständlich in ihren Privatschulen in jedem Klassenzimmer das Kreuz aufhängen, ja sie kann sogar ihre Schulen statt mit Tafeln mit Altären, statt mit Lehrern mit Reliquien ausstatten, in den öffentlichen Schulen aber werden im Sinne einer strikten Trennung von Staat und Kirche alle Kreuze entfernt und der Religionsunterricht durch Unterricht der Geschichte der Weltreligionen ersetzt. Im übrigen warten wir gespannt auf die nächsten Ansagen des »Politischen Katholizismus«.

Wäre das zuviel verlangt gewesen? Meinetwegen. Aber *nichts* war für einen *Macher* sicherlich zu wenig. Oder eben gerade recht, wenn man bedenkt, was die *Kronen Zeitung* sonst geschrieben hätte.

Die sozialdemokratische Ära in Österreich endete mit einem Kanzler, der den Gegenwind, der bereits auf dem Boulevard wehte, mit Rückenwind verwechselte. Da hielt er lieber still, in einer windigen Pose: Die roten Boxhandschuhe sollten Durchschlagskraft und Macherqualitäten symbolisieren, tatsächlich aber zeigten sie, daß ein Politiker, der dem Boulevard die Hände reicht, diese blitzschnell verpackt, verschnürt und gefesselt bekommt.

Die kleinen Vorsitzenden

Der EU-Ratsvorsitz 1998 elektrisierte die österreichische Regierung auf eine Weise, die bei immer mehr Österreichern den Wunsch weckte, sich zu isolieren. War das der Sinn der Übung? Was trieb die österreichische Regierung dazu, sich ununterbrochen in einer Weise darzustellen, die das Gegenteil dessen bewirkte, was in ihrem Interesse liegen sollte? Eine Diagnose ließ sich, in Übereinstimmung mit Beobachtungen der österreichischen Verhältnisse in der internationalen Presse, ziehen: Die Fetischisierung von Repräsentation und Bürokratie, wie sie die österreichische Regierungspolitik betrieb und ausgerechnet als »Reifeprüfung« bezeichnete, war eine Ersatzhandlung, die davon ablenken sollte, daß dieser Regierung jeder Gestaltungswille abhanden gekommen war. Nicht nur der Wille, auch der Glaube, daß so etwas wie politische Gestaltung überhaupt noch möglich wäre. Die peinlichen Versuche der österreichischen Regierungspolitiker, internationale Anerkennung durch individuell demonstrierte radikale Willfährigkeit zu erlangen, isoliert dieses Land viel mehr, als es ein selbstbewußtes Insistieren auf eigene Interessen je gekonnt hätte. Denn: Keine Weltauswahl braucht Mitspieler, die vor lauter Willfährigkeit bereit wären, auch Eigentore zu schießen.

In der damals ausgestrahlten Fernsehdokumentation »Der Tiger läuft frei herum. Kapitalismus pur?« wurde auch der Welser Pfarrer Mayr interviewt, der sich in Initiativen zur Unterstützung von verelendeten Arbeitslosen engagiert. Er sagte sinngemäß: Das Problem bei den Entscheidungsträgern und Verantwortlichen in Wirtschaft und Politik sei nicht, daß sie vielleicht zynisch seien, oder oft schlecht informiert, oder daß sie wegen ihrer individuellen Interessenlage trotz bestem Willen keine Vertreter jener Menschen mehr sein können, über deren Schicksal sie unausgesetzt entscheiden – das Problem sei in Wahrheit, daß sie einfach dumm seien. Und er wiederholte, mit dem Ausdruck von Erschütterung und zugleich der Autorität eines Mannes, der nicht bloß einmal, nicht dreimal, sondern der ununterbrochen bei seiner Arbeit diese Erfahrung machen mußte: »Sie sind einfach dumm!«

Unmittelbar danach wurden in dem Film Wortspenden von österreichischen Managern und Industriekapitänen eingespielt, die diesen Befund überaus schlüssig bestätigten. Jedes denkende Gemüt, das diesen Film sah, mußte fassungslos feststellen: »Ja, sie sind dumm!« Es gibt kein anderes Wort, keinen Begriff, der angemessener gewesen wäre, und nichts, das diesen Eindruck hätte relativieren können. Nicht einmal die enorme Selbstgefälligkeit dieser Menschen reichte auch nur bis in Sichtweite an ihre Dummheit heran. Sie redeten von Wirtschaftsgesetzen, als wären sie Naturgesetze – und wußten von diesen angeblichen Naturgesetzen nicht einmal, welche Erfahrungen Menschen bisher mit ihnen gemacht hatten, zum Beispiel daß sie, vor nicht allzu langer Zeit, fassungslos vor Trümmerhaufen gestanden haben und geschockt »Nie wieder« gestammelt hatten. Sie wußten auch nicht, bzw. schon gar nicht, daß in der Geschichte der Menschheit alle angeblichen und erst recht alle wirklichen Naturgesetze nur mit der Absicht erkannt und anerkannt wurden, um sie zu unterlaufen, außer Kraft zu setzen, zu domestizieren, damit der Mensch glücklicher werde. Blitze zum Beispiel wurden deshalb erforscht, um Blitzableiter zu entwickeln, und nicht, um sich mit wissendem Fatalismus ihnen besser aussetzen zu können. Hörte man aber österreichischen Wirtschaftsmanagern zu, bekam man den Eindruck, daß ihrer Meinung nach nicht nur Blitze naturgesetzlich passierten, sondern auch, daß wir hinzunehmen hätten, wenn wir von ihnen getroffen werden würden. Mehr noch: Wir hätten uns dafür »fit zu machen«. Man kann also sagen, daß die Dummheit jener, die für Österreichs Wirtschaft verantwortlich waren und sind, sich nicht darin erschöpfte, Prozesse, die Menschenwerk sind, als »Naturgesetze« zu sehen – sie waren, unter Voraussetzung ihrer äußerst dürftigen Hypothese, nicht einmal daran interessiert, sich dann wenigstens mit »Naturgeschichte« zu beschäftigen.

Das sind die Menschen, die über Abertausende Schicksale entscheiden? Ja und nein. Sie wissen es und sie tun es. Es sind Menschen, die völlig aus der Fassung zu bringen wären, würde ihnen einer gegen den Strich durch das Haar fahren oder ihnen die Anzugweste, die ihren Körper zugleich panzert und zusammenhält, öffnen oder gar wegnehmen; Menschen, die in grotesker Überanpassung an ihre unreflektierten angeblichen Naturgesetze noch als Angeklagte vor Gericht mit demonstrativ übergroßen Krawatten und schneidend harten Hemdkragen sitzen und mit einem bloß durch Selbstmitleid gemilderten, in Manager-Seminaren erlernten Ausdruck »kalter Dynamik« die Schuld auf »die Politik« abwälzen... Und, ja, sie sind tatsächlich nicht nur verantwortungslos, sie sind wirklich nicht verantwortlich. Aus einem einfachen Grund: weil sie ihre unendliche, hochbezahlte Dummheit nur innerhalb des Kontexts ausführen können, den die Politik ihnen vorgibt.

Leider ist in diesem »Kapitalismus pur«-Film kein Politiker interviewt worden. Warum nicht? Pater Mayr hat doch ausdrücklich Wirtschaftshaie *und* Politiker gleichermaßen mit seinem Verdikt bedacht.

Vielleicht sind Klima und Schüssel et alii deshalb für diesen Film nicht interviewt worden, weil – im Gegensatz zu den »Managern« – ihre Wortmeldungen ohnehin täglich von den Medien in alle Haushalte transportiert werden. Tatsächlich genügt es, in den damals erschienenen Tageszeitungen Politikeraussagen nachzulesen.

Sehr rasch, und noch radikalisiert durch die Distanz, die eine alte Tageszeitung gibt, kann man feststellen, daß sie noch dümmer waren, als es ein durch die Macht des österreichischen Boulevard verwüstetes allgemeines Bewußtsein nahegelegt hätte. Sind Manager dumm, weil sie ihre angeblichen Sachzwänge als Naturgesetze sehen, dann erwiesen sich die Politiker damals bereits als noch dümmer, weil sie ihre eigenen Sachzwänge gar nicht, die Sachzwänge der Wirtschaft aber ebenfalls als ihre Naturgesetze sahen. Ihre Dummheit war also eine doppelte, weil ihre Entfremdung schon eine doppelte war. Die Sachzwänge, die die Regierung Klima/Schüssel zur Richtschnur ihres Handelns, besser gesagt zur Begründung ihrer Immobilität machte, waren objektiv nicht die Verpflichtungen von mehrheitlich gewählten politischen Interessenvertretern, sondern die einer Minderheit der österreichischen Gesellschaft und einer radikalen Minderheit der Weltbevölkerung. Diese Minderheit ist grundsätzlich, seit es bürgerliche Gesellschaften gibt, immer gezwungen gewesen, ihren leicht identifizierbaren Interessen im Rahmen der legistischen Möglichkeiten nachzugehen, die die bürgerlichen Staaten ihnen gegeben haben. Österreich aber wurde dem historischen Satz, es sei ein Laboratorium, in dem der Weltuntergang geprobt werde, insofern wieder einmal gerecht, als diesem zwar machtvollen, aber zugleich bloß minderheitlichen Interesse die Möglichkeit gegeben wurde, sich ohne Abstimmung mit den Interessen anderer Bevölkerungsgruppen, ohne Rücksicht auf zumindest die Idee von »Gemeinwohl«, zu entfalten.

Jahrelang sind Linksintellektuelle in diesem Land verhöhnt worden, und was da lächerlich gemacht wurde, war die These, die Prämisse der marxistischen Kapitalismuskritik, es gebe im Kapitalismus ein simples Primat der Ökonomie über die Politik. Aber seit dem Zusammenbruch der Sowjetunion und ihrer Glacisstaaten wird der Kapitalismus genau nach diesem Gottsei-bei-uns-Muster verstanden: Ja, hier herrscht tatsächlich ein Primat der Ökonomie über die Politik, und dagegen können wir nichts tun. Und das ist, in dieser historischen Situation, einfach dumm. Noch nie, nicht einmal in Hegels schrulliger Dialektik, haben die Sieger eines Konflikts die Prämissen des Unterlegenen nahtlos und unreflektiert zu den eigenen gemacht. Es hatte nur einer einmal aussprechen müssen, und plötzlich sahen wir: Wir brauchen keinen komplexeren, keinen differenzierteren Begriff, es genügt: dumm!

Wenn es eine marxistische These gibt, die von der Geschichte – zumindest in Österreich – nachdrücklich widerlegt wurde, dann die: »Noch nie haben die Inhaber der Macht ihre Macht freiwillig aufgegeben« (Karl Marx). Denn jede österreichische Regierung der Zweiten Republik hat nichts anderes getan, als ihre durch Wahlen legitimierte Funktion augenblicklich an eine nie durch Wahlen legitimierte Nebenregierung abzutreten. Das war die Glanzzeit der Sozialpartnerschaft. Als Österreich der EU beitrat und feststellen mußte, daß das europäische Großkapital wenig Geduld mit diesem seltsamen, vom Austrofaschismus herübergeretteten System hat, wurde die österreichische Regierung blitzschnell erneut willfährig und teilte mit: »Wir sind es gewohnt, die Macht, die uns demokratisch gegeben wurde, nicht auszuüben, wir haben daher kein Problem – wenn schon die österreichische Sozialpartnerschaft nicht mehr funktionieren kann –, sie jetzt an die europäischen Konzerne abzutreten!!!«

Daß »die Wirtschaft« Interesse an der Anerkennung eines Primats der Ökonomie über die Politik hat, kann man noch verstehen, daß aber »die Politik« diesem Primat nachgibt, das ihre ureigensten Aufgaben, nämlich die an sie delegierten Interessen, untergräbt, ist völlig unverständlich – zeigt das doch, daß die österreichischen Politiker nicht einmal zu einem Pawlowschen Reflex fähig sind, sondern sich im Konflikt zwischen Signal und Hund selbst gleich zum Futternapf degradieren.

Alles, was wir Ende der 90er Jahre unter dem Titel »österreichische Regierungspolitik« beobachten konnten, war nichts anderes als systematische Flucht vor Verantwortung: Privatisierung, Ausgliederung, Auslagerung, Entstaatlichung, Distanzierung, Transformation in Stiftungen, die zwar immer noch von öffentlichen Geldern gespeist wurden, aber – weil jetzt »privat« – nicht mehr öffentlich kontrolliert werden konnten, jedoch war weit und breit keine Politik feststellbar, die selbstbewußt, weil demokratisch legitimiert, zumindest Signale gesetzt hätte in der großen zeitgenössischen Herausforderung: *Wir*, die demokratisch legitimierte Politik, produzieren die Rahmenbedingungen, nach denen sich die Konzerne verdammt noch einmal zu richten haben. Wir haben uns allzulange als Volk der Kellner und Sängerknaben dargestellt, aber heute haben *wir*, die Politiker, ein ganz simples, sowohl unserer prinzipiellen Situation als auch der welthistorischen Herausforderung einzig angemessenes Interesse, nämlich: dem Herrschaftsanspruch der Ökonomie über die Politik das Primat der Politik über die Ökonomie entgegenzustellen! Noch dazu unter radikal verbesserten Voraussetzungen: nämlich, dank EU, durch ein radikal intensiviertes Zusammenspiel mit den Regierungen anderer europäischer Länder. Und jetzt wollen wir sehen, zu welchen vernünftigen und für alle tragfähigen Kompromissen wir in dieser Auseinandersetzung finden!

Der Satz, daß »die Globalisierung« aktive und gestaltende Politik in einem einzelnen Land nicht mehr zulasse, sondern jedes Land zu einem bloßen Reagieren auf die internationale Entwicklung zwinge, war und blieb eine Ausrede, die nur in Österreich ein so heftiges zustimmendes Kopfnicken auszulösen vermochte. Denn in Wahrheit vergrößert gerade die internationale Vernetzung die Möglichkeiten der Politik genausosehr wie die des Kapitals. Die Globalisierung entfesselt nicht nur die Möglichkeiten der Konzerne, sie ist auch und vor allem eine politische Befreiung: Sie verhindert das, was früher »Finnlandisierung« oder »Albanisierung« genannt wurde, und verleiht demokratischen Interessen Universalität und damit mehr Schubkraft. Es gibt zahllose Beispiele dafür, wie nationale Regierungen sich zu politischen »global players« entwickelt haben oder entwickeln und wie es ihnen gelingt, nationale Interessen als zivilisatorische Ansprüche der demokratischen Welt insgesamt zu verkaufen. Aber ach, ist das nicht vielleicht eine Nummer zu groß für Österreich? »Österreich ist ein kleines Land!« Nein. Das ist der Lieblingssatz bloß jener Politiker, die sich aus rätselhaften Gründen in Verantwortungen wählen lassen, die sie dann scheuen. Nein, nicht Österreich ist klein, klein ist hier nur der Mut.

Wie stark, wie herrisch, wie machtvoll die Regierung Klima dann war, wenn sie wußte, daß sie internationalen Konzernen oder nationalen Meinungsumfragen nicht dazwischenfunkte, da regierte sie plötzlich, da zeigte sie ihre Macht, spielte sie aus: Da war sie glatt imstande, die Presseförderung für eine Zeitung zu streichen, in der regierungskritische Essays erschienen. Wie dumm das war und wie peinlich, daß sie nicht merkte, daß sich die Wähler aktives Eingreifen nicht als Allüre, sondern als Programm von ihren politischen Repräsentanten wünschten – nicht zum Zweck eines Knebelungsversuchs der Meinungsfreiheit, sondern in Hinblick auf die vitalen Lebensinteressen der Republik! Aber sie waren bereits allzusehr aufeinander fixiert, der Hund und der Napf, also die Industrie (vertreten durch die Meinungsindustrie) und die Regierung, so daß eine über das Niveau einer Klatschspalte hinausgehende Diskussion einfach nicht mehr möglich war.

Lese ich in einer Zeitung aus der Zeit von Österreichs EU-Vorsitz, daß der Manager einer Handelskette ohne kritische Gegenfrage in einem Interview absondern darf: »Für Intellektualität ist in unserem Konzern kein Platz«, lese ich in einer anderen Zeitung, daß Kanzler Klima ein Grubenunglück zum Anlaß für intellektuellenfeindliche Äußerungen nimmt. Und Tausende österreichische Jugendliche finden keine Lehrstelle, weil sie nicht lesen und schreiben können? Vielleicht hat der Kanzler sie deshalb aufgefordert, sich *persönlich* an ihn zu wenden – weil sie ihm ja nicht schreiben können. Lese ich in der nächsten Zeitung, daß ein von seinem Konzern vorübergehend freigestellter EU-Politiker die österreichische Neutralität als »heute obsolet geworden« bezeichnet, lese ich schon in einer anderen Ausgabe dieser Zeitung dieselbe Formulierung, nur diesmal aus dem Mund eines österreichischen Regierungsmitglieds, verschärft allerdings durch den jede Intelligenz beleidigenden Zusatz: »Das bedeutet aber nicht, daß wir die Neutralität deswegen abschaffen müssen.« Schlage ich ein Dutzend Zeitungen auf und drapiere sie auf dem Fußboden, dann stolpere ich zumindest ein halbes dutzendmal über die peinigende Selbstbeweihräucherungsphrase »Wir sind Musterschüler ...«

»Wir«, wenn wir darunter die Republik verstehen, waren, nebenbei gesagt, damals über fünfzig! Man denkt bei diesem Satz unwillkürlich an die schauerliche Figur des »Bubi«, des fünzigjährigen Manns im Matrosenanzug, in Gerhard Fritschs Buch *Katzenmusik*. Aber wer hat diese luzideste aller literarischen Beschreibungen der Zweiten Republik schon gelesen? (Laut Verkaufszahlen eintausenddreihundertsechsundsiebzig Menschen!) Wie auch immer, man muß ja nicht ein bestimmtes Buch gelesen haben, um zu fragen, warum die nach Kreiskys Oberlehrerattitüden zur willfährigen Musterschülerneurose verkommene österreichische Regierungspolitik nicht endlich ganz normal *erwachsen* werden konnte? Warum konnte der über fünfzigjährige Kanzler nicht den Matrosenanzug ausziehen und ganz einfach mit einer festen, vom Stimmbruch schon längst nicht mehr tangierten Stimme sagen: Ich habe als von einer Mehrheit gewählter *Politiker* das Primat der *Politik* zu behaupten, und ich vertrete die Interessen, die zu vertreten ich gewählt worden bin, so, daß all jene, die in dem großen Kontext, in dem ich arbeiten muß, *andere* Interessen haben, unsere Interessen *anerkennen* können. Ich will nicht Musterschüler sein, der alle von außen an mich herangetragenen Anforderungen unhinterfragt erfüllt und als »Hausaufgaben« bezeichnet, sondern ein Erwachsener, der um die Interessen, die er durchzusetzen hat, auf eine anständige Weise kämpft. Und ich will *dafür* wiedergewählt werden und nicht deshalb, weil ich die Interessen jener, die mich nicht gewählt haben, brav erfülle, als wären es Naturgesetze, und zwischendurch meine Frau in den Boliden eines österreichischen Nachwuchsrennfahrers setze, was naturgemäß die Boulevardmedien amüsiert...

Und – nein, Schluß. Es ist mir zu dumm.

Der Vormacher

Stellen wir uns vor, ein österreichischer Künstler veröffentliche in einer Tageszeitung einen kritischen Essay über den Kanzler. Daraufhin ließe dieser Kanzler über eine Boulevardillustrierte ausrichten, die Tageszeitung möge nicht vergessen, daß sie von des Kanzlers Gnaden Presseförderung bekomme. Damit wäre erstmals in der Zweiten Republik öffentlich und explizit von einem Regierungschef folgendes festgehalten worden: Von geförderten Zeitungen wird Willfährigkeit erwartet – oder, verallgemeinert gesagt: Subventionen schließen die Möglichkeit von Zensur mit ein. Nun stellen wir uns weiters vor, daß dieser Kanzler Jörg Haider heißt. Alles klar?

Nichts ist klar. Das alles geschah wirklich 1999. Allerdings befand sich die Wirklichkeit in Auflösung. Und der Wirklichkeitssinn begann endgültig zu delirieren.

Haider war nicht Kanzler, konnte also gar nicht so hilflos und zugleich machtberauscht drohen, wie oben beschrieben. Allerdings hätten genug es für möglich gehalten, daß er es getan hätte, wenn er Kanzler geworden wäre, und sie wären auch bereit gewesen, dagegen aufzustehen. Alleine in diesem Satz voller Konjunktive zeigt sich, daß Österreich bereits fast ein zeitgenössisches Land geworden war: Es hatte die »Virtualität« zu seinem Lebensgefühl gemacht. Allerdings ist damals auch ein Begriff in der zeitgenössischen internationalen Debatte aufgetaucht, den ebenfalls auf die österreichischen Verhältnisse zu übertragen uns allen gut getan hätte: der Begriff »Echtzeit«. Das fehlte hier nämlich völlig: wenigstens ein Minimum an Gefühl für die »Echtzeit«, für das, was wirklich passierte, auch wenn wir es nur über die Medien erfuhren.

Noch immer, wie im Neolithikum der Postmoderne, fielen in Österreich bloß Vergangenheit, Gegenwart und Zukunft in eins zusammen: Vergangenheit (Hitler), Gegenwart (Transformationskrise der Zweiten Republik) und Zukunft (Haider?) waren 1999 so ununterscheidbar ineinander verschwommen, daß keiner mehr wußte, ob er bereits überlebt hatte, was ihm erst drohen würde, oder ob er nicht vielmehr erst davon profitieren würde, wofür er bereits bestraft worden war. Was dabei völlig aus dem Blick verschwand, war eben die »Echtzeit«: Wir *hatten* eine Regierung, wir *hatten* einen Kanzler, der *nicht* Haider hieß, und es *geschah* nicht nur seinesgleichen, sondern auch Ungeheuerliches. Reagierte Österreich *darauf* mit Schweigen, weil es zwar *real* war – aber so unwirklich *schien*?

Als die eingangs beschriebene Geschichte von dem Kanzler, der die Vergabe von Subventionen an die Möglichkeit von Zensur zu binden droht, wirklich geschah, hieß der Kanzler Viktor Klima.

Warum gab es darauf keine Reaktion? Weder Gelächter noch Protest? Warum nur Schweigen, und nicht einmal ein beredtes?

Eben deshalb: Es war wirklich geschehen, befand sich also außerhalb der allgemeinen Fixiertheit auf das Virtuelle, während es als Wirkliches so irreal war, daß es nicht einmal hinterrücks wirklich berührte.

Faktum ist: Bis dahin hatte sich noch keine einzige österreichische Zeitung mit Hofberichterstattung für die Presseförderung bedankt, und es war auch kein einziger Fall eines österreichischen Künstlers bekannt, der auf die Zuerkennung eines Stipendiums mit weihrauchschwenkender Staatsliteratur reagiert hätte. Das ist die erste Ebene, die reale. Die zweite Ebene, immer noch real, aber bereits ohne Verankerung in der Wirklichkeit, ist folgende: Jörg Haider unterstellte (einmal mehr in seinem Buch *Befreite Zukunft* im 4. Kapitel), daß die Sozialdemokraten sich mit Förderungen und Subventionen immer nur Willfährigkeit erkauften bzw. sich die Möglichkeit zur Zensur geschaffen hätten – das war zwar nachweislich falsch, aber just in diesem Moment dachte der sozialdemokratische Kanzler Viktor Klima laut darüber nach, es in Zukunft bei unbotmäßigen Zeitungen und kritischen Künstlern erstmals wirklich so zu halten. Und die dritte Ebene, nun schon völlig irreal, nichtsdestotrotz aber dennoch wirklich, war folgende: Ein sozialdemokratischer Kanzler, der wirklich regiere und wirklich ankündigte, man könnte Subventionen mit Zensur vinkulieren, erntete öffentliches Schweigen, keine Proteste, keine Ängste.

Ein Oppositionspolitiker hingegen, der unterstellte, daß immer schon geschah, was der Kanzler erst erträumte, löst die Befürchtung aus, daß er selbst es sein könnte, der dies, sollte er Kanzler werden, erst will.

Ich weiß jetzt nicht: War das verwirrend, war es bestürzend, oder ist es bloß auf gewohnte Art belanglos schräg österreichisch? Jedenfalls: Das war die Realität. Das Problem war nur: Das war sie *nicht!* Es war in Wahrheit bloß das, was *da* war und sich verbreitete, in den Medien, in unseren Köpfen und in unseren Reflexen. Beinahe hätte ich geschrieben: Reflexionen, nein, nein! Reflexen!

In Wirklichkeit war es – nein, nicht: ganz anders, sondern, viel ärger: *hinterrücks* ganz anders. Während nämlich die einen zunehmend verwirrt oder abgebrüht versuchten, diese drei Ebenen analytisch auseinanderzuhalten, andere wiederum davon gänzlich gelangweilt waren und lieber ein Taxi zum nächsten Event bestellten (gleichermaßen schick war: »Bitte einen Inländer!« und »Bitte einen Ausländer!«), und wiederum andere – STOP! Keinen »sozialistischen Realismus«! – jedenfalls: Während geschah, was wir glaubten, daß geschieht, wurde hinterrücks all dies aufgehoben und zugleich unterlaufen von einer Politik, die wir gar nicht bemerkten, weil sie *nicht zugleich virtuell war*, d. h., weil sie nicht zugleich Bestandteil des Medienspektakels war.

Zuvor wurde im Parlament das Dritte Budgetbegleitungsgesetz verabschiedet. Woran denken Sie, wenn Sie hören oder lesen »Drittes Budgetbegleitungsgesetz«? Na eben. Nichts. Nichts von Interesse. Nichts, was Sie betrifft. Tja, so hinterfotzig kann die Realität sein, wenn sie abseits der *virtuellen* Realität ganz handfest funktioniert. Das sogenannte »Dritte Budgetbegleitungsgesetz 99« sollte nämlich rund 160 österreichische Zeitschriften ausradieren (in Worten: einhundertsechzig verschiedene Zeitschriften), die nicht realistisch genug waren, dem irrealen Mainstream zu entsprechen. Dieses so unscheinbare sogenannte »Dritte Budgetbegleitungsgesetz«, das tatsächlich im Parlament beschlossen worden war, regelte nämlich auf neue Weise die Zuerkennung von Geldern aus dem Topf der Publizistikförderung. Und es hieß deshalb nicht »Neues Presseförderungsgesetz« oder »Novelle zum Gesetz für Publizistikförderung«, weil mit diesem Gesetz der *Tod* von zahllosen alternativen bzw. »unbotmäßigen« österreichischen Zeitschriften selbstverständlich vorausgesetzt und daher als Ersparnis für das Budget bereits einkalkuliert wurde.

Mit anderen Worten: Während der real regierende Kanzler Klima über die Möglichkeit von restriktiverer Medienförderung zu delirieren *schien* und der virtuell regierende Oppositionspolitiker Haider erst Restriktionen anzudrohen *schien*, wurde all dies wirklich beschlossen, wurde Gesetz, wurde Realität, und wir merkten es nicht – weil es *nur* wirklich geschah.

Just in diesen Tagen wurde mir nun vom *profil* ein Text von Jörg Haider zugeschickt, und zwar jenes Kapitel seines Buches *Befreite Zukunft*, das sich mit »Kultur, Kunst, den Intellektuellen und den Medien« auseinandersetzt, »mit der Bitte um einen Kommentar« – und warum nicht der Text des »Dritten Budgetbegleitungsgesetzes« mit der Bitte um einen Kommentar? Warum ist das »Jenseits« in Österreich immer interessanter als das Diesseits, die Nur-Realität?

»Katholischer Kapitalismus«? (Foucault) Typisch österreichische »Apperzeptionsverweigerung«? (Doderer) »Transformationskrise des österreichischen Bewußtseins«? (Friedrich Heer) Die Transformation sollte jedenfalls in Österreich rascher enden als die Krise ...

Die Chefchen im Trockenen?

Bundeskanzler Viktor Klima machte im Jahr 1997 die Kulturpolitik zur »Chefsache« – das hieß, er löste das Ministerium auf und ersetzte es durch einen Schreibtisch in seinem Vorzimmer, an dem Staatssekretär Peter Wittmann Platz nahm. An der Art und Weise, wie der glücklose Sekretär Wittmann agierte, zeigte sich exemplarisch die Selbstauflösung der österreichischen Politik unmittelbar vor der »Wende«.

Symptomatisch dafür war die vom Kanzler kontinuierlich geführte Diskussion, ob es nicht vernünftiger wäre, doch wieder einen Kunstminister zu installieren. Der Chef, der Kunst zur »Chefsache« erklärt hatte, war also nach seiner ersten und einzigen kulturpolitischen Entscheidung, nämlich dieses Staatssekretariat zu bilden, so verunsichert, daß er gleich wieder signalisierte, man könne auch zum Status quo ante zurückkehren. Die Debatte nahm kontinuierlich an Intensität zu, bis sogar die Kandidatensuche für dieses Ministeramt begonnen wurde. Als schließlich einige Namen im Gespräch waren, hieß es plötzlich, daß ein Kunstministerium nun doch nicht aktuell sei. Wenn das kein Sinnbild für die damalige österreichische Politik war: Eine Entscheidung zu treffen, sie augenblicklich in Frage zu stellen, dann wieder die Infragestellung in Frage zu stellen, um dann zu dem Ergebnis zu kommen: Hoppala, es ist schon wieder eine halbe Legislaturperiode vergangen, Kinder, wie die Zeit vergeht, und es ist eigentlich nichts Gröberes passiert, also lassen wir alles so, wie es ist! Im übrigen waren wir kühn genug, mit dem Gedanken zu spielen, es möglicherweise wieder so zu machen, wie es vorher war. Das war politische Flexibilität nach österreichischer Art: die Änderung seiner Meinung um 360 Grad.

Allerdings hat das Kunststaatssekretariat nicht nur en gros an seiner Selbstaufhebung gearbeitet, sondern auch en détail, wie man am damals präsentierten kulturpolitischen Maßnahmenkatalog, dem sogenannten »Weißbuch« ermessen kann. Für dieses »Weißbuch« wurden, noch gut sozialpartnerschaftlich, alle möglichen Interessenvertreter eingeladen, ihre Wünsche zu formulieren, von denen dann knapp siebzig in diesen Katalog aufgenommen wurden. Die Filmemacher wollen mehr Filmförderung, die freien Theatermacher mehr Geld für freie Theaterproduktionen und so weiter – so eine Überraschung! Daß allerdings eine bloße Auflistung partikularer Wünsche noch kein kulturpolitisches Konzept ergibt, war so selbstverständlich, daß die Selbstaufhebung auch dieses »kulturpolitischen Vorstoßes« (so der Staatssekretär im *Kurier*) gleich mitgeliefert wurde: Natürlich könne dies alles nicht eins zu eins umgesetzt werden, es handle sich bei diesem »Weißbuch« bloß um einen Katalog, der den Entscheidungsträgern übergeben werde, die dann daraus etwas auswählen mögen. Nun könnte man wieder über die verwirrende Eigentümlichkeit räsonieren, was es bedeuten mag, wenn ein »Entscheidungsträger« etwas »den Entscheidungsträgern übergeben« möchte – aber auch das hob sich auf, denn diese Frage wurde immerhin gestellt: ob dieser »Entscheidungsträger« nicht eine etwas schrullige Vorstellung von Politik habe? Ein Ressort zu einer Art Otto-Versand zu machen war zwar neu, aber nicht gerade die Innovation, die man von zeitgenössischer Politik schön langsam sogar in Österreich zu erwarten begann.

Während nun also die Entscheidungsträger in diesem Katalog blätterten oder auch nicht, zog der Sekretär sein Programm »Andere Chefs gesucht« weiter durch, in Form von Auslagerungen und Privatisierungen von Bereichen, die bisher politischer Verantwortung unterlagen – und *daß* sie politischer Verantwortung unterlagen, hatte einen guten Grund: Denn diese Bereiche leben von öffentlichem Geld.

Nun hieß es aufpassen: Denn in Österreich, einem Land ohne die geringste Tradition von Liberalismus, wimmelte es plötzlich von Liberalismusexperten, die jeden, der nicht augenblicklich bei jeder Privatisierung bedingungslos Halleluja rief, des Antiliberalismus ziehen, ja mehr noch: Wer in Österreich laut sagte, daß er politische Verantwortung wahrgenommen sehen möchte, wurde von den Liberalismus-Experten augenblicklich verdächtigt, einen »starken« oder gar »totalitären« Staat zu ersehen. Denn: Liberalismus = Privatisierung = Selbstregulierung = vernünftig. Also: Liberalismus trat in Österreich als das vernünftige Gegenteil zu Politik auf. Blieb nur die Frage, warum diese Experten für Honorare die Politik mit ihren Expertisen belieferten. Ich habe nichts grundsätzlich gegen Privatisierungen, aber alles gegen deren österreichische (kulturpolitische) Variante: Eine Privatisierung, bei der weit und breit kein privater Investor zu sehen ist, aber ein Gewimmel von Menschen, die schon vorher für diesen Bereich verantwortlich gewesen wären. Eine Privatisierung, die nicht mit privaten, aber kontinuierlich mit öffentlichen Geldern gespeist werden soll, die dann aber, weil nun »privat«, der öffentlichen Kontrolle entzogen sind. Wenn ich sagte: »Ich halte fest«, dann muß ich hier ergänzen: mich. Vor Lachen.

Natürlich könnte man mit einiger Berechtigung die Frage stellen: »Na und? Kulturpolitik. Haben oder hatten wir nicht andere Sorgen?«

Wie man's nimmt. Was wurde in Österreich damals diskutiert? Die Nöte der österreichischen Bauern. NATO-Beitritt ja oder nein? Soll der Wirtschaftsminister zurücktreten? Wie machen sich die österreichischen Politiker als EU-Ratsvorsitzende? Die Einbrüche bei den Nächtigungszahlen im Fremdenverkehr. Und dennoch: So heftig und sogar qualifiziert diese Debatten geführt werden, nie wäre einer auf die Idee gekommen zu sagen: Österreich ist ein Bauernstaat. Eine Militärmacht. Eine Industrienation. Eine politische Supermacht. Ein Dienstleistungsland.

Was also ist Österreich? Bis heute ist den zur Verbreitung in der ganzen Welt bestimmten offiziellen Selbstdarstellungsbroschüren zu entnehmen, daß Österreich eine Kulturnation sei. Und genau dies wurde und wird in Sonntagsreden auch bis zum Abwinken wiederholt. Wenn das also so ist und in dieser Form ausgestellt wird – lohnt es dann nicht zu fragen, wie es um die österreichische Kulturpolitik bestellt ist? Ist sie als Seismograph der österreichischen Befindlichkeit zu sehen? Die Österreicher mögen xenophob sein, einen bedrückend hohen Anteil an Antisemiten haben, ja sogar, wie just in dieser Zeit publik wurde, unter allen europäischen Ländern die höchste Rate an sekundärem Analphabetismus aufweisen, sie mögen Sozialpartnerschaft mit Demokratie verwechseln – aber sie sind eine Kulturnation!

Dies muß man mitbedenken, wenn man die Geschichte des Kulturstaatssekretärs untersucht. Er war – virtuell – der mächtigste Mann der Republik, der Mann, der dazu berufen wurde, *im Zentrum der österreichischen Identität* Politik zu machen. So gesehen wurde die Komödie zum Trauerspiel.

In Wahrheit war es immer schon eines. Denn alles, was der Republik Österreich je Anlaß und Möglichkeit für die Selbstdarstellung als Kulturnation gab, beruht auf künstlerischen und kulturellen Leistungen, die jene Staaten oder politischen Gebilde aquiriert und vererbt haben (Habsburgermonarchie, Republik Deutsch-Österreich, faschistischer Ständestaat, Ostmark), deren Nachfolger die Zweite Republik wurde. Eine Rechtsnachfolge, die bei Kulturschätzen »Ja bitte«, bei politischen Verbrechen aber bekanntlich »Nein danke« sagte. Kulturnation – das war seit Beginn der zweiten Republik im Grunde bloß ein Synonym für Nachlaßverwaltung und deren Transformation in Musealität.

Nun aber wurden die Bestände gelichtet – weil etwa die wahren Erben anerkannt werden mußten. Hat man dazu etwas vom Sekretär vernommen? Nein, er machte Otto-Kataloge, löste Selbstaufhebungsdebatten aus und irrte umher in der Suche nach einem Chef. War es denn gar so schwer, in diesem Amt auf einen Gedanken zu kommen?

Man hätte doch just in der damaligen Krise zum Beispiel so beginnen können:

Fünfzig Jahre lang ist alles überraschend gutgegangen. In Ermangelung anderer machtvoller Eigenschaften dieses kleinen Landes akzeptiert heute jeder den Satz, Österreich sei eine Kulturnation. Vielleicht wäre es nach einem halben Jahrhundert der Durchsetzung dieses Satzes an der Zeit, diesen Satz programmatisch ernst zu nehmen. Wie könnte dies geschehen? Hat der Sekretär ein bißchen Phantasie? No? Kommt noch kein Gedanke? Na gut. Ich helfe ein bißchen weiter. Es geht also mit dem bloßen Draufsitzen auf dem »Erbe« so nicht weiter. Warum? Herr Sekretär! Ist Ihnen noch nicht aufgefallen, daß, um nur ein Beispiel zu nennen, etwa Klimts »Kuß« durch die Gnaden- und Phantasielosigkeit seiner Reproduktion auf offiziellen Hochglanzplakaten und Selbstdarstellungsbroschüren in einer Weise ausgelutscht ist, daß einem mittlerweile bereits das Orginal als Persiflage vorkommt? Selbst wenn dieses Bild korrekt erworben wurde und daher im Besitz der Republik bleiben darf, es gehört uns dennoch nicht mehr. Ich habe es mittlerweile schon so oft auf den Toiletten germanistischer Institute im Ausland gesehen, daß ich es mittlerweile nicht mehr anders sehen kann, als: Ja, dort gehört es hin.

Also: Mit dem Erbe geht es auf die gewohnte Weise nicht weiter. Was wäre daher für eine Kulturnation jetzt, nach einem halben Jahrhundert der Ausbeutung toter Kunst, die Lösung, die Innovation?

Ja! Richtig! Die lebende Kunst. Aber das ist noch nicht ganz präzis formuliert. Sie verwalten ein Kulturbudget, das zum allergrößten Teil für tote und reproduzierende Kunst aufgeht – also? Ja, ganz genau! Produzierende Kunst – das wäre einer modernen Kulturnation würdig. Sehen Sie, Herr Sekretär, man muß nur ein bißchen diskutieren.

Ein Beispiel: Jeder in Österreich ansässige Künstler wird augenblicklich steuerbefreit. Das kostet nichts, denn die Künstler, die deswegen nach Österreich kommen werden, haben, solange sie nicht hier waren, sowieso keine Steuern an die österreichische Finanz abgeführt. Und das, was österreichische Künstler verdienen, ist, auch wenn man sie noch so abmelkt, als Budgetposten sowieso zu vergessen. Aber »Sportler gehen nach Monaco, und Künstler gehen nach Österreich«, das wäre doch ein herzeigbares Selbstverständnis einer Kulturnation. Gar nicht zu reden davon, was das an produktiver, kreativer Stimmung in diesem Land bewirken würde. Aber natürlich müßte man auch das Kulturbudget umgewichten. Nach fünfzig Jahren »Fast alles für die reproduzierende Kunst« könnte man doch einmal den Versuch machen, eine einzige, klitzekleine Legislaturperiode lang das Verhältnis umzudrehen. Wie bitte? Theater und Opern müßten dann zusperren? Warum? Sie haben sie doch privatisiert. Wollen Sie nicht auch, daß sie jetzt lernen, ihre Theater und Opern auf der Basis einer vernünftigen Selbstregulierung des Marktes zu führen? Warum haben Sie den ersten Schritt getan, wenn

Sie dann den zweiten scheuen? Haben Sie Angst vor den reproduzierenden Künstlern, die sagen werden, für ein Honorar, wie es bislang die produzierenden Künstler gewohnt waren, treten sie nicht mehr auf? Keine Angst!

In Wirklichkeit würde nichts anderes passieren, als daß zum Beispiel Pink Floyd auch in Österreich, so wie überall in der Welt, Konzerte unsubventioniert geben müßte. Oder daß Musicaltheater, wie alle Formen der Massen- und Alltagskultur, so wie überall auf der Welt, nach privatwirtschaftlichen Prinzipen funktionieren würden. Oder kennen Sie ein Broadway-Theater, das vom Vorzimmer des Weißen Hauses aus mit öffentlichen Geldern finanziert wird? Daß international marktgängige Massenkultur hier subventioniert wird, ist zwar in der Tat einmalig, aber doch nicht der Beweis dafür, daß dieses Land, wenn schon sonst wenig, ein besonderes Verhältnis zur Kunst hat. Nein, Herr Sekretär, Sie brauchen nicht mehr Budget für die Kunst, Sie brauchen nur diese Entscheidung zu treffen: Das Kunstbudget für die Produktionsbedingungen von Kunst.

Diese Vorstellungen, Ideen, Anregungen gab es. Sie hätten zu einer Wende geführt. Wittmann aber hielt den Otto-Versand-Katalog für das Maximum, das realistisch möglich war. In einer Kulturnation? Deshalb mußte es zu einer anderen Wende kommen. Aber beides, die verpaßte Wende und die »Wende«, zeigte, daß »Privatisieren« in Österreich noch immer nichts anderes bedeutet, als »einer weltabgewandten, (oftm.) abseitigen Tätigkeit nachgehen« (Deutsches Wörterbuch, Ausgabe von 1898).

Anagnorisis

Masse, Medium und Macht

Am 15. Juli 1927 brannte infolge spontaner Massendemonstrationen der Wiener Justizpalast. Dies war eines jener historischen Ereignisse, in denen sich lange und komplexe Entwicklungen an einem determinierten Ort plötzlich bündeln und gleichzeitig brechen, in radikal erregenden Bildern, die weit über diesen Ort hinausstrahlen. Der Wiener Justizpalastbrand hatte weitreichende Folgen, auch literarische. Die beiden bedeutendsten Versuche, diesem Ereignis bzw. der Bedeutung dieses Ereignisses literarische Gestalt zu geben, erschienen erst rund dreißig Jahre später: Heimito von Doderers Roman *Die Dämonen* 1956 und Elias Canettis literarische Studie *Masse und Macht* 1960. Canetti versteckte in seiner Massentheorie vollständig sein Initialerlebnis, den Justizpalastbrand, den er in keiner Zeile beschrieb oder zumindest erwähnte. Doderer hingegen versteckte in seiner höchst genauen Beschreibung des Justizpalastbrands eine komplette Massentheorie, ohne sie auch nur in einem einzigen Satz explizit theoretisch oder essayistisch zu formulieren.

Um die Plausibilität und Hellsichtigkeit von Doderers Massentheorie, die in seinem *Dämonen*-Roman steckt, besser vorführen zu können, möchte ich zunächst vom Besuch einer Diskothek berichten. Es war ein Zufall, der mich in dieses Lokal geführt hatte. Ich befand mich in einer fremden Stadt, wollte nachts noch etwas trinken, und da ich zu Fuß in der Umgebung des Hotels kein offenes Lokal fand, hielt ich schließlich ein Taxi an, das mich vor dieser Diskothek absetzte. Was macht ein Mann mittleren Alters an einem Ort, der von zahllosen Teenagern frequentiert wird? Schauen. Ich empfand Distanz, vielleicht eine ironische Gestimmtheit und schließlich so etwas wie voyeuristische Neugier.

In seinem Tagebuch schrieb Doderer übrigens, daß es »in der Kunst auf so weniges wirklich an(kommt): die Findung unterleuchteter Hohlräume, unbekannte Säle und Zimmer mitten im Bergwerksgekrabbel des Lebens«. In dieser Diskothek hatte ich beides: das Gekrabbel und den unterleuchteten Hohlraum, einen unbekannten, mir gänzlich unvertrauten Saal. In dem großen Saal mit der Tanzfläche befand sich eine Galerie, von der aus man auf die Tanzenden hinunterblicken konnte. Ich muß wohl nicht erklären, warum ich mich sofort auf diese Galerie begab.

Von dieser erhöhten Position aus erschien die Masse der Tanzenden zunächst gesichtslos, ein dichtgewebtes Gebilde, das ein Ganzes ergab, das ununterbrochen in Bewegung war. Auffällig war, daß dieses Ganze sich aus weitgehend synchronen Bewegungen der Teile zusammensetzte, etwa durch ein plötzliches Hochwerfen oder Vorstoßen der Hände.

Dadurch entstand der Eindruck eines Musters, das hauptsächlich aus Linien oder Wellen bestand, das sich aber immer wieder veränderte: Manchmal schlug sich seitlich ein Keil hinein, wenn etwa einzelne von außen auf die Tanzfläche drängten, manchmal riß das Gewebe, wenn sich eine ganze Gruppe von der Tanzfläche weg zum Seitenausgang bewegte, von wo aber auch massenweise hereingeströmt wurde. Dadurch ergaben sich Umgruppierungen, aber auch stete Neuformierungen des Ganzen. Doch plötzlich begann mein Blick wie bei einem Vexierbild hin- und herzuspringen, zwischen der Masse als Ganzes, ihren Mustern und Ornamenten, und den einzelnen, die diese Masse bildeten. Einzelne traten mir so deutlich vor Augen, als stünden sie in der Masse erhöht oder durch einen Abstand von den anderen getrennt und isoliert – und tatsächlich war beides der Fall: Am Ende der Tanzfläche, auf einem Aufbau, einer Art schmalen Bühne oder Steg, tanzten zwei Frauen und ein Mann erhöht vor den anderen, von denen einige ihre Bewegungen mit denen dieser Vortänzer zu synchronisieren versuchten. Und so überfüllt die Tanzfläche auf den ersten Blick auch schien, die Tanzenden hielten eigentümlich Distanz untereinander: Beinahe jeder hatte um sich herum genügend Platz für oft große Bewegungskreise, die sie alle in dieselbe Richtung, der Bühne zugewandt, ausführten. Es sah aus, als würde der Eintritt in diese Masse nicht zu einem »Umschlagen der Berührungsfurcht« führen, wie es Canetti in *Masse und Macht* beschrieben hatte, sondern zu einem massenweisen Demonstrieren und wechselseitigem Respektieren der Berührungsfurcht. Da war eine Masse, die die einzelnen nicht verschluckte, nicht nur die, die erhöht tanzten, ohne daß sie sich übrigens wirklich als »Führer« oder »Dirigenten« durchsetzen konnten – sie wurden übrigens nach einiger Zeit von anderen abgelöst –, sondern auch die unten auf der Tanzfläche, von denen immer wieder einzelne als einzelne auffielen, etwa durch Besonderheiten ihrer Kleidung, ihrer Frisur oder ihrer Bewegungen.

Es klingt zwar wie eine Binsenweisheit, daß die Masse aus einzelnen besteht, aber es ist nicht selbstverständlich, daß wir sie auch sehen. Bei Canetti etwa ist die Masse grundsätzlich und ausschließlich ein Ganzes, in dem der einzelne völlig aufgeht. Der Masse als einem vom Individuum erlösten Gebilde schreibt er eine Reihe von Formationsmöglichkeiten und prototypischen Eigenschaften zu, in denen der einzelne erst recht nicht mehr in den Blick kommt. Aus einzelnen besteht bei Canetti die Macht – in Gestalt des »Dirigenten«, des »Königs« etc. –, diese einzelnen haben die ihnen gemäßen anthropologischen Masken – aber immer abseits der Masse oder dieser gegenüber.

Man könnte die Masse der in der Diskothek Tanzenden mit Canetti als »Festmasse« beschreiben, aber dadurch würden wir nur wieder aus dem Blick verlieren, daß die einzelnen in dieser Masse sichtbar blieben und auffielen. Dieser Sachverhalt hat allerdings sehr weitreichende theoretische und praktische Konsequenzen, die sich gerade heute in Hinblick auf das, was der eigentlich hilflose Begriff »moderne Massengesellschaft« meint, als bedeutsam erweisen: Das klassische bürgerliche Individuum hat sich in einer dichten gesellschaftlichen Vernetztheit aufgelöst, in der ihm aber die Individualität erst recht zum Fetisch wird, den es allerdings nur mit Hilfe bestimmter Massenartikel oder Massenaktivitäten aufrechterhalten kann, über die es sein Lebensgefühl, seine Anerkennung, seine Kommunikation etc. organisiert. Das heißt, in der Masse wird nicht nur das Verschwinden des einzelnen sichtbar, sondern der einzelne immer auch erst kenntlich. Genau auf diesem Oszillieren, wenn es auch auf eine sehr einfache Weise geschah, insistierte offenbar mein Blick von der Galerie der Diskothek auf die Tanzfläche.

Diesen oszillierenden Blick hatte ich schon einmal – gelesen:

in Heimito von Doderers Roman *Die Dämonen*, der auf eben jenes historische Ereignis zurückgeht, das zum Initialerlebnis auch für Canettis Werk geworden ist. In diesem Roman wird nicht nur eine Reihe fiktionaler Erzählstränge mit dem Wiener Justizpalastbrand verknüpft, interessant ist vor allem der darin vorgeführte Blick auf die Masse:

Der Ich-Erzähler steht erhöht, nämlich am Fenster im obersten Stockwerk eines Hauses, blickt hinunter auf die Straße und beobachtet die Ereignisse des 15. Juli 1927. Dieser Blick von oben entfaltet eine Dynamik, die die Masse, die sich unten formiert, ununterbrochen zerschlägt und neu zusammensetzt, sie nicht nur in Wachsen und Zerfall, sondern vor allem auch in ihrem Verhältnis in sich – als Ensemble einzelner, die im Ganzen verschwinden – als auch in ihrem Verhältnis nach außen – Suche nach einem »Führer«, Konfrontation mit der »Ordnungsmacht« etc. – immer gleichzeitig sieht. Der Erzähler blickt hinunter und erkennt einzelne. Diese einzelnen stehen erhöht, aber unten auf der Straße erhöht. Ihr Führungsanspruch kann sich nicht durchsetzen. Im kurzen Innehalten der Masse aber erkennt man schon deren prinzipielle Sehnsucht nach Führung. Die einzelnen sind auch durch Besonderheiten etwa ihrer Kleidung definiert und identifizierbar. Der Erzähler erkennt zum Beispiel die Dichterin Rose Malik: »Sie hatte von den Massen einen Abstand von ungefähr zehn Schritten, gebärdete sich ganz wild und warf einmal beide Arme zugleich über den Kopf. Die Malik trug ein kleingetupftes Sommerkleid in Grün und Weiß, aber keinen Hut auf ihrem roten ›Bubikopf‹.« – Plötzlich sind diese einzelnen wieder spurlos in der Masse verschwunden, aber nicht die Tatsache, daß er sie nicht mehr sehen kann, befremdet den Erzähler, sondern die eigentümliche dialektische Volte, daß er ihr Verschwinden nicht sehen konnte: »Ich kann nicht sagen, daß ich gesehen habe, wie sie davonliefen, wie sie in die Menge zurückwichen.«

Die Masse gerät in Bewegung. Was Doderer jetzt beschreibt, gemahnt an die Choreographie eines Balletts ebenso wie an spätere Inszenierungen totalitärer Macht: »Es bilden sich Muster, Ornamente, es gibt eine Bewegung in eine Richtung, die beantwortet wird von einer Bewegung aus der entgegengesetzten Richtung, es gibt ein stetes Zurückfluten, Neuformieren und wieder Vorstoßen.« Und so benommen der Erzähler auch von den Ereignissen ist, die er überblickte und doch nicht überblicken konnte, es stellt sich so etwas wie ästhetische Bewunderung für dieses Schauspiel ein: »es imponierte mir geradezu«. Kaum hat sich der Blick scheinbar völlig in dieser Abstraktion aufgelöst, die nur noch die Choreographie und die durch sie hergestellten dynamischen Muster sieht – Punkte, Ketten, Reihen, Linien: »Beim Rennen löste sich die Menge in zahllose einzelne Punkte auf ... die Schutzbündler bildeten eine Kette um den brennenden Justizpalast ... Wir sahen schon die Reihen aus Karabinern feuernder Polizisten erscheinen ... man legte lange Schlauchlinien von den Hydranten her ...« –, kommen plötzlich wieder einzelne in den Blick, identifizierbare Individuen, die nun allerdings aufgeladen scheinen mit Bedeutung für das Allgemeine, für die Masse sowieso, aber auch für den historischen Augenblick: etwa in Gestalt der alten Frau, die blutend in einer Lache Milch liegt, wodurch langsam die österreichischen Nationalfarben Rot-Weiß-Rot ineinander verschwimmen. Ein Bild, das sich selbst auslöscht, Bedeutungen, die der historische Augenblick, der sie gerierte, sofort wieder vernichtete. »Metaphern stürzten, Embleme brachen durch ihren doppelten Boden.«

Das ist noch nicht alles. Die Gespräche des Ich-Erzählers am Fenster, beim Blick hinunter, zeigen eine erregte Selbstgewißheit, nicht zu dieser Masse zu gehören, und doch: Er steht erhöht, aber er hat keine Macht. Er gehört zur Masse. Er muß also in sie eintreten. Der Erzähler verläßt das Haus – er muß vorbei am Hausmeister, der das Haustor versperrt und eine Stehleiter aufgestellt hat, von der auch er von oben, durch das kleine Fenster über dem Haustor, auf die Straße blickt. Der Erzähler tritt hinaus auf die Straße, hinein in die Masse – um vor ihr zu flüchten.

Interessant an dieser Romanpassage ist das Insistieren auf dem »Blick von oben«, den man nicht als elitär oder dünkelhaft mißverstehen darf: Selbst unten blickt man noch von oben. Der Hausmeister klettert unten auf Straßenniveau auf eine Stehleiter, um von oben blicken zu können. Auf den wenigen Fotos, die von den Ereignissen des 15. Juli 1927 existieren, ist dies tatsächlich als Konstante zu sehen: Auf alle Denkmäler, Statuen (etwa die großen Steinlöwen vor dem Justizpalastgebäude), Laternen und Bäume sind Menschen hinaufgeklettert – sie sind ebenfalls ein Teil der Masse, aber sie erst sind es, die das Bild der Masse als Ganze konstituieren: als ein Gebilde, das die einzelnen verschluckt, aber – ob die Masse nun »Führer« hat oder nicht – einzelne auch immer wieder gleichsam hervorstülpt.

Auch bei Canetti gibt es übrigens einen Hausmeister, in *Die Blendung*. Dieser aber blickt kniend, zusammengekauert durch ein Guckloch, erkennt nur Schuhe, Stulpen, Hosenbeine, leitet daraus sein Weltbild ab. Der Blick dieser Figur ist tatsächlich charakteristisch auch für *Masse und Macht*: Canetti sieht das einzelne, aber nicht den einzelnen, Einzelheiten fassen sich zu klassifizierbaren Prototypen von Massen zusammen, in denen erst recht kein einzelner mehr ganz aufscheint.

1927, in eben diesem Jahr des Wiener Justizpalastbrands, drehte in den USA King Vidor den Film *The Crowd*, deutsch: *Ein Mensch der Masse*. Der Film erzählt die Geschichte von John Sims, der in New York versucht, »etwas zu werden«. Er kommt aus einer amerikanischen Kleinstadt mit überschaubaren Verhältnissen und einer über identifizierbare Individuen gebildeten Hierarchie. Seine Frau Mary, die Tochter italienischer Einwanderer, kommt aus dem anachronistisch gewordenen Zusammenhang einer ethnisch definierten Großfamilie. Beiden Herkunftsmodellen gegenüber stellt die großstädtische Massengesellschaft die geschichtlich sich durchsetzende Moderne dar.

Interessant ist der Blick, den die Kamera eröffnet, um Johns Eintritt in die Masse, die er verachtet, der er aber angehört, aus der er sich erheben will und in die er zurückmuß, zu zeigen: Die Kamera fährt an der Fassade eines Hochhauses hinauf, dringt in ein Fenster ein und zeigt, auch im Inneren von oben, ein Ornament von Hunderten Schreibtischen, an denen eine gesichtslose Masse von Angestellten arbeitet, um sich schließlich die Nummer 137, nämlich John Sims, herauszugreifen.

Diese Kamerafahrt produziert den reziproken Blick Doderers, der aus dem Fenster hinaus auf die Straße hinunterblickte. Zugleich ist er strukturell mit diesem identisch: Er besteht, selbst beim Eindringen in einen Innenraum, auf der Sicht von oben, und er identifiziert noch in der Gesamtschau des Massenornaments das einzelne Individuum. Der ganze Film wird von dieser Dialektik angetrieben, bis zum Finale, in dem John Sims, in seinen Ansprüchen gescheitert, sich dennoch als erlöst zeigt: Er hat seinen Platz in der Masse akzeptiert. Am Ende sieht man ihn und seine Familie in einem Theater sitzen, hemmungslos lachend. Die Kamera zieht sich langsam nach oben zurück, die Familie verschwindet in der Masse von Hunderten sich vor Lachen biegenden Körpern, bis sich die Einstellung in einem abstrakten Muster auflöst.

Dieser Film, übrigens gemeinsam mit einer Reihe anderer dieser Jahre, markiert den Beginn der Selbstreflexion der modernen Massengesellschaft durch ein Massenmedium. Natürlich gab es damals auch Versuche, ganz andere Sehweisen auf Masse und Individuum zu entwickeln, so wie es auch politisch konkurrierende Modelle der gesellschaftlichen Massenorganisation gab: die dünkelhafte Distanzierung von einer als bedrohlich empfundenen und in Zaum zu haltenden Masse ebenso wie die emphatische Identifikation mit einer heroisierten Masse (der soldatischen oder der proletarischen) – aber als modern, im Sinne des Begriffs Moderne, und auch im einfachen Sinn von zeitgenössisch, erscheinen uns heute nur jene Bilder, wie sie etwa King Vidor oder Doderer vorgegeben haben, die sich letztlich als paradigmatisch auch für das aktuelle Selbstbild der entfalteten Massengesellschaft erweisen.

In einer Zeitschrift, die ich zum Frühstück las, befand sich zum Beispiel ein ganzseitiges Inserat, das, unter dem Titel »Der Businesspark des neuen Jahrtausends«, ein Foto zeigt, auf dem eine Gruppe von Frauen abgebildet ist, die alle in der gleichen Körperhaltung den gleichen Gegenstand in Händen halten, nämlich ein Autolenkrad. Das Bild ist von leicht erhöhter Position aufgenommen, es wirkt wie ein Molekül einer von King Vidor gefilmten Massenszene. Der Abstand zwischen den einzelnen ist allerdings etwas größer geworden – dafür sind die einzelnen aber mitsammen völlig identisch: Es handelt sich um immer dieselbe Frau. Auf diese Weise wird besonders radikal der Anspruch ausgedrückt, daß alle gleich sind, während aber eben dadurch auch dem einzelnen identifizierbaren Individuum gehuldigt wird – ist nicht jeder von uns ein einzelner? Zugleich stellt diese Radikalisierung der Dialektik von einzelnem und Masse erst eine völlige Harmonie im Erscheinungsbild her. In der Schlußeinstellung von King Vidors Film sahen wir die glückliche Masse, die glücklich ist, weil jeder einzelne glücklich ist, das ergab in der Gesamtschau ein zusammenhängendes Muster und in seiner Bewegung eine Choreographie, die durch die Gleichheit der Bewegungen (alle Oberkörper biegen sich vor Lachen), aber noch nicht durch deren völlige Gleichförmigkeit funktioniert. Erst jetzt, auf dem Bild des Busineßpark-Inserats, erscheinen Ornament und Choreographie der Masse einzelner als wirklich glücklich vollkommen.

Historisch war es in der Moderne, wenn wir ihr nach diesem Jahrhundert überhaupt noch einen Sinn zuschreiben wollen, genau darum gegangen: Um die Vervollkommnung der Idee des Individuums, was, wenn Unterschiede durch Geburt oder Stand etc. dafür keine Barriere mehr sein dürfen, das Versprechen bedeutet, das Glück der Masse herzustellen. Die Einlösung dieses Versprechens heißt aber auch, daß Glück nicht mehr anders als in der Masse zu haben ist, durch ein wohlgeordnetes, die Distanz zwischen den einzelnen auch durch Verfassung und Recht geregeltes, geglücktes Verhältnis des einzelnen zu den anderen, die sich als gleiche voneinander unterscheiden.

Ein großes Schuhgeschäft in unmittelbarer Nähe meiner Wohnung wirbt mit dem Slogan: »Nackt sind alle Füße gleich.« Dieser Satz ist richtig: Alle nackten Füße sind durch dasselbe charakterisiert, nämlich durch ihre radikale Individualität. Erst durch einen Massenartikel, durch Schuhe einer bestimmten Marke, können sie ihre Individualität in der Masse entfalten.

Mehr noch als Canetti entsprach also Doderers Blick auf die Masse dem, was ich zufällig von der Galerie eines Tanzlokals sehen konnte: Dieser Blick Doderers korrespondiert nicht nur bis ins Detail mit dem amerikanischen Kamerablick, der unsere heutigen Sehgewohnheiten zweifellos entscheidend mitgeprägt hat, er scheint noch als Grundierung heutiger Selbstbilder der entfalteten Massengesellschaft durch, auf denen Massen immer dafür einstehen, daß jeder einzelne glücklich gemacht werden kann. Die Menschen, die ich auf der Tanzfläche sah, waren tatsächlich so glücklich, wie sie konnten. Und die Gleichförmigkeit ihrer Bewegungen zeigte nicht nur, daß die einzelnen ununterscheidbar wurden, sondern auch, daß jeder einzelne bei sich war. Einigen gelang es weniger, sie mußten sich daher tanzend besonders hervortun, zumindest dies konnten sie. Wer das verachtet und denunziert, muß bedenken, daß dieses zwiespältige entfremdete Glück immerhin ein Symptom für eine gesellschaftlich doch geglückte Vermittlung von Individuum und Masse ist, deren historische Alternative nur die totalitär erzwungene war: in Form von Faschismus und Stalinismus.

Doderer hat in den *Dämonen* den drohenden Faschismus übrigens mitreflektiert. Canetti hat in *Masse und Macht* nicht nur explizite Hinweise auf den Wiener Justizpalastbrand vermieden – obwohl die Prämissen seiner Denkanstrengung sich offensichtlich seinen damaligen Erfahrungen verdanken –, er hat sein Werk auch völlig gegen den Fortgang der Geschichte, deren Zeitgenosse er war, abgedichtet: Er nahm weder auf die Massenorganisations- und Führermodelle von Faschismus und Stalinismus Bezug, noch auf jenes »amerikanische Modell«, das sich in den späten zwanziger Jahren in Film und Literatur als geschichtsmächtige Möglichkeit einer Versöhnung von Masse und Individuum darzustellen begann und zu dem auch das befreite Europa schließlich zurückgefunden hat, was in den Jahren der Fertigstellung von *Masse und Macht* in seinen Konsequenzen schon deutlich sichtbar war. Canettis fixe Idee war das Urbild, das Prototypische. Damit könnte man Homologien sehen, die die »Festmasse« in der beschriebenen Diskothek mit einem Fest von Buschmännern hatte, die Unterschiede und das historisch Spezifische aber nicht mehr. Und vor allem ist in keiner der prototypischen Masse-Formationen Canettis der einzelne mehr sichtbar. Doderer konnte als Romancier gar nicht anders, als einzelne im Blick zu behalten. Aber auch bei einem Romancier ist nicht ausgemacht, daß er einen Blickwinkel findet, der, wenn wir ihn verallgemeinern, also in Theorie übersetzen, der weiteren Entwicklung und den neuen Erfahrungen standhält. Doderers Blick von oben wurde oft als dünkelhaft mißverstanden, und die Bedeutung seiner Beobachtung, daß in Massen einzelne immer wieder »hochklettern«, buchstäblich, aber auch metaphorisch, sozusagen in unserem Blick hochklettern, wurde weitgehend übersehen. Meine Beobachtungen von der Galerie einer Diskothek mögen als zeitgenössischer Beleg banal und allzu alltäglich sein, aber gerade die in unserem Alltag erreichte Banalität könnte uns auch beruhigen.

Als großes einschneidendes historisches Ereignis in unserer Lebenszeit wäre mit den Erfahrungen Doderers und Canettis vom 15. Juli 1927 strukturell vergleichbar: der Tag, als nicht einzelne einer Masse, sondern eine Masse hochkletterte, sich aufstülpte, oben stand und hinunterblickte, triumphierend, um als Masse eine Befreiung zu feiern, die jeder als Befreiung des Individuums empfand – der 9. November 1989, als die Berliner Mauer sich öffnete. Diese Bilder haben wir immerhin auch sehen können – zumindest in den Massenmedien. Natürlich ist die Geschichte nicht in diesem Moment stehengeblieben, als Individuum, Masse und Macht eins wurden. Wie sind nun ein gesellschaftlicher Alltag, Masse und Macht, wenn sie wieder auseinanderfallen, zueinander vermittelt? Wie ist es um das Medium, das »und« von Masse und Macht bestellt? Dazu möchte ich einige Beobachtungen anfügen, die den vorhin beschriebenen zwar gleichen, aber in ihrer Identität vielleicht doch Hinweise auf Differenz und Vermittlung geben.

Übersiedeln wir von der Diskothek in die Oper. Kurz danach besuchte ich die Wiener Staatsoper, weil dort ein Fest stattfand, das ich mit voyeuristischer Neugierde besuchte: Gefeiert wurde das Erscheinen der einhundertsten Ausgabe der österreichischen Wochenzeitschrift *News*. Dieses Fest mobilisierte Massen, um ein Massenmedium zu feiern, zugleich war es eine Demonstration des Zusammenhangs von Massenmedium und Macht, indem es die Mächtigen des Landes, vom Präsidenten der Republik abwärts, bei diesem Fest versammelte.

Einer der Gründe für den Erfolg der Zeitschrift, die dieses Fest gab, ist, daß sie regelmäßig Listen von Menschen veröffentlicht, die gleichsam »über der Masse stehen«, weil sie in irgendeinem Zusammenhang besonders »wichtig« sind. Der Witz dieser Listen liegt darin, daß sie so lang sind, daß die darin verzeichneten Namen sofort wieder eine Masse ergeben. Mir scheint, daß diese Listen, genauso wie die »Festmasse«, die ich hier in der

Oper sah, den »Prototyp« der zeitgenössischen Masse, nach den historischen Erfahrungen des letzten halben Jahrhunderts, darstellen: Die Masse, die aus Individuen besteht, von denen jedes einzelne, während es von der Masse verschluckt wird, zu Recht noch Wert darauf legt, eines zu sein. Was ich von einer Loge der Oper aus an Massenornamenten beobachtete, unterschied sich kaum von meinen Beobachtungen in der Diskothek – mit einem Unterschied: Die einzelnen, die sich hier hochstülpten, standen nicht für das Individuum in der Masse, sondern für die Macht. Es trat zum Beispiel der damalige Bürgermeister von Wien, Helmut Zilk, auf die Bühne, die Personifikation eines von Canettis Prototypen der Macht.

Canetti schrieb: »Es gibt keinen anschaulicheren Ausdruck für Macht als die Tätigkeit des Dirigenten. – Der Dirigent steht – er steht allein – er steht erhöht – er gewöhnt sich daran, immer gesehen zu werden, und kann es immer schwerer entbehren.«

Nach einer kurzen Ansprache drehte der Bürgermeister dem Publikum den Rücken zu und streckte einen Arm hoch. »Er steht an der Spitze und hat dem Publikum den Rücken zugekehrt ... Er gibt an, was geschieht, durch das Gebot seiner Hand« (Canetti). Die Hand des Wiener Bürgermeisters gab tatsächlich an, was geschah: Sie wurde zum Symbol allerdings der Hilflosigkeit der Macht gegenüber Entwicklungen, die, obwohl sie den Massenmedien zufolge keiner will, wieder einmal geschehen. – Die Finger dieser Hand sind von einer Briefbombe, die Rechtsradikale an den Bürgermeister geschickt hatten, weggesprengt worden. Er drehte dem Publikum den Rücken zu, rief, daß er das Massenmedium liebe, hob seine fingerlose Hand, es war ein Einsatz, auf den laut und emphatisch eine bekannte Melodie ertönte – ausgerechnet die Melodie von *Goldfinger*.

Mädchen in goldenen Trikots sprangen hinter der Bühne hervor und warfen Exemplare der Jubiläumsausgabe der Zeitschrift ins Publikum, aus dem sich Aberhunderte Arme Richtung Bühne streckten.

Der Herausgeber der Zeitschrift trat auf und verkündete voll Stolz, daß der Bürgermeister demnächst sein Amt niederlegen und in den Zeitschriftenverlag eintreten werde. Plötzlich war der Bürgermeister verschwunden. Mit der Bekanntgabe seines Eintritts in das Massenmedium war er von den Massen verschluckt.

Natürlich nicht ganz. Immer wieder war er da und dort sichtbar, identifizierbar. Und er sollte ja auch der Masse als einer, der über sie hinausragt, erhalten bleiben, durch seinen Eintritt in den Zeitschriftenverlag als Ikone seines Ruhms – der Ruhm ist in Canettis *Masse und Macht* eine Variante der Macht. Aber mit diesen Typisierungen Canettis ist just das nicht zu fassen, was das Rätselhafte und Schockierende dieser Show von Masse und Macht, dieses Auftritts des Dirigenten war: nämlich die Komposition – aus fingerloser Hand, der Melodie *Goldfinger* und den Hunderten zur Bühne hingestreckten Händen, die aber nicht dem »Dirigenten« galten, sondern dem Medium. Auf dem Cover der Jubiläumsnummer dieses Mediums, das nun ins Publikum geworfen wurde, war allerdings auch dieser Bürgermeister abgebildet. Es wurde also durchaus ihm, aber vermittelt, gehuldigt, vor allem aber war deutlich, daß er die Inszenierung nicht mehr wirklich »in der Hand hatte«: der Gestus der Macht, die erhobene Hand, paßte nur noch zufällig, als prototypische, in diese Inszenierung. *Goldfinger* konnte weder des Bürgermeisters Idee noch sein Wunsch gewesen sein. Man kann sich nun sehr einfache Vorstellungen davon machen, welche Interessen er hat, um in solch einem Spiel mitzuspielen, welche Interessen das Massenmedium hat, und welche die Masse. Aber wie funktioniert die Vermittlung, wieso funktioniert die Inszenierung, sogar wenn Massenmedium und Dirigent zu verschiedenen Partituren greifen? Hier empfand ich besonders stark das Defizit von Canettis Werk. Er liefert Prototypen von Massen, Prototypen von Macht in individueller Gestalt – er verrät aber nichts über deren Vermittlungszusammenhang. Wie konnte Canetti mitten im zwanzigsten Jahrhundert eine Theorie von Masse und Macht schreiben, ohne daß aus dem »und« des Titels eine Theorie der Massenmedien herauspurzelt? Seine »Buschmänner«, wie er selbst seine ethnographischen Quellen nannte, in Ehren, aber in *Masse und Macht* finden wir nicht einmal einen Hinweis auf die Buschtrommel.

Als ich die Loge verließ, um mir etwas zu trinken zu holen, hörte ich das Gerücht, daß nicht nur dieser künftige Ex-Bürgermeister, sondern auch einige andere, die als einzelne in der Masse als Mächtige identifizierbar waren, über Strohmänner Anteile an dieser Zeitschrift hielten. Sofort dachte ich, daß dies, falls die Information stimmte, nicht nur ein demokratiepolitisches Problem sei, sondern vor allem und erst recht auch eines in Hinblick auf jede zeitgenössische Debatte über »Masse und Macht«. Das Medium ist offenbar nicht so unschuldig irgendwo zwischen Masse und Macht eingeschoben, um ganz fraglos der Mittler zu sein. Ist es nicht vielmehr selbst Macht, ein Teil der Macht? Medienmenschen können an die Macht gelangen, Mächtige wieder in die Medien eintreten, als Teilhaber oder Mitarbeiter oder beides – das ist ein Austausch zwischen Medium und Macht, der einfach gegenüber den Massen stattfindet, Massenmedium und Dirigent erscheinen hier als zwei Dirigenten, die nach zwei Partituren spielen, allerdings mit einem Gestus: den Massen Macht vorzuführen.

Andererseits: Ein Medium, das als Bestandteil der Macht bloß der Selbstdarstellung der Macht diente und sie an die Massen vermittelte, würde selbst nicht mehr als Macht erscheinen, sondern als von der Macht gegängelt, und wäre daher für die Masse unglaubwürdig. Das Medium muß also, um als Macht und als Massenprodukt tatsächlich Mittler zwischen Masse und Macht sein zu können, mit der Masse genauso verschmelzen wie mit der Macht. Wie aber funktioniert das?

Mir ging immer noch die Information über die stille Beteiligung des Bürgermeisters an dieser Zeitschrift durch den Kopf.

Der Strohmann. Ist er der gesuchte Prototyp des Mittlers, derjenige, der unsichtbar das Vermittlungsspiel von Masse und Macht betreibt? Nein, so verführerisch der »Strohmann« als Begriff auch wäre, er ist nicht der Mittler, kann es nicht sein. Er ist nur einer Seite verpflichtet, nämlich den einzelnen, die er vor der Öffentlichkeit abschirmt. Der Informant kann die Vermittlung nie für beide Seiten herstellen. Um die Frage nach der Vermittlung von Masse und Macht zu klären, ist nicht die Information über geheimnisvolle Strohmänner das Entscheidende – der Informant selbst wäre es.

Was gerade noch im dunkeln lag, durch ihn ist es in ein schiefes Licht gesetzt. Das schiefe Licht folgt dem Gefälle von Masse und Macht. Selbst zu mir, einem Menschen aus der Masse, gelangte diese vertrauliche Information über die Macht. Der Informant bewegt sich in der Masse, er ist ein Teil von ihr, kann mit jedem einzelnen der Masse reden. Er kennt die einzelnen der Masse, kann sie ansprechen, weiß genug von jedem einzelnen, um für seine Informationen einen fruchtbaren Boden vorzufinden. Er ist in der Masse der Freund der Masse, er nährt ihren kritischen Blick auf die Macht. Zugleich aber ist er ein Teil der Macht. Man merkt: Er kennt die Mächtigen, weiß über sie, was andere nicht wissen, er hat Informationen von ihnen. Das Fest eines mächtigen Massenmediums ist sein Fest. Hier feiert er seine Verbindung zu beiden, zu Masse und Macht. Was er hier jemandem zuraunt, ist gerade erst ihm zugeraunt worden. Seine Informationen müssen nicht stimmen, aber im Vermittlungszusammenhang können sie nur so funktionieren: Sie sind unbeweisbar, aber sie erklären vieles.

Der Typus des Informanten ist der wahre Mittler zwischen Masse und Macht. Er vermittelt zwischen einzelnem und Masse, indem er selbst der Masse angehört, allerdings als einzelner, der die Masse als lauter einzelne sieht und kennt. Und er vermittelt zwischen der Masse insgesamt und der Macht, indem er sich in der Masse über sein Nahverhältnis zur Macht und gegenüber der Macht über seine Kenntnisse der Masse definiert. Er kennt nicht nur die einzelnen der Masse, er kennt auch von der Macht, ihren Repräsentanten und Institutionen immer einzelne. Er erringt das Vertrauen der Masse, indem er von unbekannten Plänen, Absichten und Taten der Macht zu raunen weiß, und er erringt das Vertrauen der Macht, indem er selbst den Gedanken der Masse zur Aktenkundigkeit verhelfen kann. Sein Spezialgebiet ist beiderseits das Unbeweisbare, darum ist er so wichtig: Ohne ihn wäre nichts bezeugt. Er stiftet also die Realität, auf der sich Masse wie Macht bewegen. Ratschlag und Verrat sind ihm im Gestus eins, bedingungslos treu ist er dem Verhältnis, das er herstellt. Ob er »das beste Restaurant der Stadt« oder mögliche politische Szenarien ausplaudert, es ist strukturell dasselbe: eine Ansichtssache, die Ansichten erst ermöglicht.

Alles, was er weiß, erfährt, denkt, weitergibt, wird in seinem Kopf zum System, dem er dient. In diesem System fehlt aber immer als Mitgedachtes ein zentrales Element: er selbst. Elemente sind für ihn aber immer nur die anderen. Er ist daher immer in seinem Element, aber nie bei sich. Deshalb käme er nie auf den Gedanken, zu sein, was er ist.

In roher Form existierte der Typus des Informanten in allen totalitären Gesellschaften: als Denunziant. In den offenen Gesellschaften, die sich nicht zuletzt als Informationsgesellschaften begreifen, erscheint er unweigerlich domestiziert – nämlich nicht nur von der Macht, sondern auch von den Massen legitimiert. Er ist öffentlich das Medium, aber erst Masse und Macht vertraulich sein Ohr leihend wird er zum mächtigen Massenmedium. Die Zeitschrift, die sich hier feierte, wirbt daher mit dem Slogan »Worüber ganz Österreich spricht« und eröffnet ihre Berichterstattung jede Woche mit der Seite »Top secret«.

Die Identität zwischen dem, worüber alle sprechen, und dem, was niemand weiß, stellt dieses Medium besonders *exzessiv* mit eben der Technik her, der sich jeder Denunziant bedient: *Ganz unter uns* – in der Fachsprache heißt das *exklusiv*. Verrät das Medium zum Beispiel exklusiv, daß ein bestimmter Minister zurücktreten werde, dann kann es eine Woche später ebenso exklusiv bekanntmachen, warum dieser Minister jetzt doch nicht zurückgetreten ist. Das klassische Informationsmedium aber muß warten, bis etwas faktisch geschehen ist – aber dann wissen es auch alle anderen. Inzwischen hatte dieses Medium bereits zwei Exklusiv-Geschichten. Die Exklusiv-Geschichte hat die zwanghafte Tendenz, sich von überprüfbarer Faktizität zu befreien, und zugleich die fixe Idee, die Faktizität zu beherrschen. Genau dieses Wechselspiel von Machtattitude und objektiver Beliebigkeit macht auch das Lebensgefühl der modernen Masse aus, wie sie sich auf diesem Fest darstellte: Es ist ein massenhaft herstellbares Gefühl von Exklusivität.

Gerade als ich gehen wollte, sah ich den Redakteur, mit dem ich zuvor gesprochen hatte, angeregt mit dem Bürgermeister reden. Die Frage, wer der Strohmann sei, über den dieser Bürgermeister seine Hand im Spiel dieses Mediums hat, bzw. ob dieser Strohmann überhaupt existiere, hat, dachte ich nun, etwas Anachronistisches. Weder Masse noch Macht wollen noch Aufklärung über sich selbst. Der nunmehrige Exbürgermeister stand für eine ganz andere Frage, über die ganz Österreich sprach und die zugleich top-secret war. Wer ist der Täter, wer ist der Briefbombenterrorist?

Wenige Wochen nach diesem Fest machte *News* tatsächlich mit der Titelgeschichte »Der Täter« auf. Im Heftinneren erfuhr man, daß die Polizei den Täter zwar noch immer nicht ausgeforscht hatte, aber die Zeitschrift hatte ein »Täterprofil«: »Der Täter ist zwischen 40 und 60 Jahre alt. Familienstand: unverheiratet, geschieden oder verwitwet. Beruf: Beamter im öffentlichen Dienst oder Rechtsanwalt. Möglicherweise auch arbeitslos oder in Pension.« Was ist sein Ziel? »Ein Rechtsruck.« Das alles wußte *News* exklusiv. Ganz unter uns: Ergibt *dieses* Täterprofil in diesem Land nicht schon wieder eine Masse?

Ad spectatores

Das war die Zweite Republik

1. Der Held und sein Wetter
Oder: Wer hier seine Schuldigkeit tut

Sollte einmal eine Geschichte der Zweiten Republik geschrieben werden, die die österreichischen Printmedien als Quelle benutzt, wird eine meteorologische Langzeitstudie herauskommen. Österreichische Zeitungen sind ja deshalb so einzigartig, weil sie am liebsten den Wetterbericht in der Schlagzeile bringen. Ein berühmtes Beispiel ist jene Ausgabe des *Kurier* aus dem Jahr 1975, das mehrfach glossiert wurde: Damals hatte der spanische Diktator Franco, gleichsam vom Sterbebett aus, fünf baskische Oppositionelle zum Tod verurteilt, und zwar durch die Garotte, eine mittelalterliche, besonders grausame Hinrichtungsmethode. Die Schlagzeilen der Weltblätter zeigten unisono Protest gegen den spanischen *Caudillo*, nur der *Kurier* machte mit den Lettern auf: »Es ist soweit: Der Herbst ist da!«

Zwei Jahre später, als der Herbst zum internationalen Thema wurde, nämlich der »Deutsche Herbst«, schlagzeilten *Kurier* und *Krone:* »Schönster« bzw. »Wärmster Herbst seit 51 Jahren!«

Es müssen schon Kriege in der unmittelbaren Nachbarschaft ausbrechen, um das Wetter aus den österreichischen Schlagzeilen zu verdrängen, aber selbst dann kann das österreichische Know-how siegen: »Nebel! Scheitern Luftangriffe am Wetter?« (*Kronen Zeitung*)

Viel zu wenig beachtet wurde bislang ein möglicher Grund dafür, warum Bruno Kreisky immer wieder Robert Musils *Der Mann ohne Eigenschaften* als seinen Lieblingsroman bezeichnet hat: Es ist *der* österreichische Roman, der mit einem Wetterbericht beginnt. Aber erst als später Kanzler Viktor Klima medial verbreitete, daß sein Lieblingsroman ebenfalls *Der Mann ohne Eigenschaften* sei, waren österreichische Tradition, avancierte Medienpolitik (= Politik für die Medien) und moderner Paternalismus in höchster Staatsrepräsentation zusammengefaßt: Glücklich das Land, dessen Regierungschef sich für die Titelseiten der Zeitungen mit Wassereimern und Gummistiefeln bereit hält, wenn die Isothermen und Isotheren, anders als in Musils Österreich, einmal nicht ihre Schuldigkeit tun.

Andererseits: Friedrich Christian Delius hat in seiner Untersuchung *Der Held und sein Wetter* gezeigt, daß im bürgerlichen Entwicklungsroman das Wetter stets zum Gang der Handlung und zur Entwicklung der Haupthelden paßt und so zur Metapher für individuelle und gesellschaftliche Entwicklung wird. Schneeinferno und Regenkatastrophen in Österreich, Lawinen und Muren, kreißende Berge, einstürzende Stollen, Sonnenfinsternis – und demnächst Wahlen.

Wird die Schlagzeile am Tag nach der Wahl »Erdrutsch« sein?

2. Ein Vorspiel
Oder: Das politische System Österreichs –
»Da kann ich nur raten!«

Ein sonniger Freitagnachmittag in Österreich. Beginn eines glücklichen Sommerwochenendes. Dreizehn Wochen vor den Nationalratswahlen. Die größte Zeitung des Landes, zugleich der Welt, machte mit dem Wetterbericht auf: »Hitzewelle!« – Bereits der dritte Tag in Folge, an dem die »Quecksilbersäule« auf 25 Grad und darüber steigen würde, und auch während des ganzen Wochenendes sollte es sonnig bleiben. Jeder wußte, wie die größte Zeitung am Sonntag die Titelseite gestalten würde: mit dem Foto einer Bikinischönheit, fotografiert in einem Wiener Freibad.

Die Radiomoderatoren verbreiteten gute Laune (»Bitte lächeln! Geblitzt wird in ...«), ein Radiosender bot seinen Hörern die Möglichkeit, ihr Glück zu vervollkommnen, und zwar gleich jetzt!: »Jetzt anrufen und gewinnen!«

»Da hab ich jetzt einen Hörer in der Leitung! Hallooooo!? Wer ist dran?« »Ich bin der Franz!« »Franz? Super! Franz mit Ef oder mit Vau? War nur ein Witz – ich hab dich eh gleich an der Stimme erkannt, daß du nicht der Exkanzler bist! Wie alt bist du, Franz?« »Dreißig!« »Und von wo rufst du an?« »Aus

Wiener Neustadt!« »Super! Wie ist das Wetter in Wiener Neustadt, Franz?« »Super!« »Na super! Also Franz, mit ein bißchen Glück lacht Dir nicht nur die Sonne, sondern auch das Glück. Bist du bereit?« »Ja!« »Also. Du weißt, worum es geht. Und jetzt die Preisfrage: Wie-viele Ab-ge-ordnete sitzen im österreichischen Nationalrat?«

»Oje. Da kann ich nur raten!«

Nach einer langen Schweigesekunde antwortete Franz: »Neun!«

»Wieviel, Franz? Ich hab nicht gut verstanden. Neunzig?«

Aber Franz insistierte: »Neun!«

»Also, Franz sagt neun. Neun. Aber da haben wir noch wen in der Leitung. Sein Kontrahent iiist – Hallooooo!? Wer spricht?« »Hallo servus, ich bin die Petra!« »Petra von wo?« »Aus St. Pölten!« »Petra aus St. Pölten! Super! Also Petra, du trittst gegen den Franz an. Du weißt, wir haben bald Wahlen, also wie viele Abgeordnete sitzen im österreichischen Nationalrat? Franz sagt neun!« »Nein, das sind mehr! Also, viel mehr!« »Also, du sagst, es sind viel mehr. Super, Petra! Aber wieviel genau? Zumindest so ungefähr?«

»Achtzehn!«

Der Radiomoderator, wahrlich kein Depp, wollte ergründen, wie die beiden Anrufer auf diese Zahlen kamen. Unglaublicherweise fand er eine schlüssig klingende Interpretation: Ob die beiden Anrufer vielleicht geglaubt hätten, daß pro Bundesland ein Abgeordneter bzw. zwei in den Nationalrat entsandt würden? Nein, nein, riefen Petra und Franz, wirklich nicht, sie hätten nur geraten.

Den Preis gewann Petra aus St. Pölten – sie war an der richtigen Zahl »näher dran!«.

3. Kleine Pause
Oder: Die Gratisschulmilch der frommen Denkungsart

Franz ist dreißig Jahre alt. Und Petra, die vom Moderator – offenbar einem Kavalier der alten Schule – nicht nach ihrem Alter gefragt wurde, weil sie eine Dame ist, wird sicherlich nicht älter sein, ihrer Stimme nach eher jünger. Das heißt, daß beider Biographien zur Gänze in die Zeit der »sozialdemokratischen Bildungsoffensive« fallen, die nach Kreiskys Wahlsiegen 1970/71 eingesetzt hatte. Franz und Petra sind gratis zur Schule und nach der Schule wieder gratis nach Hause befördert worden. Sie bekamen gratis Schulbücher. Für Franz und Petra wurden Fächer wie »Staatsbürgerkunde« eingeführt. Was haben Franz und Petra in dieser Zeit gemacht, in der auch die österreichischen Politiker lernten, einander regelmäßig aufzufordern, »die Hausaufgaben zu machen«?

Man soll sich über Franz und Petra nicht lustig machen: Nach dreißig Jahren »sozialdemokratischer Bildungsoffensive« wählt jeder dritte österreichische Maturant eine Rechtsaußen-Partei, hat Österreich die höchste Rate an sekundärem Analphabetismus und die niedrigste Rate an Hochschulabsolventen in Europa. Nach dreißig Jahren »Bildungsoffensive« wird immer noch an den kostenlosen Schullesebüchern herumgedoktert, weil immer wieder rassistische und frauenfeindliche Stellen bekannt werden.

Nach dreißig Jahren sozialdemokratischer Bildungsoffensive verspricht die österreichische Sozialdemokratie vor den nächsten Wahlen eine »Bildungs- und Forschungsoffensive«.

Es ist eines der großen politikwissenschaftlichen Rätsel der Welt, wie es möglich ist, daß eine Partei wie die SPÖ in Österreich dreißig Jahre regelmäßig die Wahlen mit Versprechen gewann, die einzulösen sie bislang, wiewohl regierend, verabsäumt hatte. Dagegen sind die Inkohärenzen der Oppositionsparteien, die in einem Untertanenstaat wie Österreich natürlich gnadenlos gegeißelt werden, völlig belanglos, und selbst die täppischen Slogans des kleineren Koalitionspartners in der Regierung sind daneben bloße kabarettistische Marginalien (etwa wenn Schüssel plakatiert: »Wer die Politik zur Show macht, verliert rasch die Substanz!« und gleichzeitig mit Heimatliedern eine Tournee beginnt).

Alles, wofür die SPÖ steht und was sie von Wahl zu Wahl verspricht, ist tatsächlich ein gesellschaftliches Desiderat. Vielleicht ist das der Grund für ihren Langzeiterfolg: daß es ein unbedingtes, ja wachsendes Desiderat auch bleibt. Zum Beispiel:

»Echte Chancen für Frauen!« Mit diesem Slogan wirbt heute die Partei, die seit dreißig Jahren regiert und in dieser Zeit die Schere zwischen Frauen- und Männereinkommen für gleiche Arbeit nicht nur nicht schließen oder zumindest verkleinern konnte, sie hat mit der Regierungsverantwortung vielmehr auch die Verantwortung dafür, daß diese Schere sich noch dramatisch geöffnet hat: Die Differenz lag am Ende der 59. Kanzlerschaft bei 31 Prozent. Und diese Zahl war noch teilzeitbereinigt, sonst wäre sie noch größer.

Nur manchmal schlägt die Sprache listig der Partei ein Schnippchen: Bei Gemeinderatswahlen in Kärnten plakatierte die SPÖ: »Frauen und Kinder zuerst!« – Zum erstenmal in der Geschichte der bürgerlichen Demokratien hatte eine politische Partei also mitgeteilt: »Wir sind ein sinkendes Schiff!«

4. Ein Rückblick
Oder: Wie Österreich die Chance nützte,
noch einmal neu zu werden

Wenn es bergab geht, will Österreich unschlagbar sein. Aber abgesehen vom Schifahren gefiel sich die Zweite Republik grundsätzlich in der Rolle eines Nachzüglers, der vom Leben belohnt wird, weil er regelmäßig zu spät kommt. Zeitgenossenschaft mit internationalen Entwicklungen und neuen Phänomenen im sozialen, wirtschaftlichen und kulturellen Leben kannten die Zweitrepublikaner oft nur von der Auslandsberichterstattung der Medien, und sie wußten – abgebrüht, selbstzufrieden und entspannt –, daß es dauern werde, »bis das auch zu uns kommt«. Manchmal kam »es« auch gar nicht, das waren gesellschaftliche Prozesse, die anderswo zwar Jahre prägten, aber doch nicht langlebig genug waren, um auch Österreich zu erreichen – und so hatten »wir uns etwas erspart«.

Nicht daß es in Österreich keine innovativen Geister gäbe oder gegeben hätte. Aber in der Regel erwiesen sie sich als Vorreiter nur insofern, als sie, verbittert oder angeödet von der Mentalität und den Lebens- und Arbeitsbedingungen in Österreich, hier eine Modernisierung einforderten, die anderswo längst durchgesetzt oder gar bereits Geschichte war. Sie standen also nicht so sehr für radikale Innovation, sondern wesentlich für eine Verkürzung der Zeitspanne, die es in diesem Land eben brauchte, bis internationale Standards mit der Automatik von Gottes Mühlen auch hier ein- oder versickerten. Im Grunde waren alle diesbezüglichen Konflikte in Österreich schon damals, als sie hier zeitgenössisch waren, bereits historisch. In der Kunst etwa importierte die österreichische Avantgarde der fünfziger Jahre die internationalen Errungenschaften der zwanziger Jahre und sah sich dafür skandalisiert von einem öffentlichen Bewußtsein, das in seinem ästhetischen Verständnis und seiner Begriffswahl (»Entartmänner«) von den späten dreißiger Jahren geprägt war. In den siebziger Jahren spaltete sich das literarische Leben in Österreich durch den Versuch der Jüngeren, die ästhetische Debatte der sechziger Jahre auch hierzulande durchzusetzen. Und in der Politik gilt seit ebendiesen siebziger Jahren in Österreich derjenige als innovativ, der zu stoßen beginnt, was international längst gefallen ist und hier gerade zu wanken begann.

Einmal, ein einziges Mal aber kam es bekanntlich so ungewollt wie zunächst unerkannt dazu, daß Österreich politisch und gesellschaftlich in eine wirkliche Avantgarde-Rolle stolperte, plötzlich nicht Nachzügler einer ohnehin statthabenden internationalen Entwicklung war, sondern sie tatsächlich im Kleinen vorwegnahm, sich objektiv als Vorreiter erwies – auch wenn die »Vorreiter«-Rolle, gut österreichisch, ebenfalls einer historischen Aktualisierung entsprang, nämlich der Debatte über die Biographie des Präsidentschaftskandidaten Kurt Waldheim, der seinerzeit »nur mitgeritten« war. Man kann heute mit Fug und Recht behaupten, daß das Jahr 1989, das die europäische Ordnung und schließlich die Weltordnung von Grund auf verändern sollte, in Österreich bereits drei Jahre vorher, im Jahr 1986, stattgefunden, durchgespielt, vorweggenommen wurde – in dem Sinn, daß danach im Grundsätzlichen nichts mehr so bleiben sollte, wie es vordem gewesen ist.

Waldheims Satz »Ich habe nur meine Pflicht getan« – derselbe Satz, mit dem sich der 1961 aus Österreich ausgebürgerte Eichmann bei seinem Prozeß zu rechtfertigen versucht hatte –, löste gesellschaftliche Diskussionen in einer Heftigkeit aus, die zu einer plötzlichen Erosion der österreichischen Verhältnisse führen sollte, die bis dahin völlig versteinert schienen. Dazu kam im selben Jahr die Wahl Jörg Haiders zum Parteiobmann der FPÖ, dem, wie sich erweisen sollte, ersten wirklichen und wirksamen Oppositionspolitiker in diesem Land, das sich einzigartigerweise vierzig Jahre lang als parlamentarische Demokratie verstanden hatte, ohne die Grundvoraussetzung von funktionierendem Parlamentarismus je erfüllt zu haben: nämlich die Existenz einer parlamentarischen Opposition, mit der die Regierung sich öffentlich auseinandersetzen und Konflikte austragen muß, statt die Konflikte zwischen gesellschaftlichen Interessengruppen abseits des Parlaments sozialpartnerschaftlich zu planieren.

Im Jahr 1986 wurde also die alte, starre, wie für die Ewigkeit gemachte Verfaßtheit Österreichs in die Zange genommen und geradezu zerbröselt: Die eine Zangenbacke war der massiv heftiger werdende gesellschaftliche Diskurs, der alles in Frage stellte, was bislang Tabu, Mythos, bequeme Gewohnheit und letztlich jegliche Intelligenz beleidigendes Legitimationsritual war; die andere Zangenbacke die kontinuierlich stärker werdende politische Opposition, die, buchstäblich von der anderen Seite, alle politischen Tabus brach, die bis dahin konstitutiv waren für die stickig-gemütliche Windstille und aufreizende demokratische Unreife Österreichs.

Österreich konnte also Vorreiter einer geschichtsmächtigen Entwicklung werden, weil es in diesem historischen Moment europa- und weltweit zunächst gar nicht um die Zukunft ging, sondern um die Vergangenheit: nämlich darum, die versteinerten Nachkriegsverhältnisse endlich aufzubrechen. Dazu gab es in der Zweiten Republik 1986 ff. ideale Bedingungen – das war Österreichs Jahrhundertchance.

Der Vorsprung, wie man nun rückblickend feststellen muß, hielt gleichsam »nur eine Viertelstunde«. Nach kürzester Zeit hatte sich dieses Land wieder eingebunkert, an die Bunkertür das Schild »Wartesaal für EU-Beitritt« angebracht und wartete darauf, ob sich die Weltenläufte überhaupt als mächtig genug erweisen würden, uns zu einem Glück zu zwingen, das sich eben erst als Chance angeboten hatte. Als Jahre nach 1986 auch international die Nachkriegsordnung implodierte, sah sich Österreich, starr und zugeknöpft wie sein damaliger Kanzler Vranitzky, in einer rundum bewegten Welt; bewegt von dynamischen Entwicklungsprozessen, auf die mit Erstarrung und Angst reagiert wurde, statt mit dem Stolz, Selbstbewußtsein und Erfolgsgefühl des Landes, das diese Transformationskrisen bereits Jahre zuvor zu meistern gehabt hatte. Oder hätte. Die neue Weltordnung, sie hätte vorgespielt werden können in einer kleinen Welt – aber nein, leider! Was Österreich hätte vormachen können, wurde nur viel später halbherzig nachgehaspelt, wo Österreich sich am eigenen Schopf aus einem historischen Sumpf hätte ziehen können, wurde lediglich auf peinliche Weise ein Toupet gelüpft, und wo Österreich in einer sich öffnenden und vernetzenden Welt eine so naheliegende wie überfällige Weltoffenheit hätte beweisen können, wurden Männer wie Löschnak oder Schlögl zu Helden der inneren Sicherheit.

Was ist da geschehen? Es ist sehr schnell gegangen, fast unmerklich, aber am Ende kam es doch zu einem sehr deutlichen Bruch, in dessen Folge Österreich nicht mehr Vorreiter war, sondern jener Statist, der im dritten Akt ausrufen darf: »Die Pferde sind gesattelt!« – wovon sich allerdings auch Fotos machen lassen, die den Statisten im Kreis der Hauptdarsteller zeigen. Als wäre es bloß darum gegangen. Aber vielleicht war es das auch. Vielleicht war etwa das landesweit plakatierte Foto von Viktor Klima mit Tony Blair und Gerhard Schröder, nach den Krisen und Brüchen, die Österreich seit 1986 erlebt hat, eine Art Heimkehr in die Kindheit der Republik. Denn unter diesem Foto hätte trefflich der erste Satz eines Leitartikels aus dem *Neuen Österreich* von 1946 stehen können (Der Titel war übrigens »Über die politische Großwetterlage«): »Wir sind ein kleines Land, Statisten der Weltpolitik, aber die Augen der Großen sind auf uns gerichtet.«

5. Brüche
Oder: »Brechen, österr. f. erbrechen, ugs. auch speiben«

Die darauffolgenden Jahre erscheinen nicht nur als Bruch der Entwicklung, die 1986 so massiv eingesetzt hatte, sondern – wenn wir in Österreich schon dauernd die fortwirkende Geschichte mitreflektieren müssen – viel grundsätzlicher noch als Bruch in Hinblick auf die Geschichte und die historisch gewachsene Mentalität, wie sie in Österreich bis dahin liebevoll oder trübsinnig, klischeehaft oder ironisch allgegenwärtig war und gepflegt oder verkauft wurde. Hatte dieser Staat jahrzehntelang auf seiner Opferrolle in der Geschichte insistiert, so läßt er nun keine Gelegenheit aus, sich zeitgenössisch schuldig zu machen. Verfassungsbruch, Verletzung der Menschenrechte, Rassismus und Antisemitismus werden nicht mehr verschleiert, versteckt, heruntergespielt, sondern offen zum Prinzip stimmenmaximierender Politik gemacht, auch von seiten der Regierung. Und wenn Österreich etwas Besonderes hatte, was es zu Recht von der Zeit vor den beiden Faschismen positiv ableiten und worüber es sich in seiner Eigenständigkeit gegenüber Deutschland und den anderen Nachbarländern definieren konnte, dann war es, abgesehen von ein bißchen Architektur, der Sachverhalt, daß sich hier über Jahrhunderte mannigfache Völker, Kulturen und Sprachen vermischt und verschmolzen hatten – ach wie schön, schön war die Zeit, als wir vor den Augen der Großen diese Selbstinszenierung aufführten. Plötzlich aber wurde aus der österreichischen Promenadenmischung eine reine Boulevardrasse, die wütend ihre Überfremdung bekämpft. Und dies just in dem Moment, als Österreich antrat, an der nachnationalen Entwicklung unter dem Titel »Europäische Union« zu partizipieren.

Wenn man den Österreichern auch immer wieder den Vorwurf machen kann, allzugern Mitläufer zu sein, so muß man doch auch anerkennen: Es gelingt Ihnen immer wieder auf so rätselhafte wie beeindruckende Weise, gegenläufig mitzulaufen.

6. Brüche II
Oder: »Auch kein Beinbruch!
Österr. f.: »*Es geht weiter wie gewohnt, höchstens ein bißchen anders!*«

Was ist Mentalität? Etwas im Lauf der Zeit gesellschaftlich Gewachsenes und in Hinblick auf gesellschaftliche Brüche und Veränderungen zweifellos ein retardierender, zumindest bremsender Faktor. Wenn allerdings eine bestimmte Art des Denkens, Fühlens, Reagierens in Österreich über Jahrzehnte eingeübt wurde, dann ist es geradezu mehr als Mentalität, dann ist es radikaler. – Was die österreichische Mentalität erfaßt hat, dem hält die Wirklichkeit nicht stand.

Das österreichische Parlament galt in der Zweiten Republik von Anfang an als »Quatschbude«, obwohl kein österreichischer Abgeordneter etwas zu reden hatte. »Quatschbude« als Synonym für Parlament ist übrigens ein Begriff des politischen Totalitarismus. Schon dies zeigt, wie eisern sich in Österreich altgewohnte Urteile oder Zuschreibungen halten, gegen alle Realität. Als Inbegriff politischer Rationalität galt den Österreichern daher nicht der Parlamentarismus, sondern ein Erbe des faschistischen Ständestaats, das nach 1950 zu einem umfassenden (Gegen-)System ausgebaut wurde: die Sozialpartnerschaft. Und wenn auch 97% der Österreicher selbst in der Glanzzeit der Sozialpartnerschaft nicht erklären konnten, wie diese genau funktioniert, so war doch eines immer klar: Sie ist ein mit der Verfassung nicht konformes, das Parlament entmachtendes, undemokratisches System, dessen Verantwortliche eine Regierungsgewalt ausüben, in die sie nicht gewählt wurden und aus der sie daher auch niemals abgewählt werden können. Österreich ist zwar dem Namen nach eine demokratische Republik, tatsächlich aber geht alle Macht von der Gewohnheit aus. Schon deshalb verlangt jede Änderung des Gewohnten so unerbittlich wie stillschweigend, also ganz selbstverständlich, seine gleichzeitige Aufhebung. Schon Kreisky hatte das Kunststück zuwege gebracht, einerseits von der »Durchflutung aller gesellschaftlichen Bereiche mit Demokratie« zu räsonieren, andererseits die Aufhebung der Demokratie, also das sozialpartnerschaftliche

System, erst so recht in den Rang der »Realverfassung« zu erheben. Die »Realverfassung« ist in Österreich bekanntlich die wirkliche, wirksame und anerkannte Praxis im Gegensatz zur bloß geschriebenen Verfassung. Ist also »Fluten« der Begriff für Tendenzen der (gesellschaftlichen) Natur, so ist die »Realverfassung« der von den Österreichern dagegen errichtete Damm. Aber: »Österreich ist nicht allein auf der Welt« (*Neues Österreich*). Als sich Österreich anschickte, der EU beizutreten, und diesen Beitritt auch vollzog, geriet die Sozialpartnerschaft in eine veritable Krise. Es war klar, daß das europäische Kapital mit diesem »weltweit einzigartigen System«, also mit diesem schrulligen Austriazismus wenig Geduld haben werde. Dazu kam innenpolitisch der Aufstieg Jörg Haiders, der die Gunst der Stunde nützte und ebenfalls dem sozialpartnerschaftlichen System schwere Schläge verpaßte. Damit kein Mißverständnis aufkommt: Beide hatten keine hehren demokratiepolitischen Motive. Das europäische Kapital stieß sich nicht am antidemokratischen System, sondern daran, daß es zugleich auch die Liberalisierung der Wirtschaft hemmte. Und Jörg Haider ist natürlich nicht die Antithese zum demokratiepolitischen Defizit in Österreich, sondern er ist, auf der Basis tradierter und modernisierter antidemokratischer Konzepte, der luzidere Machtmensch: Da er schwerlich Wirtschaftskammer- und Gewerkschaftspräsident in Personalunion werden kann, müßte er, so er Kanzler wird, die Macht teilen. Haider ist also der erste Kanzlerkandidat der Zweiten Republik, der, an die Macht strebend, die Macht wirklich will. Deshalb ist er der natürliche Konkurrent der Repräsentanten der Sozialpartnerschaft: Wenn ein Mann wie er Dämme anbohrt, dann deshalb, weil er längst schon Baupläne für ganz andere Schleusen gegen die Fluten der Demokratie in der Tasche hat. Wahrscheinlich kommt genau daher sein Erfolg in Österreich: Weil er bloß das System und nicht die Gewohnheiten der Österreicher zerstört.

Wie auch immer. In der Geschichte zählt nicht unbedingt, wie edel die Absicht war, sondern wie positiv das Ergebnis. Die linksintellektuelle, demokratiepolitisch motivierte Kritik an der Sozialpartnerschaft hatte sich über Jahrzehnte als wirkungslos erwiesen– aber EU plus Haider, das saß. Zwar forderten die österreichischen Medien von den Sozialpartnern gebieterisch, sich am Riemen zu reißen und wieder zu funktionieren, aber das half wenig. Es kam zu einem Quantensprung in der Geschichte der österreichischen Demokratie: Das Parlament, in dem mittlerweile nun schon drei Oppositionsparteien saßen – alle drei natürliche Gegner der Gängelung des Parlaments durch die Sozialpartner –, erwachte.

Die Belebung und Stärkung des Parlamentarismus in Österreich muß man zweifellos als enormen Fortschritt verbuchen. Doch halt! Fortschritt ohne sofortigen Rückschritt? Demokratisierung ohne deren augenblickliche Aufhebung? Was Neues, ohne daß wir gleich wieder alt ausschauen? Es ist in diesem Land niemandem aufgefallen, zumindest wurde es öffentlich nie angesprochen und problematisiert – weder von den Medien, noch von den Oppositionsparteien –, aber natürlich hat eine profunde Aufhebung dieses Fortschritts stattgefunden: In ebendieser Zeit, die zu einer Stärkung des österreichischen Parlamentarismus führen sollte, ist es in Österreich zur Gewohnheit geworden, den Kanzler nicht mehr wählen zu können, sondern einfach vorgesetzt zu bekommen.

Bruno Kreisky war der letzte, der sich als Kanzlerkandidat Wahlen stellte und dann, mehrheitlich gewählt, auch tatsächlich Regierungschef wurde. Als er die absolute Mehrheit verlor, machte er Sinowatz zum Kanzler, der nicht als Kanzlerkandidat angetreten war und den daher auch kein Mensch zum Kanzler gewählt hatte. Als Sinowatz nicht mehr wollte, gab es keine Neuwahlen, sondern er machte einfach Vranitzky zum Kanzler. Und dieser sagte eines Tages: »Vickerl, du bist dran!«, und Klima wurde Kanzler. Das Parlament, wie gesagt, schien stärker und selbstbewußter zu werden, aber gleichzeitig wurde es Usus, die Regierungsgewalt wie in absolutistischen Monarchien einfach zu vererben. Welche Auswirkungen mag es auf das allgemeine Bewußtsein einer Bevölkerung haben, daß sie seit mittlerweile mehr als fünfzehn Jahren ihren Regierungschef nicht mehr wählen konnte? Oh doch, es hat natürlich Wahlen in diesen fünfzehn Jahren gegeben, aber bei keiner dieser Wahlen wurde ein neuer Kanzler gewählt, sondern immer nur der jeweilige Erbkanzler in seiner Funktion bestätigt. In den Medien hieß dies dann »Bestätigung des Kanzlerbonus«, was möglicherweise eine Umschreibung ist für »Bestätigung des Untertanenstaats«.

In einem *profil*-Interview anläßlich der bevorstehenden Wahlen im Oktober 99 wurde der amtierende Kanzler Viktor Klima gefragt, ob es nach dreißig Jahren sozialdemokratischer Regierung nicht bereits Ermüdungs- und Abnützungserscheinungen gebe – in Deutschland zum Beispiel habe die Union bereits nach siebzehn Jahren als »Langzeitregierung« gegolten und sei abgewählt worden. Gute Frage. Die Antwort: »Was für Ermüdungserscheinungen? Ich trete doch erst zum ersten Mal als Kanzlerkandidat an« – sagte der Kanzler.

7. Kleine Mentalitätsunterschiede
Oder: Oder

Dort, wo etwa bei einem österreichischen Käse auf der Verpackung steht: »Rinde für den Genuß nicht geeignet«, steht bei einem entsprechenden deutschen Produkt: »Rinde nicht für den Verzehr geeignet«. Durchaus vorstellbar, daß man versucht, Ungenießbares zu verzehren – aber zu genießen?

Dort, wo in österreichischen Bussen das Schild angebracht ist: »Das Sprechen mit dem Fahrer während der Fahrt ist verboten!«, steht in brasilianischen Autobussen: »Bitte sprechen Sie mit dem Fahrer nach Möglichkeit nur dann, wenn er gerade nicht fährt!« Diesen Unterschied muß man nicht einmal interpretieren.

8. Die Umwortung aller Worte
Oder: Die Innenwelt der Außenwelt des Innenministeriums

Es gibt in Österreich Worte, die stehen in keinem Wörterbuch, auch nicht im österreichischen, und dennoch sind sie da, entstanden gleichsam aus dem Nichts, und sie entfalten ihre Wirkung, unhinterfragt, selbstverständlich, als gehörten sie zum Grundwortschatz des Österreichers. Manche dieser Worte werden plötzlich geprägt und versickern wieder, andere rumoren nur in bestimmten gesellschaftlichen Bereichen und wieder andere machen von einem Tag auf den anderen im gesellschaftlichen Diskurs eine erstaunliche Karriere.

Zum Beispiel der Begriff »Schübling«.

Was ist ein »Schübling«? Klingt wie ein Ding, vielleicht auch wie ein Tier, ein Fisch vielleicht, wie der Saibling. Schlüpfrig, wendig. Geht er ins Netz? Beißt er an? Ist er genießbar oder verzehrbar?

Der »Schübling« ist kein Fisch, aber für manche Menschen ist er doch gleichsam ein Lebensmittel. Es gibt eine Fastfood-Kette mit dem Namen *Köstli*. Eine *Köstli*-Filiale befindet sich in der Karlsplatzpassage, wo sich die »Giftler« treffen. Man erhält dort allerlei Würste, belegte Brote, Pommes – und »Schüblinge«. Dieses nicht besonders mundgerechte, aber sehr billige Gericht ist bei der *Köstli*-Kundschaft äußerst beliebt. Der Mann hinter der Theke, gebürtig aus Bosnien, also ein Bosnier, der auch »Bosner«-Würste verkauft, erklärt: »Schüblinge immer gleich weg. Auch Polizisten von Wachstube do fressen am liebsten Schüblinge.«

Wie viele Menschen kannten die »Schüblinge« der *Köstli*-Kette? Aber eines Tages war der »Schübling« in aller Munde. Medial verbreitet vom damaligen Innenminister Schlögl und seinen höchsten Beamten. Was da geschah, war nicht mehr bekömmlich. Und es hatte auch nichts mehr mit der Kette zu tun, sondern, ganz im Gegenteil, mit einem »bedauerlichen Einzelfall«, und »Schübling« war nur der Begriff für die Gesetzmäßigkeit solcher Einzelfälle. Es war schauerlich mit anzusehen, wie der Innenminister schlucken mußte, als er im Fernsehstudio nicht einen »Schübling«, sondern das Wort »Schübling« in den Mund nahm.

War das, worum es ging, nun ein Einzelfall oder nicht? Philologisch gesehen gewiß nicht: In einem TV-Interview prägte Schlögls Vor-Vorgänger Franz Löschnak einen neuen Begriff, dessen Geburt live zu übertragen schon alleine die *Zeit im Bild* als wahre Informationssendung legitimierte, auch wenn der Interviewer in der Folge diesen Begriff nicht mehr hinterfragte. Er war einfach da. Plötzlich. Und wirkte. Er wird nie in einem Wörterbuch aufscheinen, aber er ist unvergeßlich. Löschnak sprach über die Notwendigkeit verstärkter Polizeipräsenz – damals bloß »im öffentlichen Raum«; der private wurde aber nicht vergessen, Lauschangriff und Rasterfahndung wurden damals auch schon vorbereitet.

Denn die Bürger fühlten sich »an bestimmten öffentlichen Orten, sprich Karlsplatz« unbeschützt und verunsichert wegen der sich dort versammelnden – und nun stutzte der Minister kurz und suchte das Wort. Dann sagte er: wegen der sich dort versammelnden »Suchtgiftigen«.

Privat hätte Löschnak wahrscheinlich »Giftler« gesagt, aber vor laufenden Fernsehkameras? Zwar schoß ihm das Wort ein, und er hatte es schon auf der Zunge, als er stutzte. Zu umgangssprachlich. Wie sagt man auf hochdeutsch? Diese Menschen nehmen ja nicht einfach Gift, also Arsen zum Beispiel oder Rattenköder, nein, sie nehmen Suchtgift. Also sind sie, korrekt formuliert – »Suchtgiftige«. So ungefähr mag dieses Wort in einer halben Sekunde in des Ministers Kopf entstanden sein. Aber ist die Erklärung, daß ein nicht allzu eloquenter Politiker sich selbst hilflos ins Hochdeutsche zu übersetzen versuchte, nicht doch unterinterpretiert? Zeigt sich in dieser vordergründigen Tolpatschigkeit nicht doch auch ein bestimmter Geist, eine bestimmte Haltung, die das Gestammel des Innenministers viel eher noch unangenehm und bedrückend als bloß lächerlich wirken lassen? Der Unterschied ist gerade in Österreich leicht zu zeigen: Nicht einmal die österreichischen Fußballprofis, die wohl größten Profis von Selbstübersetzungen in eine Art Hochdeutsch, haben jemals in Fernsehinterviews an etwas anderes denken lassen als an das, was sie sagen wollten, und nie als andere gewirkt als die, die sie waren – auch nicht, wenn sie Fremdwörter verwechselten und Begriffe neu prägten (zum Beispiel: »Wir haben uns gut aus der Atmosphäre gezogen« oder: »Man soll bitte dieses Problem nicht hochsterilisieren!«).

Löschnaks Fehlleistung aber ist mehr: Sie verriet geradezu karikaturhaft eine Absicht, mehr noch: seine fixe Idee, ja noch mehr: eine nicht nur für diesen einen Politiker, sondern für diese Art von Politiker in diesem Amt prototypische fixe Idee – nämlich die banale, so peinigend primitive wie groteske Sucht, durch bürokratische Umformulierung der Realität sich selbst gegenüber der Verantwortung seines Tuns zu immunisieren. Löschnak hat nicht nur ein hochdeutsches Wort gesucht, er hat gleichzeitig auch ein möglichst bürokratisches Wort finden wollen. Deshalb war er so unter Streß. Er wollte zwei Fliegen mit einer Klappe schlagen. Und darum ist in dieser verdammt kurzen Zeit, die er hatte, diese groteske Wortprägung entstanden. Die bürokratische Sprache will entmenscht sein, damit der Bürokrat Mensch bleiben kann. Ist das Leben aus der Sprache getilgt, hält sich der Sprecher für sachlich – und er stolpert nur noch über das »Live!«.

Wie könnte man auf der Basis herkömmlicher Wörterbücher erklären, daß nicht »Drogenabhängige« Hilfe brauchen, sondern jene, die vielleicht einem Drogenabhängigen begegnen? »Suchtgiftige« allerdings wurden noch nie gesehen – aber sie sind ein sachlicher Grund für mehr Polizei. Oder: Wie könnte man auf der Basis des herkömmlichen Wortschatzes argumentieren, daß man zwar nicht die Verfolgten schützt, aber die Gesellschaft vor Verfolgten, die um Asyl ansuchen? Die buchstäblich ent-sprechende Sprache entsteht zufällig: als tolpatschige Prägung im Streß einer Fernsehaufnahme, als so zynisches wie lächerliches Wortspiel. (Wie oft haben Polizisten bei der Firma *Köstli* in »Schüblinge« gebissen und gelacht, bis plötzlich ein Schubhäftling tot war und sie reflexhaft *live* sagten, der »Schübling« habe gebissen?) Aber hinter diesen schauerlichen Lächerlichkeiten steckt ein verzweifelter Ernst, nämlich die hilflose Sucht nach Korrektheit – und zwar Korrektheit nicht *der* Sprache, sondern *durch* die Sprache: Wie kann man ein Täter oder ein Schreibtischmörder sein, wenn man bloß ein Wort neu prägt und dann die Gesellschaft vor diesem Wort schützt? *Diese* Sucht ist giftig.

Soviel zum Begriff »Schübling«.

9. Wenn die Bedeutung wandelt
Oder: Der verschlungene Pfad der Pragmatiker

Wenn in Österreich eine Banalität Emphasen auslöst und geradezu zum neuen gesellschaftlichen Fetisch wird, dann muß diese Banalität zuvor einen profunden Bedeutungswandel erfahren haben. Denn nicht einmal in Österreich ist es vorstellbar, daß – sagen wir – der Satz »Die Erde ist rund« einfach zur intellektuellen Mode und zu einem neuen politischen Glaubensbekenntnis werden könnte, so allgegenwärtig wie der Wetterbericht, so verzückt in den Mund genommen wie eine Hostie und dabei so ekstatisch gefeiert wie ein Fußballsieg Österreichs gegen Deutschland oder die Färöer.

Wie also läßt sich erklären, daß der Satz, Politik müsse pragmatisch sein, zur neuen Medienreligion in Österreich werden konnte? Warum ist es für die Beliebtheitswerte eines Politikers so essentiell geworden, sich das Image eines Pragmatikers zu verschaffen? Anders gefragt: Wie ist in Österreich die merkwürdige Idee entstanden, daß Pragmatismus in der Politik eine seltene und daher besonders hochzuschätzende Eigenschaft sei? Welche neue Bedeutung also hat der Begriff Pragmatismus in diesen Jahren in Österreich erhalten?

Die Fragen sind nicht zuletzt auch deshalb interessant, weil es kaum einen Begriff gibt, der im Lauf der Zeit so wenig Bedeutungswandel, höchstens kleine Bedeutungsmodifikationen erfahren hat wie der Begriff »Pragmatismus«. Pragmatismus (nach griech. *Pragma*, die Handlung) bedeutete seit der Steinzeit politischer Theorie oftmals nicht viel mehr, aber auch nie weniger als *zielgerichtetes Handeln, das am praktischen Erfolg gemessen wird.* Im Lauf der Jahrhunderte kam es zu einigen Ergänzungen dieser simplen Definition, etwa in der Frühzeit der Aufklärung, die das Postulat formulierte, daß politischer Pragmatismus sich am Erfolg *nicht nur für den Handelnden selbst, sondern für die Menschen* erweisen müsse. Oder Ende des vorigen Jahrhunderts, als der Pragmatismus als Wahrheitslehre definiert wurde: Jedes Problem bietet in der Regel mehrere Möglichkeiten, es zu lösen. Jene Entscheidung, die den ganzen Menschen im Auge hat und sich »bewährt«, hat also die

»Wahrheit« eines Gedankens bestätigt.

Nun ist »Wahrheit« in der Politik natürlich nie ein eindeutiger Begriff, da unter der Voraussetzung gesellschaftlicher Interessengegensätze jede Interessengruppe ihre eigene Wahrheit glaubhaft zu verbürgen sucht. Dennoch ist unmittelbar klar: Seit jeher war Pragmatismus ein völlig selbstverständlicher Anspruch politischen Handelns, selbst bei jenen Regierenden, deren Phlegma stärker als deren Pragma war. Und: Politischer Pragmatismus hat, in all seinen marginal voneinander abweichenden Definitionen, stets folgendes beinhaltet: erstens ein Ziel. Zweitens – nein, nicht Ärmelaufkrempeln! Sondern – Nachdenken, wie dieses Ziel erreicht werden könne. Drittens die erforderlichen Handlungen, um dieses Ziel nach Möglichkeit zu erreichen. Viertens und grundlegend: dieses Ziel muß außerhalb der beschränkten eigenen Interessen liegen, zumindest die eigenen Interessen übersteigen – »für die Menschen«, meinetwegen »da draußen«. Das heißt, daß bloße Bereicherungssucht, bloßer Machterhalt, bloße Befriedigung von Eitelkeit, aber auch bloße Administration etc. nicht unter den Begriff politischer Pragmatismus subsumierbar sind. Dies alles ist so selbstverständlich, daß kein aufgeklärter Staatsmann oder Politiker der letzten zweihundert Jahre bekannt ist, der versucht hätte, seinen Pragmatismus ins Zentrum von Imagekampagnen zu stellen oder aber den Begriff Pragmatismus umzudefinieren.

In der zweiten Hälfte der achtziger Jahre wurde es allerdings in der österreichischen Sozialdemokratie Mode, Politik stereotyp nach dem Satz von Max Weber als »Bohren harter Bretter« zu bezeichnen und diese Metapher als wissenschaftlich beglaubigten Ausweis des eigenen Pragmatismus zu verkaufen. Nun sind Metaphern ja oftmals Glücksache. Aber als besonderes Glück darf es gelten, daß in der Regel ein Halbsatz angefügt wurde (und bis heute wird), der nicht von Max Weber, sondern angeblich von Heinz Fischer stammt. Dieser Halbsatz lautet: »Und zwar mit Augenmaß!« Nun ist das Augenmaß die so ziemlich ungenaueste Methode des Maßnehmens, seit es Zollstock und Wasserwaage gibt. Hat damals, als die Sozialdemokratie sich und ihr Politikverständnis neu definierte, das Verhängnis begonnen, weil das metaphorische Motto war: »So genau nehmen wir es nicht«? Oder liegt die Emphase für Pragmatismus, ohne eine seiner klassischen Bestimmungen zu erfüllen, schon im Surrealismus des aus dem Zusammenhang gerissenen Max-Weber-Zitats begründet? Wer braucht schon angebohrte harte Bretter? Muß man sich Dialoge am Ballhausplatz vorstellen wie austriazistische Varianten der Serie *Yes, Minister!*?

»Herr Bundeskanzler, das Pensionssystem kracht. Die Pensionisten sterben vor Angst. Was wollen Sie tun?«

Der Bundeskanzler krempelt die Ärmel hoch, lächelt in die Kameras.

»Ich gehe sofort an die Arbeit! Harte Bretter bohren!«

Die Reporter verlassen den Raum, eilen in die Redaktionen. Der Kanzler nimmt am Schreibtisch Platz, ruft einen Sekretär.

»Ja, Herr Bundeskanzler?«

»Geh, schreib mir einen Brief an die Pensionisten. Daß sie mir keine Angst haben sollen ... Aber diesmal nichts mit die harten Bretter, die denken mir sonst gleich an einen Sarg, gell!«

Der Bedeutungswandel des politischen Pragmatismus in Österreich ist natürlich schrittweise passiert, aber die deutliche Zäsur war wieder einmal das Jahr 1986.

Als Kreisky 1970/71 Kanzler wurde, begann er klassisch pragmatisch seine Reformpolitik. Er hatte ein Ziel, und er sah Wege und Möglichkeiten, es zu erreichen. Es wurden Dinge Wirklichkeit, die kurz zuvor noch als »nicht machbar« gegolten hatten. Er machte sie, und doch kann man wochenlang im Zeitungsarchiv der Nationalbibliothek sitzen und damalige Zeitungen nachblättern – nie wird man in politischen Kommentaren die Zuschreibung finden, er sei ein Macher gewesen. Er ging sehr pragmatisch vor, d. h., er unterwarf sich den objektiven Bedingungen, ohne aber sein Ziel aus den Augen zu verlieren. Er fand Wege. Aber der Begriff Pragmatismus spielte in den Medien keine Rolle. Der Mann war Kanzler. Was sonst als ein Pragmatiker hätte er sein sollen? Ein Träumer? Ein Sonderling, der sich in eine politische Verantwortung wählen läßt, die er dann nicht wahrnehmen will? Natürlich gab es Kritik, aber ebenso natürlich nicht daran, daß er Pragmatiker war, Kritik gab es vielmehr an seinen gesellschaftspolitischen Zielen. Das heißt, seine Kritiker hätten lieber einen bürgerlichen oder aber revolutionäreren Pragmatiker an seiner Stelle gesehen – »Pragmatiker« selbst war so selbstverständlich, daß es keines Kommentars wert war.

Kreisky hatte die absolute Mehrheit. Aber das war nicht der Grund für seine politischen, also pragmatischen Erfolge. Denn die Regierung Kreisky hatte eine Nebenregierung: die Sozialpartnerschaft. Es wäre für einen heutigen Kanzler, auch ohne absolute Mehrheit, aber angesichts der schweren Krise der Sozialpartnerschaft, geradezu einfacher, ein erfolgreicher pragmatischer Reformer und Innovator zu sein, als für Kreisky mit seiner absoluten Mehrheit.

Nein, es sind nicht die klaren Mehrheitsverhältnisse, die einem Politiker das Machen ermöglichen, während ein Politiker mit bloß relativer Mehrheit und einem Koalitionspartner als Klotz am Bein nur noch versuchen kann, sich von verbündeten Medien zumindest das »Image des Machers« machen zu lassen – auch dies läßt sich am Beispiel Kreisky zeigen. Kreisky hatte lange regiert, und wie das in Demokratien so ist: Lange heißt immer zu lange. Er hatte noch immer die absolute Mehrheit. Was hätte er, wenn es nur darum als Voraussetzung ginge, noch alles durchsetzen können. Aber er war zu müde, alt, ausgebrannt, krank, was auch immer. Es begann die Phase der berühmten »Reformen, die nichts kosten« – von denen heute niemand, absolut niemand mehr weiß, was da genau und wie reformiert wurde. Und Kreisky verlor die absolute Mehrheit.

Damals begann die Zeit der ungewählten Kanzler Österreichs. Und genau in dieser Zeit vollzog sich Schritt für Schritt der Bedeutungswandel des Begriffs Pragmatismus im österreichischen Bewußtsein, bis er so ziemlich genau das Gegenteil dessen bedeutete, was man herkömmlich darunter versteht.

Hatte Kreisky noch ein Parteiprogramm, so war das Programm seines Nachfolgers Sinowatz nur noch die Partei. Nicht daß Parteiprogramme grundsätzlich heilige Schriften wären, deren Verschwinden oder auch bloß deren Absinken in die Bedeutungslosigkeit zum Untergang der Zivilisation führen müssen. Der Tod Gottes war sicherlich einschneidender für die Welt als der Tod der politischen Programmatik in Österreich. Ein Parteiprogramm ist im Grunde etwas Simples: Ein kleiner Katalog vorformulierter politischer Ziele, denen jeweils kurze gesellschaftsanalytische Präambeln der Art vorangestellt werden, daß sie diese Ziele irgendwie legitimieren. Aber solch ein Parteiprogramm, zumal das einer Reformpartei, zwingt wegen des großen freien Raums zwischen beschriebener Situation und den angepeilten Zielen einen Politiker grundsätzlich zu pragmatischem Handeln: Wie komme ich dorthin? Wie sind die Kräfteverhältnisse? Wie kann ich sie ändern?

Mit Fred Sinowatz hatte Österreich den ersten, noch dazu sozialdemokratischen Kanzler, der kein Parteiprogramm mehr brauchte. Dem das Logo der Partei genügte. Es ist aus der Zeit von Fred Sinowatz nichts bekannt, was er *gewollt* hätte, was er *zu erreichen, durchzusetzen* versprach. Nur dies: Die Partei, die ihm alles war, zu retten. Und das rettende Ufer war genau dort, wo die Partei sich schon längst befand: an der Macht. Er war, genau besehen, der erste Sozialdemokrat, der das reformistische Parteiprogramm durch ein radikal konservatives ersetzte: das zu wollen, was war.

Sinowatz wird immer wieder als eine tragische Figur beschrieben. Das war er auch – aber nicht, weil er »glücklos« und »überfordert« war, wie es immer wieder hieß, sondern im Gegenteil: weil er erfolgreich war. Weil er gegen seine sozialdemokratische Sozialisation, gegen seine sozialdemokratische Identität, sich auf einem vermeintlichen Kreuzungspunkt befindend, entschied: die Sozialdemokratie zu zerstören – um sie zu retten.

In den langen Jahren der SPÖ-Regierung hatte sich die Schere zwischen den Interessen des Apparats und den Vorgaben des Programms weit geöffnet. Sinowatz erkannte, daß er, auch wenn er das Programm noch so glaubwürdig zu vertreten versuchen würde, die Mehrheit und womöglich den Regierungsanspruch der Partei nicht halten konnte. Also übergab er das Kanzleramt an Franz Vranitzky, dem genau dies zugetraut wurde.

Wenn Kreisky ein Parteiprogramm hatte und wenn für Sinowatz das Programm noch die Partei war, so befreite sich Vranitzky programmatisch auch noch von der Partei. Er war der erste Spitzenpolitiker einer Partei in Österreich, der sein Konterfei ohne Parteilogo affichieren ließ. War »Franz« damals in der Werbung ein Synonym für neue Schuhe, so auch »Vranz« in der

Politwerbung: die ausgelatschten konnten ausgezogen werden, der lange Weg, den mitzugehen Kreisky eingeladen hatte, war zu Ende. Vranitzky, der das Parteilogo nicht mehr brauchte, wechselte es daher gegen ein neues: Aus der SPÖ (Sozialistische Partei Österreichs) wurde die SPÖ (Sozialdemokratische Partei Österreichs).

Wenn auch vergessen ist, worin Kreiskys »Reformen, die nichts kosten« bestanden – dies wird von Vranitzky in Erinnerung bleiben: Es zeigt ihn und seine Politik in nuce; er produzierte eine Zäsur, die zugleich als Kontinuität erschien, eine Innovation, die zugleich eine unscheinbare Nachadjustierung war, er änderte mit radikaler Konsequenz die Perspektive um 360 Grad – das hieß: Man konnte einfach stehenbleiben.

Diese Politik war signifikant für Vranitzkys gesamte Administration. Von seinem damaligen Verkehrsminister Rudolf Streicher, zum Beispiel, ist kein Verkehrskonzept in Erinnerung, nur dies: Er änderte die Farbe der Nummerntafeln der österreichischen Autos von Schwarzweiß auf Weißschwarz.

Die Zäsur aber war, wie gesagt, neunzehnhundertsechsundachtzig. Die Wahlkampagne und schließlich der Wahlsieg Kurt Waldheims führten, wenn man die damaligen Zeitungen nachliest, nachweisbar zur ersten großen Emphase der »Macherqualitäten« Vranitzkys und zur ersten Fundierung einer Neudefinition des Begriffs Pragmatiker. Die Frohbotschaft lautete: Vranitzky *macht* es besser. Was? Das Repräsentieren. Da war der einsame Präsident in der Hofburg, dem niemand die Hand geben wollte, und vis-à-vis der Kanzler, der Hände schüttelte. Widerwillig und steif zwar, aber das war *sein* Widerwillen, nicht der der anderen. Man gab ihm die Hand. Vranitzky war als Kanzler zugleich der eigentliche Präsident, und als eigentlicher Präsident wurde der Kanzler zum bloßen Repräsentanten. Er machte, was zuvor Aufgabe und Funktion eines Kirchschläger war, und wurde dafür als Macher gefeiert.

Durch diese Antithese von Ballhausplatz und Ballhausplatz, durch diese Identität von Präsidentschaftskanzlei und Kanzleramt wurde Vranitzky von Teilen des häßlichen Österreich zum guten Pragmatiker promoviert, und vom guten Österreich sowieso. Aussagen wie die, daß einzelne Österreicher sich in der

Geschichte schuldig gemacht haben, Österreich selbst aber habe es damals gar nicht gegeben, wurden gefeiert in einem Land, das gerade Waldheim gewählt hatte und nun, ein halbes Jahrhundert nach der österreichischen »Opfer-Theorie«, gezwungen war, eine neue Formel zu finden, mit der es Schuld eingestehen und dennoch unschuldig bleiben konnte. Es herrschte eine Emphase, eine Dankbarkeit gegenüber Vranitzkys »Gut gemacht«, die jenen wenigen Österreichern völlig surreal erscheinen mußte, deren Kurzzeitgedächtnis noch intakt war: Denn bekanntlich wurde noch der Antifaschismus von Vranitzkys Vorgänger Sinowatz so geprügelt, daß dieser, ausgebildeter Historiker und überzeugter Sozialist, am Ende sogar leugnete, auch nur die Frage nach Waldheims Vergangenheit gestellt zu haben. So wurde Sinowatz, statt einen Orden für seine historische Neugier zu bekommen, rechtskräftig verurteilt, während Vranitzky dafür gefeiert wurde, daß er durch seine bloße repräsentative Existenz auszubalancieren schien, was diese Wir-wählen-wen-wir-wollen-Wähler eben angerichtet hatten.

Mir ist nicht bekannt, ob Vranitzky, der heute von Aufsichtsrat zu Aufsichtsrat zieht und sich dafür in den Medien einmal mehr als »Vermittler« feiern läßt, auch im Aufsichtsrat einer jener Banken sitzt, die heute von NS-Opfern mit Wiedergutmachungs- und Entschädigungsklagen eingedeckt werden. Was sagt, was denkt er in einer solchen Aufsichtsratssitzung? Er, der sich dafür feiern ließ, weil er im Parlament die »offenen Worte« fand: Es gibt keine Haftung, weil es den Staat ja nicht gab. Was sagt er zu den Worten jenes US-amerikanischen Anwalts, der NS-Opfer vertritt und gegenüber der *New York Times* sagte: »Ich habe in meinem Job wenig zu lachen. Aber das war ein Highlight. Können Sie sich einen Deutschen vorstellen, der sagt: ›Unter Hitler hat es keine Bundesrepublik gegeben‹?«

Vranitzky war ein defensiver Politiker, ein Libero, dafür freigestellt, die Abwehr zu organisieren und eine noch größere Schlappe zu verhindern. Offensive war seine Sache nicht. Er hatte keinen Zug auf ein »Goal«, suchte keine Wege. Wenn Vranitzky irgend etwas mit dem Begriff Pragmatiker im klassischen Sinn zu tun hatte, dann höchstens dies: Er war ein Standbild des

Pragmatikers. Wenn er einen Weg ging wie den in die EU, dann deshalb, weil der Weg ihn trug wie ein Förderband, während er die beiden Thesen abwog: entweder »Alle Wege führen dorthin« oder »Kein Weg führt daran vorbei«.

Noch jeder Pragmatiker hat in Alternativen gedacht. Das ist die Voraussetzung dafür, etwas erreichen, etwas verändern zu können. Vranitzky nicht. Er machte keine Änderungen, Änderungen machte er mit – als Bewahrer. Und Denken in Alternativen erschien ihm geradezu als eine Art von Delirium: Der Gedanke an etwas, das es nicht gibt, das nicht schon da ist, sich bewährt hat, der Bewahrung wert ist, galt ihm als Krankheitssymptom.

Wie mißtrauisch, ja wie abgeneigt Vranitzky gegenüber jeder Veränderung war, konnte man Ende 1989 wie unter einem Mikroskop studieren. Er war wahrscheinlich der einzige Nicht-Kommunist in einem westlichen demokratischen Land, der auf die Implosion der stalinistischen Länder nicht mit Euphorie, sondern mit Irritation reagierte. Gorbatschow hatte Honecker besucht und ausgerufen: »Wer zu spät kommt, den bestraft das Leben!« Später kam Vranitzky und besuchte Egon Krenz, um österreichische Interessen in der DDR zu wahren. Als Vranitzky im Flugzeug zurück nach Wien saß, gab es keinen Krenz mehr, und bald darauf auch keine DDR. Als das Militär gegen Gorbatschow putschte, schickte Vranitzky ein Telegramm an die Putschisten. Endlich wieder normale, altgewohnte Verhältnisse: stalinistische Hardliner an der Macht in der Sowjetunion – Dank und diplomatische Anerkennung! Nicht weil Vranitzky Sympathisant der Stalinisten war, sondern weil das die Welt war, die er kannte. Als das Telegramm zugestellt wurde, war der Putschversuch bereits wieder niedergeschlagen.

Diese radikale Transformation Europas kam Vranitzky höchst ungelegen – für einen wirklichen Pragmatiker wäre sie ein Fest gewesen. Die Chance, dieses vom Libero in gestaffelt organisierter Abwehr verharrende Land geopolitisch neu und vernünftiger zu positionieren, wurde vertan. Erhard Busek, der Vizekanzler und in dieser Frage der profundeste Widerpart Vranitzkys, wurde als »Intellektueller« geoutet und mußte schließlich zurücktreten.

Und wie radikal abgeneigt Vranitzky gegenüber jedem Denken in Alternativen und Widersprüchen war, läßt sich ebenso paradigmatisch an seinem Verhältnis zu Jörg Haider beschreiben. Vranitzky, Kind aus einer kommunistischen Arbeiterfamilie, das sich zum seriösen Staatsbanker hochgearbeitet hat, mußte Haider, der seine ökonomische Unabhängigkeit einem Millionenerbe verdankt, für einen Parvenü halten. Der Gegensatz hätte nicht größer sein können: Auf der einen Seite der Kanzler, der, mit dem Dienstwagen vorfahrend, Sprache durch Vorlagen für Exegese-Versuche ersetzte und sogar Körpersprache nahtlos substituierte durch die dezent-beredte Sprache seiner Kleidung: die Gefahr der Entgrenzung gebannt durch die steif zugeknöpfte Anzugweste, der Körper festgepinnt durch Nadelstreif. Auf der anderen Seite der Porsche-Liebhaber mit den Designerklamotten und dem allzu lockeren Mundwerk, dem noch das Unbedachteste und Schockierendste, das keiner Interpretation bedarf, bei seiner Klientel nicht schadet.

Der Mann, der an die Macht gespült wurde und vor jeder Veränderung erstarrt, und der Mann, der die Macht sucht, um auf Gedeih und Verderb zu verändern. Auf der einen Seite der Mann, der das Stille liebte, die Balance, das starr Austarierte, das irgendeinem Buchstaben folgte und stummen Respekt gebot, der also wie geschaffen gewesen wäre für das Richteramt. Auf der anderen Seite der Mann, der den Jubel wollte, Emphasen suchte, dem Buchstabentreue egal war, wenn eine Kombination von Buchstaben Gelächter, Geschrei und Emotionen hervorrufen könne.

Wie groß man auch immer die Gefahr einschätzen mochte, die Haider für diese Republik darstellte – eine vernünftige Auseinandersetzung mit dieser Frage war in der Regierungszeit Vranitzkys nicht möglich. Ein Mann, der aufgewachsen ist und sozialisiert wurde und seine Karriere machte in einer Zeit, in der es keinen Widerspruch gab, keine Opposition, keinen Nein-Sager – zumindest keinen, aus dem etwas geworden wäre –, sah sich plötzlich in der Situation, der erste österreichische Kanzler zu sein, der mit Widerspruch und Opposition konfrontiert war und mit einem Nein-Sager, der Erfolge hatte.

Ein Politiker, der in Alternativen denken kann, ein Macher,

der sieht, daß die Kritik an bestimmten Phänomenen Erfolg hat, ein Pragmatiker, der ein Ziel vor Augen hat und sich bloß deshalb die Existenz konkurrierender Zielvorstellungen selbstverständlich vorstellen kann, hätte auf mannigfache Weise auf die Herausforderung Haider reagieren können – aber gewiß nicht so, wie Vranitzky es tat.

Vranitzky wollte nichts und ganz besonders nicht wollte er Haider. Ohne Vranitzkys Antifaschismus in Abrede stellen zu wollen, aber hier geht es nicht um Faschismustheorien: Jörg Haider kritisierte heftig, was auch von der Linken in Österreich immer wieder ebenso heftig kritisiert worden war. Aber Vranitzkys Irritation gegenüber Widerspruch und seine spontane Reaktion, die schließlich zu einer strategischen Theorie ausformuliert wurde, nämlich auf Haider nicht zu reagieren, ihn »auszugrenzen«, führte dazu, daß selbst kritische Geister in Österreich verteidigten, was Haider kritisiert hatte, nur weil Haider es war, der es kritisiert hatte. Jeder Politiker, der in Alternativen denken kann, weiß, daß alles, zumal in der Politik, kritisiert werden kann. Die Frage oder das Problem ist also nicht, *daß* etwas kritisiert wird, sondern welche Konsequenzen aus dieser Kritik gezogen, welche Perspektiven aufgrund dieser Kritik angeboten werden. In funktionierenden Demokratien unterscheiden sich die Parteien eben dadurch: durch die Unterschiede der Vorschläge gegenüber kritikwürdigen Umständen. Doch in Österreich gab es durch Vranitzkys Politikverständnis plötzlich keine Alternativen mehr. Was Haider kritisierte, war durch Vranitzkys »Ausgrenzungspolitik«, also der Politik der Ausgrenzung jeglichen Widerspruchs, sofort tabu – nur weil Haider es kritisiert hatte. Es kam, wie es kommen mußte: Am Ende war alles tabu. Eine beachtliche Leistung für einen Mann mit dem Ruf, ein Pragmatiker, ein Gestalter zu sein.

Vranitzky versus Haider, das war, post festum betrachtet, eine interessante Zeit: Ausgerechnet der in der österreichischen Politgeschichte radikalste Harmoniesüchtige wurde zur Antithese der Antithese, zum Widerspruch des Widerspruchs, ausgerechnet der fanatische Ja-Sager konnte nur durch ein stures Nein die Antithese scheinbar aufheben, den Widerspruch scheinbar ausgrenzen und dadurch ein Ja erhalten, das nicht ihm galt und nicht der Partei galt und nicht dem Land galt – während aber alle dieses Ja für sich beanspruchten.

Vranitzky schien in seiner Antithese zu Haider diesem ähnlicher, als er glaubte. So wie dieser war auch er nicht festzumachen, nicht wirklich zu definieren. Der aus einer Kommunistenfamilie stammende Vranitzky, der aus einer Nazi-Familie stammende Haider, zwei Abtrünnige, zwei, die Brüche erlebt haben – der eine will keinen Bruch mehr und stolpert ununterbrochen in weltgeschichtliche Bruchstellen, der andere sucht immerfort Brüche und prallt ununterbrochen an Harmoniekonzepte – das wäre eine Geschichte für Freud oder Spielberg.

War Vranitzky, lange vor Gerhard Schröder »Genosse der Bosse«, einfach ein moderner sozialdemokratischer Kanzler? Oder war er ein konservativer Kanzler, der zufällig die falsche Partei hatte? War er, der ehemalige Sekretär von Androsch, Androschs Rache an Kreisky und seinem Erben Sinowatz? Oder war er einfach der Autor einer neuen Theorie des Pragmatismus? – zusammengefaßt in seinem Satz: »So wie es ist, kann man, pragmatisch gesehen, nichts machen!«

Was auch immer. Der sozialdemokratische Kanzler Vranitzky, dem das Wort »Sozialpolitik« nie so glaubwürdig über die Lippen kam wie das Wort »charity«, gab das Zepter an Viktor Klima weiter – und wurde Aufsichtsratsmitglied bei Magna, also in jenem Konzern, der, entgegen der österreichischen Gesetzeslage und entgegen aller klassischen sozialdemokratischen Errungenschaften, keine Betriebsratswahlen erlaubt und all jene sofort entläßt, die für einen Betriebsrat eintreten. Schlimm genug, daß das Sein das Bewußtsein bestimmt, aber im Fall Vranitzky ist so besonders erschütternd mit anzusehen, wie das Sein-Wollen sich durch das von ihm gewollte Sein entlarvt.

Der Schritt von Vranitzky zu Klima war ein zwiespältiger Fortschritt. Vranitzky hatte den Medien viel zu verdanken: Sie hatten ihm das Image eines »Pragmatikers« verschafft und diesen Begriff zugleich positiv besetzt, was vielleicht Vranitzkys Selbstverständnis entsprach, aber nicht dem herkömmlichen Verständnis dieses Begriffs. Nichts von Vranitzkys Image findet Verbürgung in der Wirklichkeit. So gesehen war er die erste radikal virtuelle Figur in der österreichischen Politik und vielleicht deshalb ein Darling der Medien – ein Kanzler nach ihrem Ebenbild. Zugleich aber konnte Vranitzky, weil wirklich einverstanden mit seinem medialen Abbild, ein konservatives Verhältnis zu den Medien pflegen: Vranitzky hat die Medien nie »bedient«, sich nie von ihnen abhängig gemacht. Er gab, wenn es sein mußte, Auskunft, und auch wenn er es wirklich so empfand, es wirkte wie designed im Sinn eines virtuellen Anforderungsprofils: Der Kanzler gibt Auskunft – eine Pflicht, der ein Mann in seinem Amt sich unterwinden muß!

Als eine Zeitschrift auf dem Cover eine Vranitzky-Fotomontage brachte, war der Kanzler entsetzt: Das war er nicht wirklich!

Niemand hätte das geglaubt, aber der erste virtuelle Kanzler der Republik wollte *richtig*stellen und klagte. Er hielt für wirklich, was er schien, und wollte daher nicht scheinen, was er war. Der Fortschritt von Vranitzky zu Klima war nur ein kleiner Gedankenschritt: Viktor Klima, ein ausgebildeter Informatiker, hatte Vranitzky mit seiner Real-Virtuell-Dialektik besser verstanden, als dieser sich selbst. Er verstand dessen Erfolg und dessen Dilemma. Und er beschloß offenbar, bewußt zu machen, nein, nicht bewußt zu machen – dies höchstens irrtümlich –, sondern bewußt zu tun, was diesem bloß glücklich widerfahren war.

Vranitzky war allerhöchstens aus seiner Erstarrung kurz erwacht, um aktiv stillzuhalten, weil Kameras auftauchten, Klima aber hielt sich flexibel für die Kameras bereit und erstarrte, wenn sie fehlten. Hatte Vranitzky noch wegen einer Fotomontage geklagt, so eilte Klima in die Fotostudios von Boulevardzeitschriften und ließ sich geduldig in Posen fotografieren, die wie Fotomontagen wirkten. Erschien die Realität, die Vranitzky repräsentierte, und auch die Realität seiner Person wie in einem Vexierbild zugleich auch virtuell, so ist die Virtualität, die Klima produziert, die letzte politische Realität Österreichs.

An diesem Punkt hat sich etwas vollendet, das in dieser Form zwar neu, strukturell aber aus der Geschichte bekannt ist – und bei allen bekannten historischen Beispielen zu mehr oder weniger großen Katastrophen geführt hat: eine politische Administration, die keine Alternativen sehen oder denken oder auch nur seriös zulassen konnte; die sich völlig dem Zeitgeist ergab;

die kein Ziel mehr formulieren konnte als das Beharren auf dem ewig Versprochenen und nie Eingelösten – und selbst dies nur in leerer Rhetorik; und die, wenn sie sich in einem dynamischen Prozeß ertappte, den sie zwar nicht unbedingt wollte, aber doch mitverschuldete, diesen Weg unerbittlich bereit ist, zu Ende zu gehen – statt zu versuchen, einen anderen gangbaren Weg zu finden. All dies hat Barbara Tuchman, in völliger Unkenntnis Österreichs, anhand einiger historischer Beispiele in einem Buch beschrieben mit dem Titel »Die Torheit der Regierenden«.

10. »Neue politische Signale für die Menschen«
Oder: Was ist ein »Quereinsteiger«?

Definition: Learning by earning.

11. Menschliche Signale für eine neue Politik
Oder: Wo, bitte, ist das »gute Österreich«?

Josef Haslingers *Politik der Gefühle* war ein Meilenstein in der intellektuellen Auseinandersetzung mit dieser Republik. Dieses Buch brachte auf den Punkt, wie in diesem Land Politik gemacht wurde und womit sich kein denkendes Gemüt anfreunden konnte. Ja, kein denkendes *Gemüt*, denn es ist ja nicht so, daß die kritische Intelligenz gefühllos wäre – es waren durchaus auch Gefühle, die hochkamen, wenn man beobachten mußte, wie die Mobilisierung eines verquasten kollektiven Gefühlshaushalts systematisch dazu verwendet wurde, einer im besten Fall hilflos sachzwänglerischen Politik die nötige Legitimation zu verschaffen. Aber der Anspruch derer, die Haslingers Buch hochhielten, war es doch, dieser Art von Politik Rationalität, Analytik, Vernunft entgegenzuhalten. So schien es zumindest – bis österreichische Intellektuelle Gertraud Knoll als Personifikation ihrer Sehnsucht und als politische Alternative entdeckten.

Grundsätzlich gegen eine Politik der Gefühle, solange es nur Politiker gab, deren Politik der Gefühle ihr Denken beleidigte und deren Denken ihre Gefühle in Aufruhr brachte, erlebten sie plötzlich ebendiese ewig kritisierte Politik der Gefühle als politische Innovation, als gangbare Alternative zu traditioneller Politik, als Erlösungsversprechen. Unerbittlich, wenn für politische Ziele, die ihnen suspekt waren, Stimmung gemacht wurde, wurden sie plötzlich zu den allerüberzeugtesten Anhängern der Politik der Gefühle, nur weil sie eine Kandidatin fanden, eine Hohepriesterin in Gestalt einer protestantischen Bischöfin, die ihnen zu versprechen schien: Ich will mich *eurer* Gefühle annehmen, eine *euch* angenehme Stimmung machen ...

Und seltsam: Gertraud Knolls Metaphorik – von der *Wärme in der Politik* bis zu den *Brücken über Gräben, die nicht aufgerissen werden dürfen* – erinnerte frappant an die Kirchschlägers, der als Bundespräsident nicht so sehr Staatsnotar oder Ersatzmonarch, als vielmehr der Hohepriester Österreichs war. Kirchschläger hatte in seiner Glanzzeit rund 70% Zustimmung. Allerdings könnte niemand behaupten, daß er mit seiner verblasenen Metaphorik jemals als Repräsentant auch des damals zwar kleinen, aber sich doch engagiert formierenden *anderen* Österreich anerkannt worden wäre – als Gallionsfigur selbst des progressiven, aufgeklärten, kritischen Teils der österreichischen Gesellschaft.

Wenn über den Ton, den die Bischöfin Knoll also in die Politik einbrachte, immer wieder gesagt wurde, daß er neu sei, dann zeigte dies eine erstaunliche historische Erinnerungslücke. Neu war bloß die Rezeption, die dieser Ton in Österreich erfuhr. Er bekam nun Zustimmung und Unterstützung just von dort, wo die Kritik daran bereits ein Gemeinplatz zu sein schien.

Ich habe eine Tante, die, von den Nazis nach England vertrieben, heute noch, wenn ich bei ihr auf Feinheiten der österreichischen Innenpolitik zu sprechen komme, stereotyp abwehrt und sagt: »I couldn't care less!« Erst als ich die Erfahrung machen mußte, in einem sozialen Biotop zu leben, in dem alle aufgeklärten Standards von einer Minute auf die andere vergessen werden können, nur weil eine Blüte dieses Biotops messianisch verspricht, bei Identität der Phrasen eine Differenz der Haltung zu repräsentieren – erst da also begann ich, dieser Tante zuzustimmen. Denn mit ihrem Satz sagt sie nichts anderes als: Ich bin kein Feind meines Wohlbefindens. – Und diesen Satz werden die neuen Gefühlspolitiker vielleicht verstehen, auch wenn ich daran zweifle, daß sie dessen Geschichtsgesättigtheit begreifen können ...

Die Trennung von Kirche und Staat steht noch immer nicht in der österreichischen Verfassung. Aber statt darauf zu drängen, die österreichische Verfassungsruine zu renovieren, reformiert das aufgeklärte Österreich die Aufklärung.

Kirchliche – und nicht nur katholische – Würdenträger sollen keine politischen Ämter einnehmen können: Das ist zu Recht ein zentraler Bestandteil des Kanons der europäischen Aufklärung. Hat es eines Beweises bedurft, daß die Aufklärung Österreich nur gestreift hat?

12. Die letzte Zäsur
Oder: Nicht Schluß, aber Ende

Die Nationalratswahlen im Oktober 99 stellen die letzte große Zäsur der Zweiten Republik dar, denn ohne Zweifel wird danach alles anders sein – selbst dann, wenn es bleibt, wie es ist.

Alle Zeichen stehen auf stur. Das ist das historisch qualitativ Neue der Zweiten Republik, zugleich das Signal für ihr Ende.

Die vorangegangene Kärntner Landtagswahl – Testwahl ja oder nein? – hat ein Phänomen produziert, hinter das die Republik insgesamt nicht mehr zurückkann. Es muß als radikalste Innovation in der Geschichte westlicher Demokratien bezeichnet werden, und nicht genug damit, war die Konsequenz daraus die radikalste Innovation in der gesamten Weltgeschichte der Konsequenzen: Herkömmlich nämlich werden – und zwar sowohl in Österreich als auch in der Welt – vor einer Wahl alle möglichen Versprechen gemacht, lanciert, in die Schlacht geworfen. Dieses klassische System des wechselseitigen Überbietens wurde in Kärnten erstmalig aufgehoben: Die beiden Parteien, die bundesweit regieren, reduzierten ihre Wahlwerbung auf ein einziges, auf ein radikal singuläres Versprechen: »Wenn wir auch in diesem Bundesland die Mehrheit erhalten, dann wird es keinen Landeshauptmann Haider geben!« Es war gespenstisch. Vorwahlzeit – und man konnte Kärnten auf- und abwandern, und nirgends ein Versprechen, nirgendwo eine Phrase, die irgendwie irgendwas für die Zukunft versprach. Nur dies, dieses eine, dieses einzige, dieses singuläre, dieses einzigartige, dieses noch nie dagewesene Wahlversprechen: »Was nicht ist, soll auch nicht werden!« Was immer auch sein wird, wir versprechen ausschließlich dies: Eines wird garantiert nicht sein – erhalten wir die Mehrheit, gibt es keinen Landeshauptmann Haider.

Bekanntlich passierten zwei Dinge. Erstens: Die Regierungskoalition erhielt in Kärnten die absolute Mehrheit. Zweitens: Zwei Wochen später war Haider Landeshauptmann von Kärnten.

Nun die Nationalratswahl: Noch nie seit einem Vierteljahrhundert haben die beiden Koalitionsparteien dermaßen konsequent und radikal vor einer Wahl die Botschaft verbreitet, daß sie nicht mehr miteinander wollen und können. Daß eine Änderung der Regierungsform notwendig, ja überfällig sei. Nichts haben sie programmatisch noch zu versprechen – nur dies: den Widerspruch zum anderen. Viktor Klima hält sich »die Möglichkeit einer Minderheitsregierung«, Schüssel »alle anderen Möglichkeiten« offen.

Sie sind so demonstrativ geteilter Meinung, daß tatsächlich fast in Vergessenheit gerät, daß geteilter Meinung sein in Österreich immer bedeutete, die Meinung des anderen geteilt zu haben.

»Die Neutralität ist obsolet geworden, was nicht heißt, daß wir sie abschaffen müssen!« versus »Wir verteidigen die Neutralität, was nicht heißt, daß wir sie nicht auch als obsolet behandeln können!«. Es waren unglaubliche Antithesen, und unglaublich: Sie sollten dieses Land zerreißen.

Klimax

Höhepunkt der tragischen Vorstellung

(Un)erklärliches Österreich

Das Bild, das sich die Welt von der »Wende« in Österreich machte, war genauso verschroben wie das österreichische Weltbild selbst. Fast alles, was über Österreich nach der Wahl vom 3. Oktober 1999 und dann nach der Regierungsbildung geschrieben wurde, sowohl in der österreichischen wie auch in der internationalen Presse, war so falsch, daß nicht einmal das Gegenteil richtig war – so konnte es keine Diskussion über die reale Lage geben, sondern nur noch über die Gefühle, die den jeweiligen Kommentator angesichts der scheinbar gespenstischen Lage beschlichen.

Tenor der Berichterstattung war, daß sich über Österreich wieder die langen Schatten der Geschichte gelegt haben, daß es also wieder finster werde wie in den finsteren Zeiten und daß sich in dieser Finsternis die Wiedergänger ans Werk machten. Das war falsch. Das Gegenteil aber auch. Das Wahlergebnis hatte durchaus mit der österreichischen Geschichte zu tun – aber nicht unbedingt mit jener.

Das in den Berichten regelmäßig zum Ausdruck gebrachte Gefühl war: Österreich gebe Anlaß zu Besorgnis, ja zu Angst. Auch das war objektiv falsch bzw. »real« bloß als Medieninszenierung, gefahrlose Angstlust. Aber das hieß ebenfalls nicht, daß »in Wirklichkeit« das Gegenteil stimmte, daß es also überhaupt keinen Anlaß für Sorgen gab. Den gab es sehr wohl – aber aus ganz anderen, unbeachteten Gründen.

Stellen wir uns einmal vor, daß es Österreich gar nicht wirklich gäbe. Es wäre, mit all seinen wirklichen Parametern und Gesellschaftsdaten, nur ein fiktives Land, das ein amerikanischer Universitätsprofessor als Fallbeispiel für seine Politologie-Studenten erfunden hat, um die Diskussion gesellschaftlicher und politischer Prozesse und schließlich deren Analyse einzuüben. Imagine a small country in Europe and let's call it Austria.

Selbst ein erstsemestriger Student könnte die Tatsache nicht übersehen – und würde ihr daher (im Gegensatz zu professionellen innenpolitischen Kommentatoren in Österreich) zu Recht große Bedeutung zumessen –, daß die Gründerväter des modernen Österreich, in der historischen Konstellation, die der Professor vorgegeben hatte (und in der sich Österreich 1945 tatsächlich befand), keine unmittelbar überzeugende Staatsidee haben konnten. Zuerst war Österreich ein riesiges Vielvölkerreich gewesen, das nach einem verlorenen Krieg in lauter Nationalstaaten aufgelöst wurde – lediglich jener Teil des alten Reichs, der danach noch immer Österreich hieß, wurde kein Nationalstaat, sondern bloß ein deutschsprachiger Rest, der dafür, daß er ebenfalls Nationalstaat sein wollte – als Bestandteil der deutschen Nation –, noch einmal bestraft wurde. Als einziges Land der Geschichte seit Karthago wurde es nach einem Krieg nicht nur wirtschaftlich und psychologisch gedemütigt, sondern völlig zerschlagen. Als einziges Land eines sich nationalstaatlich formierenden Europa durfte es kein Nationalstaat sein. Als einziges Land eines in den Faschismus kippenden Kontinents mußte es gleich zwei faschistische Diktaturen ertragen. Und obwohl es in Österreich, ebenfalls einzigartigerweise, gegen ein faschistisches Regime (1934) einen bewaffneten Aufstand gegeben hatte, gilt es seither als doppelt faschistisch.

Es gab keine Geschichtslogik, die auf eine allgemein nachvollziehbare Weise in die Zweite Republik geführt hätte, keine Staatsmythologie, aus der sich Österreich nach 1945 herausschälen hätte können, keine Geschichte, die jenen Stolz und jenes Selbstbewußtsein ermöglicht hätte, die Voraussetzung für emphatische Staatsgründungen sind. D. h.: Die Zweite Republik entstand tatsächlich, und nicht aus Ignoranz gegenüber seiner Geschichte, als Staat aus dem Nichts. Was also konnten die Gründerväter der Zweiten Republik für eine Staatsidee formulieren, was konnten sie wollen? Dieselben Männer übrigens, die schon die Erste Republik gegründet hatten, »die Republik, die keiner wollte« und die sie selbst, die Gründer, für »wirtschaftlich nicht lebensfähig« gehalten hatten. Was also konnten sie jetzt wollen, außer Wirtschaftshilfe von den reichen und großen Ländern, Entwicklungshilfe wie ein afrikanisches Land? Es wurden im Jahr 1945 lediglich zwei Versprechen als Absichtserklärung des neugegründeten Staats gegeben – und das ist nicht nur ungewöhnlich simpel und aufgrund der Bedingungen auch logisch, sondern auch außergewöhnlich sympathisch. Erstens: Es soll ein freies, demokratisches Gemeinwesen nach westlichem Vorbild aufgebaut werden. Zweitens: Österreich soll, als praktisches Fazit seiner eigenen historischen Erfahrungen, zu einem Musterland in Hinblick auf die Achtung und Verteidigung der Menschenrechte werden.

Erst hier beginnen die Probleme, erst hier setzt die Geschichte ein, deren Schatten auf die österreichische Gegenwart fallen: Denn seither hat Österreich alles mögliche erreicht, alles mögliche bewiesen, alles mögliche geleistet – nur zwei »Kleinigkeiten« hat es nicht eingelöst: nämlich die beiden grundlegenden Versprechen, die bei der Gründung der Zweiten Republik gegeben wurden. Der amerikanische Politologiestudent, der das politische System des Fallbeispiels Austria nach 1945 genauer betrachtet, würde, wäre er auch nur ein bißchen aufgeweckt, sagen: »Professor! Die Staatsidee dieser Republik erscheint mir nach all der Vorgeschichte mit all ihren radikalen Brüchen und Besonderheiten noch nachvollziehbar, aber was dann kommt, ist ja völlig irreal – das kann es doch in Wirklichkeit nicht geben! Sind Sie sicher, daß es einen Sinn hat, so ein Beispiel zu diskutieren?«

Österreich baute nach 45 ein demokratisches System auf – das in jedem Punkt dem internationalen Konsens widersprach, wie ein demokratisches System grundsätzlich auszusehen habe: Es gab zwar ein Parlament, in diesem aber keine Opposition. Im Parlament wurde die Regierung von den Abgeordneten der Regierungsparteien, also nur von sich selbst, kontrolliert. Zugleich installierten die beiden Regierungsparteien eine Nebenregierung, die »Sozialpartnerschaft«, deren Repräsentanten in keinen allgemeinen Wahlen legitimiert wurden und daher auch nicht abgewählt werden konnten. Diese Nebenregierung nahm der Regierung und dem Parlament die mühsame Arbeit der Gesetzgebung ab, indem sie die Gesetze außerparlamentarisch aushandelte und dann im Parlament nur noch absegnen ließ – wiederum von sich selbst, denn die Vertreter der Sozialpartnerschaft wurden von den Regierungsparteien als Abgeordnete ins

Parlament gesetzt. Diese Nebenregierung gewährleistete eine Stabilität, die groteskerweise als deutlichster, nein, als einziger Beweis dafür gefeiert wurde, daß dieses Land Demokratie gelernt hatte. Als wäre eine funktionierende Demokratie durch versteinerte Verhältnisse definiert und nicht durch Stabilität auch im politischen Wechsel und gesellschaftlichen Wandel. Die österreichische Realität, dieses jahrzehntelang weihrauchumschwenkte undemokratische Zerrbild von demokratischer Stabilität, machte jeden möglichen politischen Wechsel zur bloßen Fiktion: Es war egal, ob die beiden Regierungsparteien gemeinsam in einer Koalition oder je alleine regierten, die Sozialpartnerschaft blieb, es blieben über jede Wahl hinweg dieselben Personen, und sie blieben unabwählbar. Ein Parlament ohne Opposition, eine Demokratie ohne demokratische Kontrolle und ohne Möglichkeit, politisch Verantwortliche abwählen zu können – das war es, was faktisch von Versprechen eins eingelöst wurde, und damit kein Mißverständnis aufkommt: Das war nicht nur in den ersten Jahren so, gleichsam als Kinderkrankheit im mühsamen Prozeß der Einübung demokratischer Strukturen, sondern so war es beinahe ein halbes Jahrhundert lang.

Und Versprechen zwei? Wenn sich ein demokratisches System so hermetisch gegen die Möglichkeit demokratischer Prozesse abdichtet, wie das in Austria der Fall war, dann ist eine Entwicklung, die zu unkontrollierbaren Polizeibefugnissen, zu Lauschangriff und Rasterfahndung und bei der kleinsten Unruhe zur hysterischen Jagd auf Sündenböcke führt, logischer als jene Entwicklung, die zu einem so selbstverständlichen wie selbstbewußten Eintreten für die Unteilbarkeit der Menschenrechte führt. Dann ist es egal, ob es eine Verfassung gibt und Grundrechte, solange man einen kennt, dessen Schwager wieder einen kennt, der irgendwo intervenieren kann ... Und das ist es, was Alltagsfaschismus und was nicht gleich Neonazismus ist: keinen Rechtsanspruch zu haben, sondern sich zurückzulehnen in undurchsichtige Beziehungen, Parteikontakte, paternalistische Verflechtungen. Aber das ist – und das kann man nicht oft genug betonen – eine Konsequenz des Systems dieses Landes, das die jetzt lebenden Generationen wirklich und nachhaltig genau darauf eingeschult hat, und keine Konsequenz von dessen Vorgeschichte.

So, und jetzt betrachten die Studenten die weitere Entwicklung, und sie sind – erleichtert: Es gibt plötzlich Oppositionsparteien im Parlament. Es gibt Wahlen, die die selbstverständliche Hegemonie der bisherigen Regierungsparteien ins Wanken bringen. Die Sozialpartnerschaft ist in eine veritable Krise geraten. Neue Koalitionen und demokratischer Wechsel werden möglich. Die Allmacht eines Staates, der von der staatlich verteilten Babydecke bis zum staatlich vorgesehenen Normsarg das Leben seiner Bürger reglementieren will, wird zurückgedrängt – die amerikanischen Studenten jubeln: So irrwitzig kann man ein Fallbeispiel gar nicht erfinden, daß sich am Ende nicht doch die Ideale, die sie kennen und mit denen sie die Welt missionieren, durchsetzen würden. Nun überprüfen sie mit dem Professor das Programm und die geäußerten Absichten jener »Freedom-Party«, die als größte und kontinuierlich wachsende Oppositionspartei den Paradigmenwechsel in der politischen und gesellschaftlichen Realität von Austria provoziert hat, und stellen fest: Das entspricht mehr oder weniger dem linken Flügel der Republikanischen Partei der USA. Ein paar Studenten, die mit den Demokraten sympathisieren, äußern ein paar marginale Kritikpunkte – da läutet es, Ende der Seminarstunde, die Studenten eilen zu Basket- oder Baseball, wieder was gelernt, der Professor ist voll okay.

Das war, mit einiger Distanz betrachtet, die Realität im Jahr 2000. Das ist eine wirklich schrullige Eigentümlichkeit: Die Zweite Republik Österreich wurde sich selbst und in der Folge der Welt zum Rätsel, als sie sich endlich normalisierte. Als sie mit anderen demokratischen Staaten vergleichbar wurde. Wie war das möglich?

Was übersehen wurde, war ein beschämend simpler Sachverhalt: Kein Haider-Wähler, der früher eine andere Partei gewählt hatte, hatte plötzlich seine Meinung, sein Weltbild geändert. Kein Haider-Wähler ist »gekippt«, ist »historisch rückfällig« geworden, nach dem Motto: »Jetzt war ich immer so demokratisch, aufgeklärt, ein Anhänger des Rechtsstaats – aber jetzt wechsle ich zu den Faschisten, ich kann mir nicht helfen, das habe ich in den Genen!« Keiner, der Haider wählte, konnte verstehen, daß er von einem Tag auf den anderen zum Faschisten mutierte, nur weil er blieb, wie er war, nur weil er treu war: Allem, was er von Geburt an in der demokratischen Republik Österreich gelernt hat und lernen mußte und was er täglich in seiner Zeitung lesen konnte. Und weil er dem treu geblieben war, was ihm immer von den international anerkannten demokratischen Parteien seines Landes versprochen worden ist, das aber jetzt, wegen neuer internationaler Verpflichtungen, nicht mehr eingelöst werden konnte. Wie sollte er, zum Beispiel, verstehen, daß er ein braver Demokrat war, als er Kreisky wählte, der mit ungedeckten Schecks lockte (Heiratsgeld, Kindergeld usw.), aber daß er jetzt ein Nazi ist, weil er Haider wählt, der mit ungedeckten Schecks lockt? Ist es nicht eher verständlich, daß er sich verhöhnt fühlte, wenn die ehemalige »Scheck-Partei« ihm sagte, daß diese Versprechen eine irreale Utopie wären, unfinanzierbar und nie verwirklichbar? Das Gedächtnis der Menschen ist schlecht, aber so schlecht nicht: Sie wußten, daß es nicht Utopie, sondern Geschichte war, Geschichte der Zweiten Republik wohlgemerkt, und nicht ihre Vorgeschichte – sie haben es erlebt. Sie haben diese Art von Politik und keine andere gelernt.

Das mag international schwer verständlich sein, ist aber – leider – die Wahrheit: Keiner, der Haider wählte, war ein Wechselwähler: Er hat in den 60er Jahren die Christdemokraten gewählt, obwohl (oder weil?) der christdemokratische Spitzenkandidat das Parlament als »Judenschul« bezeichnet hatte und sich vor Grinsen nicht halten konnte, als er die Vorzüge der Sozialpartnerschaft pries. Obwohl dieser mit dem Slogan »Ein echter Österreicher« (gemünzt gegen den Juden Kreisky) in die nächste Wahl ging (und übrigens wesentlich mehr Stimmen erhielt als jetzt Haider mit demselben Slogan!).

Er hat in den 70er Jahren Sozialdemokraten gewählt, obwohl (oder weil?) der sozialdemokratische Spitzenkandidat sagte: »Wenn die Juden ein Volk sind, dann sind sie ein mieses!« Er hat Sozialdemokraten gewählt, obwohl (oder weil?) die Sozialdemokraten Simon Wiesenthal als Nazi-Kollaborateur denunzierten. Der Haider-Wähler 2000 hat früher, lange vor

Waldheim, den Kandidaten der Sozialdemokraten zum österreichischen Präsidenten gewählt, obwohl (oder weil?) dieser im Gegensatz zu Waldheim wirklich ein Kriegsverbrecher gewesen sein soll. Die Zeitschrift übrigens, die damals die Biographie dieses Präsidenten diskutieren wollte, erhielt keine Zeitschriftenförderung und keine Inserate mehr (sie lebte von Inseraten des Gewerkschaftsbundes), bis sie versprach, dieses Thema sterben zu lassen. Der damalige Herausgeber dieser Zeitschrift schreibt heute für die *Kronen Zeitung*, in der regelmäßig, und nicht erst seit Haiders Aufstieg, rassistische und antisemitische Machwerke erscheinen. Und es war ein sozialdemokratischer Bürgermeister von Wien, der dekretierte: Nur weil in dieser Zeitung einzelne antisemitische Artikel erscheinen, ist sie noch lange nicht antisemitisch – sondern vielmehr ein vorbildliches Beispiel für Meinungsfreiheit!

Und war es »das gute, das demokratische, das antifaschistische Österreich«, das die Sozialdemokratie wählte, obwohl (oder weil?) der sozialdemokratische Innenminister jene Politik tatsächlich exekutierte, die man von Haider befürchtete? Und der stolz darauf war, daß er, nach der Ermordung eines Asylbewerbers durch Polizisten, als politisch Verantwortlicher in Umfragen besonders hohe Sympathiewerte hatte?

Genug! Diese Liste kann man bis zum Erbrechen verlängern, in genauso kurzer Zeit, wie man Haiders unappetitliche Sprüche sammeln kann.

Jedenfalls: Sieht da irgendwer einen Wechselwähler? Sieht da irgendeiner einen inhaltlichen Bruch im Wahlverhalten? Außer daß einiges transparenter wurde, als es zuvor war?

Diese Transparenz ist auch die Antwort auf die Frage, wieso Austria, just in einer Normalisierungsphase, sich selbst und den anderen zum Rätsel wurde: Denn was da sichtbar wird, zeigt, wenn man genau hinblickt, einen anscheinend unauflösbaren Widerspruch. Er war in der Tat unerträglich: Österreich hat einen demokratiepolitischen Fortschritt erlebt, aber dieser trat mit dem Getöse einer Bedrohung der Demokratie auf. Wer Österreich gegen diese Bedrohung verteidigte, verteidigte vordemokratische Zustände, und wer nicht verteidigte, akzeptierte die Durchsetzung antidemokratischer Verhältnisse. Das also sollte die erste politische Alternative, das erste Angebot einer politischen Weichenstellung sein, die österreichische Wähler seit Jahrzehnten hatten. Und je mehr die Bedrohung und die bedrohte Bedrohung vexierbildhaft in eins fielen, desto größer wurde das Rätsel, aber auch die Wut, die Emotionen.

Wer hat denn jahrzehntelang augenzwinkernd betrieben, was Haider ansprach? Wer hat denn jahrzehntelang salonfähig gemacht, wonach Haider, der Parvenü im Salon, jetzt genüßlich seine Finger streckte? Der Skandal war nicht allein Haider. Der ganze Skandal war die geschlossene Allianz, die sich just das Österreich zurückwünschte, das einen wie Haider möglich machen mußte.

Dieser Sachverhalt, wenn wir uns ihm stellen, löst auch gleich das nächste Rätsel: Niemand hatte jemals Frankreich einfach als Le-Pen-Frankreich bezeichnet oder Italien als Fini-Italien, oder Deutschland als Schönhuber-Deutschland. Wie aber konnte es zu diesem eigentümlichen Reflex der Weltmeinung kommen, daß nur Östereich, daß einzigartigerweise Österreich, daß exklusiv Österreich anhand von nichts anderem beurteilt werden könne als an Hand eines Oppositionspolitikers, so daß man schließlich selbstverständlich von Haider-Österreich sprach? Eben deshalb: Weil Haider nicht der Widerspruch zu den österreichischen Verhältnissen war, sondern deren Produkt, weil er nicht die Antithese zu den Regierungsparteien war, sondern deren Lautsprecher, weil er nicht gegen die Situation opponiert, sondern sie bloß überzeichnet hatte.

Es ist langweilig, dies, wenn man über Österreich diskutiert, gebetsmühlenartig wiederholen zu müssen: Diese mit den miesesten Gefühlen der Menschen jonglierende sogenannte Freiheitliche Partei war und ist mir zutiefst zuwider. Nein, sie war selbstverständlich nie eine vernünftige Alternative zu den demokratiepolitischen Defiziten Österreichs. Aber kann man über diese Partei und über Österreich sinnvoll diskutieren, wenn man ausblendet, daß sie die erste wirksame Opposition in einem Land war, das sich vierzig Jahre lang Demokratie nannte, ohne eine Opposition zu haben? Und daß sie daher, mies wie sie ist, mehr nolens als volens zwei Konsequenzen für dieses Land hatte, die so mies nicht sind, weil sie Chancen eröffnen: größere

Transparenz der realen Situation und das Aufbrechen der alten Strukturen. Und hatte es nicht einige Logik, daß sich nach dreißig Jahren durchgehender sozialistischer Kanzlerschaft eine Opposition, wenn sie schon entstand, als eine antisozialistische formierte? Es war wohl wirklich nur in Österreich, nach einem halben Jahrhundert Vor- oder Quasidemokratie, möglich, daß selbst Demokraten die demokratiepolitisch schrullige Vorstellung haben konnten, man müsse, um mit seinem Land glücklich zu sein, sich beides aussuchen oder gar wählen können: Die Regierung und auch die Opposition – und erst wenn man mit beiden politisch übereinstimmt, kann man »stolz sein auf sein Land« ...

Kurz: Österreich hat im Jahr 2000 keine »Wende« erlebt, keinen Rückfall in »unaufgearbeitete und mitgeschleppte« dreißiger Jahre, sondern zeigt plötzlich auf transparente Weise die inneren Widersprüche, die diese Republik auf versteckte Weise seit ihrer Gründung hatte. Es hat keinen Rechtsruck gegeben, es ist bloß ein Vorhang nach rechts zur Seite geschoben worden, wodurch der wirkliche Zustand dieses Landes sichtbar wurde. Schlimm genug, im Hinblick auf den Widerspruch, der sich auftat zwischen der Realität und ihrer medialen Abbildung. Denn dies war eben der wirkliche Zustand: Ein Land, eingeübt nur in scheinharmonische Pseudodemokratie, kollabierte, just als sich demokratische Möglichkeiten auftaten.

Fallende Handlung

Zurück ins Bodenlose

Dummheit ist machbar

Weltfeind Österreich – Eine Erregung

Es gehört zum Wesen einer Krise, daß sie nicht mit ihrer Lösung beginnt. Und ebenso gehört es offenbar zum Wesen einer Krise in ihrer konkreten österreichischen Abart, daß diese selbstverständliche Prämisse helle Überraschung, ja geradezu Hysterie auslöst. Dadurch erlebte Österreich nach 2000 zwei Krisen, nämlich die Krise und die Krise ihrer Interpretation. Eine Krise nimmt grundsätzlich ihren Lauf, wie immer sie interpretiert wird, aus einem einfachen Grund: weil sie objektive Ursachen hat. Die Krise der Interpretation der Krise aber nimmt nur deshalb ihren Lauf, weil die Interpreten objektive Ursachen nicht kennen und nicht anerkennen wollen.

Diese objektiven Ursachen lagen in der Vorgeschichte der damals so dramatisch erlebten Situation – und das war nicht die Nazi-Geschichte, sondern die Geschichte der Zweiten Republik selbst. Und diese Vorgeschichte hatten im Jahr 2000 selbst jene vergessen, die diese Zeit politisch und publizistisch begleitet und mitgestaltet haben. Es gehörte einige Chuzpe dazu, diesen plötzlichen Gedächtnisverlust zur Geschäftsgrundlage einer Publizistik zu machen, die die Angstlust jener belieferte, die sich nun an die Vorgeschichte der Vorgeschichte erinnert fühlen.

Zur Erinnerung (auch wenn es sinnlos sein wird – denn ich habe nur Fakten, aber keine Moral anzubieten): Jahrzehntelang hatte die Zweite Republik Österreich ein Parlament, in dem es – einzigartig in der demokratischen Welt – keine Opposition gab. Die Parlamentarier waren nicht frei, sondern durch Klubzwang an die Beschlüsse ihrer Parteien gebunden, die zugleich die Regierungsparteien waren. Es gab also nicht nur keine Opposition, sondern nicht einmal formal oder theoretisch irgendeine mögliche Kontrolle der Regierung durch das Parlament.

Nun war aber auch die Regierung nicht frei. Sie hatte eine Nebenregierung, die sogenannte Sozialpartnerschaft, die alle Gesetzesentwürfe, die die Regierung im Parlament zur Abstimmung brachte, bereits zuvor außerparlamentarisch ausgehandelt hatte. Auf diese Weise erblickte jeder mögliche politische Interessenkonflikt augenblicklich schon als Kompromiß das Licht der Öffentlichkeit. Nun hatte aber auch diese Nebenregierung ein kleines Problem: Sie existierte formal nämlich überhaupt nicht. Sie ist in keiner Verfassungsbestimmung, nirgendwo in der Grundordnung des politischen Systems vorgesehen oder auch nur erwähnt. Man konnte daher ihre allseits bekannten Exponenten weder wählen noch abwählen – kurz: das demokratische System, das in Österreich ein halbes Jahrhundert lang irgendwie funktioniert hat, löst sich bei genauerer Betrachtung in nichts auf – kein (verfassungs)rechtliches Substrat, keine politische Legitimation.

Wer heute behauptet, daß es immerhin durch Wahlen demokratisch legitimierte Regierungen gab, hat eines vergessen: Sogar um eine Regierung, der kein freies Parlament gegenübersteht und die sich kampflos einer Nebenregierung ergibt – sogar um eine solche Regierung wählen und damit demokratisch legitimieren zu können, brauchte man eine winzig kleine Voraussetzung: nämlich eine Wahlmöglichkeit. Aber egal, wie man wählte, man wählte immer die vordergründige oder hintergründige Zusammenarbeit der beiden Parteien.

Hat in all diesen Jahrzehnten das demokratische Ausland, die demokratische Weltöffentlichkeit besorgt auf dieses vordemokratische Österreich geblickt? Haben die entwickelten Demokratien auch nur ansatzweise ihre Muskeln spielen lassen, um den Österreichern zu bedeuten, daß diese politischen Gepflogenheiten der Zweiten Republik eine Farce seien, und wenn das nicht schleunigst im Sinne demokratischer Grundprinzipien geändert würde, dann würde die freie Welt eine Quarantäne über Österreich verhängen? Hat dies stattgefunden? Nein.

Österreich ist in diesen Jahrzehnten ein wohlhabendes, stabiles Land geworden. Erklärt dies etwas? Meines Wissens haben die demokratischen Staaten niemals versprochen, daß alle Menschen dieser Erde zu Wohlstand kommen müssen, und wenn das irgendwo nicht der Fall sein sollte, erst dann, aber dann wirklich werden sie sich einmischen ... Tatsächlich haben sie »nur«

versprochen, nach Möglichkeit aufgeklärte Standards und demokratische Prinzipien in der Welt durchzusetzen und zu verteidigen.

Wenn es also nicht um die Durchsetzung demokratischer Grundprinzipien und auch nicht um garantierten Wohlstand geht – wie funktionierte in den letzten Jahrzehnten oder zumindest Jahren im Hinblick auf Österreich der Schutz der Menschenrechte durch die freie Welt? Dies ist nun wieder ein Teil der Vorgeschichte, bei der ich leider nur Fakten anzubieten habe, aber keine Moral, und daher auch keine Vergeßlichkeit: Jahrelang veröffentlichte Amnesty International regelmäßig Berichte, denen zufolge Österreich die meisten Menschenrechtsbrüche aller europäischen Länder aufzuweisen habe. Hat die freie Welt einmal, nur ein einziges Mal wenigstens, eine einzige ihrer diplomatischen oder politischen Möglichkeiten wahrgenommen, um den Österreichern, die für diese Menschenrechtsverletzungen verantwortlich waren, in den Arm zu fallen? Habe ich gehört, daß die Weltöffentlichkeit ein inbrünstiges »Jetzt reicht's!« nach Österreich gerufen hat? Nein. Wie gerne hätte ich es gehabt.

Es geht also nicht um demokratische Mindeststandards, es geht nicht um Wohlstand und Frieden für alle, und es geht auch nicht um Menschenrechte in der Praxis. Das muß man sich einmal vor Augen halten, um die Groteske, die sich in und um Österreich nach der »Wende« abspielte, auskosten zu können. Was waren die Prämissen dieser Situation? Zum ersten Mal seit einem halben Jahrhundert sollte es in Österreich einen Regierungswechsel geben, der seinen Namen verdiente. Die Nebenregierung war entmachtet, das Parlament witterte Morgenluft. Das war demokratiepolitisch ein Fortschritt – wenn auch bloß ein formaler.

In den Jahren zuvor hatte Österreich eine konservative Regierung und eine starke rechte Opposition. Jetzt sollte es eine konservative Regierung und eine starke linke Opposition bekommen. Das war ein Fortschritt – wenn auch bloß ein atmosphärischer. Aber das Formale und das Atmosphärische zusammengenommen, ergibt plötzlich etwas Überraschendes: die Realität, weil: Viel mehr ist sie nicht.

Und die Regierung – und das sage ich, ohne auch nur im mindesten ihr Parteigänger zu sein –, die zu dieser Zeit ihr Amt antreten wollte, hatte, soweit faktisch überprüfbar, vor allem dies vor: die Maastricht-Kriterien auf Punkt und Komma zu erfüllen, wie schmerzhaft auch immer die notwendigen Einschnitte sein sollten. Weiter: die Bedürfnisse der Europäischen Union nach Privatisierung und Liberalisierung der österreichischen Wirtschaft zu befriedigen, und zwar wesentlich konsequenter, als es dem Wunsch der österreichischen Bevölkerung entsprach und als es mit der alten Koalition möglich gewesen wäre. Daraus entstand zwingend eine europäische Groteske: Die Europäische Gemeinschaft hatte aus ökonomischen Gründen glücklich sein müssen, wollte aber aus moralischen Gründen Sanktionen dagegensetzen. Die österreichische Bevölkerung hätte aus ökonomischem Selbstschutz dagegen opponieren müssen, befand sich aber in einem wollüstig-faszinierten Wendetaumel. Die österreichischen Journalisten, die aufgrund ihrer eigenen, schon seit Jahren vorgebrachten ökonomischen Argumente glücklich hätten sein müssen, produzierten keine Medien mehr, sondern nur noch Selbstdarstellungsformen ihres moralischen Katers.

Was wir also in Österreich, wie in einem Versuchslabor der Europäischen Union, erlebten, war, daß sich die Schere zwischen Ökonomie und Moral zu öffnen begann. Ein bloßer Moralist konnte das nicht verstehen, um so weniger, wenn er mit seiner Moral bisher auch ökonomisch profitiert hatte. Und umgekehrt. Keiner, der, Ökonomie und Moral trennend, solange dies noch konfliktfrei möglich war, genau diesen Konflikt herbeigeschrieben hatte, konnte verstehen, woran er beteiligt war. Vor allem, wenn es ein österreichischer Journalist war, der, sozialisiert im alten Österreich, sich keine andere Wirksamkeit vorstellen konnte und erwarten wollte als diese: daß er irgendwann den Professorentitel honoris causa verliehen bekommt.

Als Realität aber erwies sich leider Folgendes: Eine internationale Staatengemeinschaft, die lange, lange Jahre mit dem Vorwurf konfrontiert war, daß sie bloß ökonomische Prinzipien kennt, wollte sich nun doch den Luxus eines moralischen Überbaus leisten. Und nichts ist bequemer, einfacher und folgenloser, als diesen Anspruch, gerade weil er den ökonomischen Interessen zuwiderläuft, einmal gegenüber einem kleinen, machtlosen, ökonomisch unbedeutenden Land durchzuspielen, zumal dieses Land in jahrzehntelanger Kleinarbeit bewiesen hat, daß es sich besonders gut in der Rolle des Opfers gefällt. Das nun sollte Österreichs neue Opferrolle sein: verfemter Held bei der Einrichtung des lang ersehnten europäischen Überbaus zu werden. Und zugleich Musterschüler bei den ökonomischen Vorgaben der Union zu bleiben. Jetzt erst recht.

In achtzig Tagen gegen die Welt

Als Mitte der achtziger Jahre die erste Übersetzung von Ingeborg Bachmanns Roman *Malina* in Brasilien erschien, war die brasilianische Literaturkritik begeistert. Besonders gelobt wurde die Gabe der Dichterin, übergangslos von einem alltäglichen, scheinbar unschuldigen Szenario ins Surreale und eigentümlich Bedrohliche zu kippen. Ein in mehreren Feuilletons angeführtes und besonders akklamiertes Beispiel war jene Stelle des Romans, wo die Protagonisten sich in der Wiener Innenstadt treffen und gleichsam aus heiterem Himmel beschließen, mitsammen »zum Abgrund zu gehen und dort einen Kaffee zu trinken«. Ein Abgrund, eine Schlucht, ein sich auftuender Boden (port.: »fossa«) inmitten eines urbanen Zentrums! Und diese Gelassenheit, mit der am Rande des Abgrunds Kaffee getrunken wird! Kann es ein überraschenderes, ein dichteres, intensiveres Bild geben für die Dialektik der Moderne, für die doppelbödige Realität Europas, das nach den Greueln des letzten Weltkriegs so schön getüncht wiederaufgebaut wurde, und für die letztlich abgründige Unschuld der Österreicher im besonderen? Die Diskussion über diesen Roman war so intensiv, daß sie zweifellos zu sehr produktiven Konsequenzen in der brasilianischen Literatur und in der Welterkenntnis der Leser führte. Übersetzt man allerdings das portugiesische Wort »fossa« zurück ins Deutsche, befinden wir uns auf dem »Graben«, einem schicken Platz im Zentrum Wiens mit einigen Cafés ohne doppelten Boden, ohne sich öffnender Schlucht. Eines der Kaffeehäuser auf diesem Platz ist übrigens das »Café Europe« – das just zum Zeitpunkt der EU-Sanktionen gegen Österreich »wegen Umbaus« geschlossen wurde ...

Ich glaube, weder Österreicher noch Nicht-Österreicher sind sich wirklich darüber im klaren, auf wieviel produktiven Mißverständnissen jede Debatte über die literarische, politische und gesellschaftliche Realität dieses Landes beruht: scheinbar so einfach nachvollziehbare Voraussetzungen, die so einfach nachvollziehbar aber gar nicht sind, scheinen unversehens ins Groteske oder Bedrohliche zu kippen, das aber so grotesk oder bedrohlich gar nicht ist, und dazwischen tun sich Abgründe auf, die zwar nicht existieren, aber doch Einblicke unter die Oberfläche ermöglichen.

Zum Beispiel erschienen nach der Nationalratswahl vom 3. Oktober 1999 die österreichischen Nachrichtenmagazine mit dem Aufmacher: »Der neue Kanzler«. Das ist sozusagen der international unmittelbar kompatible Aspekt, das vordergründig Selbstverständliche, das unmittelbar Nachvollziehbare, das allgemein Vertraute: So reagieren die Medien wohl in jedem demokratischen Land. An diesem Punkt würde also jeder ausländische Übersetzer glauben, daß er alles versteht und sich auf dem Boden einer – noch – einfachen Realität befindet. Irrtum! In Wahrheit waren bereits diese Worte etwas extrem Ungewöhnliches, geradezu Sensationelles in Österreich: Immerhin hatte es hierzulande seit beinahe dreißig Jahren keine Wahl mehr gegeben, in deren Folge eine Zeitung oder Zeitschrift mit dem Titel »Der neue Kanzler« aufmachen konnte. Seit 1971 ist nämlich bei jeder Wahl der bereits amtierende Kanzler als Kanzler bestätigt worden. Aber das muß man »im Ausland« nicht unbedingt wissen.

Und jetzt gehen wir in ein Café auf dem Graben, um das Wahlergebnis zu diskutieren – und es scheint sich ein Abgrund aufzutun: Unter den Lettern »Der neue Kanzler« strahlt von den Titelseiten aller österreichischen Nachrichtenmagazine ein Foto des lachenden Spitzenkandidaten jener Partei, die bei diesen Wahlen auf den dritten Platz der Wählerzustimmung zurückgefallen war. So übergangslos, so plötzlich aus dem Nichts wird in Österreich einfache Normalität surreal. Irrtum! Nichts ist surreal. Der Mann wurde dann wirklich Kanzler! Und kein denkendes Gemüt in Österreich hat es anders erwartet. Er hatte aufgrund dieser Wahl eine parlamentarische Mehrheit, die ihn zum Kanzler machen konnte und wollte.

Der Welt erschien also als normal, was in Österreich eine Sensation war: daß nämlich eine Wahl ein Ergebnis zeitigt, das eine politische Änderung ermöglicht. Und dann erschien der Welt als völlig unverständlich und bodenlos, was den Österreichern nur logisch und selbstverständlich erscheinen mußte: daß diese Änderung, die so sehr erwartet wurde, daß sie sich eben auch einhellig in den Titelseiten der Printmedien spiegelte, nun auch vollzogen wurde.

Der Graben wurde also zur »fossa« und war doch nichts anderes, als er immer schon war. Ein topographisch einfach bestimmbarer Ort, wo ein Café renoviert wird, ein anderes verkommt und wo ausgerechnet »die Pestsäule«, so ein Reiseführer, »die Schönheit des österreichischen Barock anschaulich macht«.

Es ist wahrlich mühsam, über Österreich zu diskutieren und dabei unausgesetzt jene Schluchten, die sich zwischen der österreichischen und der internationalen »Normalität« auftun, zu überbrücken. Zumal sie, diese Abgründe, nicht Folge von Abgrenzung sind, sozusagen von Gräben, die mutwillig aufgerissen werden, sondern ganz im Gegenteil Produkt eines Über-Eifers der Nachahmung, eines verzweifelten Bemühens, so zu sein oder zumindest zu scheinen wie die anderen – wobei die anderen dann allerdings nur fassungslos die sich erst dadurch öffnenden Differenzen bestaunen. In demokratischen Ländern, wo es, weil sie eben demokratische Länder sind, zu regelmäßigen Regierungswechseln kommt, ist es bekanntlich üblich, nach hundert Tagen Amtszeit einer neuen Regierung eine erste Zwischenbilanz zu ziehen. Nun gab es nach mehr als einem Vierteljahrhundert sogar in Österreich die Möglichkeit dafür. Endlich auch diesbezüglich Normalität also? Mitnichten. Der unmittelbar so banale Nachahmungstrieb hat sich übergangslos in ein Graben-fossa-Mißverständnis verheddert. Lehren die international erfolgreichen Medien nicht auch dies: daß man schnell sein, den Konkurrenten zuvorkommen müsse? Zwei Aspekte internationaler Normalität verbanden sich daher in der österreichischen Variante zu einer von außen kaum nachvollziehbaren Absonderlichkeit: Die Bilanzen »Die ersten hundert Tage« erschienen in allen österreichischen Medien bereits rund achtzig Tage nach Antritt der gegenwärtigen Regierung. Und die restlichen zwanzig Tage? Die markieren genau die Differenz, um die es hier geht: Während die Österreicher irgendwie zu Recht der Meinung sind, wieder einmal internationale Vorgaben übererfüllt zu haben, sieht die internationale Öffentlichkeit nur einmal mehr, daß da etwas fehlt, unterschlagen, vergessen oder gar verdrängt wurde.

Las man in diesen Tagen etwa die holländische Presse, konnte man auf die Frage stoßen, »ob diese vergessenen zwanzig Tage die Österreicher bereits jetzt darauf einüben sollen, das aktuelle Kapitel ihrer Geschichte dereinst so zu vergessen wie die Jahre zwischen 1938 und 1945«. Natürlich war diese Reaktion ungerecht, so sehr wie der Anlaß lächerlich war. Aber der Eindruck ist einmal mehr: Der Graben, diese elegante Adresse, ist zugleich »fossa«, ein unerklärlicher Abgrund. Das hat, nach der klassischen Identitätsphilosophie, natürlich auch seine absolute Richtigkeit: Österreich ist Österreich und zugleich auch Österreich – und eben erst deshalb das Land, das es ist.

Was war das also für ein Land, was konnten wir nach hundert Tagen neuer Regierung erkennen, wenn wir eine Brücke schlagen über den Graben bzw. über den »Graben«, und hinabblikken? Es wäre natürlich ein groteskes Mißverständnis, verschärft dadurch, daß es so besonders naheliegend ist, wenn wir diese Regierung »nach ihren Taten beurteilen« wollten. Denn genau dadurch täte sich keine Differenz, keine Kluft auf, und unsere Brücke wäre eine Brücke über nichts, über keinen Graben. Denn diese Koalition regierte auf der Basis eines Regierungsprogramms, das bekanntlich weitgehend identisch war mit jenem, das bereits für den Fall ausverhandelt war, daß es doch noch einmal zu einer Fortsetzung der alten Regierungskoalition kommt. Der einzige markante Unterschied, der Graben, der zur »fossa« wird, ist die Tatsache, daß diese Regierung plötzlich mit Auseinandersetzungen und Sanktionen konfrontiert war, die Österreich in eine internationale Quarantäne beförderten, just als dieses Land endlich die selbstgewählte Quarantäne verlassen hatte, in der jahrzehntelang versucht worden war, aus dem Atlantis des Weltgeists eine »Insel der Seligen« zu machen.

Man muß schon sehr beisammen gesessen sein, um sich so wütend auseinandersetzen zu können. Und es bleibt die Frage, wofür es bisher so selbstverständlich einen Sanctus gab, daß ihm nun solch harte Sanktionen entsprangen. Der Unterschied zwischen der nicht mehr gewählten und der nicht gewählten, also zwischen der früheren und der neuen Regierung war nicht so sehr inhaltlich, programmatisch, in der politischen Praxis begründet als bloß darin: in den Reaktionen aus dem In- und Ausland, die diese Regierung zu gewärtigen hatte. Eine Bilanz über die ersten hundert Tage der Regierungskoalition zwischen ÖVP und FPÖ konnte also nur eine erste Bilanz über die Auseinandersetzung mit dieser Regierung sein.

Dieses Resümee drängte sich auf: Die ersten hundert Tage der schwarz-blauen Regierung zeigten vor allem, daß dringend die Geschichte des Antifaschismus in der Zweiten Republik aufgearbeitet werden mußte. Kein Land auf diesem Kontinent, der vor über einem halben Jahrhundert fast zur Gänze faschistisch war, ist jemals so unnachgiebig und konsequent der Wiederbetätigung bezichtigt worden wie Österreich im Jahr 2000 aufgrund des Regierungswechsels. Da mußte also etwas Wahres dran sein und konnte doch so nicht wahr sein – mit anderen Worten: Hier hatten wir den Graben. Was ist wahr?

Kann es wahr sein, daß die Geschichte Österreichs mit Hitler begann und systematisch zu einem angeblichen Wiedergänger führte? Kann es, zum Beispiel, wahr sein, daß eine österreichische Dichterin wirklich nur Schulterklopfen erntet, wenn sie über Jahre ihr literarisches Werk auf der eigentümlichen These aufbaut: »Österreich ist faschistisch. Der Sport ist faschistisch. Alles ist faschistisch!« – und just im Moment, da ein solches Werk sich gegenüber der Realität behaupten könnte, ja müßte, eine Erklärung veröffentlicht, der wörtlich zu entnehmen ist: »Die Aufführung meiner Stücke in Österreich zu verbieten, ist die letzte Freiheit, die mir noch geblieben ist.«

»Die letzte Freiheit, die mir noch geblieben ist« – seltsam: Ich hatte etwas übersehen, versäumt, nicht wahrhaben wollen: Ich gehe unbehelligt demonstrieren. Ich kann sagen, schreiben, publizieren, was ich will. Ich kann mich versammeln mit Freunden, mit Gleichgesinnten, Pläne schmieden, ich kann diese Pläne versuchen umzusetzen und scheitere, wenn ich scheitere, nur an mir selbst und nicht an der Staatsgewalt. Ich kann in die Synagoge gehen und sie unbelästigt wieder verlassen, ich kann aus- und wieder einreisen, ich kann sogar auf der Staatsbühne, dem Burgtheater, politisch diskutieren, dort erleben, wie ein Regierungsmitglied gnadenlos ausgebuht wird, aber dennoch scheinen, von mir unbemerkt, in Österreich die bürgerlichen Freiheitsrechte aufgehoben worden zu sein – bis auf ein einziges:

Es ist niemandem verboten, die Aufführung seiner Stücke zu verbieten ...

Meine Familie väterlicherseits hatte 1938 vor Hitler nach England flüchten müssen. Wegen eines Haider wäre sie gewiß nicht geflüchtet. Sie packt auch jetzt nicht ihre Koffer – außer, sie will Urlaub am Faaker See oder am Millstädter See machen. Es hätte allerdings sein können, daß sie, wenn es damals in England einen Haider gegeben hätte, nicht nach England hineingekommen wäre. Das wäre schlimm genug gewesen, aber: Vertreibung oder Aufnahme-Restriktionen, das zeigt doch auch einen qualitativen Unterschied – erst recht wenn man bedenkt, daß ein englischer Haider alleine gar nicht genügt hätte, das Land gegenüber Flüchtlingen dichtzumachen, es hätte dazu auch einen englischen Schlögl geben müssen ...

Ja, doch, das sind Früchte der Vergangenheit: Jahrzehntelang konnte man in Österreich zum kritischen Künstler oder Intellektuellen promoviert werden, wenn man bloß eine Einführungsproseminararbeit des Inhalts abgeliefert hat, daß Österreich sich darum herumgeschwindelt hat, seine Mitschuld an den Nazi-Verbrechen einzugestehen. An dieser These ist äußerlich was Wahres dran, weniger aber an ihren Implikationen: Abgeleitet wurde nämlich, daß Nazi-Mentalität oder stillschweigende Zustimmung zu den Nazi-Greueln immer noch Bestandteil der »österreichischen Mentalität« sei. Dies ernst nehmend, müßte man folgern, daß sich im Lauf eines halben Jahrhunderts, davon mehr als die Hälfte unter sozialdemokratischer Regierung, nichts anderes im allgemeinen Bewußtsein in Österreich hätte entwickeln können als immer wieder aufs neue eine grundsätzliche, stillschweigende Affinität zum Nationalsozialismus. Das ist natürlich ein evidenter Unsinn. Das heißt, daß die traditionelle Österreichkritik, wie sie von den verdienten Dichtern, die ihre Karrieren in den siebziger Jahren begonnen haben, formuliert wurde, falsch ist. Und sie ist nicht nur falsch – das alleine wäre ja noch kein Problem –, sie befindet sich durch die Zeitverzögerung, mit der sich Künstler gemeinhin durchsetzen, schließlich als durchgesetzte, also als Kritik vom literarischen Parnaß herab, in einer Monopolsituation, die sich als fatal erwies. Da war keine kritische Auseinandersetzung mit der Realität mehr möglich, da gab es nur noch Sehstörungen gegenüber der Realität, die durch den Weihrauch, der der eigenen moralischen Überlegenheit geschwenkt wurde, völlig vernebelt war.

Natürlich stimmt, daß sich die wiedergegründete Republik beharrlich geweigert hat, in irgendeiner Form Mitverantwortung für österreichische Beteiligung an den Naziverbrechen zu übernehmen. Und bekanntlich stimmt auch, daß statt dessen die Geschichtslüge von »Österreich als erstem Opfer der Nazi-Aggression« zur Grundlage der Souveränität der Zweiten Republik gemacht wurde. Und es ist deutlich, daß dies Konsequenzen hatte, die fortwirkten: zum Beispiel die Tatsache, daß Entschädigungen für Nazi-Opfer und zumindest symbolische »Wiedergutmachung« endlos hinausgezögert werden konnten. Aber: Diese damals realpolitisch so pragmatische Ignoranz und dieser seinerzeit so unappetitlich listig demonstrierte Mangel an Unrechtsbewußtsein bedeuten nicht – und schon gar nicht »automatisch« –, daß es in der Folge bruchlos zu NS-Kontinuitäten in Österreich kommen mußte, institutionell oder im Bewußtsein, im Denken der Menschen, in ihrem Handeln, in ihren politischen Absichten. Im Gegenteil: Diese seinerzeit so kalte Verabschiedung Österreichs von seiner jüngsten Geschichte war ein Bruch, ein Bruch in einer der Formen, die damals möglich gewesen sind, rückblickend gewiß nicht der am meisten wünschenswerte, aber es war ein Bruch. Niemand hat gegen diese Zäsur Einspruch erhoben, niemand hat laut und vernehmlich in Österreich gesagt: Halt! So einfach lassen wir uns unsere Geschichte nicht wegnehmen, wir waren keine Opfer, wir haben an etwas geglaubt, es war nicht alles schlecht! – Nein, der Common sense war: Bruch mit dieser Geschichte. Weg damit!

Und: Es wurde entnazifiziert. So halbherzig und lustlos dies auch geschehen sein mag, gleichsam als Pflichtübung gegenüber den Alliierten, so hatte es doch Konsequenzen: Die Entnazifizierung produzierte einen radikalen Bruch in der öffentlichen Meinung über den Nationalsozialismus, sie produzierte Brüche in individuellen Karrieren, Identitätsbrüche – einfach deshalb, weil sich jeder Nazi nach 45 die Frage gefallen lassen mußte, ob er nicht ein Verbrecher war. Eine Frage übrigens, mit der die Austrofaschisten nach 45 nie konfrontiert worden waren.

Es ist seltsam, daß regelmäßig vergessen wird, daß Österreich nicht einen, sondern zwei Faschismen hatte erdulden müssen. Seltsam, daß die Österreich-Kritiker in ihrer unermüdlichen Suche nach »faschistischen Kontinuitäten« diese immer dort behaupten, wo es sie nicht gibt, sie aber dort nicht sehen, wo sie auf der Hand liegen. Als Hitler 1938 Österreich kassierte, wurden nicht nur augenblicklich Kommunisten, überhaupt Antifaschisten aller politischen Lager, Juden, Zigeuner und Homosexuelle verfolgt, sondern auch seine unmittelbaren politischen Konkurrenten. Und der Austrofaschismus war ein konkurrierender Faschismus. Deshalb kamen auch Faschisten in die Lager der Nationalsozialisten. Das führte 1945, nach der Befreiung, dazu, daß die Austrofaschisten als Hitler-Opfer und daher in einem praktischen Kurzschluß als »Antifaschisten« anerkannt – und sofort exkulpiert waren. Sie waren die Faschisten, die nach 1945 keine Zäsur machen mußten, sie konnten unmittelbar dort weitermachen, wo sie vor Hitler aufgehört hatten, sie konnten unbelastet darauf zurückkommen. Was sie repräsentierten, war der »gute, der anständige« Faschismus, der damals nur noch nach leidvoll geprüftem Patriotismus roch.

Was bei der Beurteilung der österreichischen Realität also immer vergessen wird: Kein Austrofaschist ist, im Gegensatz zu den Nazis, je mit der Frage konfrontiert worden, ob er einem großen Irrtum, einer Verblendung aufgesessen ist, gar ein Verbrecher war, keiner hat auch nur die Veranlassung gehabt, sich das insgeheim zu fragen. Im Gegenteil: Sie wurden – im Gegensatz zu den Kommunisten oder Radikalsozialisten mit ihren unermeßlichen Opfern im Widerstand – als patriotische Kämpfer heiliggesprochen.

Es wäre interessant zu wissen, wie die europäische und die Weltmeinung reagiert hätten, wenn die SPÖ, statt hilflos darüber zu stolpern, daß ein Vertreter der Sozialpartnerschaft nicht das Regierungsprogramm unterschreiben will, gesagt hätte: »Wir können mit der ÖVP nur dann eine neue Koalition eingehen, wenn sie endlich mit der Faschismus-Verherrlichung aufhört, die sich z. B. auch daran zeigt, daß diese Partei immer noch ein Porträt des austrofaschistischen Führers in ihren Club-Räumen hängen hat!«

Hätten gettoattack, Demokratische Offensive, SOS Mitmensch diese Ansage unterstützt? Warum nicht? Dreihunderttausend Menschen auf dem Heldenplatz gegen austrofaschistische Kontinuitäten? Warum nicht? Wo beginnt der Antifaschismus? Erst beim Kampf gegen Nationalsozialismus?

Und wenn der Begriff »Antifaschismus« heute in Österreich nur noch »Kampf gegen den Nationalsozialismus« bedeutet, wie begründet man dann den Kampf gegen die FPÖ und Haider, dem man alles mögliche nachweisen kann, aber nicht, daß er ein Neonazi mit nationalsozialistischer politischer Programmatik ist? Beweist es nicht geradezu, wie radikal der Bruch Österreichs mit seiner Nazi-Vergangenheit war, wenn nicht einmal mehr die österreichischen Antifaschisten, also jene, die sich am intensivsten damit beschäftigt haben, heute wissen, was nationalsozialistische Programmatik ist? Und wer einwendet, daß Haider sich natürlich hüten mußte anzukündigen, was er wollte, sondern dies erst aufgezeigt hätte, wenn er Kanzler geworden wäre – wer das wirklich glaubt, der müßte mit dieser Behauptung eine neue Faschismustheorie mitliefern. Denn dann sind alle Faschismustheorien, die wir kennen, Makulatur. Es gab nämlich keine einzige faschistische Bewegung, die nicht angekündigt hatte, was sie wollte.

Das würde mich in der Tat interessieren: Eine neue Faschismustheorie, die empirisch begründet ist auf der Analyse eines österreichischen Landeshauptmanns ohne explizites faschistisches Programm.

Wenn es, wie gesagt, eine faschistische Kontinuität in Österreich gab, dann die vom Austrofaschismus in die Zweite Republik. Diese Kontinuität war eine dreifache: einerseits eine institutionelle durch das sozialpartnerschaftliche Konkordanzsystem ohne wirksame Opposition und demokratische Kontrolle, das zu Recht von den Linken über Jahrzehnte kritisiert worden ist, bis es durch Haiders Kritik plötzlich zur heiligen Kuh der Linken wurde, zweitens eine verfassungsgeschichtliche, die der Grund dafür ist, daß die Verfassung der Zweiten Republik keinem denkenden Menschen ermöglicht, ein Verfassungspatriot zu sein, ja mehr noch: die dazu führt, daß »Verfassungskonformität« erst zur Bedrohung werden kann, gegen die die

Demokraten heute kämpfen, und drittens eine mentalitätsgeschichtliche, die sich in dem operettenhaften Patriotismus der Zweiten Republik zeigt, einer geistlosen Fortsetzung der im Ständestaat vorformulierten Liebe zum »Österreichischen Wesen«, zu den »österreichischen Naturschönheiten«, zu der »Sendung Österreichs«, zum bloßen Dasein auf dieser bitte schön dankbaren, mit Mozart beschenkten Welt und so weiter, zu allem möglichen also, nur nicht zu der Idee eines aufgeklärten Rechtszustands.

Womit hat Haider, der bekanntlich »die Deutschtümelei in der Freiheitlichen Partei« abgeschafft hat, in den Jahren seines wachsenden Erfolges systematisch gepunktet? Immer wieder mit Referenzen an die austrofaschistische Mentalität, immer mit einer Mobilisierung dieser Geisteshaltung, die in Österreich nie einen Bruch, nie eine Zäsur, nie eine kritische Revision erfahren hat. Die seit 1945 in Österreich als gut, als anständig, als fleißig, als patriotisch galt und dabei auch noch als antifaschistisch, weil von Hitler verfolgt. Was jeden entlastete, der Haider zustimmte, und jeden zu Recht wütend machte, der wegen dieser Zustimmung als »Nazi« bezeichnet wurde. Diese Geisteshaltung, die in der Zweiten Republik von Anbeginn da war, so »unbelastet« und von allen Parteien und von der Boulevardpresse systematisch bedient, weil sie so vorbildlich »patriotisch« war, diese Mentalität hat Haider systematisch aktiviert – ohne dabei auf die konkrete politische Programmatik des Austrofaschismus oder auf dessen Symbole zurückzugreifen, ganz anders eben, als es die Neonazis etwa mit dem Hakenkreuz tun. Nein, *Haiders Programm war: Vergiß das Programm, mobilisiere die Mentalität!* Und austrofaschistischer Ungeist im Gegensatz zu nationalsozialistischem bedeutet: Dem »kleinen Mann« verpflichtet und nicht seiner Aufhebung in einer Monumentalrepräsentation; irgendwie »modern«, aber anti-urban; trotzig herrisch, aber nicht weltmachtsüchtig; ressentimentgeladen und nicht eiskalt technokratisch; autoritätssüchtig, aber nicht reihundgliedstramm; ausgrenzend, aber nicht vernichtend.

Bis hierher erscheint vielleicht alles überraschend, aber doch klar, weil eindeutig. Jetzt aber wird es für die Antifaschisten kompliziert, weil dialektisch. Die mentalitätsgeschichtliche Kontinuität vom Austrofaschismus zur Zweiten Republik hat Haider also am besten für sich genützt. Irgendwie damit gespielt haben aber alle: Von der institutionellen Kontinuität haben bis zur letzten Sekunde ausschließlich die beiden Parteien profitiert, die ein halbes Jahrhundert gemeinsam dieses Land regiert haben – am Ende nur noch schulterunschlüssig gegen Haider, und dabei nie von wünschenswerten internationalen Sanktionen bestraft. Die Sozialdemokratie hatte es bereits als einen für alle Ewigkeit ausreichenden »Demokratisierungsschub« empfunden, in die vom austrofaschistischen Ständestaat vorgegebenen und herübergeretteten Strukturen nun mit eingebunden zu werden: in die außerparlamentarische Aushandlung der Gesetze, unter informeller Einbeziehung der Stände, ohne demokratische Kontrolle. Haider aber hatte diesem System unausgesetzt schwere Schläge versetzt. Hier kam er als einfacher Machtpolitiker ins Bild: Wenn er es in die Regierung schaffen sollte, dann wollte er keine Nebenregierung. Bloß durch diesen Sachverhalt war er mit jedem Politiker der demokratischen Welt kompatibler als alle jene, die Österreich bis Ende 1999 regiert haben.

Es ist kein Satz, keine Absichtserklärung Haiders bekannt, daß er das Parlament schließen, den Parlamentarismus abschaffen wollte, aber bekannt ist sein systematischer Kampf gegen die Sozialpartnerschaft, gegen dieses korporatistische, außerparlamentarische, aus dem Ständestaat kommende, das Parlament entmachtende Nebenregierungssystem.

Wie geht man jetzt mit diesem dynamischen Widerspruch um? Einerseits bediente Haider die aus dem Austrofaschismus ungebrochen fortwirkende alltagsfaschistische Mentalität, erntete an Zustimmung, was die früheren Regierungsparteien an »anständigem Patriotismus« gesät hatten, andererseits zerstörte er systematisch die realpolitische, institutionelle Kontinuität aus dem Austrofaschismus – übrigens in einer wahrlich großen Koalition mit dem europäischen Kapital, das mit diesem schrulligen Austriazismus namens Sozialpartnerschaft ebenfalls wenig Geduld zeigte. Und dies ebenfalls nicht unbedingt aus hehren demokratiepolitischen Gründen: sondern weil die Sozialpartnerschaft schlicht und einfach die wirtschaftliche Liberalisierung behinderte. Das ist übrigens das schrulligste Mißverständnis überhaupt: daß die europäischen Länder im Namen einer Idee, eines bloßen Ornaments auf dem europäischen Gebäude, in einem Mitgliedsland den konsequentesten Verbündeten im Hinblick auf ihre Praxis bekämpfen. Was für ein Graben ... Und er wurde immer breiter: Österreich hatte eine Regierung, die gnadenlos entschlossen war, endlich die Maastricht-Kriterien umzusetzen – und Europa war besorgt. Österreich hatte eine Regierung, die die logische Konsequenz des EU-Beitritts, nämlich den NATO-Beitritt, am liebsten sofort vollzogen hätte – und Europa stufte die diplomatischen Beziehungen zu Österreich zurück, wünschte sich wieder jene Regierung zurück, die in immobiler Monumentalität, wie die Pestsäule auf dem Graben, das staatswirtschaftliche und »neutrale« Österreich repräsentierte ...

Wie geht man damit um? Was zählt in der Politik mehr: die Absicht oder das Ergebnis? Gehörte diese Entwicklung nicht einmal seriös diskutiert, statt, bei allem verständlichen Widerwillen gegen die Sprache der Freiheitlichen Partei, die mit Freiheit so viel zu tun hat wie das Schönheitliche mit Schönheit, einfach immer nur »Haider = Hitler«-Tafeln vor sich herzutragen bzw. flammende Reden an jene zu halten, die dies tun?

Und als wäre das noch nicht vertrackt genug, kamen jetzt auch noch die verfassungsgeschichtlichen Kontinuitäten dazu. »Österreich ist eine demokratische Republik. Ihr Recht geht vom Volk aus.« Das ist der Satz, den jeder Österreicher in der Schule lernt. Was er nicht mehr lernt, ist alles, was danach kommt: nämlich die systematische Destruktion von allem, was man eine demokratische Verfassung nennen könnte. Die österreichische Verfassung ist eine Ruine der Verfassung aus der Monarchie, auf sehr bedenkliche Weise »modernisiert« in der Ersten Republik am Vorabend des Ständestaats, bereits im Hinblick auf den Austrofaschismus und daher von diesem heiliggesprochen, schließlich in der Zweiten Republik ergänzt durch eine Anthologie systematischer Verfassungsbrüche, die nur deshalb von der alten »Großen Koalition« mit ihrer unseligen Zweidrittelmehrheit in die Verfassung hineingeschrieben worden waren, damit der Verfassungsgerichtshof diese Gesetze nicht als verfassungswidrig aufheben konnte. Diese Beiträge der Zweiten

Republik für die Verfassung waren, durchaus im Sinn der austrofaschistisch ständestaatlichen Kontinuitäten, allesamt Beruhigungsbestimmungen für die einzelnen »Stände«, weshalb wir in der österreichischen Verfassung die Bedürfnisse der Taxi-Innung eher geschützt finden als die klassischen Standards einer aufgeklärten demokratischen Gesellschaft. Daher war es in Österreich, wie bei der Wahl 99 geschehen, eher möglich, daß eine Partei, die, gegen das austrofaschistische Konkordat, die Trennung von Kirche und Staat fordert, aus dem Parlament fliegt, als daß diese so selbstverständliche Forderung in die Verfassung eingeht.

Was wäre gewesen, wenn sich Österreich nach 45, so wie die Bundesrepublik, eine moderne, klare, demokratische Verfassung gegeben und sich darauf verpflichtet hätte, sie grundsätzlich zu achten, einzuhalten und zu verteidigen? Wäre dann nicht mit der Zeit im Inland und auch im Ausland das selbstverständliche Bewußtsein entstanden, daß jede politische Entwicklung, jeder Regierungswechsel eine Selbstverständlichkeit auf der Basis eines demokratischen Konsens ist? Wäre es dann nicht möglich gewesen, einen gelassenen Verfassungspatriotismus auch in Österreich zu entwickeln, statt diesen gespenstischen Wetteifer der Moralisten und Scheinheiligen, wer nun das »anständige«, wer das »echte«, wer das »gute« und wer das »bessere« Österreich repräsentiere...

Dabei muß man noch von Glück reden, daß die »Wende-Regierung« nur ihre Regierungspräambel und nicht die österreichische Verfassung international publiziert hat. Wäre die österreichische Verfassung im Detail bekanntgeworden – womöglich hätte die NATO eingegriffen!

Kaum jemand in Österreich, geschweige denn in den EU-Partnerstaaten weiß zum Beispiel folgendes: Es ist in der österreichischen Verfassung zwar geregelt, wie lange die Amtszeit des Präsidenten dauert, es ist ebenfalls die Dauer einer parlamentarischen Legislaturperiode definiert, aber es gibt keine Bestimmung, die festlegt, wie lange eine Regierung regiert und wann ihr Mandat endet. Das heißt: Wenn diese Regierung, die durchaus verfassungskonform zustande gekommen ist, nie zurücktritt, dann wäre auch das noch verfassungskonform. Wenn sie sich am Ende der parlamentarischen Legislaturperiode nicht aus traditionellem Goodwill Neuwahlen stellt – was dann? Dann haben wir eine Regierung ohne Parlament – außer der Präsident setzt sie ab und eine Beamtenregierung ein. So sieht das die österreichische Verfassung vor. In beiden Fällen hätten wir politisch das austrofaschistische Revival, das keiner der österreichischen Antifaschisten auch nur als Möglichkeit zur Kenntnis genommen hat. Zugegeben, dieses Szenario mag unwahrscheinlich sein, und es scheint heute zweifellos näherliegend zu glauben: »Na, das werden sie doch nicht machen!« Aber: Ist nicht genau das das österreichische Problem? Stärkere Hoffnung in den guten Willen der politischen Führer zu setzen als in einen vernünftigen Rechtszustand?

Die schwarz-blaue Regierung berief einen Konvent ein, der eine neue Verfassung ausarbeiten sollte. Es waren *alle* Parteien zusammen, die sich von diesem Schrotthaufen einer Verfassung nicht trennen konnten und daher den Verfassungskonvent scheitern ließen. Im Jahr 2005 sagte Franz Fiedler, der Vorsitzende des Konvents, schließlich völlig entnervt: »Der Konvent hat Vorschläge erarbeitet, die für fünf Verfassungen reichen. Es ist in Österreich leider leichter möglich, fünf verschiedene Verfassungen zu erarbeiten, als eine vernünftige!«

Die Demonstrationen in Österreich und die Sanktionen von außen hatten zweifellos ein großes Verdienst: Sie hatten Debatten ausgelöst. Zugleich aber erschwerten sie die Debatte, die in weiterer Folge notwendig gewesen wäre, verstellten den Blick auf das eigentliche Problem. Sie übersetzten »Graben« stur mit »fossa«, produzierten Mißverständnisse statt Verstehen. Als wäre das, was es zu verstehen galt, nicht skandalös genug. Der sogenannte »Widerstand«, sowohl national als auch international, zeitigte zwar eine äußerst sympathische Konsequenz. Man konnte das Wachsen von Öffentlichkeit feststellen, in einem Land, in dem es fünfzig Jahre lang statt demokratischer Öffentlichkeit nur drei Substitute von Öffentlichkeit gegeben hat, nämlich das Heimliche, das Unheimliche und die *Kronen Zeitung*.

Dennoch: Die hundert Tage »Widerstand« und die internationalen Sanktionen machten notwendigen, ja überfälligen Druck auf unbegriffene Verhältnisse, und bis zu diesem Punkt war es noch unerheblich, aus welch grotesken Mißverständnissen dieser Druck entstanden ist und wie unbegriffen er selbst war. Unerheblich auch, wie »gerecht« diese Auseinandersetzungen, die Proteste und Sanktionen waren. Hier ging es nicht um »Gerechtigkeit«, höchstens um »ausgleichende Ungerechtigkeit« (Klaus Hoffer), als Motor einer Dynamik, die, wie sich jahrzehntelang in Österreich gezeigt hat, gerecht nicht zu haben ist. So wie 1980 im Fall Waldheim, der natürlich nicht der Kriegsverbrecher war, als der er geächtet wurde, der aber, in ausgleichender Ungerechtigkeit wegen seines exemplarischen Opportunismus und seines Mitlaufens bis an die Staatsspitze – so hätten sich alle gern gesehen und exkulpiert gefühlt, die Mitläufer und die Verbrecher –, nicht Präsident Österreichs wurde, sondern höchstamtlicher Auslöser der ersten profunden Auseinandersetzung mit der Gewordenheit dieses Landes. Bekanntlich hat aber diese Auseinandersetzung nicht genügt. Es war die Auseinandersetzung mit nur einem einzelnen in einem leerrepräsentativen Amt. Und es war die Auseinandersetzung bloß mit jener Vorgeschichte, mit der es ohnehin einen Bruch gegeben hatte, wenn auch einen problematischen. Die damals begonnene Klärung, die Neukonstituierung der Republik, mußte und wollte zu Ende geführt werden, nicht mehr nur am Beispiel eines singulären Falls in einem barocken Amt, das sich ab und zu im Eröffnen einer Landwirtschaftsmesse betulich zeigt, sondern verallgemeinert, am Beispiel der Arbeit politischer Parteien, die sich täglich im praktischen Prozeß gesellschaftlicher politischer Willensbildung beweisen und rechtfertigen müssen. Waldheim war, archäologisch gesprochen, ein Mittelhandknochen, mit dieser Regierung hatten wir den ganzen Ötzi.

Allerdings wurde trotz heftigster Diskussionen in einer sich verbreiternden Öffentlichkeit wieder nur der typisch österreichische »point of return« erreicht, das Zurückweichen vor den letztlich entscheidenden Fragen: Welcher Faschismus soll in diesem Land, das zwei Faschismen hatte, endlich besiegt, zumindest einmal erkannt und verstanden werden? Welche Verfassung soll dieses Land haben, damit wir in Zukunft als Staatsbürger, an Politik interessiert, aber zugleich auch von ihr unbehelligt leben können und, wenn wir Begriffe wie »regionale« oder »europäische Identität« hören, uns nicht heimlich übergeben müssen? Will man den Rücktritt bloß der schwarz-blauen Regierung oder den Rücktritt Österreichs aus einer zwielichtigen Verfaßtheit? Will man Nutznießer eines sozialdemokratischen Paternalismus sein oder Anhänger sozialdemokratischer Ideen? Will man Demokrat sein oder ein Ich-bin-im-Recht-Haber? Kurz: Will man einen Rückschritt zum Status quo ante oder einen Fortschritt? Die Dialektik der damaligen Situation hätte beides zugelassen!

Und wäre, infolge der internationalen Sanktionen gegen die österreichische Regierung, eine verallgemeinerte Debatte über Rechtszustand und soziale Realität nicht zuletzt auch für Europa insgesamt und seine Ideen überfällig gewesen? Vorausgesetzt, daß aus den Ideen tatsächlich allgemeinverbindliche vernünftige Taten werden sollen, denn umgekehrt, das hat der Österreicher Karl Kraus gelehrt, ist das Scheitern vorprogrammiert: »Nichts ist so unmöglich wie der Versuch, aus Taten eine Idee zu machen.«

Ich sitze in Amsterdam auf dem Grafplaats und trinke ein Heineken.

Wie glücklich die Menschen in die Sonne blinzeln! »Graf« heißt übrigens nicht Graf, sondern Grab ...

Kleines österreichisches Vokabelheft

Es bringt keinen praktischen Vorteil, wenn man Österreich versteht. Es steigert nicht den Wohlstand, schützt nicht vor Krankheiten, hebt nicht die Laune, vermittelt keine Lehre. Österreich verstehen zu wollen ist ein Luxus, neben dem ein Uhrband aus handgewürgtem Eidechsenleder geradezu billig wirkt, aber immerhin noch größeren Gebrauchswert verspricht. Österreich verstehen zu wollen – dieses Bedürfnis zeigt all jene Symptome, die in der medizinischen Literatur unter dem Begriff »Langustenallergie« beschrieben sind:

Ein Patient mit Langustenallergie kann steinalt werden und wird sein ganzes Leben lang nie einen Mangel empfinden – wenn er nur dies tut: etwas zu meiden, das ihm nie fehlen wird. Niemand weiß das besser als die Österreicher selbst. In diesem Sinn lebt ein krankes Land in schönster Gesundheit: Selbsterkenntnis kann zu Allergien führen, sie zu meiden aber bewirkt nicht den geringsten Einbruch der Lebensqualität.

Für die Nachbarn Österreichs, für seine Partner im Netz der Welt, genügt es, folgendes zu wissen: Man stelle sich das Gegenteil dessen vor, was man für logisch hält, und setze es als österreichische Normalität voraus – dann ist man zumindest nicht völlig fassungslos, wenn man mit Österreich und seinen Sprachregelungen zu tun bekommt. Einige Beispiele:

Wie nennt man in Österreich den Spitzenkandidaten einer Partei, die in der Wählerzustimmung auf dem dritten Platz landet? Man nennt ihn Kanzler.

Wie nennt man in Österreich einen Politiker, der vor Wahlen ankündigte, daß er in Opposition gehen werde, wenn er nur dritter werden sollte, und der sich dann, als er wirklich nur dritter wurde, mit Hilfe einer international geächteten Pöbelpartei zum Kanzler machen ließ? Man nennt ihn »Reformpolitiker«.

Wie nennt man in Österreich einen Politiker, der bei jeder Gelegenheit (seit 1995) Neuwahlen vom Zaun bricht, weil er weder als Vizekanzler noch als Kanzler imstande ist, eine Legislaturperiode zu Ende zu dienen? Man nennt ihn »Garant für Stabilität«.

Wie nennt man in Österreich einen Politiker, der ununterbrochen Krisen produziert und diese dann schmallippig schweigend aussitzt? Man nennt ihn »Krisenmanager«.

Wie nennt man in Österreich einen Politiker, der mit dem Führer einer rechtspopulistischen Protestpartei eine Regierungskoalition eingeht und dann hilflos zuschaut, wie der rechtspopulistische Führer diese Koalition bis hin zur Regierungsunfähigkeit zertrümmert? Man nennt ihn »Der-den-Führer-zähmte«!

»Der-den-Führer-zähmte«, der »Reformpolitiker«, der als »Garant für Stabilität« sich als dritter der Wählerzustimmung das Kanzler-Amt erschlichen hat, gibt bekannt, daß er leider Neuwahlen ausschreiben müsse, weil ein verantwortungsloser, ressentimentgeladener Chaotenhaufen, nämlich sein Koalitionspartner, abgesprungen sei – und fügt hinzu, daß er nach der Wahl am liebsten ebendiese Koalition fortsetzen möchte. Wie reagiert die öffentliche Meinung in Österreich auf den Vorschlag, durch Neuwahlen jene Regierung zu bestätigen, die diese vorzeitigen Neuwahlen notwendig gemacht hat? Sie gibt, laut Meinungsumfragen, diesem Politiker, der eben noch abgeschlagen dritter in der Wählerzustimmung war, die Mehrheit, die besten Zustimmungsdaten für seine Partei seit sechsunddreißig Jahren.

Wie nennt man in Österreich einen Finanzminister, der zunächst ein Volksbegehren gegen die Euro-Einführung mitinitiiert hatte, um dann die Euro-Einführung politisch zu administrieren? Wie nennt man diesen Mann, der zuvor als Landeshauptmann-Stellvertreter von Kärnten nur durch rassistische Weisungen (Verbot, ausländische Arbeitskräfte oder Firmen zu beschäftigen) aufgefallen ist?

Wie nennt man eine Wissenschaftsministerin, die den gesamten Forschungsförderungsetat ihres Ministeriums einfach streicht, wonach Dutzende Beamte mangels Portefeuille arbeitslos in ihren Zimmern sitzen, während das für die Forschungsförderung vorgesehene Budget zur Finanzierung von Plakaten und Fernsehspots eingesetzt wird, die das »Image« der Forschung verbessern sollen? (Der Fernsehspot zeigt einen Affen, der versucht, den Schraubverschluß eines Glases zu öffnen, in dem sich eine Birne befindet. Dann kommt der Slogan: »Auf die Birne kommt es an!«) Wie nennt man eine solche Ministerin, die, nachdem sie den Forschungsetat in die Werbung für Forschung gesteckt hat, ohne dann noch Geld zur Forschungsfinanzierung zu haben, aus dem »Hochwasserentschädigungspaket« einen Forschungsauftrag in Millionenhöhe an einen Historiker vergibt, der nachweisen soll, daß die Rote Armee 1945 Österreich gar nicht befreit hat?

Wie nennt man einen Justizminister, dessen Anwaltskanzlei Regierungskritiker mit Gerichtsklagen eindeckt, in Hinblick aber auf strafrechtlich relevante Handlungen von Mitgliedern seiner Partei Weisungen erteilt, die zur Niederschlagung der Verfahren führen?

Wie nennt man einen Politiker, der als Mann, Zivilberuf Tierarzt, »Frauenminister« wird und der als erste politische Tat im Frauenministerium eine Abteilung gründet, die »ungerecht behandelten Männern« Rechtsschutz anbietet?

Wie nennt man einen Innenminister, der die Weisung gibt, Asylanten auf die Straße zu setzen, noch bevor ihr Asylansuchen bearbeitet ist, und der ihnen mitteilt: Sie müßten ja nicht auf der Straße frieren, er biete ihnen 40 (i. W. vierzig) Euro an, wenn sie das Land verließen. Wie nennt man solche Regierungsmitglieder? Man nennt sie »ein kompetentes Regierungsteam«, man nennt sie »bürgerliche Politiker«, die »einen Reformstau abarbeiten«.

Wie nennt man in Österreich eine Partei, bei der Spitzenpolitiker manchmal nach wenigen Stunden (wie der erste Justizminister der sogenannten Wenderegierung) oder nach wenigen Wochen (wie die Infrastrukturministerin) oder nach einer zäh sich dahinziehenden peinlich-peinigenden Komödie (wie im Fall des designierten Sozialversicherungsdirektors) wegen Überforderung oder wegen strafbarer Handlungen in der Versenkung verschwinden? Man nennt eine Partei mit diesem Personalangebot »einen bewährten Koalitionspartner, mit dem die Arbeit an der Modernisierung Österreichs fortgesetzt werden sollte«.

Was wird berichtet, wenn der Spitzenkandidat der Sozialdemokratie (die nicht nur die große Oppositionspartei, sondern immer noch die größte österreichische Partei ist) Vorschläge macht? Man berichtet zynisch über seine Frisur, seine Physiognomie, ja sogar über die Farbe seiner Aktentasche. Man macht ihn so lange zur Karikatur, bis man tatsächlich mit einiger Objektivität »berichten« kann, daß dieser Mann »leider bei der Bevölkerung überhaupt nicht ankommt«.

Wie nennt man einen grünen Abgeordneten, der Zeuge wird, wie Polizisten einen Demonstranten verprügeln, und der daraufhin die Polizisten auffordert, diese Übergriffe zu beenden? Man nennt ihn einen »gewaltbereiten Chaoten«. Wie nennt man grüne Sachpolitik? Man nennt sie »linkslinke Agitation«. Wie ist die Sprechregelung, wenn eine grüne Spitzenkandidatin die Asylantenpolitik des Innenministers (»Asylsuchende können bei uns auf Matratzen im Freien übernachten«) als »zynisch« und »stramm rechts« bezeichnet? Man sagt, daß diese Politikerin »Gräben aufgerissen« und »Porzellan zerschlagen« habe, ihre Partei also nicht regierungstauglich sei.

Man könnte stundenlang solche Beispiele vor sich hintippen, eines nach dem anderen – unglaublich, wie viele Beispiele der Menschen- und Intelligenz-Verachtung in nicht einmal zwei Jahren produziert wurden. Aber schon dieses kleine Vokabelheft sollte genügen, um es jedem Touristen, der nach Österreich kommt, zu ermöglichen, die Landessprache zu verstehen. Das ist nämlich für Ausländer in Österreich unbedingt erforderlich. Wüßten Sie sonst, ohne Sprachschulung, was ein »Integrationsvertrag« ist? Na? »Integration« bedeutet das Gegenteil, und »Vertrag« bedeutet das Gegenteil! Richtig! Sie lernen schnell. »Integrationsvertrag« ist ein mit den Betroffenen nicht ausgehandeltes Gesetz, demzufolge Ausländer sogar dann, wenn sie eine Aufenthaltsbewilligung erhalten, keine Arbeitserlaubnis bekommen. Dafür bekommen Sie etwas anderes: nämlich einen verpflichtenden »Deutschkurs« – jetzt wissen Sie schon, daß das also das Gegenteil von »Deutsch« und »Kurs« ist. Richtig! Dieser »Deutschkurs« für Menschen, die hier nicht arbeiten dürfen, aber Österreichisch zu lernen gezwungen sind, hat laut Gesetz wörtlich folgende Aufgabe, wobei dieses Gesetz zugleich auch selbst vorführt, was in Österreich kursorisch als »Deutsch«

gilt: »Der Unterricht hat durch seine Methodik der Vielfalt der Lerntypen gerecht zu werden und unter Bedachtnahme auf die Binnendifferenzierung Raum für die Lernenden zu schaffen, damit sich diese durch den Unterricht persönliche Interessensprofile erarbeiten können.«

Kommen Sie in unser schönes Land! Sie haben nichts zu befürchten. Sie werden alles verstehen. Sie wissen doch jetzt sogar, was eine »Binnendifferenzierung« ist.

Schluß

oder: Da capo

Warum der Februar nicht vergehen will

Es ist über die Bedeutung des Februar 1934 alles gesagt worden – bis auf eines: was das Gesagte alles bedeutet. Wenn man bedenkt, wie klar die Faktenlage ist und wie umfassend erforscht die damaligen Ereignisse sind, ist es doch sehr erstaunlich, welche Uneinigkeit, aber auch welch zuweilen verquere Einigkeit es bis heute in Hinblick auf dieses historische Kapitel gibt. Im Grunde erweist sich der Februar 1934 als Schulbeispiel dafür, wie der – nicht wissenschaftliche, sondern politische – Umgang mit Geschichte im allgemeinen, und in Österreich im besonderen, funktioniert: Wer in den Spiegel der Geschichte blickt, sieht darin sein eigenes Gesicht. Und wie das so ist mit dem eigenen Gesicht im Spiegel, man findet alles weitgehend in Ordnung, solange man sich nur einigermaßen wiedererkennt.

Nur hat leider Wiedererkennen nichts mit Erkenntnis zu tun, wie auch nichts »in Ordnung« ist, wenn die Zeit ein Antlitz nur immer weiter verwüstet, während man glauben will, daß sie alle Wunden heilt.

Das ist »fortwirkende Geschichte«: im Überlebten sich selbst noch irgendwie zu erkennen, mit der Zeit aber die Verwüstungen an sich selbst immer milder zu sehen.

Faktum ist: Engelbert Dollfuß war ein Faschist. Man kann das mit zwei Argumenten, die historisch völlig außer Streit stehen, unwiderlegbar begründen (wobei es bereits Teil des Problems ist, daß man diese Begründung immer noch liefern muß):

Erstens: Er hat es selbst gesagt. Er sah im Faschismus als System, wie immer wir heute den Faschismus-Begriff ziselieren, die konsequenteste und daher logische Form zur Durchsetzung seiner politischen Heilsvorstellungen. Damit hatte er auch recht – und das ist eben das Simple und zugleich so schwer zu Vermittelnde: daß die Faschisten insofern recht haben, als das, was sie politisch wollen, letztlich nur autoritär durchzusetzen ist. Die Frage der »Massenbasis« ist in diesem Zusammenhang bloßes Ornament: Sie ist organisierbar, wie alles, was autoritär organisierbar ist, jederzeit abrufbar, aber sie ist nicht Conditio sine qua non zur »Erfüllung« des Faschismusbegriffs.

Zweitens: Dollfuß hat es in seiner politischen Praxis, solange er Zeit dazu hatte, bestätigt. Faschismus ist autoritäre Gewaltherrschaft, die, unter anderem, aber im wesentlichen, das Parlament außer Kraft setzt, demokratische Strukturen zerstört, jegliche Opposition verfolgt und vor allem die Parteien und Organisationen der Arbeiterbewegung verbietet, verfolgt und durch patriotische Ersatzbewegungen als Mitläufer in das System einzubinden versucht.

Kurz: Faschismus ist kein »Unfall«, sondern Ausdruck und Verwirklichung eines politischen Willens – für den damals eben Engelbert Dollfuß willentlich und bewußt stand.

Man sollte glauben, daß in einer demokratischen Republik, wiedererstanden aus den Verwüstungen durch zwei Faschismen, eine Einigkeit der Beurteilung dieser Geschichte möglich ist, die der Einigkeit der Geschichtswissenschaftler und auch dem Selbstbewußtsein von Demokraten entspricht. Das Erstaunliche und zutiefst Österreichische aber ist: daß es heute Demokraten gibt, die den Faschismus, zu dem die Zweite Republik doch eigentlich Antithese sein wollte, zu entschuldigen und zu rechtfertigen versuchen, was auch dadurch nicht besser oder verständlicher wird, daß sie die »Erben« dieser Faschisten sind, während es zugleich auf der anderen Seite Demokraten gibt, Stimmen-Fischer im trüben, die, als politische oder ideelle Nachkommen der seinerzeitigen Opfer, sich auf niederschmetternde Weise ebenfalls bemüßigt fühlen, »Mitleid« mit »dem Menschen und Opfer« Dollfuß zu demonstrieren.

Während in der Geschichte Fakten zählen, zählen in der fortwirkenden Geschichte ideologische Entschuldigungen. Solange »Verständnis« für historische Verbrechen jedes historische Faktum sticht und Verbrechen relativiert, wirkt Geschichte auf trübsinnige Weise nach. Das ist sozusagen der Lackmus-Test, der nachweist, ob eine Gesellschaft aus der Geschichte Konsequenzen gezogen hat oder lediglich als unbelehrbare Konsequenz der Geschichte sich selbst weiter mitmacht. So gesehen, in Hinblick auf das Fortwirken des Austrofaschismus, ist Österreich heute immer noch eine trübsinnige (Quasi-)Demokratie.

Was sind die Entschuldigungen, was sollen wir »verstehen«? Daß Dollfuß zwar ein Faschist war – wobei besonders smarte Zeitgenossen sogar den Faschismus-Begriff so lange drehen und wenden, bis selbst dies unklar scheint –, aber, und dieses ABER wird großgeschrieben, auch und vor allem ein Patriot? Als wäre das ein Widerspruch. Ich bin ein Mann, ABER ich liebe Tafelspitz. Die Faschismuserben, die Faschismusversteher und die Faschismusvorbereiter lieben nichts so sehr wie diese rhetorische Figur: die Symmetrie des Ungleichwertigen.

Und sie leben höchst bequem von der Dummheit ihrer Opfer. Nach Lektüre aller Interviews, die anläßlich des 70. Jahrestages der »Ereignisse des Februar 1934« mit Würdenträgern der Republik erschienen sind, habe ich mich gefragt, warum nicht einer der Interviewer diese so naheliegende wie simple Gegenfrage gestellt hat: Sind Faschismus und Patriotismus wirklich Gegensätze? War Mussolini kein Patriot? Franco kein Patriot? Salazar kein Patriot? War nicht auch der Österreicher Hitler ein Patriot der Deutschen Nation?

Wenn es etwas gibt, was den »Patriotismus« zur DEMOKRATISCHEN REPUBLIK ÖSTERREICH so schwer macht, dann ist es der anläßlich aller runden »Jubiläen« des 34er Jahres demonstrierte Kurzschluß zwischen Patriotismus und Faschismus.

Das zweite große Argument, das ich den österreichischen Medien entnehme, so wie ich es auch schon vor fünf, zehn, fünfzehn und zwanzig Jahren den österreichischen Medien entnehmen mußte, ist: Wir müssen die damalige Zeit verstehen! Dies, die Aufforderung zur Empathie in die jeweilige Zeit, ist allerdings ein extrem zeitgenössisches, um nicht zu sagen enthistorisierendes Argument, wie es nur ein Stiefvater der Tochter der Zeit lieben kann. Denn es ist eine Tatsache, daß der Anspruch, historische Verbrechen im Lichte eines damaligen »Zeitgeists« milder zu sehen und gar zu entschuldigen, immer der Anspruch jener ist, die ihre zeitgenössischen Taten später einmal mit diesem Argument entschuldigt sehen wollen.

Was bedeutet dieser Anspruch wirklich? Daß wir die Zeit verstehen müssen, um auch die Verbrechen dieser Zeit verstehen und entschuldigen zu können? Im Grunde genommen ist dies eine aktuelle Drohung: Sie raunt, daß es so etwas wie eine automatisierte Logik des politischen Verbrechens und des Mordens gibt, der gegenüber zu jeder Zeit der Rechtszustand, die Verfassung, alle Vernunft und erst recht die christliche Moral im christlichen Abendland am Ende wirkungslos bleiben und unterliegen müssen – kurz, diese Drohung verkündet: Verlaßt euch auf nichts – denn was vermag Politik schon gegen den »Zeitgeist«?

In Wahrheit zeigt die Geschichte das genaue Gegenteil: Denn der Austrofaschismus war die radikale Antithese einer bloß zeitgeistwillfährigen Politik: Zeitgeistig war nämlich der Sozialismus, demokratisch legitimiert (durch Wahlen) war der Sozialismus, die Geschichtsdynamik ging in Richtung Sozialismus – aber der Faschismus, die Sammelbewegung aller Antisozialisten, verstand Politik noch als das, was Politik ihrem Begriffe nach ist: nämlich als Instrument, GEGEN den Zeitgeist GESTALTEND einzugreifen. Und in dieser Auseinandersetzung, GEGEN den Zeitgeist, hat der Faschismus gesiegt. Mit anderen Worten: Die dreißiger Jahre beweisen, daß Politik, wenn sie nur will, stärker ist als jeglicher »Zeitgeist« und alle Geschichtsdynamik – und das Problem des Faschismus ist nicht dieser Anspruch selbst, sondern die Tatsache, daß er zu dessen Umsetzung grundsätzlich der Gewalt und der Verbrechen bedarf.

Der Februar 1934 war wesentlich nicht »ein Bürgerkrieg« (bei dem es natürlich »zwei Seiten« gibt), sondern ein bürgerliches Verbrechen gegen Staatsbürger. Es gibt nichts, was den Panzerbeschuß von Gemeindebauten damals gerechtfertigt hätte oder heute nachträglich rechtfertigen kann. Kein Zeitgeist, und erst recht keine andere Form von Geist.

Der Februar 1934 ist wissenschaftlich umfassend aufgearbeitet. Es gibt faktisch nichts zu deuten. Leider deutelt und beutelt es heute die bewußtlose Republik. 81,5 % der Maturanten 2003 (laut Erhebung des Regierungsberaters R. Bretschneider) glauben, daß die Erste Republik 1938 geendet hat. Der Austrofaschismus gilt gleichsam als patriotisches Aufbäumen der Republik, als genuiner Bestandteil der Republikgeschichte. Das ist zwar Wahnsinn, aber zugleich das Kapital der gegenwärtigen Regierung.

Österreich hat zwei Faschismen hintereinander erlebt. Zumindest gegen den ersten hat es massiven Widerstand gegeben. Statt daraus demokratischen Stolz und einen antifaschistischen Grundkonsens abzuleiten, wird der Austrofaschismus heute immer noch dazu verwendet, Faschismus grundsätzlich zu relativieren: Erst der Nationalsozialismus ist so richtig böse gewesen – aber der Austrofaschismus war ein patriotischer Akt!

Das muß endlich einmal begriffen werden: Solange hausgemachter Faschismus als patriotisch gilt, und umgekehrt Patriotismus in Österreich immer nur mit Referenzen an den Austrofaschismus zu haben ist, wird in diesem Land jegliche Form des Alltagsfaschismus als »gut österreichisch« politisch wirksam bleiben. Die Nationalsozialisten, so es in diesem Land noch oder wieder welche gibt, sind seit der Entnazifizierung nach 1945 – wie inkonsequent auch immer sie war – politisch geächtet. Die Austrofaschisten hingegen waren nie gezwungen, sich damit auseinanderzusetzen, daß sie Verbrechen begangen oder gutgeheißen haben, und konnten nach 1945 personell und strukturell dort fortsetzen, wo ein konkurrierender Faschismus sie unterbrochen hatte. Und statt Ächtung erhielten sie Weihrauch.

Die zeitgenössischen Probleme der Zweiten Republik sind im Umgang mit DIESER Geschichte begründet: Die Sozialdemokraten haben bis heute ein Trauma wegen des Februar 1934, während die Christlichsozialen nicht nur keines haben, sondern ungebrochen der Meinung sind, daß die damaligen Ereignisse unumgänglich, nachvollziehbar, verständlich und letztlich richtig waren. Das ist der Grund, warum die Sozialdemokraten die Bürgerlichen immer mitregieren ließen, sogar als sie die absolute Mehrheit in Österreich hatten – sie mußten die bloße Partizipation an der Regierungsgewalt, das schiere Teilen, ohne zu herrschen, als Erlösung von der Geschichte, geradezu als das Erreichen ihres Geschichtsziels erachten. Das sind Skrupel, die die christlichsoziale Nachfolgepartei nicht kennt: Nun, da sie wieder »dran« ist, wird alles ausradiert, was auch nur das Präfix »sozial-« im Begriffe führt. Was sich hierin zeigt, ist eine deprimierende Groteske, die man als »Revanchismus der Täter« bezeichnen muß, möglich gemacht durch die Unfähigkeit der gelehrigen Opfer.

Es ist nicht so, daß sich 2004 der 12. Februar zum siebzigsten Mal jährte. Der Februar will nicht vergehen. Er ist lediglich durch siebzig Jahre verdünnt – aber eben deswegen hochpotenziert wirksam. Wann kommt endlich der Mai?

Schlußfeier

Wende und Ende

Österreich im Jubeljahr 2005

1.

Jubiläen sind wie Begräbnisse: Das Gefeierte wird behandelt wie ein Verstorbener, nur Gutes darf gesagt werden. Insofern hat es seine innere Stimmigkeit, daß die großen Jubiläen Österreichs im Jahr 2005, all die runden Geburtstage der Zweiten Republik (sechzig Jahre Kriegsende und Wiedergründung Österreichs, fünfzig Jahre Staatsvertrag etc.), just unter der Ägide der Regierung Schüssel zelebriert werden – die eben diese Zweite Republik zu Grabe getragen hat. Wer sonst als diese Regierung könnte so authentisch und emphatisch eine Geschichte schönreden, die am Ende eben in dieser Regierung kulminierte? Wer sonst könnte so glaubwürdig das Glück dieser Geschichte repräsentieren als die Regierung, die diese Geschichte erst wahrhaftig zu Geschichte gemacht hat und die das historische Erbe nun glücklich verschleudern und den akkumulierten Reichtum neu verteilen kann? Nein, nicht die so oft kritisierte »Regierungslastigkeit« der österreichischen Jubiläumsfeiern, nicht ihre »Vereinnahmung durch den Kanzler« stellen ein Problem dar, das Problem ist vielmehr die Geschichtsblindheit jener, die am offenen Grab stehen und glauben, eine Krankheit diagnostizieren zu müssen, für die sie sich als Ärzte anbieten, obwohl nur noch der Tod festgestellt werden könnte. Das Problem erweist sich im Zustand der Opposition, wesentlich der Sozialdemokratie und der regierungskritischen Öffentlichkeit namens »Anderes Österreich«, die in der Geschichte des letzten halben Jahrhunderts nur (ihre) »goldenen Zeiten« sieht und nicht auch die selbstverschuldeten Bedingungen, die mit einiger Logik zum gegenwärtigen Zustand geführt haben, mit dem sie wie auch die letzten Reste eines aufgeklärten Österreichs, heute so unglücklich sind.

Die Zweite Republik durchlief bekanntlich drei Phasen: Sie

begann als Happy-End, modernisierte sich in Phase zwei in ein umfassend starres System, dessen fixe Idee das definitive Ende von allem war, das Ende der Geschichte, das Ende jeglicher Konflikte und Widersprüche, das Ende aller gesellschaftlichen Dynamik, um schließlich in Phase drei hilflos ihrer Bestimmung, nämlich einem unglücklichen Ende, entgegenadministriert zu werden. Die ganze Geschichte der Zweiten Republik war nur aus Enden zusammengesetzt, ein dicker Zopf aus Fadenenden, die noch vom Gewebe der Geschichte weghingen. Wer hätte seriös geglaubt, daß man diesen Zopf endlos weiterflechten könne?

Das anfängliche Happy-End war die modellhafte Lehre, die aus einer mörderischen Geschichte gezogen wurde, deren wichtigstes, ja einziges Kriterium sein sollte, daß sie glücklicherweise zu Ende war. Und die da zogen an den historischen Fäden, im Gestus, daß sie Konsequenzen aus der Geschichte zögen, wollten zugleich nichts mehr wissen von der Geschichte, deren Täter und Erben sie in Personalunion waren. Sie, die so viel Unglück produziert hatten, für sich selbst und noch mehr für andere, hatten am Ende Glück. Nämlich Frieden und wachsenden Wohlstand. Das war der Anfang. Dieses Glück, das war nun der logische Anspruch, sollte nie enden. Es selbst sollte das Ende sein. Dies war nicht anders zu haben als durch die systematische, staatspolitisch und institutionell garantierte Beendigung jeglicher Entwicklung, die Österreich womöglich über den Status quo hätte hinaustreiben können, und dementsprechend durch die systematische Herstellung eines gesellschaftlichen Bewußtseins, das nur noch dieses Ende bewahren wollte, denn: »Es kann nur schlechter werden!«

Zentrale Anstrengung der Republik wurde also nicht der ohnehin verspätete, damals aber mögliche Eintritt in die Moderne, sondern die konsequente Verteidigung der Situation, die eben nichts anderes als das glückliche Ende der Vorgeschichte war. Nach einigen Systemadjustierungen vor allem des österreichischen Rechtssystems kippte das Land sehr rasch in eine Politik der »Reformen, die nichts kosten« (Kreisky), also im Grunde in das massiv von den Wählern honorierte Kunststück, Beton einzementierend aufzubrechen, bewahrend zu reformieren bzw. umgekehrt.

Nie empfand sich Österreich glücklicher, von seiner eigenen Geschichte so vollständig erlöst und von möglichen Wirren der Geschichte insgesamt so privilegiert abgeschottet als damals, als Papst Paul VI. Österreich als »Insel der Seligen« bezeichnete. Das war der Höhepunkt der Zweiten Republik, sozusagen die Vollendung ihrer Ende-Sehnsucht: »Selige« sind Tote. Und nun durften sie hochleben.

Fehlte nur noch das Grab. Das sollte die »Wenderegierung« nach dem Jahr 2000 schaufeln. Zuvor aber sollten noch Jahre mit Probebohrungen vergehen. Das war das letzte Jahrzehnt der »Großen Koalition«, das Ende vom Ende, das »Land ohne Eigenschaften« in Vollendung, so sehr, daß es schon wieder an das Ende der Monarchie gemahnte – in Robert Musils Worten: »Ein Staat, der sich selbst nur noch irgendwie mitmachte«. Es herrschten Immobilität und Apathie, auf eine Weise, daß sogar deren Nutznießer aggressiv wurden, Ressentiments entwickelten. Dies war das Eigentümliche der Jahre zwischen 1986/89 und 2000: die Gleichzeitigkeit von Selbstzufriedenheit und Unzufriedenheit sowie von Harmoniebedürfnis und Aggression. Wenn SPÖ-Parteichef Alfred Gusenbauer bei der parlamentarischen Feierstunde zum Beginn des Jubiläumsjahres im Januar 2005 klagte, daß »das Haus Österreich Risse bekommen« habe, dann hat er erst mit einiger Verspätung die Risse entdeckt, die damals aufgebrochen sind.

Die Erste Republik war »der Staat, den keiner wollte«. Die Zweite Republik wurde und wird gefeiert als »der Staat, den alle wollten«. Im Jahr 1999 war die Balance aus Geschichte und Geschichtsverdrängung hergestellt: Da zeigte sich Österreich als Staat, den die meisten so nicht mehr wollend wollten.

2.

Dann kam die Wahl ohne Sieger, die zu der Ära des Siegers führte, der nicht gewählt worden war. Die Wende – eine Wortspiel-Lüge, weil sich im Lauf von fünf Jahren lediglich herausgestellt hat, daß das W ein Ornament und bloß das Ende die fixe Idee dieses Staates und erst recht dieses Kanzlers ist.

Wolfgang Schüssel wurde bekanntlich nicht durch Wählervotum Kanzler, sondern durch Wählerblendung – alsbald aber anerkannt von einer Öffentlichkeit, die verführt war von einem Zeitgeist, der Politiker verachtete, von »Machern« enttäuscht, aber »player« zu fetischisieren bereit war. Tatsächlich konnte sich in der politischen Pattsituation von 1999/2000 nicht einer politisch durchsetzen, sondern bloß einer das Spiel gewinnen – und hier hatte Wolfgang Schüssel die besten Karten, genauer gesagt: Er war derjenige, der alles einzusetzen bereit war, um eine Banalität zu beweisen: nämlich, daß man ein Spiel nicht gewinnt, wenn man mit offenen Karten spielt. Nur: Kanzler zu werden kann ein Spiel sein, Kanzler zu sein ist es nicht. Hat er nach dem Spiel eine andere Legitimation gewonnen als die, die er anfangs nur nach den Spielregeln der Verfassung hatte? Er hat seine Chance genutzt, um Kanzler zu werden – aber hat er auch die Chancen genutzt, die er als Kanzler hatte?

Wolfgang Schüssel fand im Jahr 2000 eine Chance vor, wie sie kein neuer Kanzler vor ihm seit dem Abschluß des Wiederaufbaus hatte. Er war in der einmaligen Situation, daß jedes Reformprojekt, das er angehen mußte oder wollte, sachlich die grundsätzliche Zustimmung sogar seiner politischen Gegner hatte. Es gab niemand in Österreich, der die Notwendigkeit einer Reform des Gesundheits- und Sozialversicherungssystems in Abrede gestellt hätte, niemand, der die Dringlichkeit einer Reform des Pensionssystems geleugnet hätte, niemand, der gegen eine überfällige Reform der Universitäten opponiert hätte, und so weiter, von einer Neuorientierung der Budgetpolitik gar nicht zu reden. Schüssel und seine Regierung hatten also die einmalige Möglichkeit, große Reformen anzugehen und sich dabei auf eine breite Zustimmung, nicht nur zur grundsätzlichen Notwendigkeit dieser Reformen, sondern sogar inhaltlich zu einigen zentralen Punkten, stützen zu können. Dieser Sachverhalt, eine Jahrhundertchance, wurde zwar durch die moralische Entrüstung, die im Inland und im Ausland wegen dieser Regierungsbildung in Koalition mit der Haider-Partei herrschte, zunächst überlagert und drang daher nicht ins öffentliche Bewußtsein. Letztlich aber verdankte sich auch das Ende der internationalen Sanktionen dieser Tatsache und nicht dem ewigen Lächeln der Außenministerin Ferrero-Waldner: Die EU-Granden begriffen, daß Wolfgang Schüssel zumindest theoretisch die Chance hatte, kompromißloser die fälligen Reformen zur Modernisierung Österreichs im Sinne des Modernisierungsbegriffs der EU anzugehen, als es bei einer Fortsetzung der alten immobilen Regierungskoalition der Fall gewesen wäre.

Die Regierung Schüssel aber schaffte das bemerkenswerte Kunststück, mit ihrer Reformpolitik sogar zu erreichen, daß diese Reformen selbst von den eigenen Parteigängern weitgehend abgelehnt wurden. Bekanntlich hat dieser Sachverhalt seinen Koalitionspartner, die Freiheitliche Partei, zerrissen, aber eben auch die Volkspartei tief gespalten. Diese Spaltung drang nicht so deutlich ins öffentliche Bewußtsein, weil die Turbulenzen der Freiheitlichen natürlich alle Aufmerksamkeit auf sich zogen, aber auch deshalb, weil die Volkspartei in dieser Situation viel disziplinierter nach außen zu reagieren verstand. Die bloße Tatsache, daß Schüssel nach so langer Zeit den Kanzler für die Volkspartei zurückerobert hatte, verpflichtete diese Partei zu größerer Loyalität, als es vielen inhaltlich gerechtfertigt schien. Ein hochrangiger Vertreter des Wirtschaftsbundes, der im kleinen Kreis mit verblüffend gnadenloser Radikalität Schüssels Wirtschaftspolitik in der Luft zerriß, wurde gefragt, warum er diese Kritik nicht öffentlich äußerte. Seine Antwort: »Wir sind eben keine Knittelfelder!«

Tatsächlich gibt es heute keinen Bereich, in dem diese Regierung eine Wende im politischen Sinn des Begriffs auch nur versucht hat. Das ist keine Ansichtssache, sondern leider ein objektiver Sachverhalt: Man kann beim besten Unwillen kein Reformwerk, kein Gesetz als »gelungen« bezeichnen, das niemandem, nicht einmal einem einzigen Menschen, den Eindruck gibt, daß jetzt irgend etwas besser oder vernünftiger geworden ist. Berühmt als paradigmatisches Beispiel dafür wurden die »Ambulanzgebühren«: Davon abgesehen, daß dieses Gesetz ein höchst dürftiger Ausdruck des Anspruchs war, eine Reform der Gesundheitspolitik anzugehen, hat es nicht nur zahllosen Menschen das Leben erschwert (den Patienten, den Ärzten, den in Bürokratie erstickenden Mitarbeitern in den Ambulanzen), es hat nicht einem einzigen Menschen etwas gebracht – nicht einmal dem Finanzminister. Darauf angesprochen sagte Schüssel in einem ZiB-Interview: »Da kann man jetzt nichts mehr machen. Es ist Gesetz – wir werden damit leben müssen!« Das ist die schrulligste Verballhornung von aller Politik, die man von einem christlichsozialen Kanzler erwarten kann: Ein selbstgemachtes Gesetz als gleichsam gottgegeben darzustellen – und dabei als der kleine »Gott« zu grinsen, der das gab. Irgendwann aber wurde die Ambulanzgebühr stillschweigend begraben. Christlich war die Politik Schüssels höchstens im Sinn von Opus Dei: durchpeitschen und noch einmal durchpeitschen!

Man kann das »Werk« der Regierung Schüssel Punkt für Punkt durchgehen. Wie sehr hatten die Universitäten eine Reform, ihre Entlassung in die Autonomie ersehnt! Selbst Universitätslehrer und Studierende, die wahrlich nicht mit dieser Regierungskoalition sympathisierten, waren bereit, mit größtem Engagement eine Universitätsreform mitzutragen. Am Ende hatte man den Eindruck, daß sogar eingefleischte ÖVPler beim Studium des neuen Gesetzes plötzlich von einer Nervenkrankheit befallen wurden, weil sie nur noch den Kopf schüttelten. Die bestehenden Strukturen wurden zerschlagen, der Trümmerhaufen in eine »Autonomie« entlassen, wobei diese »Autonomie« finanziell erst recht vom Staat abhängig bleibt. Verwaltet werden soll diese »Autonomie« von Gremien, in die die Regierung ihre Parteigänger hineinnominieren kann und in denen sie grundsätzlich die Mehrheit hat. Die als Innovation gepriesene »Verflachung der Hierarchien« erwies sich als Organisationsmodell, das weitgehend identisch ist mit der Organisationsform der österreichischen Universitäten zur Zeit des austrofaschistischen Ständestaates. Nur einige wenige Professoren, die knapp vor ihrer Emeritierung noch einmal oder in der Mehrzahl gar erstmalig ihr Foto in der Zeitung sehen wollten, gaben sich für eine Werbekampagne der Regierung für dieses Gesetz her. Die Studenten, also jene, die noch mit meistem Anrecht ihre Ansprüche als gesellschaftlich notwendige Ansprüche an die Zukunft formulieren können, sahen sich um ihre Zukunftshoffnungen betrogen – müssen jetzt aber Studiengebühr bezahlen. Muß man das alles durchgehen? Von der Budgetpolitik (vom Null- zum größten Defizit in der Geschichte der Republik, zugleich höchste Steuerquote in der EU) über die Arbeitsmarktpolitik (absoluter Höchststand von Arbeitslosen) bis zur Asylantenpolitik (statt Entbürokratisierung und Beschleunigung der Verfahren zynische Produktion von Obdachlosen).

Man kann es wenden, wie man will: Am Ende stellt sich heraus, daß Schüssel nicht ein Wendekanzler, sondern der definitive Ende-Kanzler ist: nicht weil er am Ende, sondern weil er das Ende ist. Der personifizierte Schlußstrich. Groß geworden im traditionellen Kammern- und Verbändestaat, gefördert und emporgetragen von Granden der Sozialpartnerschaft, zog er, als sich die Gelegenheit bot, einen Schlußstrich unter die alte Konsensrepublik – was sogar verdienstvoll gewesen wäre, wenn man mehr Konzept dabei hätte erblicken können als den bloßen Wunsch, auf Gedeih und Verderb Kanzler zu werden. Er zog einen radikalen Schlußstrich unter sein politisches Vorleben und gerierte sich nach all den Jahren, die er bereits in Regierungsverantwortung gewesen war, als einer, der nun unschuldig und jungfräulich in die Regierung einzog, um die Fehler seiner Vorgänger zu reparieren. Er ist, wenn etwas schiefging, nie dabeigewesen, immer zog er, wenn er einen Schritt gemacht hatte, hinter sich einen Strich und denunzierte alle, die sich verblüfft jenseits dieses Strichs sahen – jede Altlast, die er zu beseitigen versprach, hat er mitproduziert. Jede Krise, die zu meistern sein ganzer Stolz ist, hat er selbst ausgelöst. Im Vergleich zum Spieler Schüssel ist Waldheim Weltmeister im Memory-Spiel.

Er zog einen Schlußstrich unter das Beste der politischen Kultur in Österreich seit den siebziger Jahren, nämlich unter den selbstverständlichen Anspruch, den politischen Widersacher nicht persönlich zu diskreditieren und zu denunzieren. Seit dem legendären »Amsterdamer Frühstücksgespräch« sind ihm Formulierungen wie »echte Sau« oder »Kümmeltürk« stets leicht und flockig über die Lippen gekommen – über die eigenen oder die, die er für sich reden ließ. Er nahm sich nie ein Blatt vor unseren Mund, sprach immer frei von unserer Leber weg. Er hat einen Ton in der politischen Auseinandersetzung befördert und geduldet, wie er vielleicht von den Freiheitlichen in Opposition, aber nie zuvor von Regierungsmitgliedern gepflogen wurde. Es stimmt nicht, daß dieser Mann immer nur vornehm geschwiegen hat – er ließ reden, er hatte seine Lautsprecher. Er, der seinen Innenminister Strasser nie dafür zur Rede gestellt hatte, daß er Neonazis unter Polizeischutz randalierend durch die Wiener Innenstadt ziehen ließ, nickte schweigend, als sein Lautsprecher den grünen Abgeordneten Öllinger als »gewaltbereiten Chaoten« bezeichnete – und 2001 machte Schüssel damit auch noch Wahlkampf. Er, der mit der Schutzmacht der SS-Veteranen koalierte, nickte schweigend, als sein Lautsprecher den Sozialdemokraten Edlinger als Sieg-Heil-rufenden Nazi denunzierte. Er, der jahrelang gemeinsam mit den Sozialdemokraten regiert hatte, nickte schweigend, als sein Lautsprecher die finale Beseitigung der »roten Gfrieser« versprach. Die Grünen denunzierte er als stalinistische Zwangsbeglücker, die den Bauern ihre Kühe und Schweinderln wegnehmen wollen, um Österreich zum Vegetarismus zu verpflichten. Die Beispiele sind zahllos, damit könnte man eine Enzyklopädie der verluderten politischen Sitten füllen. Er, der Staatsmann? Der größte staatsmännische Auftritt auf internationaler Ebene, den er hatte, war der Vermittlungsversuch in der internationalen Krise, die er selbst ausgelöst hatte. Und die internationalen Kontakte, die diese Regierung seither aktiv herstellte, waren in Hinblick auf den Anspruch von Weltoffenheit eines modernen demokratischen Landes schlichtweg bestürzend: Zunächst hatte Schüssel nicht seiner Schwesterpartei in Italien Glück bei den Wahlen gewünscht, sondern Silvio Berlusconi. Dann, als dieser tatsächlich die Wahlen gewonnen hatte, konnte Schüssel ihn nicht genug abbusseln. Berlusconi, ein Politverbrecher, der sein Amt dazu mißbraucht, einen Strafprozeß zu verschleppen oder zu verhindern, den die unabhängige Justiz gegen ihn eröffnet hat, bedankte sich mit einem Video, in dem er »Forza Wolfgang« sagt und das Schüssel tatsächlich einsetzte, um sich als international beliebter Staatsmann zu präsentieren. Dann schickte er noch seine Außenministerin zur Tea-Time mit Margret Thatcher, jener ehemaligen englischen Regierungschefin, die einen Krieg geführt hatte, um Wahlen zu gewinnen (gegen Argentinien wegen der Malvinas), und die in der Folge vom Gesundheitssystem bis zum Transportwesen so viel zerstört hat, daß es noch Jahrzehnte dauern wird, bis das stolze und schöne England wieder ein europäisches Land sein wird. Daß die Regierung Schüssel allen Ernstes glaubte, ein Foto mit diesem Flintenweib in Rente stelle einen Beweis für internationale Beliebtheit Österreichs dar, kann keiner verstehen, der nicht publizistischer Gun-Man der Regierung ist. Eine außenpolitische Meisterleistung war auch der Orden für den italienischen Alt-Neofaschisten Fini, den dieser dann höhnisch bei einer Massenveranstaltung italienischer Altfaschisten präsentierte. Diese Politik war ein Schlußstrich: unter die selbstverordnete und dann in vielen Jahren produktiv genützte Unschuld der Zweiten Republik.

Unschuld. Das war des Ende-Kanzlers verblüffendster Schlußstrich: Das Restitutionsgesetz für die Opfer des Nationalsozialismus. Jeder, der jahrelang als Sklave in Österreich arbeiten mußte, und jeder Österreicher, dessen Wohnung arisiert worden war und der dann noch ein Konzentrationslager überlebt hat, bekam von der Republik oder wird bekommen bis zu siebentausend Euro. Natürlich gibt es keine Summe, die das Leid, das damals produziert worden war, »angemessen« abgelten könnte. Aber etwas gänzlich anderes war der selbstherrliche Zynismus, mit dem Regierungssprecher regelmäßig herunterbeteten, daß diese Summe für viele Opfer »drüben«, »im Osten«, ein »Vermögen« darstelle – als wäre es tatsächlich Anlaß für Stolz und Selbstzufriedenheit, jene, die um ihr Leben betrogen worden waren, am Ende ihres Lebens mit Brosamen abzufinden und dazuzusagen: Aber für ein Armutschgerl ist das doch was! Es war ein typischer Schlußstrich nach Schüssel-Art: ein semantischer Betrug, eine Selbstdarstellungs-Lüge, eine Umwortung der Realität. Als Vertreter der jüdischen Gemeinde war Ariel Muzicant in die Ausverhandlung des Restitutionsgesetzes eingebunden. Als ihm am Ende der Verhandlungen der Vertrag zur Unterschrift vorgelegt wurde, machte Muzicant einen »Fehler«: Er las den Vertrag noch einmal durch – und stellte fest, daß der Vertrag nicht dem Verhandlungsergebnis entsprach, weshalb er sich weigerte, seine Unterschrift darunterzusetzen. Er forderte eine Neufassung des Vertrags auf der Basis dessen, was gemeinsam mit US-Undersecretary Stewart Eizenstadt tatsächlich ausgehandelt worden war. No, mehr hat »der Jud« nicht gebraucht.

Nie genug bekommen, immer nur gierig sein, ewig die Hand aufhalten ... Es war ein Meisterstück dieser Regierung, den Schlußstrich unter die Geschichte des Antisemitismus in diesem Land so zu ziehen, daß der Antisemitismus dabei neu angefacht wurde. Schüssel hat nicht das Bedürfnis der Opfer nach einem symbolischen Schlußstrich in Anerkennung ihres Leids bedient, sondern das Bedürfnis der Täter(erben) nach einem faktischen Schlußstrich, er hat nicht das Leid der einen, sondern nur das schlechte Gewissen der anderen anerkannt. In der Folge kam es zu einer trübsinnigen Monotonie von sturen Sätzen, die der angebliche Schweigekanzler bei jeder Gelegenheit vor sich hin plapperte: »Eines muß klar sein«, sagte er immer wieder, »es gibt keine Kollektivschuld!« Dennoch habe seine Regierung dieses Kapitel nun abgehakt. Immer wieder: Dennoch! Abgehakt! Keine Kollektivschuld! Aber abgehakt!

Das ist die Sprache, die Schüssel verrät. Hier zeigt sich seine Haltung so überdeutlich wie eine Gewebeprobe unter dem Mikroskop eines Histologen.

Das hat mit dem Beispiel Restitution nichts mehr zu tun, das betrifft Schüssels Politik insgesamt – und führt zu der Frage, die sich seine Wähler, die sich die österreichische Öffentlichkeit immer wieder stellen muß: Wollen wir schuldig werden und dabei immer nur ausrufen: »Aber es gibt keine Kollektivschuld!«? Kollektivschuld ist im Zweifelsfall in jeder Generation aufs neue bloß dies: die Schuld eines Kollektivs. Und all jene, die politische Repräsentanten wählen, die in einem Land, das nicht allzulange Zeit zuvor Menschen verfolgt und vertrieben, ermordet oder ins Exil getrieben hat, Asylanten-Heime schließt und die Flüchtlinge bei Minusgraden auf die Straße setzt, machen sich schuldig, sie sind nicht wegen der Geschichte, sondern im Licht der Geschichte ganz heutig schuldig. Wenn die Polizei einen Schwarzafrikaner in Wien definitiv »ruhigstellt«, also zu Tode bringt, und der Innenminister sagt: »Die Beamten haben sich korrekt verhalten!« – wer danach zur Tagesordnung übergeht, diese Regierung anerkennt und wiederwählt: schuldig! Wer heute in diesem Land Politiker wählt, die Rechtsextremismus fördern, decken oder verharmlosen: sie alle schuldig. Schüssel hat die Verfassung ausgenutzt, um als dritter erster zu werden, das hat die Verfassung ermöglicht. Aber er ist gegen die Verfassung Kanzler geblieben, weil er zugeschaut und toleriert hat, wie sein Koalitionspartner den Verfassungsgerichtshof prügelte und dessen Entscheidungen ignorierte, also die Verfassung systematisch brach, wie zum Beispiel in Kärnten in der Frage der zweisprachigen Ortstafeln. Und: Schüssel selbst hat mit seiner Regierung immer wieder Gesetze durchzusetzen versucht, die der Verfassungsgerichtshof aufheben mußte. Als Problem hat er nie seine Gesetze, sondern immer nur den Verfassungsgerichtshof gesehen, seine Konsequenz ist nicht, verfassungskonforme Gesetze zu machen, sondern der Versuch, den Verfassungsgerichtshof »umzudrehen«. Wer in einem Rechtsstaat gegen den Rechtszustand wählt: schuldig. Sie alle: schuldig. Wem egal ist, daß das Anwaltsbüro des Justizministers alle Regierungsgegner mit Klagen überzieht, während der Minister Strafverfahren gegen Parteifreunde per Weisung behindert oder niederschlägt, wen immer das in seiner eigenen Bequemlichkeit nicht stört: schuldig. Sollte es eine mehrheitliche Zustimmung in diesem Land dazu geben, wäre der Tatbestand erfüllt von: Kollektivschuld. In den siebziger Jahren gab es in diesem Land eine Krise, ausgelöst von einer Debatte über die Unvereinbarkeit von politischem Amt und Zivilberuf, am Beispiel Hannes Androsch. Wer heute, ein Vierteljahrhundert später, völlig desinteressiert ist an der Frage, wie sich das Amt des Wirtschaftsministers damit verträgt, daß dieser zugleich eine Pharmafirma besitzt, während eine Universitätsreform die Pharmazie und Medizin aus den Universitäten raussprengt, so daß sie zwar mit öffentlichen Geldern finanziert werden, aber ihre Forschungsergebnisse besser privat abgemolken werden können, mag glauben, daß ihn dies nichts angeht, aber: objektiv schuldig. Alle, die mit ihrer Stimme zur Fortsetzung dieses Zustands beitragen: schuldig.

Man könnte diesen Katalog noch lange fortsetzen, aber er führt immer wieder zu derselben Frage: Will dieses Land Schüssels Verdikt, daß es keine Kollektivschuld gibt, mit Wahrheit erfüllen? Dann muß es Schüssel und seine Regierung abwählen.

Es gibt ein einziges Argument, das einem Schüssel-Wähler, wenn er in argumentative Bedrängnis gerät, noch einfällt, und dieses Argument lautet: Die »anderen« sind auch nicht besser, sie würden es genauso tun, genauso zynisch, genauso menschenverachtend, genauso paternalistisch – sie sind doch alle gleich!

Wenn es ein Beispiel für demokratische Unreife gibt, dann ist es dieses »Argument«. Demokratie lebt wesentlich davon, daß eine Bevölkerung regelmäßig die Möglichkeit hat, die politisch Verantwortlichen zur Verantwortung zu ziehen – und nicht davon, die politisch Verantwortlichen im Amt zu bestätigen, weil man der Opposition gnadenlos die Vergehen der Regierung einfach unterstellt.

Ach ja, die Opposition. Haben wir nicht feststellen müssen, daß die Jubiläumsfeierlichkeiten der Zweiten Republik wie ein Begräbnis begangen werden? Es hat alles seine Richtigkeit: Regierung und Opposition, der Totengräber und der Trauerfall. Der schwarze Ende-Kanzler und das Ende des roten Kanzleranspruchs. An diesem Punkt ist ein Exkurs über Alfred Gusenbauer nötig.

3.

Die Erneuerung der österreichischen Sozialdemokratie in angemessener und demokratiepolitisch wünschenswerter Zeit scheiterte daran, daß die Sozialdemokraten nicht begreifen konnten oder wollten, daß die Zweite Republik, der sie sich unverdrossen als Arzt andienten, nicht mehr existiert. Alle Signale, die die Roten aussandten, fielen daher buchstäblich in ein schwarzes Loch. Alles, was konstitutiv für das Staats- und Gesellschaftsgebilde war, das wir Zweite Republik nannten, alles, was wir als symptomatisch für die Zweite Republik zu begreifen gelernt hatten, ist nach dem Jahr 2000 von der Regierung Schüssel entsorgt worden. Übriggeblieben ist gut österreich-ideologisch ein Gebilde mit mehr Möglichkeiten als Wirklichkeit. Die Nebenregierung der Sozialpartnerschaft wurde entmachtet – aber der Parlamentarismus wurde nicht, wie zu hoffen war, nachhaltig gestärkt. Schüssel wollte ohne Nebenregierung regieren, zumal er ja auch gegen sie Kanzler geworden war, aber an einer Stärkung der parlamentarischen Kontrollrechte hatte er erst recht kein Interesse. Seither wird das Parlament, vormals gegängelt von den Sozialpartnern, von Schüssels Lautsprecher, dem Parlamentspräsidenten Andreas Khol, gegängelt, auf eine Weise, wie sie zuvor undenkbar gewesen wäre.

Schüssel hat die stille Koalition der Regierung mit der Boulevard-Presse aufgekündigt, zumal er ja gegen den Wunsch der *Kronen Zeitung* Kanzler geworden war, aber auch hier hat er die zertrümmerten alten Gepflogenheiten nicht durch Neues ersetzt, zum Beispiel durch ein längst überfälliges Mediengesetz. Im Gegenteil, er hat eine Rundfunk- und Fernsehreform durchgezogen, die nichts anderes leistete, als der alten Unterstellung, daß der ORF ein »Regierungsfunk« sei, endlich eine materielle und personelle Grundlage zu geben.

Wolfgang Schüssel hat den alten Proporz in der Vergabe öffentlicher Posten ausgemerzt – aber nicht, um endlich Qualifikation als Kriterium durchzusetzen, sondern um ohne allen Proporz eine blanke Schwarzeinfärbung des Landes zu betreiben.

Und er hat objektiv, auch wenn dies nicht sein brennender Herzenswunsch gewesen sein konnte, die in der klassischen Zweiten Republik völlig unbekannte Möglichkeit eröffnet, daß sich gegenüber der Regierung eine starke, wirksame Opposition herausbildet. In der Zweiten Republik war Oppositionspolitik ja unbekannt. Das System beruhte eben darauf, daß die großen Parteien vordergründig (»Große Koalition«) und/oder hintergründig (»Sozialpartnerschaft«) miteinander regierten. Die Sozialdemokratie, den Gewerkschaftsbund und die Arbeiterkammer vom Mitregieren auszuschließen war wohl der radikalste Schlußstrich, das deutlichste Symptom für das Ende all dessen, was mit dem Namen »Zweite Republik« konnotiert war. Damit war eine wirklich neue Situation hergestellt: Der Regierung stand eine große Opposition gegenüber. Was immer man Schüssel an Versagen vorwerfen kann, nachdem er die Zweite Republik begraben hatte – dies ist der Punkt, an dem er wahrlich unschuldig ist: nämlich was die Sozialdemokratie nach Schüssels Coup aus den sich daraus eröffnenden staatspolitischen Möglichkeiten gemacht hatte.

Nichts – das ist das falsche Wort. Es war weniger und mehr:

eine altösterreichische Tragikomödie mit dem Titel »Der eingebildete Arzt« – dieser hält seine Erbkrankheit für eine Massenepidemie, imitiert den Primararzt, den er zugleich für einen Scharlatan hält, und verkündet seine Symptome als Therapieplan.

Premiere hatte dieses Stück in der Zeit vor der Nationalratswahl 2002.

Zur Erinnerung: Es gab damals eine politische Situation, wie sie klarer nicht sein konnte: Auf der einen Seite eine gescheiterte schwarz-blaue Regierung mit einem in Neuwahlen flüchtenden, um sein politisches Überleben kämpfenden Kanzler Schüssel, und ihr gegenüber eine starke rot-grüne Opposition als Alternative, als Angebot, diese gescheiterte Regierung abzulösen. Ohne alle parteipolitische Präferenz konnte man sagen: Das stand zur Abstimmung, das war die Wahl.

Aber es wäre nicht Österreich, wenn nicht selbst eine solch klare Situation augenblicklich verwirrend geworden wäre. Alfred Gusenbauer, der Kanzlerkandidat der Sozialdemokratie, betrat die Bühne, stellte sich in Arzt-Adjustierung vor einen Spiegel – und sah darin Schüssel. Der Spiegel log nicht. Gusenbauer wollte Primar anstelle des Primar werden; als diesen, den er sah, wollte er sich selbst sehen. Und was tat der Primar im Rahmen von Gusenbauers Spiegel?

Wolfgang Schüssel erklärte, daß ihm alle Möglichkeiten offenstünden. Er wolle keine Partei als möglichen Koalitionspartner ausschließen. Wirklich keine? Auch nicht die Freiheitlichen? Nein, sagte Schüssel, auch nicht die Freiheitlichen. »Eine Fortsetzung dieser Reformpartnerschaft wäre wahrscheinlich sogar die beste Lösung für Österreich.« Reformpartnerschaft! Eben erst hatten die Freiheitlichen sein Haus in die Luft gesprengt, aber Schüssel gab bekannt, daß er sich vorstellen könne, mit ihnen wieder eine Wohngemeinschaft zu bilden. Wahrscheinlich die beste Lösung. Wie hätte ein wahrer Oppositionspolitiker, der sich als Alternative zur Wahl stellte, auf eine solch groteske Ansage reagiert? Was hätte er damit gemacht? Und was tat Gusenbauer? Er imitierte augenblicklich sein vermeintliches Spiegelbild, gab bekannt, auch er wolle sich nicht festlegen, auch er sei »nach allen Seiten offen«. Auch für eine Koalition mit der ÖVP? Ja, auch für eine Koalition mit der ÖVP.

Nun war die Verwirrung perfekt, noch dazu in der aller unproduktivsten Form. Ein sozialdemokratischer Kanzlerkandidat in Opposition zu einer rechtspopulistischen Regierung sagt, er wolle die rechtspopulistische Regierung ablösen – aber möglicherweise mit einem Teil von ihr eine neue Regierung bilden. Vielleicht. Vielleicht auch nicht. Einerseits Opposition, die Ablöse sein wollte, die sich aber andererseits als Ersatz für die desavouierte Haider-Truppe anbot. Die Chancen für Rot-Grün oder für Rot-Schwarz, sagt er, stünden »fünfzig zu fünfzig«. Nun standen aber die Chancen für Rot-Schwarz in Wahrheit bei null, außer die Partei hätte auf Gedeih und Verderb die Rückkehr zu Rot-Schwarz gewollt. Dann allerdings standen sie bei hundert. Allerdings: Rot-Schwarz aber hätte es mit Schüssel nicht gegeben, der Kanzler hätte zwar die Rückkehr zu allem akzeptiert, aber nie die Rückkehr zum Vizekanzler, also wäre nur Schwarz-Rot denkbar gewesen, und doch nicht: denn Gusenbauer wollte gegen Schüssel Kanzler werden und nicht unter ihm Vizekanzler. Also standen die »Chancen« eindeutig eher bei null als bei hundert. Jedenfalls: »Fünfzig zu fünfzig« machte überhaupt keinen Sinn.

Schüssels Ansage war ein – durchsichtiger – Schachzug, Gusenbauers Imitat aber war Delirium.

Kurzer Einschub: Hier wird Österreich erst recht zum Sonderfall. Betrachten wir nämlich die politische Situation aus der Sicht der kleinen Parteien, dann ergibt sich plötzlich eine größere Klarheit. Das ist einzigartig. In allen entwickelten westlichen Demokratien geben die großen Parteien alternativ die grundsätzliche Richtung an, während die kleinen Parteien sich als »Zünglein an der Waage« anbieten oder aufdrängen und so oder so zu den Mehrheitsbeschaffern werden, die von einer kleinen, aber unverdrossenen Wählerparzelle zur Nachjustierung der grundsätzlichen Richtung gewählt werden. Nicht so in Österreich. Man hat, wenn man die Richtungswahl 2002 analysiert, den Eindruck, daß nur die kleinen Parteien überhaupt imstande waren, eine politische Richtung vorzugeben. Die Blauen wußten, es wird Schwarz-Blau geben oder Opposition. Ein Blauer

Spitzenkandidat, der bekanntgegeben hätte, daß alles offen, jede Koalitionsmöglichkeit für ihn denkbar sei, hätte schallendes Gelächter ausgelöst, aber sicher keine Verwirrung und keinen irrationalen Wählerstrom. Ebenso die Grünen: Rot-Grün oder Opposition. Das wußten sie und sagten sie, weil jede andere Variante unter den Bedingungen der Vorwahlzeit unglaubwürdig und grotesk gewesen wäre. Gäbe es in Österreich eine eingeübte Demokratie, die sich selbstbewußt darin erwiese, daß die Wähler eine bewußte Richtungsentscheidung treffen, hätten also sowohl die Freiheitlichen als auch die Grünen erdrutschartig dazugewonnen und die beiden großen Parteien überholt. Natürlich ist das nicht geschehen. Es gab und gibt in diesem Land kein Bedürfnis nach Klarheit.

Wer heute die damaligen Zeitungen nachliest, kann sich des Eindrucks nicht erwehren, daß es im Österreich des Herbsts 2002 ein kollektives Bedürfnis nach dem Kitzel der Verwirrung, Hörigkeit gegenüber dem Geraune, ja eine geradezu polit-esoterische Sucht nach abseitigen Hypothesen gab – obwohl die Realität so klar, die gestellte Frage so einfach, die Antwort so logisch gewesen wäre.

Wolfgang Schüssel wollte auf Gedeih und Verderb Kanzler bleiben. Das allein war nicht ehrenrührig. Aber: Es gab damals seriös keinen Zweifel daran, daß er trotz aller Erfahrungen, die er und die Republik mit seinem Koalitionspartner gemacht hatten, wieder mit den Freiheitlichen eine Regierung bilden werde, falls sich das arithmetisch ausginge. Alle im verkniffenen schwarz-blauen Liebeswerben vorgeführten Widersprüche, »Europa Ja oder Nein« und so weiter, waren Geplänkel, um jederzeit Präambel eines neuen Koalitionsabkommens werden zu können. Das wußte jeder, aber die wenigsten wollten es wissen. Schüssels letzte, höchst zweifelhafte und sehr schwache Karte, nämlich »notfalls« auch den Kanzler einer schwarz-roten Koalition zu machen, wäre für die seriöse politische Debatte völlig unerheblich gewesen – hätte nicht eine willenlose Republik, die keine Erfahrungen mit demokratischen Richtungsentscheidungen durch Wahlen hatte, diese Möglichkeit aufgeregt in den Mittelpunkt ihres Interesses gestellt. Schafft es Schüssel, »erster« zu werden? Gespannt blickt die Öffentlichkeit dem

Ping-Pong von Meinungsforschern und Meinungsmachern zu, obwohl es darum gar nicht ging, sondern vielmehr um die Frage, ob Schwarz-Blau oder Rot-Grün eine parlamentarische Mehrheit erhält.

Da stellte sich Gusenbauer wieder vor seinen Spiegel, sah Schüssel – und verkündete, daß er in Opposition ginge, sollte er bei der Wahl zweiter werden. Auch dann, wenn Rot-Grün eine parlamentarische Mehrheit erhielte? Auch dann! Gleichzeitig halte er sich aber eine Koalition mit Schüssels ÖVP offen!

Was zwang Gusenbauer dazu, als designierter Kapitän des Staatsschiffs in Schüssels Rettungsboot umzusteigen? Warum ging er, der damals alle Trümpfe gehabt hätte, auf das abseitige Spiel ein, das Schüssel vorgespielt hatte?

Mit dieser Frage gelangen wir wirklich in die Untiefen der österreichischen Innenpolitik. Im Kreis von Rot-Grün-Sympathisanten erklärte Gusenbauer damals: Würde er sich öffentlich auf Rot-Grün festlegen und dies als Angebot zur Wahl stellen, er würde die Wahl deutlich verlieren: Mehr als ein Drittel der eigenen Parteifunktionäre, nämlich die Gewohnheitstiere, die alten Großkoalitionäre, würden aufhören »zu rennen«, also den Wahlkampf einstellen, und in den Umfragen würde er augenblicklich acht bis neun Prozent verlieren.

Nun glaube ich gern, daß Gusenbauer über entsprechendes Datenmaterial verfügte. Aber rechtfertigte dies wirklich seine Taktik? War sie nicht vielmehr ein peinigendes Symptom für eigene Versäumnisse? Niemand hatte Gusenbauer daran gehindert, zweieinhalb Jahre lang Rot-Grün als logische Option zur Abwahl von Schwarz-Blau vorzubereiten. Niemand hatte ihn daran gehindert, in diesem Zeitraum, und nicht erst im letzten Moment, verblüfft von der Implosion der schwarz-blauen Regierung, einen Diskussionsprozeß in der Partei und in der Öffentlichkeit in Gang zu setzen, der dazu hätte führen können, daß die logische Option auch als wünschenswerte wahrgenommen wird. Niemand wäre der Parteispitze in den Arm gefallen, hätte sie nach der Gemeinderatswahl in Wien, die inzwischen stattgefunden hatte, eine rot-grüne Koalition gebildet, um in Hinblick auf die Nationalratswahlen, von denen doch jeder wußte, daß sie früher oder später kommen würden, ein rot-grünes Wien als modellhafte Alternative zum schwarz-blau regierten Bund in der Praxis vorzuführen. Wie wären dann 2002 all jene dagestanden, die immer wieder Grün mit »Chaos« und »Anarchie« gleichsetzen, so daß sogar ein erheblicher Teil der roten Basis diesen Unsinn glaubte und ihren Spitzenkandidaten zu entsprechenden Verrenkungen zwang? Gut, es ist nicht geschehen. Aber völlig unverständlich bleibt die Tatsache, daß Gusenbauer eine einfache Rechnung auf Grundschulniveau nicht meistern konnte. Es entsprach der mathematischen Logik, daß bei dieser Wahl einer der beiden, Schwarz-Blau oder Rot-Grün, eine parlamentarische Mehrheit erhalten würde. Es ist arithmetisch nicht einmal in Österreich möglich, daß sich beides nicht ausgeht. Wo also war das Problem? Wäre es nicht die Pflicht der Opposition gewesen, sich in diesem Sinn der Wahl zu stellen, diese Alternative anzubieten? Zumal Schüssel selbst gesagt hatte, daß eine Fortsetzung von Schwarz-Blau seine Lieblingslösung des Problems wäre, das er mit den Blauen hatte. Selbst wenn Gusenbauer dann auch verloren hätte – es wäre klar gewesen, was dieses Land wollte. So aber wissen wir nur, daß Gusenbauer dazu beigetragen hat, aus der ersten Richtungs- und Entscheidungswahl seit einem halben Jahrhundert eine Art Lotterie zu machen, bei der auch der Wähler am Ende nicht wußte, was er gewählt hatte. Im Zweifelsfall, gut österreichisch, den Kanzler.

Früher, als sich die Sozialdemokraten noch vor Haider fürchteten, haben sie ihn imitiert, haben etwa mit Löschnak und Schlögl hilflose freiheitliche Klons den Wählern angeboten, um pausbäckig in die Segel zu blasen, aus denen sie den Wind nehmen wollten. Das Ergebnis ist bekannt. Die sogenannte »Wende« war keine für die Sozialdemokratie. Gusenbauer versuchte wieder nur, ein Imitat zu sein, ahmte hilflos Schüssels Taschenspielertricks und Nebelrhetorik nach – allzu deutliche Symptome einer Erbkrankheit des eingebildeten Arztes. Gusenbauer hat seine Chance gehabt. Tragisch nur, daß er, auf komische Weise, die Republik um die ihre betrogen hat.

4.

Januar 2005. Es war nicht warm, es war nur »für die Jahreszeit zu warm«, wie die Zeitungen berichteten. Dieses Jahr begann wie ein ewiger Herbsttag. Eine Sonne ohne Kraft, aber Sonne. Kornblumenblauer Himmel. Leichter Wind, raschelndes Laub. Und da stand nun das offizielle Österreich am Grab der Zweiten Republik und gedachte. Erinnerte sich. Und wie das oft so ist bei älteren Herrschaften: Das Langzeitgedächtnis produzierte zwar die schönsten Bilder, aber das Kurzzeitgedächtnis will nicht mehr funktionieren.

So schön, schön war die Zeit. Politische Wirren sind gewesen, aber dann wurde ein politisch stabiles Land aufgebaut. Eine Armut hatte geherrscht, furchtbar war die, aber dann wurde dieses Land eines der reichsten der Welt. Für nicht lebensfähig ist dieses Land gehalten worden, aber eine Generation, die bewiesen hat, daß sie mit bedingungslosem Glauben gesegnet war, hat dann auch an dieses Land geglaubt, hat bewiesen, daß es lebensfähig ist. Und wie es lebt! Ja, stabil! Und reich! Aus den Fehlern gelernt, sagen die Herrschaften immer wieder! Aus welchen Fehlern? Jedenfalls gelernt. Keine Deutschtümelei mehr! Keine Anschlußsehnsucht! Der EU-Beitritt! Friedensprojekt! Das größte Friedensprojekt der Geschichte! Und wir sind dabei! Ein anerkanntes Mitglied! Stabil und reich! So haben wir es gelernt! Ja.

Die jüngste Zeit aber – leider, da macht das Gedächtnis nicht mehr mit. Gerade in jüngster Zeit, in den Jahren vor 2005, wurde systematisch alles Lügen gestraft, woran sich das neue österreichische Langzeitgedächtnis am Ende so gern erinnern wollte: die eherne Stabilität Österreichs, sein Reichtum, das Gelernt-Haben aus Fehlern und sein Status als Liebkind der internationalen Gemeinschaft, vor allem schließlich als Mitglied der EU.

Der Reichtum: die unmittelbare Vorgeschichte des Jubeljahres, die Jahre davor, waren geprägt von einer unausgesetzten Diskussion darüber, »was wir uns jetzt alles nicht mehr leisten können«. Der Reichtum stand nur in der Statistik: nach Wirtschaftsdaten tatsächlich der größte in der Geschichte Österreichs je produzierte gesellschaftliche Reichtum. In der Realität aber zeigte er sich als Verarmung: 2004 die höchste Anzahl von Menschen unter der Armutsgrenze seit 1957. Dazu Kürzungen in allen Bereichen des Sozialstaats. Wie ist das zu verstehen? Man kann dies jahrelang analysieren, am Ende ist die Antwort so einfach wie der erste Gedanke, den jeder angesichts dieser Fakten haben muß: Es handelt sich um ein Verteilungsproblem. Anders gesagt: Diejenigen, die verteilen, haben kein Problem. Das Problem ist: Das Land wird von Bereicherern verarmt. Das ist vergessen worden: Nicht ein ins Unendliche wachsender Reichtum war Wirtschaftsprogramm der Zweiten Republik, sondern Wohlstand auf der Basis möglichst großer Verteilungsgerechtigkeit.

Das Lernen aus Fehlern: Es gibt zwei Geschichten, aus denen man lernen kann: aus der Geschichte der (Vor-)Väter, also die Geschichte, die man gelernt hat, und aus der Geschichte, die man selbst produziert. Erst in der Geschichte, die man selbst produziert, erweist sich, ob man aus Fehlern gelernt hat, die man gelernt hat. Es gibt eine aus der Verhaltensforschung hochinteressante Erkenntnis: Primaten wiederholen einen Fehler höchstens zweimal. Danach haben sie daraus gelernt und wiederholen ihn nie wieder. Gibt man zum Beispiel einem Menschenaffen einen Futternapf, an dem er sich zu einer bestimmten Uhrzeit einen Stromschlag holt, so wird sich dieser Affe maximal drei Mal elektrisieren. Danach hat er definitiv gelernt und wird sich in alle Zukunft sein Futter außerhalb der gefährlichen Zeit holen. Menschen hingegen sind imstande, einen Fehler im statistischen Sinn unendlich oft zu wiederholen. Sie ziehen keine Lehre daraus, »die zu einer Vermeidung dieses Fehlers führt, sondern bloß zu einer Akzeptanz dieses Fehlers, oft sogar zu dessen gutmütiger Ironisierung: Dieser Fehler gehört zu mir, so bin ich nun mal!« (Konrad Lorenz). Wenn sich zum Beispiel ein Wiener Bürger ein Bauernhaus auf dem Land kauft, dann wird er sich an den Türstöcken, die in einem Bauernhaus wesentlich niedriger sind als in der gewohnten Stadtwohnung, den Kopf anschlagen. Zweimal, dreimal, immer wieder, so lange, bis er, der beim ersten Mal geflucht hatte, gutmütig über sich selbst lächelt, wenn er sich wieder den Kopf anschlägt.

Insofern wildert die Frage, welche (politischen) Fehler in Österreich gemacht wurden, vor allem aber, was angeblich daraus gelernt worden sei, schon wieder im Revier der österreichischen Identitäts-Philosophie.

Als Wolfgang Schüssel Vizekanzler war, wollte er Kanzler werden und brach Neuwahlen vom Zaun. Die Bevölkerung war wütend. Statt zu gewinnen, verlor Schüssel Stimmen. Bei der darauffolgenden Wahl verlor er noch mehr, der zweite in der Wählerzustimmung wurde nun dritter. Aber just mit dieser Niederlage hatte er sein Ziel erreicht. Mit den Freiheitlichen hatte er eine parlamentarische Mehrheit, und er konnte sich zum Kanzler machen. Die Koalition hielt aber nicht, wieder rief Schüssel Neuwahlen aus. Schüssel war dazu gezwungen, weil er mit den Freiheitlichen nicht mehr zusammenarbeiten konnte. Nach der Wahl – bildete er wieder eine Koalition mit den Freiheitlichen. Nun aber hatte die schwarz-blaue Koalition weniger Mandate als vor der Wahl. Seither gilt Schüssel als Siegertyp. Schüssels Lautsprecher sagte im Januar 2005 in einem Interview, die Chancen stünden gut, bei der nächsten Wahl wieder »arithmetisch erster zu werden«. »Arithmetisch erster« heißt: zwar wieder Stimmen zu verlieren, aber immer noch genug zu bekommen, um wieder – und wieder ...

Das meint der Begriff »Türstock-Syndrom« im Sinn von Konrad Lorenz.

Aus Fehlern gelernt? Vergessen wurde, was nach der Zeit geschah, die wir gelernt haben.

Glückliches Mitglied der EU: Dies wiederum streift hart am Komischen. Nicht nur wegen der »Sanktionen« der EU gegen Österreich im Jahr 2000, die zu vergessen patriotische Pflicht jedes Österreichers wurde, sondern wegen der politischen Konstellation in Österreich ausgerechnet in diesem Jubiläumsjahr, in dem auch die zehnjährige Mitgliedschaft bei der EU gefeiert, besser gesagt pathetisch beraunt wird. Wie immer sich die EU entwickelt, zumindest dies ist eindeutig: Sie ist der machtvollste und nachhaltigste Ausdruck einer nachnationalen Entwicklung. Sie ist die Avantgarde der Idee einer Welt ohne Nationalstaaten.

Und just in diesem Jubiläumsjahr, in dem sich Kanzler Schüssel auch immer wieder als »Europa-Kanzler« präsentierte, also als Kanzler eines nachnationalen Österreichs, hat dieses Land eine Regierungskoalition – mit Nationalen. Vergessen wurde, daß der »Europa-Kanzler« vor und nach den letzten Wahlen explizit vorgeführt hatte: »Ich kann nur mit den Nationalen. Und wenn ich nicht mehr kann, dann will ich erst recht mit den Nationalen!«

Die Stabilität: man kann über die glückliche und selbstzufriedene »Stabilität« Österreichs im Jahr 2005 nicht räsonieren, ohne mitzudenken, daß es eben eine Stabilität mit Nationalen in der Regierung ist. Keine zwei Jahre nach den vorgezogenen Neuwahlen, die wegen der Turbulenzen in der Freiheitlichen Partei notwendig geworden waren, kam es wegen der Freiheitlichen erneut zu einer kleinen Staatskrise. 2004 fand ein Putsch in dieser Regierungspartei statt, so zumindest wurde es in der (inter)nationalen Presse bezeichnet: »Putsch«! Das allerdings war bereits 2005 von der österreichischen Öffentlichkeit wieder glücklich vergessen. Ein Putsch? Letztes Jahr? Kann mich nicht erinnern.

Tatsächlich war dieser sogenannte »Putsch« unerheblich, denn dessen Ergebnis war, daß alles beim alten blieb. Das war auch der Sinn des Putsches, denn er fand ja in der Freiheitlichen Partei Österreichs statt, jener Partei, deren fixe Idee eben dies ist: das Alte.

Das Alte kann historisch verhältnismäßig neu sein, wie zum Beispiel die Tatsache, daß diese Partei sechzig Jahre nach Ende der Nazi-Zeit in Österreich regiert, aber grundsätzlich alterte alles blitzschnell, was diese Partei in die Finger bekam, sie erwies sich auch als Regierungspartei gleichsam als ein Senilisierungs-Midas: Daher schaute auch ihr Koalitionspartner ÖVP trotz allen Reformgetöses so alt aus.

Der aufgeregt diskutierte und unmittelbar danach vergessene »Putsch in der FPÖ« war nichts anderes als eine überfallartig schnell exekutierte »personelle Erneuerung«, die die Regierung noch schneller altern lassen sollte: Einige alte Haudegen ohne Degen wurden durch neues Personal ersetzt – hinter dem nun alte Haudegen mit Degen standen.

Nun wäre dieser Sachverhalt wenig erheblich, nur ein weiteres Beispiel für das »Türstock-Syndrom«. Aber: Sowohl die große Aufgeregtheit über diesen »Putsch« als auch dessen völliges Vergessen schon kurz danach blendeten einmal mehr das Wesentliche aus, nämlich die Realität – in der längst eine Entwicklung eingesetzt hatte, die alle überraschen wird, die die Kritik an der FPÖ zu ihrer Geschäftsgrundlage gemacht haben. Denn, apropos Türstock, apropos Jubiläum, im Jahr 2004 hatte sich bereits seit fast zwanzig Jahren folgender Satz immer wieder als schmerzlich wahr erwiesen: Wer so fixiert auf die FPÖ starrt wie ein vom Wilderer geblendetes Reh, kann nicht sehen, was sonst im Busch ist.

Die deutschnationale Nostalgie der Freiheitlichen ist so alt wie diese Partei selbst. Als Sammelbecken der Recken wurde sie ja gegründet. Fast so alt ist aber auch die Einsicht, daß das stramme Hochhalten der alten deutschnationalen Ideale dieser Partei nicht ausreichend Wählerzuspruch bringen konnte, weshalb es immer wieder Strategien gab, die Nische dieser Partei zu vergrößern: zum Beispiel unter Norbert Steger durch Selbststilisierung als »Liberale Partei«, als die sie es in den 80er Jahren erstmals in die Regierung schaffte, in Koalition mit den Sozialdemokraten, was übrigens auch gern vergessen wird. Nur: Liberalismus war damals Nirwana, der klassische hat in Österreich nie existiert, selbst international war er als Gedankenkonstrukt tot. Und der heute so genannte Neo war noch lange nicht in Sicht.

Die nächste Strategie, unter Jörg Haider, war, zu den Wurzeln zurückzukehren, aber den Dünger zu wechseln. Das war im Grunde alles, worin Haiders politische Genialität bestand: Der Deutschnationalismus war in Österreich erdferner und grotesker geworden als der Liberalismus. Also ließ er das »Deutsch-« weg, verbat sich »Deutschtümelei« und rettete damit jenes absolute Minimum von politischem Autoritarismus, das die Kernschichten der Partei befriedigte und die Partei zugleich für neue Wähler öffnete: Denn Nationalismus geht immer, vor allem in kleinen und schwachen Nationen wie Österreich. Wer in Österreich mit nationalsozialistischen Gedanken sympathisiert, dabei aber alles Deutschnationale und die Naziverbrechen wegläßt, landet im Austrofaschismus. Und da landet er sanft. Denn im Gegensatz zum Nationalsozialismus ist der Austrofaschismus in Österreich nie »bewältigt«, in irgendeiner Form »exorziert« worden – er gilt nicht als kriminell, sondern als patriotisch, nicht als aggressiv, sondern als widerständig, nicht als Täter-, sondern als Opferideologie. Der Austrofaschismus ist die heimliche, nein die unheimliche österreichische Staatsideologie. Das Sammelbecken dieser Ehemaligen, die Nachfolgepartei dieser Spielart des Faschismus ist die Österreichische Volkspartei. Und diese Partei hat seit der Wiedergründung der Republik nach 45 durchgehend regiert, in Koalitionen, alleine oder im Hintergrund, durch das Nebenregierungssystem der »Sozialpartnerschaft«, die ebenfalls ein Erbe des Austrofaschismus ist.

Ich hätte mir internationale »Sanktionen« gewünscht, als die ÖVP im Februar 2004 eine Feierstunde für den austrofaschistischen Führer Engelbert Dollfuß im Parlament abhielt – ausgerechnet im Parlament, das Dollfuß seinerzeit ausgeschaltet hatte. Aber die Rehe, sie starrten nur geblendet auf die Freiheitlichen, versuchten Nazis zu wittern.

Es war klar, daß es nach Haiders Strategiewechsel nur eine Frage der Zeit sein würde, bis die vom »Deutsch-« gereinigte nationale Partei eine Koalition mit der austrofaschistischen Nachfolgepartei eingehen würde. Haider hatte eine Vorleistung erbracht, die aus den ehemaligen faschistischen Konkurrenten Partner mit einer großen gemeinsamen Schnittmenge machte.

Und darin lag nun das eigentliche Problem der österreichischen Innenpolitik: Putsch bei den Freiheitlichen oder nicht Putsch, wachsender oder schwindender Wählerzuspruch – alles unerheblich, solange diese Partei dem ÖVP-Kanzler eine Mehrheit verschaffte, ihn im Amt hielt, ihn politisch das durchsetzen ließ, was die Rehe von den Freiheitlichen befürchteten. Die FPÖ war kein Problem, war nie eines, das Problem war und blieb die staatstragende ÖVP, die sich der Freiheitlichen bediente. Das nationalistisch schmissige Getue der FPÖ, der sogenannte Putsch, die Wirren und Abwege dieser Partei mochten einen Schatten auf die Regierung Schüssel werfen, aber es war ein angenehmer Schatten für die Volkspartei, ein idealer Schatten in der Hitze des Gefechts, ein Schatten, in dem unbemerkt eine Politik durchgezogen werden konnte, die dem Licht der Öffentlichkeit nicht standgehalten hätte, nicht einmal der österreichischen Öffentlichkeit, ein Schatten, der eine Nacht ankündigte, die die Rehe nicht sahen, die in das blendende Licht der wildernden FPÖ starrten.

Putsch? Das war die Realität: Ein autoritärer, christlichsozialer Staat, in dem Menschenrechtsverletzungen auf der Tagesordnung standen, in dem die Dumpfheit in Form von Hirschhornknopf-Patriotismus mit trotzigem Stolz flanierte, in dem der Revanchismus gegen die »roten Gfrieser« Programm war und alles niederbiß, was ein »Sozial-« im Präfix hatte – ach was, Putsch! Keine Krise, diese Krise war die gute alte, wieder neue österreichische Form von Stabilität.

Schon vergessen?

Was?

5.

Wenn man sich also die Jahre unmittelbar vor dem großen österreichischen Staatsjubiläum in Erinnerung ruft, kann man erst vollständig ermessen, was und wie da gefeiert wird. Die Kanzler-Partei, die den austrofaschistischen Sozi-Fresser Engelbert Dollfuß hochleben läßt, feiert ein halbes Jahrhundert sozialpartnerschaftliches Österreich – oder nicht doch die Tatsache, daß sie die Partnerschaft mit den Sozialisten endlich wieder beenden konnte? Sie feiert ein halbes Jahrhundert Sozialstaat und zumindest Anspruch auf Verteilungsgerechtigkeit – oder nicht doch die Tatsache, daß sie endlich den Sozialstaat zurückstutzen und den erwirtschafteten Reichtum massiv umverteilen kann? Sie feiert zehn Jahre Eintritt Österreichs in eine nachnationale Entwicklung, mit den Nationalen als Partner – oder nicht doch die Tatsache, daß sie im Sinne der klassischen christlich-sozialen Waldheimat-Ideologie wieder einmal wo mitreiten kann, ohne dabeizusein? Sechzig Jahre Befreiung – oder, mit diesem Partner, nicht doch erst fünfzig? Weil die Befreiung erst eine war, als die Befreier weg waren? Oder, wenn man es ganz genau nimmt, nicht überhaupt erst fünf Jahre? Weil die Befreiung erst nach der Befreiung von den »roten Gfriesern« vollständig war? Und weil man erst da wieder mit Schmissen auf die Universität gehen, in ihre Gremien einziehen konnte? Was auch immer, das Jubiläum ist auf jeden Fall rund.

Das ist das Jubiläum in seiner Totalität: Gefeiert wird stolz »die Erfolgsgeschichte der Zweiten Republik« – und als größter Erfolg ihre Beendigung. Gefeiert werden »die Lehren, die aus der Geschichte gezogen wurden« – also beide: die Tatsache, daß man mit halbherzigen Lehren aus der Geschichte weit gekommen ist, was ja auch eine Lehre ist, und zweitens die Möglichkeit, endlich die Lehren aus der Geschichte als Sieger zu ziehen, als Sieger über sechzig Jahre Zwang zu Kompromissen – was ja überhaupt eine bekannte Lehre aus der Geschichte ist: So richtig stolz schreibt sie sich nur von Siegern.

Es war eine Meisterleistung der Regierung, die Sondersitzung im Parlament zum offiziellen Beginn des österreichischen Jubiläumsjahres mit einer Trauersitzung für die Opfer der »Tsunami-Katastrophe« zu verbinden. Und es war eine Meisterleistung der Opposition, auf diesen Schachzug hereinzufallen und brav mitzuspielen. Auf diese Weise konnten und mußten in allen feierlichen Ansprachen sinnige Parallelen zwischen der Situation Österreichs 1945 und der Situation an den von der Flut betroffenen Küsten Asiens gezogen werden. Die Botschaft war: Auch nach der größten Katastrophe kann man durch Solidarität und Hilfsbereitschaft aus den Trümmern wiedererstehen – oder war die Botschaft nicht vielmehr, daß der Faschismus im Grunde eine Naturkastrophe war, die auf eine völlig unvorbereitete Bevölkerung, die das wahrlich nicht gewollt haben konnte, wie eine Springflut hereingebrochen war, zahllose Opfer forderte und alles in Trümmer legte?

Früher wäre es selbst in Österreich als Skandal empfunden worden, wenn man im Parlament den Faschismus mit einer Naturkatastrophe gleichgesetzt hätte. Im Jahr 2005 aber fand sich in den Medien nicht ein einziger Bericht, nicht ein Kommentar, der den Begriff des »Tsunami-Faschismus« problematisiert hätte. Alle verbeugten sich vor Kanzler Schüssel, der sich vor den Opfern verbeugt hatte, die sich für ein paar Euro Restitution oder Spenden vor der österreichischen Solidarität verbeugten.

Österreich feiert 2005 die Befreiung vom Faschismus – oder nicht doch auch die Tatsache, daß so etwas wie diese parlamentarische Feierstunde heute unwidersprochen möglich ist?

Wohl zweiteres. Denn die Regierung wurde keß. Sie plante »Jubiläums-Events«, die »die österreichische Geschichte sinnlich erfahrbar machen« sollten. Zum Beispiel die Fingierung einer Bombennacht, wie sie Wien in den letzten Kriegstagen 1945 erlebt hatte, damit nachvollzogen werden könne, was die Bevölkerung damals erleiden mußte. Ein Son-et-lumière-Spektakel mit Verdunkelung, in flackerndem Scheinwerferlicht brennenden Gebäuden, dem Gedröhne von Bomberflugzeugen und dem Lärm von Detonationen. Später dann ein Nachspielen der Nachkriegszeit, der Zeit der Wiedergründung der Republik, als Österreich hungerte, worauf amerikanische Flugzeuge »Care-Pakete« abwarfen. Für dieses Spektakel konnte die Regierung einen Sponsor gewinnen, nämlich McDonalds – weshalb über Österreich Pakete abgeworfen werden sollten, die »McCare« heißen.

Ist das zu glauben? Nein. Es ist bloß österreichische Realität 2005. Die nach sechzig Jahren in Österreich endlich hergestellte Deckung von Schein und Sein, pflichtschuldiger Einsicht und wahrer Ansicht. Der Event »Bombennacht« gibt endlich die Möglichkeit, in aller Deutlichkeit nachzuvollziehen, was die Bevölkerung damals empfunden hatte und was die »Niemals-vergessen!«-Generation in Wahrheit nie vergessen hat: nämlich, daß die Befreiung Terror, die militärische Niederlage der Nazis Horror war.

Und der Event »McCare« macht sinnlich faßbar, wo dieses Land sechzig Jahre später gelandet ist, wofür die Regierung Schüssel steht: Social care by sponsoring, powered by government.

Running Gag all dieser Jubiläums-Events sollte ein Kranwagen sein, der das ganze Jahr lang durch Österreich fährt. Er hat eine Attrappe jenes Balkons des Schlosses Belvedere auf die Schaufel genommen, von dem aus Leopold Figl im Jahr 1955 nach Unterzeichnung des Staatsvertrags verkündet hatte: »Österreich ist frei!« Überall, wo dieser Kranwagen Station macht, werden die Österreicher eingeladen, auf diesen Balkon zu klettern, sich vom Kran in die Höhe heben zu lassen und zu schreien: »Österreich ist frei!« Die Medien berichteten von einem »riesigen Erfolg« dieser geplanten Aktion: Hunderte Lehrer haben sich für diese Aktion angemeldet. Jeder ihrer Schüler, einer nach dem anderen, muß schreien: »Österreich ist frei!« – auf einer Attrappe. Von einer Attrappe herunter. Muß. Schreien. Frei!

Wissen sie, was sie tun? Ja. Und wissen es die, die mitmachen? Nein.

Österreich hatte im Jahr 2005 ein »Haus der Geschichte«.
Es hieß Österreich.

6.

»Wir Österreicher müssen umfallen bis zum Kämpfen!«
Hans Krankl (Trainer der österreichischen Fußballnationalmannschaft)

Suhrkamp Verlag GmbH
Torstraße 44, 10119 Berlin
info@suhrkamp.de
www.suhrkamp.de